CSRG 中国中小城市科学发展研究丛书

创新驱动 四化同步
城乡一体 科学发展

库尔勒市科学发展模式研究

中国中小城市科学发展研究课题组
中国城市经济学会中小城市经济发展委员会 编
中小城市发展战略研究院

社会科学文献出版社
SOCIAL SCIENCES ACADEMIC PRESS (CHINA)

全国文明城市——新疆库尔勒

引得天鹅入城来

"三河贯通"棚户区改造工程实景

夜·梨城

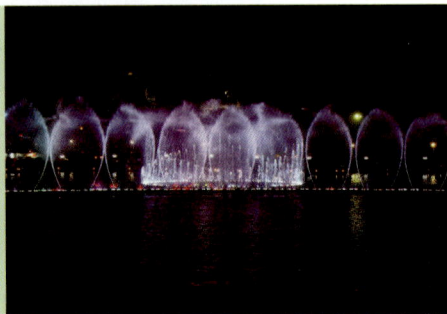

夜览天鹅河

眺望库尔勒

拱桥月影

南疆水城库尔勒

夜乘画舫如梦中

崛起的南市区商务文化中心

大气·大利·大美现代化区域中心城市

健康·幸福·宜居·宜业·特色

塞外明珠·山水梨城

课题组成员

顾 问：郑新立　全国政协经济委员会副主任
　　　　　　　　中共中央政策研究室原副主任
　　　　　　　　中国国际经济交流中心常务副理事长
　　　薛　斌　新疆巴音郭楞蒙古自治州州委常委、库尔勒市委书记
　　　居来提·吐尔地　库尔勒市市长
组 长：白津夫　中央政策研究室经济局副局长
　　　　　　　　中小城市发展战略研究院院长
　　　　　　　　北京科技大学经济管理学院教授、博士生导师
　　　李学锋　中国社会科学院城市发展与环境研究所博士、副研究员
秘书长：杨中川　中国城市经济学会中小城市经济发展委员会秘书长
　　　　　　　　中小城市发展战略研究院副院长
　　　　　　　　东北亚开发研究院城市发展研究所所长
成 员：陈文玲　中国国际经济交流中心总经济师
　　　　　　　　国务院研究室综合司司长
　　　李兵弟　住房和城乡建设部村镇司原司长
　　　胥和平　科技部研究室原主任
　　　李国斌　工业和信息化部政策法规司司长
　　　李朝胜　商务部市场运行和消费促进司副司长
　　　孙耀唯　国家能源局信息中心主任
　　　李　萌　中国社会科学院城市发展与环境研究所博士、副研究员
　　　谢洪波　清华大学公共管理学院博士后、副研究员
　　　李珊珊　中国人民大学经济学院博士
　　　吴兴勇　库尔勒市人大常委会党组书记、副主任
　　　冉　彬　库尔勒市副市长
　　　陈胜军　中国城市经济学会中小城市经济发展委员会副秘书长

序

库尔勒设市于 1979 年。建市以来，库尔勒市牢牢把握住南疆铁路通车、塔里木石油大会战、西部大开发战略等历史发展机遇，大力实施优势资源转换战略，城市发展取得了显著成就：1979 年至 2013 年的 35 年间，地区生产总值由 12.41 亿元增长至 653 亿元，增长 52 倍；地方财政收入由 0.7 亿元增长至 50.68 亿元，增长了 71 倍；农牧民人均纯收入由 75 元增加至 15057 元，增长了 200 倍；城镇居民可支配收入由 180 元增长至 20369 元，增长了 112 倍。

近年来，作为南疆的区域性中心城市和新疆维吾尔自治区"北乌南库"战略的龙头城市，库尔勒努力克服宏观经济波动的不利影响，坚持走新型工业化和新型城镇化道路，在保持经济以较快速度稳定发展的同时，着力优化经济结构，创新城市建设思路，改善生态环境，统筹城乡发展，开创了西部地区和民族地区科学发展的新模式，谱写了科学发展的新篇章。

库尔勒发展模式的总特征是"创新驱动、四化同步、城乡一体、科学发展"。库尔勒实现科学发展的关键，则在于正确处理了五对关系。

一是资源型产业与非资源型产业的关系。正确处理科学发展要求与经济基础薄弱、经济结构单一的矛盾，逐步推进经济结构战略性调整和经济发展方式转变。在稳定资源型产业的同时，通过基础设施完善和园区建设，拓展传统产业的产业链；通过优惠政策鼓励非资源型产业发展，推动战略性新兴产业发展，支持服务业新型业态和新型产业发展。

二是经济发展与社会发展的关系。在加快经济发展的同时，库尔勒市委、市政府始终将社会稳定、民族和谐放在首位，明确建设"幸福梨城"的施政理念，着力增强群众的安全感、舒适感、自豪感、认同感；坚持以现代文化为引领，把"全国文明城市"这一梨城人民引以为豪的"精神财富"融入其中，形成团结拼搏、争先进位的强大合力。

三是城乡关系。库尔勒实施"双轮驱动"，着力破除阻碍以工促农、工农

1

互促、城乡协调发展的各种束缚。一方面把促进有能力在城镇稳定就业和生活的常住人口有序实现市民化作为重要任务，坚持自愿、分类、有序，充分尊重农民意愿，进一步完善落户政策，有序放开落户限制，促进农业转移人口身份改变和生产生活方式转变，让农业转移人口更好地融入城镇。一方面深化农村综合改革，抓好农村集体产权制度改革，充分保障农民集体经济收益分配权；全面开展农村土地确权登记颁证工作，稳步推进农村土地有序流转。

四是经济社会发展与生态环境的关系。库尔勒市委、市政府认为，生态环境也是生产力。在经济发展过程中，不断加大对生态环境的投入，龙山公园的建设和维护，"三河贯通"工程的大手笔，极大地改善了区域生态环境，改善了群众的生活环境。

五是单体城市发展与城市集群发展的关系。在城市发展过程中，以打造区域中心城市为目标，通过库尉一体化，培育大库尔勒城镇组群，基于城市间基础设施、市场要素、信息平台、生态保护、公共服务等方面的无形连接和有形连接，与巴州各级城镇群构成有机的关联体，形成大中小城市相间、城市与乡村相间的现代城镇群落。

库尔勒城市发展历程是中国改革开放的缩影，是西部地区、民族地区城市科学发展、转型发展的缩影。库尔勒作为新疆大建设、大开放、大发展的一支奇兵，为实现全疆社会稳定和长治久安目标探路，为实现新疆等西部后发地区跨越式发展探路。库尔勒科学发展的成就和经验，得到了国家相关部委和社会的广泛认可。

库尔勒先后被评为国家卫生城市、国家园林城市、首批中国优秀旅游城市等，并荣获中国人居环境范例奖、全国双拥模范城等 30 多项国家级荣誉称号，是西北地区唯一蝉联的"全国文明城市"。2013 年，库尔勒成为全国可持续发展示范区、全国发展改革试点城市、国家智慧城市试点市、中欧绿色智慧城市合作项目试点城市，在中国中小城市综合实力百强县位列第 58 名，同时荣膺 2013 年度中国十佳"两型"中小城市。

雄关漫道真如铁，而今迈步从头越。库尔勒将继续在科学发展的道路上，打造向西开放、沿边开放的战略前沿阵地，构建"一带一路"（"丝绸之路经济带"和"海上丝绸之路"）战略支点，努力实现"三个走在前列"（新型工业化要走在南疆前列，新型城镇化要走在南疆乃至全疆前列，城乡居民人均收入水平要走在全疆前列）和"三步走"目标（第一步，全面提升巴州中心城市功能，尽快建成南疆首位度更高的中心城市，成为巴州跨越式发展的增长极；第二步，凸显全疆重要的中心城市地位，打造全疆跨越式发展和长治久安的重要支点，建成新疆重要的现代化区域中心城市；第三步，提高在全国县域经济中的综合竞争力，扩大在全国的知名度和影响力，打造成中国西部名副其实的"塞外明珠，山水梨城"），将库尔勒建设成为新疆重要的现代化区域中心城市。

本书全面总结了库尔勒科学发展的主要成就和基本经验，并提出了进一步推动库尔勒科学发展的对策建议。本书汇聚了中央部委和中国社会科学院等单位领导和专家的集体智慧，各章执笔人如下：第一章：陈文玲、周京；第二章：李学锋；第三章：李国斌；第四章：李兵弟、李湉；第五章：胥和平；第六章：孙耀唯；第七章：李朝胜；第八章：李珊珊、李萌；第九章：谢洪波；第十章：白津夫、郝多仁。

在将近一年的时间里，参加"库尔勒科学发展模式"课题研究的各位领导和专家付出了许多智慧和心血，中城会中小城市经济发展委员会做了大量组织工作，在此，一并对你们表示感谢，并对成果的出版表示祝贺。

郑新立
2014 年 9 月 5 日

目 录

第一章

创新驱动、四化同步、城乡一体、科学发展

——库尔勒科学发展模式研究总报告

导言:"创新驱动、四化同步、城乡一体、科学发展"是库尔勒发展模式的总特征。库尔勒实现科学发展的关键在于正确处理了五对关系:资源型产业与非资源型产业的关系;经济发展与社会发展的关系;城乡关系;经济社会发展与生态环境的关系;单体城市发展与城市集群发展的关系。进一步推动库尔勒科学发展,打造向西开放、沿边开放的战略前沿阵地,构建"一带一路"战略支点,努力实现"三个走在前列"和"三步走"目标,将库尔勒建设成为新疆重要的现代化区域中心城市。

党中央历来高度重视新疆工作,做出了一系列重大决策部署,推动新疆改革发展、民族团结、社会进步、民生改善、边防巩固取得了历史性成就。2010年中央新疆工作座谈会召开以来,新疆经济发展及各项社会事业取得一系列新进展。2014年,第二次中央新疆工作座谈会提出新疆"社会稳定和长治久安"的总目标,明确提出要建设"团结和谐、繁荣富裕、文明进步、安居乐业的社会主义新疆"。党的十八届三中全会明确提出,要完善城镇化健康发展机制,推动大中小城市和小城镇协调发展。城市是社会经济发展的重要载体,是实现稳疆兴疆总体目标的重要抓手,更是实现新疆跨越式发展的重要阵地。库尔勒市地处南疆,是新疆巴州的中心城市。作为全疆城镇化的先导城市,库尔勒紧紧围绕"始终把推动科学发展作为解决一切问题的基础",在城市科学发展方面取得了令人瞩目的成绩,探索出"创新驱动、四化同步、城乡一体、

科学发展”的城市发展模式。

乘风破浪正有时，国家新一轮改革开放全面启动，深化西部大开发、新型城镇化、向西开放、沿边开放等战略部署，"一带一路"开放战略的全面、深入铺开，为库尔勒等西部内陆地区的发展提供了前所未有的新机遇、增添了新内容。新疆新一轮发展的大幕已经拉开，库尔了也将全面进入发展快车道。城市发展需谋定而后动，维吾尔语中"库尔勒"意为"眺望"，此释义用于理解库尔勒城市"志高方能致远"的科学发展模式，颇为恰当。新时期，库尔勒城市发展应沿袭其名之义，坚持在传承中突破创新，加快实现城市发展方式转变，以前瞻性、现代化的城市发展理念，走出一条符合自然规律、经济规律、社会规律和城市发展规律的独特的城市发展道路，实现城市的全面发展、协调发展、可持续发展。

一　库尔勒科学发展模式的内涵

库尔勒设市于 1979 年，城市发展始终紧跟着国家改革开放脉搏一起跳动，是呈现了西部地区、民族地区 30 多年改革开放的一个缩影。自设市以来，库尔勒市牢牢把握住南疆铁路通车、塔里木石油大会战、西部大开发战略等历史发展机遇，大力实施优势资源转换战略，城市发展取得了显著成绩（见表 1 - 1）。先后荣获国家卫生城市、国家园林城市、中国人居环境范例奖、首批中国优秀旅游城市、全国双拥模范城五连冠等 50 多项国家级荣誉称号，是西北地区唯一蝉联的"全国文明城市"。2013 年，成为全国可持续发展实验区、全国发展改革试点城市、国家智慧城市试点市、中欧绿色智慧城市合作项目试点城市、在中国中小城市综合实力百强县位列第 58 名，荣膺 2013 年度中国十佳"两型"中小城市。2013 年底，库尔勒城镇化率达 73%，主城区实际居住人口已近 70 万人，城市进入全新、全兴发展阶段。在新疆大建设、大开放、大发展的大背景下，库尔勒人坚持继承、发展、创新的原则，正朝着"建设新疆重要的现代化区域中心城市"的目标大步迈进。

表 1 - 1　1979～2013 年库尔勒经济社会发展成就

类　别	1979 年	2013 年	增长幅度（倍）
生产总值（亿元）	12.41	653	53
地方财政收入（亿元）	0.07	50.68	724
农牧民人均纯收入（元）	75	15057	201
城镇居民人均可支配收入（元）	180	20369	113

回顾库尔勒城市繁兴历程，科学发展的外延和内涵在此得到不断拓展，"创新驱动、四化同步、城乡一体、科学发展"成为库尔勒发展的真实写照。

（一）创新驱动——城市转型发展的动力机制

"创新驱动是大势所趋"。对城市发展来说，广义的"创新驱动"包括理念创新、制度创新、管理创新、文化创新和技术创新等内容。自成立以来，库尔勒城市发展的脉络，始终贯穿着对城市发展理念的深刻理解和传承，以城市发展理念创新为引领，以城市空间形态、综合功能和管理模式创新为支撑，以区域创新体系建设为核心动力，重构城市发展的动力机制，不断探索体现自身优势、特点突出的城市转型发展道路。

1. 以城市发展理念创新，引领西部、民族地区城市现代化发展模式

以绿色城市理念推动城市发展的生态化、绿色化、低碳化，实现社会、经济与自然的协调发展。库尔勒在城市发展中融入生态文明的先进理念，坚持"环保优先、生态立市"，立足国家可持续发展实验区新定位，始终关注生态环境保护、资源节约和质量效率与城市发展方式的融合，在城市功能定位、空间形态构建、产业布局、城市管理等各个方面始终体现"生态建设、绿色发展"核心理念。同时，不断推动生态保护与城市建设的完美融合，积极打造现代生态花园城市新格局，实现了"园在城中"向"城在园中"转变，将生态建设成果由城市外围向居民生活空间拓展，由水、林、山等单领域生态空间建设向大生态体系拓展，由生态环境改善向宜居、发展环境拓展。不断创新资源能源利用方式，通过"三河贯通"棚户区改造工程等生态工程改善城市人居环境。实施"绿化、净化、亮化、美化"城乡环境综合整治工作，推进重点领域节能减排，建立城乡清洁高效的能源供应和使用体系，以新型资源观和资源管理观推动资源开发可持续发展。

以智慧城市理念引领城市发展的智能化、信息化，实现智力资源、信息技术、科技技术与城市经济社会发展深度融合，更加注重创新驱动和知识经济，建立以科教人才为支撑、智慧产业为主导的经济结构。库尔勒被列为"中欧绿色智慧城市合作"中方试点城市[①]和国家首批智慧城市试点城市，被自治区科技兴新领导小组确定为自治区创新型试点城市，被科技部批准为国家可持续

---

① 中欧绿色智慧城市合作中方试点的15个城市中，西部地区仅有成都和库尔勒两市，西北五省仅库尔勒一个城市。

发展实验区，智慧城市建设走在全国前列。目前，已编制完成《智慧库尔勒总体规划（2013～2015年）》，开展实施"12345"工程，启动了30余个改善经济、服务民生的智慧项目，19个智慧城市应用项目已上线运行，2013年启动库尔勒市政务云IDC中心建设。同时，推动新型工业化与信息化融合，自主创新能力不断提升。

以人文城市理念强调城市发展的文化和人本价值取向，更加突出文化传承与创造、社会建设和民生改善的城市内涵。库尔勒作为中国古代丝绸之路的交通要冲，融合了各民族不同发展时期的历史文化、宗教信仰和民风民俗，拥有深厚的文化底蕴和神奇独特的人文资源。同时，作为新丝绸之路的现代文化汇集地，是全疆文化圈的重要文化点。基于此，库尔勒在城市发展上注重城市人文资源保护、创新人文资源的利用，将香梨文化、东归文化、石油文化、军垦文化、胡杨文化、西域文化内化作为城市独有的价值内涵，均外化为具有库尔勒印记的城市人文空间和载体。同时，以建设"百姓幸福感更高城市"为中心城市发展的主线，探索建立幸福指数评测体系，注重居民生活环境、人文环境以及文化心态、文化素质的综合化培养，推动城市发展从经济型城市化向人文城市化转变。库尔勒的人文城市理念，旨在把城市建设成为历史底蕴深厚、时代特色鲜明的人文魅力空间，不仅是对城市历史文化的尊重和传承，更为城市文化新发展提供足够的空间，避免过度管理限制城市文化发展，以及盲目满足所谓现代城市发展需要而抹去宝贵的城市文化印记。库尔勒人文城市理念的精华是"人民城市人民建，人民城市人民管，人民城市人民爱"的现代化城市文化思想，事实上，这就是以人为本的精髓。

2. 以城市空间形态创新，推动城市要素的高效合理布局

城市空间形态是城市发展的"骨架"，是城市各要素高效合理布局的基础。在《库尔勒市城市总体规划（2012～2030）》中提到城市发展空间形态"以中心城市和外围三镇为重点，走集中式的城镇化发展道路"、"根据不同的资源环境条件、生态状况和经济社会发展水平，实行类别化的分区城镇化策略"，集中体现了库尔勒在城市发展中注重城市外观形态、组成结构的创新。具体表现为"一城多极、整体提升"、"大分区、小综合"的城市空间发展理念，基本形成了空间结构紧凑、功能混合有序、景观特色协调多样的城市空间构架。

从城市外观形态来看，库尔勒改变过去集中发展某一区域，由单一区域向外辐射的"单极"发展模式，转变为多个"发展极"积聚发展实力和活力，组团式发展的模式。在库尔勒中心城市发展空间上，通过组团式布局，构建以"大库尔勒"为核心，区域特色明显、基础设施共享的组团式发展新格局。将城镇体系空间格局定为"两带七组团"①，从城市组成结构和功能来看，库尔勒注重各大分区差异化组团的内部建设，科学规划分期建设商业、办公、休闲、居住、医疗、文化教育等基础设施，结合人的活动规律，以3公里左右为服务半径，布局"一城三区，一区两核"，引导人流、物流的相对合理流动，完善组团的核心带动功能，避免分区大而空。目前，库尔勒中心城区内老城区、南市区、开发区三大组团的龙头带动作用不断增强（见图1－1）。

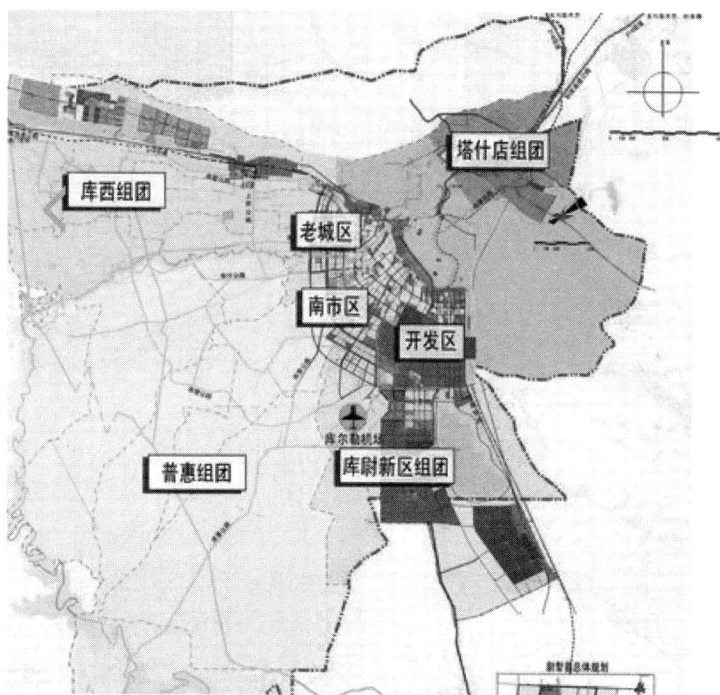

图1－1 2010～2030年库尔勒城市组团式布局规划示意

3. 以城市功能和管理模式创新，提升城市综合功能和管理现代化水平

库尔勒市将城市发展功能定位为"三山三带三组团，六轴六廊六绿心，

---

① 两带七组团：国道314沿线北部城镇、新青铁路沿线东部"两个发展带"和老城区、南市区、开发区、塔什店、普惠、库西、尉犁"七个组团"。

三核九极六载体"，发挥城市生态环境的景观功能、经济功能、社会环境效能等综合效应，构建了以生态、生产、生活服务功能为核心的城市综合服务功能体系。以"三山三带三组团"工程打造城市整体生态景观功能，即以霍拉山、库鲁克山、龙山"三山"为屏障，以老城区、南市区、开发区"三大组团"为龙头，提升孔雀河、杜鹃河、白鹭河三个滨河休闲风光景观带工程的效能。以"六轴六廊六绿心"工程打造生态花园城市宜居生活功能，坚持水绿结合，以绿为主，以水为脉，以文为魂，以人为本，把生态建设成果由城市外围向居民生活空间延展。以"三核九极六载体"工程，全面提高城市经济层次、产业能级、社会文明和现代化管理水平。

创建了覆盖城乡居民的社会管理和服务模式。加强和完善了基层社会管理和服务体系，城乡社区自治和服务功能不断增强，构建了新型社区管理和服务体制。加强和完善公共安全体系，健全了食品药品安全监管机制，建立安全生产监管体制，社会治安防控体系和应急管理体制不断完善。建立了数字城管中心，统筹市政基础设施、公用事业、交通管理、废弃物管理、市容景观管理、生态环境管理等众多子系统，使城市管理向数字化、信息化、智能化转变。在制度建设方面，始终突出"人的城镇化"，利用"全国发展改革试点城市"和"自治区统筹城乡综合配套改革试点市"等契机，推动社会管理改革，分解落实各项任务，加快综合服务功能和辐射带动作用"两大提升"。

在库尔勒，创新社会事业的发展模式有三个重点：一是加强和完善基层社会管理和服务体系，把人力、财力、物力更多投到基层，努力夯实基层组织、壮大基层力量、整合基层资源、强化基础工作，强化城乡社区自治和服务功能，健全新型社区管理和服务体制。二是加强和完善公共安全体系，健全食品药品安全监管机制，建立健全安全生产监管体制，完善社会治安防控体系，完善应急管理体制。三是加强和完善思想道德建设，持之以恒加强社会主义精神文明建设，加强社会主义核心价值体系建设，增强全社会的法制意识，深入开展精神文明创建活动，增强社会诚信。

4. 以区域科技创新体系建设，推动城市经济发展方式转变

长期以来，库尔勒市高度重视科技进步与创新，坚持"抓科技就是抓经济，抓创新就是抓发展"理念，不断深化创新型城市建设：一是积极推进区域创新能力建设，逐步建立健全适应创新、创业的机制和社会环境，完善以企业为主体、市场为导向、产、学、研和技术推广组织相结合的技术创新体系和科技服务体系；二是增强区域性、特色性产业技术自给能力，以适应本地经济需求和社会发展为出发点，在技术引进的基础上，为区域性、特色性产业（经济）发展提供技术支持，推动产业升级；三是加强科技创新的典型示范和带动作用，以创新型企业、科技示范工程为重点，积极推进高新技术改造地方传统和特色产业，逐步提高产业整体创新水平，推动经济转型和创新发展；四是进一步强化政府对创新型发展的决策研究、政策引领、宏观指导和服务协调作用。目前，库尔勒已初步构建了区域科技创新体系，争取并实施了国家、自治区重大科技计划项目37项，先后获得"全国科技进步先进市"、"全国科技进步示范市"、"国家可持续发展实验区"、"全国科普示范市"、"国家知识产权试点城市"和"自治区创新型试点城市"、"自治区制造业信息化示范城市"、"自治区县市党政领导科技进步目标责任制先进集体"等称号。

（二）四化同步——城市全面、协调发展的战略抉择

党的十八大指出，要推动信息化和工业化深度融合、工业化和城镇化良性互动、城镇化和农业现代化相互协调，促进工业化、信息化、新型城镇化、农业现代化同步发展。在实践中，库尔勒结合本地实际，以新型城镇化为先导、以新型工业化为支撑、以农牧业现代化为基础、以信息化为驱动和以基础设施现代化为保障，推动"四化同步"，逐步找到了一条区域中心城市全面、协调、可持续发展之路。

1. 以智慧城市、创新型城市建设为重点，推动信息化和工业化深度融合

库尔勒结合智慧城市和创新型城市建设，不断推进信息化和新型工业化的融合发展：一是大力推进制造业信息化。用信息技术提升和改造传统产业，实施制造业信息化工程。市政府命名了15家示范企业，作为工业化与信息化融合试点企业。二是实行产学研结合道路，加强信息化应用技术攻关，为制造业信息化工程提供更加坚实的技术支撑。市部分企业通过与新疆农业大学、新疆大学、石河子大学等高校合作，充分发挥高校、科研院所的技术、人才优势，通过政府科技项目引导，使高等院校和科研部门的技术支持及服务与企业的积极参与有效结合起来，建立起有效的制造业信息化产、学、研结合推进机制。三是进一步加强组织协调和服务。通过政策引导、项目扶持等方式，帮助企业开展制造业信息化建设。积极向上级部门申报各类信息化项目，争取资金和政策支持。目前，全市实施工业信息化范围涵盖了制造业的大部分行业，包括传统的工业、农业、机械制造、建材和能源企业,也有新兴的生物、医药制造企业。企业普遍重视信息化的硬件建设,实现了全市企业互联网全覆盖,拥有网站的企业占开展信息化建设企业总数的 70% 以上,财务及管理类软件推广应用覆盖率达 100%。工业企业先后进行了"计算机辅助设计(CAD)"、"企业资源计划系统(ERP)"、"产品数据管理(PDM)"、"产品生命周期管理(PLM)"的初步运用,为数字化设计、制造一体化技术和生产、经营管理信息化集成技术的推广应用打下了基础。

2. 以产城融合为目标,推动工业化和城镇化良性互动

城市综合功能与产业转型升级的融合是工业化和城镇化良性互动的关键。库尔勒在推进城镇化过程中,突出产业集聚与人口集聚的良性互动,实施产业集群化、园区化发展,不断加强城市基础设施配套建设,扩大城镇承载能力(见图1-2)。按照"依市建区、以区强市,产城结合、业居统筹"的建设方针,利用自治区巴州-阿克苏特色产业聚集区建设机遇,把"产业功能"和"城市功能"有机结合起来,充分发挥产业园区在产业发展空间拓展、城市空间优化方面的作用。沿国道 218 和 314,布局建设了塔什店循环经济产业园、上库综合产业园与库尔勒经济技术开发区,初步形成了"一主两翼"互为补充、错位发展园区发展格局。2012 年,库尔勒经济开发区上升为国家新型工业化产业示范基地。2012 年实现总产值 117 亿元,比 2009 年增长 134%,入驻企业达 637 家。

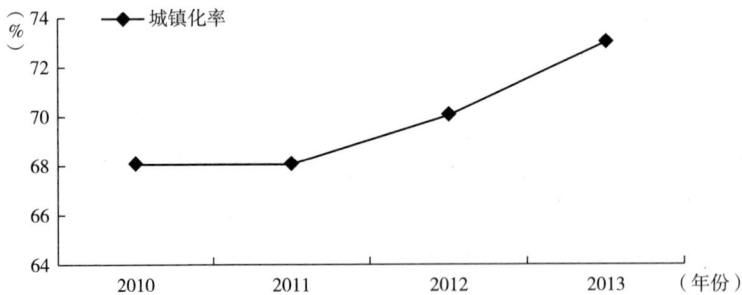

图 1-2　2010~2013 年库尔勒城镇化率

3. 以提高农牧民收入水平为抓手,实现新型城镇化和农业现代化相互协调

农业现代化与城镇化相互协调,必须坚持工业反哺农业、城市反哺农村的发展思路,改变传统的农村土地、资本、劳动力等生产要素单向流动的发展模式，带动城市资金、技术、信息、人才等现代生产要素向农业农村领域延伸。近年来，库尔勒推进农业产业化、规模化经营，逐步转变传统农业生产与经营理念和模式，推动农业企业化发展，实现农业与市场经济接轨。探索出一条高产高效、品质优良、绿色有机、加工精细的现代农业发展道路。目前，库尔勒已经形成一批区域化布局、专业化生产的优势基地，逐步形成了香梨、棉花等农产品生产、加工、销售一条龙的产业群，基本形成了"南棉北梨，近郊蔬菜"的区域性格局，农业支柱产业布局日趋合理，对农牧民收入的影响较为显著（见图1-3）。涌现出一批规模化的农业龙头企业和农民专业合作经济组织，农民专业合作社农产品产销服务顺利开展，"农社对接"、农超对接成效显现。同时，加大对农业科技支持，近两年累计支持新疆农业大学合作科技项目12个，组织开展了"百名科技特派员进村入企活动"，通过技术服务协议等形成联合技术推广部门开展全过程技术服务工作。2012年，55家规模以上农产品加工业完成营业收入652352万元，占全市农产品加工企业营业收入的99.6%。截至2013年底，库尔勒市共注册登记农民专业合作社310家，较2012年增加61.36%，合作社成员数6412人，带动农户数6319人。国家级、自治区级、州级重点龙头企业分别达到3家、11家、10家。据统计，加入合作社的农民人均纯收入较未加入的农户高出500至3000元不等，农牧民人均纯收入连续三年增收超千元，保持两位数增长，农牧民人均收入水平高出新疆平均水平（见图1-4）。

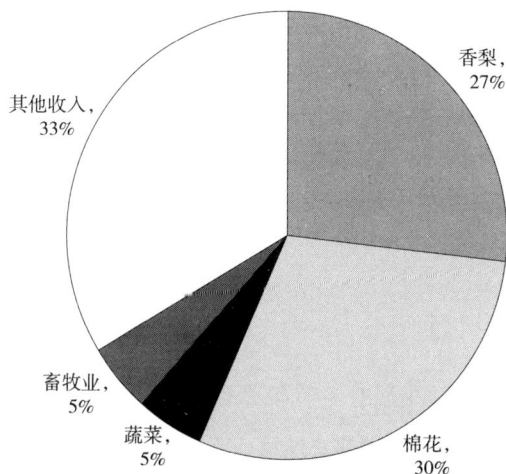

图1-3 2013年库尔勒四大农业支柱产业在农民人均收入中的占比

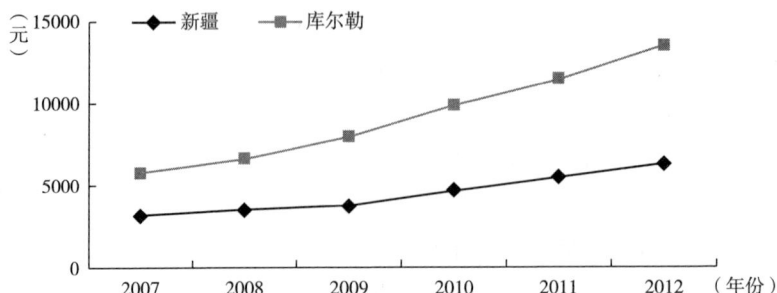

图 1-4 2007~2012 年库尔勒农村居民家庭人均纯收入水平比较

(三) 城乡一体——新型城镇化的现实路径

库尔勒市坚持以城乡一体发展推进新型城镇化，以统筹推进城乡规划、产业发展、基础设施、劳动就业和社会保障、公共服务、社会管理"六个一体化"为目标，着力推进土地管理和使用制度、户籍管理制度、公共财政管理体制、投融资体制、行政管理体制、社会管理创新"六项改革"，破解城镇化过程中城乡行政分割、要素流动障碍、发展机会不公平等问题。目前，库尔勒在全疆率先建立和完善了统筹城乡综合配套改革的政策体系，探索出一条"以城带乡、以乡促城、城乡结合、优势互补、共同发展"的城乡一体化发展道路，基本形成现代城市和现代农村和谐交融的新型城乡形态。

1. 统筹城乡规划，破解城乡行政分割障碍

库尔勒在统筹城乡发展过程中，重视顶层设计、坚持规划先行，通过科学编制城乡总体规划、土地利用总体规划、城乡结合部控制性详规、综合交通枢纽规划，实现老城区、南市区、开发区无缝对接。目前，已完成《库尔勒市近期建设规划（2011~2030 年）》、《库尔勒市市域城镇体系规划（2006~2025）》、村庄布点规划和乡镇总体规划。重点编制完成老城区、南市区及棚户区改造小区控制性详细规划，完善了水系规划整合及市政公共服务设施规划设计。编制完成《库尔勒市"十二五"住房保障规划》、《库尔勒市道路交通规划》等各类专项规划。控制性详细规划覆盖率达 100%，备案率达 100%，全面实现城乡发展规划一体化。

2. 统筹城乡产业发展，实现资源要素效用最大化

库尔勒统筹城乡产业布局，形成了"城内以第三产业为主、园区以第二产业为主、城市外围以城郊农业为主"的产业发展格局，实现城乡产业与工业化相配套、与城镇化相协调、与城乡居民需求相适应。库尔勒被确定为自治区现代农业示范区,形成了"香梨、棉花、农区畜牧业、设施农业"四大支柱产业,农牧业现代化水平不断提高。设施农业和农民专业合作经济组织数量不断增加,特色养殖产业实现规模化发展。同时,库尔勒将现代服务业作为优化经济结构、拓宽就业门路、增强综合实力的重要突破口,不断提高生活性服务业档次,拓宽生产性服务业领域,消化进城农民就业需求,城市产业支撑力不断增强。在推动南疆金融中心、全疆重要的物流集散地、旅游集散地建设的过程中,不断加快人流、物流、资金流、信息流的聚集。目前,苏中农产品物流园等大型物流园项目已经入驻,南疆特色产品集散中心、汇锦棉花物流园等物流企业的规划建设已经启动,"西果东送"农产品现代流通综合试点建设项目实施。

3. 统筹城乡基础设施建设,不断提高城市综合承载力

库尔勒坚持将基础设施现代化作为城乡统筹发展突破口,以路、电、水、气、热、网络公共设施,以及教育、医疗卫生、科技、体育、文化等社会事业即社会性基础设施为重点,基本实现城乡基础设施的一体化。

完善立体交通、物流网络。一是构建城市间立体化交通网络。充分利用区位优势,以自治区综合交通枢纽建设示范市为契机,建设集公路、铁路、航空、管道"四位一体"的国内综合交通枢纽,基本形成了"城区内一刻钟上高速、域内半小时通达、周边一小时经济圈、疆内外四小时联系圈"的区域交通网络布局,连通南北疆和自治区向东出疆通道上的现代化交通枢纽地位日益巩固。目前,库尔勒已列入自治区国家级交通枢纽重点市之一,区域人流、物流、资金流、信息流集散中心的地位已逐渐形成,城市辐射的广度和深度显著增强。二是构建城乡一体化交通网络。实施了城乡道路、桥梁、路灯等基础设施建设工程,为城乡一体化发展提供了有效载体。目前,全市共有105条164公里城市道路、53座桥梁、4.2万盏路灯,极大地促进了新城区、老城区、开发区以及恰尔巴格乡、铁克其乡、英下乡等区域的对接,加快形成了区域循环路网,为各城区和近郊各乡互通集群提供便利的交通条件。

改善人居环境。一是改善城乡结合部、近郊三乡人居环境。在近郊三乡合理地设置统一环卫设施,并安排专门环卫监察员和清洁工负责农村道路的清扫保洁工作。实行网格化管理,实现了城乡市容环境卫生管理"横向到边、纵向到底、协调联运、无缝对接",切实改善近郊三乡以及城乡结合部的环境卫生状况。二是改善城乡居民生产生活条件。以房屋征收工作为突破点,保障基础设施建设、公共事业、保障性安居工程建设以及城中村、棚户区改造等公共利益项目的顺利实施,不断改善城乡环境,增强城市承载能力,提升城市品位,加快解决中低收入人群的住房困难问题。同时,落实社保、就业、教育、医疗等一系列政策,让房屋被征收群众共享改革发展成果。通过实施"三河贯通"①棚户区改造工程一期、二期以及城市园林绿化建设,推动生态花园品牌建设。近几年,库尔勒市共完成城中村、棚户区改造8个,新建安置小区已入住11个。其中,"三河贯通"工程结合景观工程和两个城市新片区的建设,完成了250万平方米左右的城市棚户区和城中村改造,让10000户左右的农村和城市居民住上了干净整洁的楼房,改善了居住环境,实现了民生效益、社会效益和城市品质综合提升。

大力推动城市公共项目建设。着力建立城乡清洁高效的能源供应和使用体系。大力完善供水基础设施,全力提升供水保障能力。目前,全市供水管网达到480公里,供水人口达到57万人,市区供水普及率达98%以上,水质达标率达100%。建立完善的排水和污水处理体系,基本消除城乡水环境污染。2011～2013年,库尔勒共投入9466万元资金进行城市排水系统改造,2014年计划投入1.4亿元资金加大改造力度。提高集中供热水平,建成一批集中供热点,满足城市热负荷发展和环保需求,供热面积和经营规模不断扩大。全市供热站由1个增加到8个,带供面积由10余万平方米扩展到836.7万平方米,换热站从无发展到112个,供热能力达606.7兆瓦,服务覆盖全市6.13万户。目前,全市集中式饮用水基本覆盖,生活垃圾集中收集率稳步提高,近郊乡镇天然气管网全覆盖,远郊乡镇通过使用沼气、液化天然气等不断提高清洁能源比例,农牧民的生活环境和生活质量不断改善和提高。

4. 统筹城乡管理体制改革,推动基层治理体系和治理能力现代化

作为全疆城镇化先导城市,库尔勒不断推动社会管理创新,破解农民市民化难题。流动人口服务管理工作成效显著,2008年,库尔勒成立了流动人口管理办公室,提出了市、乡镇(街道)、社区(村组)"三级网络三级机构",在全市25个乡、镇(场)、街道均设立了流动人口管理办公室,各社区(村组)设立了流动人口管理站,提高了流动人口管理的针对性和有效性。同时,

---

① 该工程规划用10年时间分三期建设,建成后河道长10公里,绿道长20公里。通过河道建设规划了上水城、生态城、幸福城三个片区,把新老城区连在了一起。

建立了流动人口服务管理信息平台，在全市主要乡、镇（场）、街道开通 VP-DN 专用通道 71 条。并探索了出租房屋分级管理制度①，出台了《库尔勒市出租房屋四色评分管理办法（试行）》，并制定了相应的奖惩制度②。"村改居"进程加快，在集中连片农民安置小区基础上引入城市社区管理模式，实行社区化管理，增强社会化服务功能，建立和完善新型社区组织体系和运行机制。组织开展"城中村"与城市社区的横向交流，城乡基层党组织互动联建工作顺利推行，城乡社区社会治理创新局面基本形成。

5. 统筹城乡社会事业发展，保障发展机会公平

实施积极的就业政策，促进城乡劳动力充分就业。制定了《库尔勒市被征地农民就业培训暂行办法》，将被征地农民纳入全市就业服务工作体系。强化培训和就业扶持援助政策落实，着力对城乡待业大中专毕业生、"村改居"人员、升不上学的初高中毕业生、农村富余劳动力有计划、有针对性地集中开展免费培训。多渠道多层次开发公益性岗位，促进重点人群特别是零就业家庭、少数民族大中专毕业生和被征地农民就业。对接市域内企业妥善安置培训合格的被征地农民，同时建立了以灵活就业和自主创业为主的就业机制。创新"楼房+门面"、就地安置、被征地农民养老保险、公益性岗位优先就业等惠民安置政策，妥善解决被征地农民安置问题。近三年，妥善安置被征地农民近 2 万户。2013 年，全市新增城镇就业人数 8710 人，城镇登记失业率为 3.1%。

完善多层次、高质量、适度普惠型的民生保障支撑体系。库尔勒不断完善以"五险"为主要内容的社会保险机制，社会保障扩面提标，城乡 60 岁以上老人全部纳入城居保和新农保，各项社会保险参保人数达到 59.38 万人次。不断提高城乡居民低保标准，重点优抚对象减免 9 项医疗费，享受"一站式"

---

① 出租房屋分级管理制度：根据"旅业式"、"物业式"、"单位式"出租房屋治安实际状况，制订出租房屋编码卡，将出租房屋划分为绿色（模范户）、黄色（一般户）、橙色（关注户）、红色（隐患户）4 个色别，坚持"统一领导、属地管理、管理与服务相融、行业管理与综合管理相结合"的原则，实行村（社区）登记、乡镇（街道）核验、建设（房产）部门备案制度。各乡、镇（场）、街道出租房屋综合管理机构成员对辖区内出租房屋按照《办法》要求进行四色评定，逐级申报四色评定领导小组审核。在开展出租房屋清查整顿时，根据出租房屋的不同色别，有重点、分层次进行。

② 奖惩制度：对绿色（模范户）出租房屋，作为治安管理先进予以表彰和宣传，对被评为红色（隐患户）的出租房屋一律作为不合格出租房屋，由公安机关发放整改通知书限期整改，整改不到位的依法予以处罚直至关门停业。

即时结算服务。实行城乡一体化的就业登记和失业统计制度。在全疆率先启动被征地农民养老保险工作，并启动了农牧民群众重大疾病保障项目，建立新型农牧区合作医疗大病救助基金。高度重视被征地拆迁农民征收安置和安居富民工程。大力实施"城中村"、棚户区改造工程，集中建设农民安置小区、农民就业安置市场、人力资源市场。深入推进安居富民、定居兴牧工程。保障性住房建设由特困家庭向低收入家庭扩展。

（四）科学发展——"以人为本"城市发展的根本宗旨

人的城镇化是现代城市发展大势所趋，是城市发展的根本目的。要实现新疆地区"社会稳定和长治久安"总体目标，其中最关键因素是人的发展和环境的可持续，这也是库尔勒科学发展的基本宗旨。作为西部地区、民族地区极具代表性的城市，库尔勒城市发展始终坚持以人为本，将百姓幸福作为经济社会发展首要目标，并将资源环境可持续作为经济社会协调发展的基本要求和重要基础。

1. 始终坚持民生优先的发展理念，实现以百姓幸福为目标的经济社会协调发展

库尔勒深刻认识到人民群众是城市的主体，坚持把建设"百姓幸福感更高城市"作为中心城市发展的主线，突出保障和改善民生在中心城市发展建设中的重要性，着力提高居民的安全感、舒适感、自豪感、认同感，真正调动人民群众积极主动的参与热情。

民生优先体现在城乡收入水平的不断提高，提高居民舒适感。库尔勒高度重视社会事业的基础作用和民生效应，把群众关注的收入、就业、住房、看病、上学、出行、办事等方面存在不均衡的"七难"问题作为重点，注重城市承载力与人口规模的同步扩张，集惠民政策、本市财力、对口支援项目资金之力，保持民生领域投入不低于财政支出的80%，加大公共基础设施建设，逐步缩小城乡教育、医疗、文化、居住环境等生产生活方面的差距，促进社会公平。连续三年实施了20类50项、22类60项、25类112项重点民生工程。着力解决涉及群众最直接、最关心的住房保障、公共基础设施建设、扶贫帮困、基层组织建设、"菜篮子"、生态建设、棚户区改造、社会保障、教育、医疗、交通等民生问题。长足发展的社会事业和良好的居住环境不仅得到了本市群众的认可，更吸引了市域外的人到梨城安家落户。

民生优先体现在城市文化的以人为本，提高居民自豪感。多年来，库尔勒市紧紧抓住有利的政策优势、独特的区位优势、坚实的先发优势，不断提高城市的知名度和美誉度，先后获得 50 多项国家级荣誉，成为全市各族人民群众引以为豪的荣誉和无形资产。以"爱国爱疆、团结奉献、勤劳互助、开放进取"的新疆精神为感召，深入开展"热爱伟大祖国、建设美好家园"主题教育活动。更加注重人民群众的满意度，让各族群众成为建设百姓幸福感更高城市的推动者和受益者，形成以热爱家乡为傲、以建设家园为责的宝贵精神财富。

民生优先体现在民族团结和谐，不断提升居民安全感。库尔勒市把维护民族团结和社会稳定作为加快发展的基础性工作来抓，坚决贯彻中央和自治区、自治州及市委关于维护稳定的一系列决策部署，创造性地做好维护稳定的各项工作，始终保持对"三股势力"的严打高压态势，加大流动人口服务管理和特殊人群的教育转化工作，坚决遏制宗教极端思想的渗透，形成了军地、兵地、油地团结互助、合力共赢的良好发展优势。针对严峻形势，库尔勒大力推动社会管理创新，建立了以群众工作部为龙头、以群众工作站为纽带、以群众工作室为基础、以群众信息员为前哨的四级群众工作网络，形成用群众工作统揽信访工作的新格局。同时，强化城乡村、社区自治和服务功能，发挥群众参与社会管理的基础作用，最大限度地激发社会活力、增加和谐因素、减少不和谐因素，努力构建和谐有序的社会环境。库尔勒连续多年被自治区、自治州评为"社会治安综合治理先进市"，蝉联自治区"平安市"。

民生优先体现在现代文化引领，提升居民认同感。库尔勒按照自治区党委"以现代文化为引领"的战略选择，坚持以社会主义核心价值体系为引领，用中华民族共有文化价值观，教育和引导各族人民群众有高度的认同感。牢牢把握各民族共同团结奋斗、共同繁荣发展的主题，切实把民族团结进步事业融入政治、经济、文化和社会生活的各个领域，全面贯彻党的民族政策，不断巩固和发展平等团结互助和谐的社会主义民族关系。切实增强各族人民对伟大祖国的认同、对中华民族的认同、对中华文化的认同、对中国特色社会主义道路的认同，以牢不可破的"各民族大团结"促进改革发展稳定。

2. 始终坚持资源开发和生态环境"两个可持续"，夯实城市科学可持续发展基础

创新资源能源利用方式，实现绿色、低碳发展。长期以来，库尔勒积极推动传统能源技术创新和新能源产业发展相结合，努力破解能源供应和利用水平不高难题，在创新资源能源利用方式、破解能源困局方面取得了重要进展。一是矿产资源开发效率不断提高。以技术创新推动矿产资源精细加工，"新疆宝安新能源矿业有限公司的红柱石选矿技术开发及应用"被列入自治区技术创新"双百"工程之一。二是油气开发向深度产业链发展。库尔勒着力推动石油石化、天然气中下游产品的开发利用，最大限度地延伸石油石化及天然气产业链，基本实现基础有机化工、精细化工共同发展，积极打造全疆重要的石油石化、天然气精细加工基地。同时，依托塔里木油田勘探和开采，大力发展油田装备制造业，培育油田技术服务产业，力争建成全疆重要的油田装备制造和技术服务战略基地。三是光热能源利用取得重大进展。以项目推动光热能源利用开发，总投资近60亿元的国电库尔勒热电联产项目落户库尔勒经济技术开发区。目前，中节能太阳能科技库尔勒有限公司一期20兆瓦光伏电站、特变电20兆瓦光伏电站已完工并网发电，汉能光伏电站项目已被自治区发改委核准，中节能二期20兆瓦光伏电站项目正在开展前期工作。

以法律明确资源利用和保护责任，保障自然资源可持续利用。以水资源为例，库尔勒通过立法来保护市域内地表水、地下水等资源的利用，不断完善水资源保护管理体制、生态补偿机制、产权制度、公共参与制度、保护执法工作。2007年，巴州人民代表大会常务委员会通过了《博斯腾湖流域水环境保护及污染防治条例》。2008年，通过了《库尔勒城市饮用水源环境保护管理办法》，明确了水资源保护的基本原则，成为全市调整自然资源保护方面社会关系的指导规范。

创新人文资源的利用方式，探索历史文化资源和新兴文化产业融合发展模式。库尔勒市作为新疆巴州首府，历史文化与现代文化交融，自然资源、历史资源与人文资源的交融，多民族文化的交融，创造了独特的文化资源优势。库尔勒通过现代文化产业运行模式，梳理贯通城市文化脉络，保护和整合宝贵人文资源，积极提升城市旅游综合服务能力和推进旅游品牌体系建设。利用春节、诺鲁孜节、文化遗产日、古尔邦节等传统节假日、重大纪念日，坚持开展春节游园、少数民族传统运动会暨赛马大会、社区文化体育艺术节、诺鲁孜节专场文艺晚会、"非物质文化遗产"展示展演活动，注重保护和发展有地方特色的优秀民族民间文化和传统体育活动。同时，为了提升全国优秀旅游城市的品位，深入挖掘了丝路文化资源，重点修订了铁门关风景旅游区规划，推动铁门关景区改造；推动"梨园民街"项目，规划建设集各民族文化于一体的大型文化旅游风情园；开展了城市欢乐谷项目的前期规划和策划；编制完成库尔勒市旅游产业发展战略规划（2012~2030年）；

开发塔什店北山草原等旅游精品项目，开展天鹅河创建国家 AAAA 级景区工作。2013 年，库尔勒共接待游客 286 万人次，实现收入 10.23 亿元，同比分别增长 16% 和 30%。

创新生态环境保护方式，坚持环保优先、生态立市。一是坚持城市建设过程中的生态环境安全优先原则。大力开展以"绿化、净化、亮化、美化"为主要内容的城乡环境综合整治活动。因地制宜加强了城市生态绿地建设。以植物配置为突破口，建立节水型的城市生态景观绿地；最大限度地提高土地利用率和绿化覆盖率，提高城市森林对空间、土地和光能的利用率。保持自然地形地貌特征，避免进行大规模的地形改造工程。加大力度做好城市环境污染的防治工作，推进城市生态环境建设。强化工业园区的环保标准，加强了环境保护。不断提高全民环境意识，形成了社会环境保护监督机制。完善环保组织机构，加强了政府对环保工作的组织领导。二是农业现代化过程中的生态环境安全优先原则。实施统防统治、节水灌溉、测土配方施肥、秸秆还田、农田保护、清洁生产等工程，减少污染，保护生态环境。2012 年，库尔勒普惠农场实施了清洁生产示范项目。2013 年，普惠农场、普惠乡、普惠牧场、经济牧场、包头湖农场、哈拉玉宫乡、阿瓦提乡 7 个乡场 20 万亩棉田开展农田废旧地膜回收综合治理试点工作，通过推广 0.01mm 以上地膜和实行人工回收、机械回收等方式，逐步减轻农田白色污染现状，确保农业生产安全。全市畜牧业按照减量化、无害化、资源化的要求，建设有粪污无害化处理设施，确保了畜牧业生产安全。目前，库尔勒森林覆盖率提高到 16.3%，2013 年空气环境质量优良率达到 85.2%。

二　库尔勒科学发展模式的成功经验

综观过往，库尔勒城市与改革开放时期同生同长，是中国改革开放的缩影，是西部地区、民族地区城市发展方式转型的缩影。库尔勒作为新疆大建设、大开放、大发展的一支奇兵，为实现全疆社会稳定和长治久安目标探路，为实现新疆等西部后发地区跨越式发展探路。在这一过程中，库尔勒积累了丰富的经验，其中最为重要的是处理好五对关系：资源型产业与非资源型产业的关系；经济发展与社会发展的关系；城乡关系；经济社会发展与生态环境的关系；单体城市发展与城市集群发展的关系。

（一）正确处理资源型产业与非资源型产业的关系

"发展是解决一切问题的基础和总钥匙"①。西部后发地区、民族地区的经济可持续健康发展，关系到均衡区域经济、实现民族和谐、保障生态和能源安全。库尔勒的科学发展模式印证了正确处理发展速度和质量的重要性。

库尔勒是典型的资源型城市，石油资源开发是这座城市发展的重要动力。时至今日，石化相关产业仍然是库尔勒的最主要支柱，80%的工业产值都与这一产业有关。资源是库尔勒的宝贵财富，然而对资源的过度依赖必然会导致经济发展的波动和不可持续。因此，库尔勒市委、市政府以经济质量和效益为原则，合理设定经济发展速度和规模，不断推动经济结构合理化；正确处理科学发展要求与经济基础薄弱、经济结构单一的矛盾，逐步推进经济结构战略性调整和经济发展方式转变；在继续稳定资源型产业的同时，通过基础设施完善和园区建设，拓展传统产业的产业链，同时通过优惠政策鼓励非资源型产业发展，推动战略性新兴产业发展，支持服务业新型业态和新型产业发展，推动优势产业由块状经济向现代产业集群转变，实现产业发展从高度依赖能源资源向多要素支撑转变，扎实推进产业结构转型升级。

在科学的产业政策指引下，库尔勒近三年来经济增长速度保持在年均8%以上，其中非石油开采业获得了更快增长，年均增长在11%以上。2013年，非石油开采业实现了238亿元的国内生产总值，占比超过了36%，对石油开采的依赖程度进一步减轻。非石油开采行业已经成为库尔勒经济稳定器和新的增长点。

（二）正确处理经济发展与社会发展的关系

中国已经进入经济社会深度改革时期，根据构建国家治理体系和治理能力现代化的要求，应及时更新治理理念、深入改革治理体制、丰富完善治理体系、努力提高治理能力。"社会和谐和长治久安"是新疆发展的总目标，是党中央对新疆发展的前瞻性、战略性判断，为新疆新一轮发展指明了道路，也对新疆社会建设和社会治理创新提出了更高的要求。

库尔勒市委、市政府始终将社会稳定、民族和谐放在首位，明确建设"幸福梨城"的施政理念，着力增强群众的安全感、舒适感、自豪感、认同

① 2014年4月，习近平总书记在考察新疆工作时提出。

感。连续四年实施重点民生工程，把对口支援资金主要用于民生项目，集中解决了各族群众在住房、就业、教育、医疗、社会保障等方面反映强烈的突出问题。坚持以现代文化为引领，把"全国文明城市"这一梨城人民引以为豪的"精神财富"融入其中，形成团结拼搏、争先进位的强大合力。

一直以来，库尔勒把建设"百姓幸福感更高城市"作为民生建设的基本目标，着重提高居民的舒适感、自豪感、安全感和认同感，真正触及到了城市经济建设与社会建设同步、协同、交互的深层内容。库尔勒经验表明，应正确处理经济发展与社会发展的关系，扭转社会建设滞后于经济建设的现状，构建适度普惠型民生保障体系，让经济发展成果更多地惠及民生，让社会建设体现经济发展成效；完善社会治理体系，统筹城乡社会管理制度改革，加快形成党委领导、政府负责、社会协同、公众参与、法治保障的社会管理体制，从基层社区治理体系着手，实现自上而下、自下而上的多元交汇共治的局面；丰富社会建设和社会治理的价值目标，以库尔勒等民族地区城市为例，应综合考虑激发社会活力、维持社会稳定、扩大人民民主、实现社会正义等多重价值目标，实现社会管理向社会治理转变，构建适应民族地区特点的社会治理体系。

（三）正确处理城乡关系

城乡之间的发展落差一直是我国城镇化的痼疾，农村城市化、农业现代化、农民市民化仍存在制度性障碍，城市对农村的反哺能力、带动能力和辐射能力不足。由于缺乏城乡一体化规划设计，我国城乡发展形态、城乡产业布局上存在割裂，缺乏城乡公共服务的一体化供给，农村人口未能真正纳入城市发展体系和共享体系中，农民面临失地又失业的风险，使得城市化过程中的城乡发展矛盾愈加突出。党的十八届三中全会明确指出，要"形成以工促农、以城带乡、工农互惠、城乡一体的新型工农城乡关系，让广大农民平等参与现代化进程、共同分享现代化成果。"

库尔勒在统筹城乡发展过程中，紧紧抓住城乡统筹发展的关键环节，突破了三个传统的城乡分割难题，从统筹城乡规划管理入手，解决城乡发展的行政分割问题；从统筹社会管理和社会建设入手，解决城乡发展机会和发展环境不均衡难题；从统筹城乡产业发展入手，提高城乡要素流动和使用效率。把工业和农业、城市和农村作为一个有机统一整体，充分发挥彼此相互联系、相互依赖、相互补充、相互促进的作用，特别是充分发挥工业和城市对农业和农村发展的辐射和带动作用，实现工业与农业、城市与农村协调发展。

库尔勒全面推进统筹城乡综合配套改革试点，逐步缩小城乡差距。提升城乡总体规划管理水平，大力实施乡镇规划，促进城市基础设施向农村延伸、城市公共服务向农村覆盖、城市文明向农村辐射。着力破除阻碍以工促农、工农互促、城乡协调发展的各种束缚，实施"双轮驱动"。一方面把促进有能力在城镇稳定就业和生活的常住人口有序实现市民化作为重要任务，坚持自愿、分类、有序，充分尊重农民意愿，进一步完善落户政策，有序放开落户限制，促进农业转移人口身份改变和生产生活方式转变，让农业转移人口更好地融入城镇。一方面深化农村综合改革，抓好农村集体产权制度改革，充分保障农民集体经济收益分配权；全面开展农村土地确权登记颁证工作，稳步推进农村土地有序流转。尤其是近郊乡镇，要提高城镇建设用地集约化程度，以自治区"完善被征地农民参保制度"为契机，妥善处理土地征用、房屋拆迁等问题，严格按照"四步逐级审批程序"，落实好"四项惠民政策"，切实解决好被征地农民的长远生计。

（四）正确处理经济社会发展与生态环境的关系

传统城市化模式下，我国城市土地高扩张、资源高消耗、污染高排放的粗放式发展，使得城市资源能源紧缺状况日趋明显，生态环境持续恶化，成为制约我国城市健康发展的"硬伤"。2013年年底，中央经济工作会议提出"要把生态文明理念和原则全面融入城镇化全过程，走集约、智能、绿色、低碳的新型城镇化道路"的"八字方针"，为新型城镇化的推进赋予了新的内涵，指明了发展方向。

库尔勒市委、市政府认为，生态环境也是生产力。在经济发展过程中，不断加大对生态环境的投入，龙山生态公园的建设和维护，"三河贯通"工程的大手笔，极大地改善了区域生态环境，改善了群众的生活环境。

库尔勒"生态立市"和"生态优先"原则真正体现了新型城镇化深层内涵，正确处理人的发展要求与自然环境可持续发展关系，突破城镇化与生态环境安全难题，实现了城镇建设与生态建设同步进行。在城市建设中，更加注重城市综合承载力的提高，强调城市社会、经济与自然的协调发展，经济发展与生态环境的深度融合。充分考虑城市综合功能定位，把生态环境建设同周边片区整体开发结合起来、同区域整体功能提升结合起来、同城市长远发展结合起来，做到环境建设与开发同步进行。在城市建设过程中，大力强调环境保护对城市可持续发展的重要性，加强推进城乡生态环境建设和保护一体化进程，设立城市外环生态保护圈、阻止外界污染物进入市区；突出"优化环境、民生优先"的原则，大力推动城市绿化工程，体现以人为本的民生特色；建立健全生态补偿机制。同时，在城市空间和功能布局，产业布局和产业形态中充分考虑生态环境和自然资源的因素，实现城市集约、绿色、低碳、循环发展。

（五）正确处理单体城市发展与城市集群发展的关系

组团式城市群是未来我国城镇化布局和区域发展的主体空间形态，是国民经济发展的重要载体。目前，我国多数城市群的城镇等级结构不合理，中心城市、中小城市、小城镇和较大乡镇之间未能形成网络型的分工与合作关系，部分城市之间仍停留在自然、地缘的连接层面，未形成互动均衡的城市群落化发展格局。应该正确处理单体城市与城市群发展的关系，形成以中心城市、中小城市、小城镇和较大乡镇组成的城市群落发展模式，即所谓的组团式城镇群模式。这种模式，强调大中小城市之间、城乡之间合理的层级结构，形成优势互补、分工明确、合作紧密的城市间网络关系，有利于推动城乡统筹、区域一体化发展。

库尔勒在城市发展过程中，以打造区域中心城市为目标，在巴州层面内，通过库尉一体化，培育大库尔勒城镇组群，基于城市间基础设施、市场要素、信息平台、生态保护、公共服务等方面的无形连接和有形连接，与巴州各级城镇群构成有机的关联体，形成大中小城市相间、城市与乡村相间的现代城市群落。在全疆层面内，库尔勒市列入南疆铁路城镇发展轴，与吐鲁番、阿克苏、喀什形成南疆城镇集群，旨在通过交通骨架串联周边城镇，形成城镇组群，实现以城镇群体的力量参与大区域的协作与竞争，增强区内城镇参与的整体竞争力。库尔勒在南疆组团式城镇群中具有举足轻重的作用。按自治区城镇规划体系的要求，库尔勒应打造成为新疆的副中心城市，应成为南疆区域的中心城市。

三 库尔勒科学发展面临的形势与应对思路

"把握机遇、顺势而为"，这是库尔勒30多年快速发展的宝贵经验，更是未来几十年库尔勒实现跨越式发展的重要精神支柱。因此，库尔勒不仅要深入认识城市发展面临的新机遇、新挑战，更要科学谋划城市未来发展的新思路。

（一）库尔勒科学发展面临的形势

1. 把握面临的重大机遇

（1）把握新疆新一轮大建设、大开放、大发展带来的重大机遇

随着中央新疆工作座谈会、全国对口援疆工作会议的召开，新疆进入了大建设、大开放、大发展的新的重要历史战略机遇期。2014年，第二次中央新疆工作座谈会在北京举行，制定了《关于进一步维护新疆社会稳定和实现长治久安的意见》，进一步明确了新疆工作的指导思想、基本原则、目标任务、主攻方向和政策措施。围绕新疆社会和谐和长治久安的总体目标，中央强调将加大对新疆发展的支持，并将从国家层面进行顶层设计，实行特殊政策，打破常规，特事特办，推动南疆发展。库尔勒过去30多年的发展历程，真正体现了"现在是新疆经济社会发展最好最快的时期之一，是全疆各族人民群众得到实惠最多的时期之一"的具体判断。从全疆层面来看，库尔勒是自治区重点建设的三大中心城市之一。并且随着库尉一体化的深入，大库尔勒城镇群和南疆城市群的发展，库尔勒将在稳疆兴疆的新一轮发展浪潮下，实现新的跨越式发展。

（2）把握"一带一路"开放战略带来的重大发展机遇

随着"丝绸之路经济带"和"海上丝绸之路"战略（简称"一带一路"）的实施，我国与经济带上的国家和地区将在多方面展开深入合作，将为我国构建向西纵深的国际经济、社会、文化合作战略带，形成战略互补性的国际大通道。新疆，地处古丝绸之路的核心地带。建设丝绸之路经济带，新疆既是桥头堡，又是核心地带。"要抓住这个历史机遇，把自身的区域性对外开放战略融入国家丝绸之路经济带建设、向西开放的总体布局中去。"① 库尔勒位于欧亚大陆和新疆腹心地带，是丝绸之路西行进入沙漠前的重要一站，也是丝绸之路上中道东行走出沙漠后的第一个重要站点。作为南疆经济发展速度快、带动力强的经济中心，库尔勒将在全疆发挥连接南北、贯通东西的重要作用，有望成为新丝绸之路的重要战略节点。"一带一路"战略将助推以库尔勒等核心城市发展为主要内容的新疆新一轮发展，也有利于建立我国西部经济发展的直接外部依托，拉动我国经济发展布局重心从沿海向西部转移。库尔勒可以借助喀什、伊犁设立沿边经济特区的机会，参照发展沿海经济特区的相关特殊政策，

---

① 2014年4月，习近平总书记在新疆考察工作时提出的明确要求。

增强集聚和辐射能力，进而带动南疆城镇群的形成，以点带面，助推南北疆区域发展一体化，将在整个"一带一路"的发展中大有作为。

（3）把握沿边战略、向西开放战略、新亚欧大陆桥带来的重大机遇

国家"十二五"规划明确提出，要协同推动沿海、内陆、沿边开放，形成优势互补、分工协作、均衡协调的区域开放格局。沿边开放、向西开放成为我国全方位对外开放的重要战略举措。新疆地处亚欧大陆腹心地带，处于从朝鲜到中西亚的大弧形区域中心。周边与8个国家接壤，有33个沿边县市，是联系世界"三大洋"、"四大经济增长极"的地理中心区域，是我国西部面积最大、边界线最长、毗邻国家最多、沿边开放口岸最早最多、边境贸易最活跃的一个省区，自然成为对外开放的战略高地和进军中西亚、欧洲的前沿阵地。新亚欧大陆桥更是为新疆向西开放提供了更为完善的交通条件，为新疆优势资源转换战略的实施构筑了基础平台，为新疆外向型经济的发展提供了新的选择。库尔勒市地处新疆的腹心地带，面向中亚、西亚的经济走廊，区位优势、人文优势、交通优势相对明显，是南疆的桥头堡，在新疆向西开放、沿边开放战略中处于核心地位。在未来发展中，库尔勒与喀什、霍尔果斯、和田等城市将构成向西开放的集聚地，将为打通我国和中亚、西亚关系发挥重大作用。应该说，向西开放、沿边战略对提升库尔勒经济地位、城市功能具有极大拉动作用，对城市未来发展具有深远影响。

（4）把握新一轮西部大开发带来的重大战略机遇

前十年的西部大开发为西部实现跨越式发展打下坚实的基础，取得了重大成就。进入"十二五"时期，深入实施西部大开发战略仍被放在区域协调发展总体战略优先位置。《西部大开发"十二五"规划》明确了2020年西部地区在综合经济、基础设施、生态环境、特色产业、公共服务、人民生活、改革开放等7个方面的奋斗目标，中央陆续出台了对西部地区在财政、税收、投资、金融、产业、土地等方面实施差别化政策，推动西部地区改革发展。深化西部大开发战略将进一步加快西部地区资源转化，尤其是东部产业加快向西部转移，在国家的支持下，西部地区将产业转移过程逐步实现产业升级，形成新的产业布局、新的产业链、新的产业集聚。在此背景下，库尔勒的基础设施和投资环境也在不断完善，对内对外开放进一步扩大，承接产业转移的条件和能力不断增强，为库尔勒充分发挥资源丰富、市场潜力巨大的优势，承接东部产业转移提供了难得的历史机遇。

2. 主要挑战

（1）城市经济发展面临生态环境承载力的制约

库尔勒市位于塔里木盆地东北边缘，与世界第二大沙漠——塔克拉玛干沙漠直线距离仅70公里，受地理环境和气候条件的影响，生态环境极为脆弱和恶劣。库尔勒城市经济在走向现代化、高速发展的同时，也带来日益严重的生态环境问题和资源能源瓶颈，人口密集、交通拥挤、环境污染、绿地紧缺。脆弱的生态环境承载力已成为制约城市发展的首要因素，如何处理城市化与生态环境效应安全问题迫在眉睫。

（2）城市发展面临人力资本瓶颈约束

近年来，库尔勒市人才队伍建设和人才资源开发工作取得了一定成效，人才总量不断增加，结构渐趋合理，集聚能力逐步增强，初步建成了一支为库尔勒市经济建设和社会发展提供人才支持和智力保障的人才队伍。但与库尔勒市的快速发展的需求相比，人才总量和质量的不足，尤其是高层次创新型人才的缺乏仍然是制约库尔勒城市发展的重要瓶颈。具体表现为：全市人才市场化配置机制还不尽合理，人才"供需"矛盾较为突出；创新型高层次人才流失现象严重；人才评价体系缺失，人才环境亟待优化；吸引高层次科技人才成长的平台建设不够。此外，尖端创新型科技人才奇缺，在科技人才政策方面，还没有一套完善的引进、鼓励创新型科技人才到企业创业的政策，缺乏创新型科技人才评价体系。

（3）承接产业转移的产业配套能力尚未形成

主动承接国内外产业转移是库尔勒区域实现经济又好又快发展的便捷途径，是实现新型工业化道路的重要推动力。从近年来库尔勒区域承接产业转移的情况看，不论是项目数量还是项目质量，都呈现出不断提高的趋势。但从总体上来说，库尔勒目前承接产业转移的整体水平还不高，承接产业转移的基础条件和综合能力还有待提高，主要表现在：一是缺乏完善的产业发展政策体系。从全疆范围来看，库尔勒市承接产业转移仍缺乏明显的政策优势，区域间政策差异不大。二是基础设施不完备，产业配套能力较弱。园区基础设施建设进度较慢，现代化物流体系等配套产业还未形成。三是承接产业结构不尽合理，尚未形成完整产业链。经济发展过于倚重石油、天然气开采业（石油经济总量占整个GDP的64.5%，石油天然气开采业生产总值占工业总产值的78.4%）。知识密集型产业占比较低、资源密集型产业占比较大，产业结构一直处于低附加值状态。四是承接产业转移的同时，缺乏技术转移、人才转移和管理理念转移。五是金融等现代服务业在承接产业转移中的作用还有提升空间。导致转移企业在一定程度上存在着融资渠道不畅等方面问题，影响了库尔勒市承接产业转移的进度。六是承接的产业项目直接来源于港澳台和国外的较少，吸引外资能力偏弱。

（4）民族问题制约经济社会持续稳定发展

稳定是新疆繁荣发展的生命线。当前，民族分裂、宗教极端、暴力恐怖"三股势力"严重破坏了新疆来之不易的安定团结大好局面，严重威胁着新疆各族群众的生命财产安全，严重阻碍了新疆实现跨越式发展的历史进程。库尔勒市有汉、维、蒙、回等23个民族，少数民族占30.1%，同时又是佛教、道教、伊斯兰教、天主教、基督教等多种宗教并存的地方，民族团结是城市稳定发展的重要基础。在一项专门针对库尔勒民众安全感的社会调查中发现，在经济环境、教育环境、生活环境等方面的安全感较好，但在社会环境方面的满意率还不是很高，这是由于当前新疆反恐维稳的严峻形势造成的。与此同时，库尔勒民族宗教事务中还存在不少现实问题，这些问题对库尔勒新时期良好的民族关系和民族工作局面产生了不利影响，对社会稳定造成了消极危害，有的甚至对库尔勒的社会稳定和安全构成了严重的威胁。

（二）科学发展的总体思路与主要任务

按照《新疆城镇体系规划（2012～2030年）》、《新疆推进新型城镇化行动计划（2012～2020年）》的有关部署，以及第二次中央新疆工作座谈会的要求，库尔勒科学发展进入重要的阶段。建设区域中心城市、以城市群带动西部内陆地区开放，是国家实施区域发展总体战略和互利共赢开放战略的重要内容。未来时期，库尔勒科学发展要以建设成为新疆重要的现代化区域中心城市为目标，建设大库尔勒，带动南疆，引领全疆。

库尔勒科学发展的总体思路概括为：立足库尔勒实际，紧抓"新丝绸之路经济带"和新疆全区加快发展机遇，打造向西开放、沿边开放的战略前沿阵地，构建"一带一路"战略支点；以技术创新和产业升级缓解资源环境压力，打造承接东部产业转移高地和西部地区产业技术创新高地，大力加快非资源型产业发展速度，加快形成资源节约环境友好型产业发展模式；继续推进新型城镇化进程，提高库尔勒中心城市在南疆的首位度，增强中心城市对人口的吸纳能力，突出城市建设和发展中的地域特色和民族特色；通过库尉一体化推进大库尔勒建设，早日实现"三个走在前列"① 和"三步走"② 目标，成为新疆重要的现代化区域中心城市。

依据上述思路，库尔勒科学发展的主要任务包括以下几个方面。

1. 打造向西开放、沿边开放的战略前沿阵地

充分发挥库尔勒地处新疆腹地，承北启南、东连西进的战略地位，将大库尔勒地区打造成为向西开放的先行区，成为贯通沿海、内陆地区与西亚、欧洲的区域经济合作的战略前沿。

发挥与喀什、伊宁－霍尔果斯并列发展的中心城市发展优势，利用中哈霍尔果斯国际边境合作契机，争取向西开放改革先行先试条件，推动形成开放便利环境。以库尔勒经济技术开发区发展为重点，不断完善"一主两翼"园区布局优势，加快形成具有参与国际产业分工的优势产业集群发展实力，结合优势产业资源，加快区域产业合作规模化、高端化、集约化，加强与周边国家重点产业的对接合作，探索建立国际产业合作带，形成跨国产业链条分工体系。特别是要在农牧产品、农产品加工、能源、矿产、资源开发等优势领域与中亚国家进行合作与开发，形成与国内经济匹配、与国际经济接轨的优势产业集群，提高产业国际竞争力。推进边境与内陆对外贸易繁荣，深化经济结构战略性调整，增加对周边国家外贸出口的规模，强化贸易互补性。围绕自治区对库尔勒发展战略新兴产业和现代服务业的战略定位，结合智慧型城市发展，推动技术密集新兴主导产业的发展和出口。扶持各类贸易主体发展，积极构建贸易支撑体系和促进机制。以南疆金融中心、自治区综合交通枢纽建设示范市、现代服务业建设为契机，深化与周边区域合作机制，努力扩大与周边国家国际物流、金融保险、跨境旅游等领域的合作，推动以跨境人民币结算和直投为核心的中亚金融合作。

2. 构建"一带一路"战略支点

运用国际视野发展城市和产业，依托较好的工业基础、良好的交通区位和

---

① "三个走在前列"是指，新型工业化要走在南疆前列，新型城镇化要走在南疆乃至全疆的前列，城乡居民人均收入水平要走在全疆的前列。这是中央政治局委员、新疆维吾尔自治区党委书记张春贤2011年在巴州考查时提出的要求。

② 第一步，全面提升巴州中心城市功能，尽快建成南疆首位度更高的中心城市，成为巴州跨越式发展的增长极；第二步，凸显全疆重要的中心城市地位，打造全疆跨越式发展和长治久安的重要支点，建成新疆重要的现代化区域中心城市；第三步，提高在全国县域经济中的综合竞争力，扩大在全国的知名度和影响力，打造成中国西部名副其实的"塞外明珠，山水梨城"。

比较完善的发展配套,吸引国际化的人流物流资金流。积极争取内陆口岸相关政策,实现库尔勒市内的快速报关通关。

充分发挥贯通南北疆要道和南疆桥头堡的区位优势,积极打造南疆商品和物资的集散区、能源矿产资源的整合区和制造业的后发区,积极建设并发挥交通枢纽中心、现代服务业中心和文化交流中心的综合服务功能,将库尔勒建设成为支撑新丝绸之路经济带发展和连接欧亚大陆桥的战略支点。积极构建贯通南北疆、连接东西方的国际大通道,以自治区国家级交通枢纽重点市为契机,充分利用南疆铁路和青新铁路在库交汇,国道、省道穿城而过的有利条件,打通我国与中亚、南亚、西亚和欧洲的国际战略通道,将库尔勒建成亚欧大陆桥上重要的节点城市。积极推动城市综合功能提升,针对新丝绸之路经济带人流、物流、信息流、资金流的集聚和运转需求,加快推动跨区域、跨国界的现代物流、信息产业、商贸服务、金融、会展等现代服务业的发展,构建新丝绸之路经济带上重要的信息中心、商贸中心、物流集散中心、金融节点,成为联通经济带资源流通的综合服务节点。充分挖掘库尔勒历史文化资源,打造"一带一路"的文化交流中心,有针对性地开展同丝绸之路经济带沿线和亚欧大陆桥连接的国家政府间文化交流活动,促进各民族之间的文化融合与共同繁荣,打造成为新丝绸之路经济带上的文化名城。

3. 承接东部产业向西部转移的制造业

充分发挥库尔勒矿藏能源、光热资源和工业用地资源丰富的优势,争取国家和自治区政策支持,通过"低成本"和完善的基础设施配套、产业聚集等优势吸引投资者。

抓住东部沿海发达地区产业转移的机遇,以上库工业园区、塔什店产业园与国家级经济技术开发区为载体,以科技创新和体制机制创新为动力,以加强基础设施建设和投资环境建设为保障,更好、更有效地吸引东部地区的产业资本,积极承接产业梯度转移。加快库尔勒特色优势产业发展和产业结构优化,推动产业布局合理化、产业形态高端化,逐步形成由资源开采到技术服务和深加工的重大转型,实现由生产型向科技生产型的转变。积极构建石油天然气化工产业基地、油田装备制造和技术服务产业基地、棉纺化纤生产和纺织服装加工业基地、特色农副产品加工产业基地、现代能源产业基地、矿产品及建材产业基地。充分利用"两种资源、两个市场",努力开拓中亚乃至俄罗斯国际市场,建设丝绸之路经济带上的新兴加工制造业基地。

4. 打造西部地区产业技术创新高地

弱化水资源约束要靠技术创新，产业升级要靠技术创新，保持和提升城市竞争力也要靠技术创新。因此，技术创新是库尔勒应对未来挑战的主要武器，继续坚持创新驱动，是库尔勒科学发展的必然要求。

继续完善的城市创新体系，高新产业成为库尔勒经济增长的重要支柱，科技创新的各项主要指标达到国家级创新型城市水平，成为西部地区有重要影响的创新集聚区。大中型工业企业研发机构实现全覆盖，对企业研发实行税收优惠和财政补贴，骨干企业的研发投入占销售收入的比重增加到1.8%以上；稳步提高高新技术产业产值占规模以上工业产值的比重。推动传统产业高端发展，围绕石化、纺织等支柱产业的重大创新需求，组织实施国家、省、市重大科技计划项目，加强新技术、新工艺的应用推广，实施高新技术改造，增强产业发展的内生动力。对新进的石化企业，应将技术水平作为招商引资的重要依据，实行投资强度和单位产出水耗"双门槛"。加快科技服务业发展，强化生产力促进、科技创新、科技信息等科技服务机构建设，加快建设一批集检测、研发、设计、培训等功能的一体化科技公共服务平台，服务南疆、全疆甚至整个西部地区，使库尔勒真正成为中国西部地区产业技术的高地。

5. 建设南疆重要商品集散地和现代流通中心

充分发挥南疆中心城市和自治区重要交通枢纽的优势条件，加快完善公路、铁路、航空、管道四位一体的立体交通格局，打造南疆重要商品集散地和现代流通中心，构建综合类商品的出口生产加工、中转集散地（批发市场）和交易场所虚拟平台。加快专业市场、综合市场建设，结合向西开放战略和新丝绸之路经济带建设要求，逐步形成现代化、国际化、辐射能力较强的商品市场体系。以自治区综合交通枢纽建设示范市为契机，加快建设铁路、公路、民航、管道国家级枢纽，加快形成"布局合理、功能完善、衔接顺畅、技术先进、安全环保"的综合交通走廊。加强基础设施建设，以物流园区等现代仓储设施建设为重点，形成区域货运站合理分布，公路枢纽与铁路、机场整合，实现多方式联运和无缝衔接。配合区域产业发展需求，加快农副产品冷链物流园、天智钢铁物流综合产业园等优势产业物流园区建设，扩大对区域内上下游产业的辐射作用，带动运输、仓储、加工、配送、信息处理等相关产业的发展。加快南疆金融中心的建设，推动电子商务与现代物流业的结合，实现流通手段的现代化、多样化发展。

6. 突出城市建设和发展的地域特色和民族特色

新型城镇化不应该是千城一面。因此，库尔勒应该在城市现代化的基础上，进一步强调城市的地域特色和民族特色，为新型城镇化注入新的活力。

坚持人文城市的发展理念，积极弘扬本土、本城民族文化，深入挖掘传承地域文化，把库尔勒建设成为民族风情浓厚、文化底蕴深厚、时代特色鲜明的人文魅力空间。注重城市人文资源保护、创新人文资源的利用，将香梨文化、东归文化、石油文化、军垦文化、胡杨文化、西域文化内化作为库尔勒独有城市价值内涵，打造具有库尔勒品牌印记的人文空间和载体。同时，以建设"百姓幸福感更高城市"为中心城市发展的主线，探索建立幸福指数评测体系，注重居民生活环境、人文环境以及文化心态、文化素质的综合化培养，推动城市发展从经济型城市化向人文城市化转变。大力发展现代旅游产业和文化产业，充分利用库尔勒市域和巴州众多的旅游资源，建设以库尔勒为中心的旅游观光、休闲娱乐、科考探险等多功能的旅游服务接待基地，使库尔勒成为南疆重要的旅游集散中心城市。结合新丝绸之路经济带的开发，打造沿丝绸之路旅行品牌，将库尔勒建设成为融合现代文化和塞外风光、民族风情的文化名城。

四　进一步推动库尔勒科学发展的建议

未来库尔勒市科学发展，需要从创新城市发展方式的战略高度出发，"高起点、高水平、高效益地谋划发展思路"，在变化中求变革，实现城市跨越式发展目标。

（一）加快转变城市发展方式，推动城市向质量型、外向型转变，更加强调城市发展的集约和高效

从城镇化的整体趋势判断，我国城市发展进入到由量到质的转变阶段。在这个阶段，衡量城镇化进程的数量指标、速度指标和经济指标，将让位于突出城市发展质量的考核性指标和资源环境约束性指标。这正是库尔勒城市发展所面临的最大挑战。目前库尔勒城镇化率超过全国平均水平，在全疆处于领先水平，城市发展应该更加注重城市的建设质量（包括城市规划、基础设施、城市建筑质量和风格）、管理质量（包括覆盖城乡的社会管理、公共服务、城市应急管理）、经济发展质量（包括产业结构的轻型化、集群化、高端化、生态

化）等。尤其是在向西开放、沿边开放和新丝绸之路经济带建设的大背景下，库尔勒城市发展将融入到国家整体开放战略布局中去，将要求城市由内向型向外向型发展，在未来更加强调城市的现代化水平和国际化程度，发展成为全球产业链、全球供应链和全球价值链不可或缺的战略节点。作为城市发展的趋势和前瞻判断，库尔勒的科学发展更需要加快转变城市发展方式，为西部地区、民族地区的新型城镇化探路，真正发挥现代化区域中心城市的辐射和带动作用。

（二）深化库尔勒与周边地区的合作，发挥其在向西开放、沿边开放战略前沿的重要作用

作为向西开放战略前沿地区，库尔勒是联系中东部与西部周边国家的重要桥梁。应该不断提高库尔勒城市经济开放度，完善城市综合服务能力，推动以新型工业化和现代服务业体系建设为先导的产业结构优化，不断提升库尔勒作为向西开放战略节点的综合竞争力。积极深化沿边地区与周边区域合作，推动产业、资金、技术、物流等领域的合作。将库尔勒作为与喀什、霍尔果斯等经济特区同样的地位，加强其与西部周边地区多重合作机制下的沟通与协调，将区域合作逐步纳入制度化的轨道，进一步健全促进区域合作的市场机制。加快库尔勒开放型经济发展，扩大对西部周边国家的贸易出口。积极创造条件，为中东部省市进入西部周边国家市场提供良好支撑，共同推动西部地区向西开放。

（三）加快完善南疆城市群发展格局，推动南北疆区域一体化发展，充分发挥"一带一路"战略支点作用

目前，丝绸之路沿线孕育了8个有相当规模的城市群：关中城市群、黄河上游城市群、河西走廊城市群、北疆城市群、南疆城市群、哈中北部城市群、费尔干纳盆地及周边城市群、伊犁河谷—哈东南城市群。以这些城市群的核心城市为支点，结合其他特色城市形成了规模可观、结构较为合理的城市体系，从而为丝绸之路经济带发展奠定了城市体系基础。其中，新疆区域范围内的北疆城市群、南疆城市群是新疆区域协调发展的关键，更是贯通"一带一路"的重要战略支点。但目前，由于新疆区域之间的城市与城镇和农村的发展存在着很大差异，城市分布北多南少，西多东少。全疆22座城市有14座分布在北疆准噶尔盆地周围，南疆塔里木盆地只有6座城市，南北疆发展差距较大，尚未形成区域一体化发展格局。

库尔勒作为南疆城市群的中心城市，在新丝绸之路通道建设上，配合自治区进一步完善以中通道为主轴、北通道和南通道为两翼的综合交通运输体系。通过交通大通道和枢纽项目建设，构建联通整个"丝绸之路经济带"的铁路、公路、航空综合交通运输体系。以通道互联为基础，推动与北疆地区的战略合作，形成城市群之间产业互动、互联，形成区域一体化发展格局，作为连接中亚、西亚，打通"一带一路"的战略支点。只有形成了南北疆整体发展格局，才能真正实现区域经济快速增长和区域经济一体化目标，为跨国际经济带提供战略支撑。

（四）科学选择城市战略性主导产业，全面提升承接东部产业转移的配套能力

城市战略性主导产业选择和产业承接能力培养，是库尔勒科学发展的关键。目前，要构建承接东部产业向西部转移的制造业基地，库尔勒承接产业转移的整体水平还不高，基础条件还不完善，承接产业转移的产业链、供应链、服务链、资金链等配套能力的形成需要较长时间。建议在产业选择中坚持三个主要方向，一是将资源优势转变为产业优势，坚持将优势产业做大做强、做精做深，成为城市战略性主导产业的重要组成部分。水环境、山林等自然资源，石油、矿产等能源资源，香梨、棉花等农产品品牌，占全疆旅游资源基本类型的85%的西域旅游资源等等，都是库尔勒不可替代的独特优势，如何将这些独特优势转变为资源，转化为产品，实现有序、深度、创新开发利用，并发展成为城市经济发展不可或缺的战略性主导产业。应该说，库尔勒拥有南疆最好的山、最好的水、最好的农产品，这笔宝贵的生态环境资源为库尔勒开拓独特市场预留了空间。应该在产业选择中通盘考虑、科学利用。二是坚持承接产业转移过程中，加快推动自身产业转型升级，争取产业链不断深化，产业链向价值链高端跃升。结合目前库尔勒优势产业，延伸石油石化及天然气等优势产业的产业链，积极构建油田装备制造和技术服务产业基地、棉纺化纤生产和纺织服装加工业基地、特色农副产品加工产业基地、现代能源产业基地、矿产品及建材产业基地。三是坚持产业发展与环境可持续发展相协调。库尔勒拥有丰富的能源资源，但在产业选择中要慎重考虑，经济发展不能以破坏生态环境为代价，避免高耗能、高污染产业破坏青山绿水。

（五）从国家层面争取向西开放先行试点

争取国家协调支持对外交流和贸易通关便利化等政策措施，在贸易畅通方面，依托交通基础和通道优势，争取在库尔勒设立面保税工厂，突破东部园区化的保税模式，创新设立保税工厂模式，打通参与国际市场的通道。充分利用《关于在喀什、霍尔果斯经济开发区试行特别机制和特殊政策的意见》的政策红利。发挥库尔勒农牧产业优势，争取推进农业领域的对外开放政策，特别是取消过多的农产品进口限制、贸易保护政策，积极推进农业走出去，优化和整合农产品支持体系。发挥南疆金融中心的基础优势，要争取国家支持库尔勒新设银行、证券、期货、保险、信托、租赁等金融机构，从国际视野和更大范围加大对库尔勒的信贷投入。

第二章

提高农牧业产业化水平
促进农牧业集约发展

导言：工业化和新型城镇化加快发展，为库尔勒农业农村发展提供了坚强后盾。龙头企业培育和产品品牌打造双轮驱动，优势产业集聚发展，是库尔勒农牧业发展的典型特征。农牧民收入快速增长，既是库尔勒农牧业发展的根本出发点和落脚点，也是库尔勒缩小城乡差距、统筹城乡发展的必然要求。科技、生态和文化等现代理念的引入，体制机制的创新，为库尔勒农牧业可持续发展提供了重要保障。

库尔勒坐落于素有"巴音郭楞金三角"之称的孔雀河三角洲上，气候温和，土质肥沃，物产丰富，光热水土资源十分丰富，农牧业生产条件优良。近年来，库尔勒充分发挥自身优势，努力提高农业产业化水平，推动农牧业走集约化发展道路，培育龙头企业，打造农产品品牌，促进农民增收。

独特的光热水土等自然资源，使得新疆具有国内其他区域在短期内无法取代的优势农畜产品，已经在国内外市场展示出特色。近年来，库尔勒积极利用这一契机，将科技、生态、文化等理念融入农业发展，不断加大农业种植结构调整力度，以农牧民增收为目的，积极引进名、优、特农业新品种和林果业新品种，引导农民从传统种植模式向现代高效农业发展，探索出了一条适合本地发展，具有当地特色的农业新路子。

一　以工业和城市发展为后盾，推动农业农村快速发展

近年来，库尔勒紧紧围绕实现"新疆重要的现代化区域中心城市"这一目标，以"健康、幸福、宜居、宜业、特色"为核心，以"环保优先、生态立市"为基础，以建成"现代生态花园城市"为抓手，以"建设百姓幸福感更高城市"为主线，努力克服国内经济下行压力较大、维稳任务异常繁重等多重不利因素的影响，全市经济社会保持强劲发展势头。2013 年，库尔勒取得"四个突破"（生产总值突破 600 亿元、地方财政收入突破 50 亿元、城镇居民人均可支配收入和农牧民人均纯收入分别突破 20000 元和 15000 元）。按照"一主两翼"园区发展格局，库尔勒高位推动"新型工业化发展年"活动，实现园区建设和招商引资双向推进。全年非石油工业增加值为 47 亿元，同比增长 21%，增速高于石油工业 13.8 个百分点。同时，随着"三河贯通"工程的推进，发展环境和人文环境显著提升，城镇化工作在全疆持续领先。

经济实力的提升和工业化的快速推进、城市建设的飞速发展，为农业农村发展和城乡统筹发展提供了坚强后盾。

（一）城乡一体规划、一体发展

库尔勒在统筹城乡发展过程中，重视顶层设计、坚持规划先行，通过科学编制城乡总体规划、土地利用总体规划、城乡结合部控制性详规、综合交通枢纽规划，实现老城区、南市区、开发区无缝对接。目前，已完成《库尔勒市近期建设规划（2011～2030 年）》、《库尔勒市市域城镇体系规划（2006～2025）》、村庄布点规划和乡镇总体规划。控制性详细规划覆盖率达 100%，备案率达 100%，全面实现城乡发展规划一体化。

库尔勒统筹城乡产业布局，形成了"城内以第三产业为主、园区以第二产业为主、城市外围以城郊农业为主"的产业发展格局，实现城乡产业与工业化相配套、与城镇化相协调、与城乡居民需求相适应。库尔勒被确定为自治区现代农业示范区，形成了"香梨、棉花、农区畜牧业、设施农业"四大支柱产业，农牧业现代化水平不断提高。设施农业和农民专业合作经济组织数量不断增加，特色养殖产业实现规模化发展。同时，将现代服务业作为优化经济结构、拓宽就业门路、增强综合实力的重要突破口，不断提高生活性服务业档次，拓宽生产性服务业领域，消化进城农民就业需求，城市产业支撑力不断增

强。目前，苏中农产品物流园等大型物流园项目已经入驻，南疆特色产品集散中心、汇锦棉花物流园等物流企业的规划建设已经启动，"西果东送"农产品现代流通综合试点建设项目实施。

（二）着力破解农民市民化难题

库尔勒市委、市政府结合"全疆统筹城乡综合配套改革试点"，按照"政府主导、市场主体、民生优先、群众第一"的原则，制定了一系列有关被征地农民培训、社会保障、集体经济处置等办法，综合运用"楼房＋门面"、就地安置、养老统筹、免费培训和优先就业等惠民措施，妥善解决拆迁安置难题，做到为群众谋福利推动城镇化发展和城市建设。

让被征地农民人人有事做、有钱挣，是库尔勒市委、市政府在推动城乡一体化中抓的一项重要工作。建立健全以灵活就业和自主创业为主的就业机制，鼓励引导被征地农民创业从事餐饮服务、果蔬零售、修理修配、客货运输、便民理发、家政服务等。"农村一块地，城里一套房，市场一商铺"，已经成为拆迁农民的真实生活写照。近郊三个乡的10000户农民，每家每户至少有一套门面房。2012年以来，全市培训被征地农民7000余人次，实现转移就业5300余人，努力做到失去土地不失业。

铁克其乡作为库尔勒市统筹城乡配套改革的试点乡，是"三河贯通"工程的重点建设区域，已经先后建成农民安居小区18个，建成5117套安置房，拥有5.3万平方米的商业门面。铁克其乡还利用开发区3000亩地，以农民入股、村集体牵头形式，引进山东、四川种菜能手，带领农民种植大棚蔬菜。目前已经完成招商，项目建成后，不但成为库尔勒蔬菜大棚基地，还能为种菜农民带来不少收入。

实施积极的就业政策，促进城乡劳动力充分就业。制定了《库尔勒市被征地农民就业培训暂行办法》，将被征地农民纳入全市就业服务工作体系。强化培训和就业扶助援助政策落实，着力对城乡待业大中专毕业生、"村改居"人员、升不上学的初高中毕业生、农村富余劳动力有计划、有针对性地集中开展免费培训。多渠道多层次开发公益性岗位，促进重点人群特别是零就业家庭、少数民族大中专毕业生和被征地农民就业。对接市域内企业妥善安置培训合格的被征地农民，同时建立了以灵活就业和自主创业为主的就业机制。创新"楼房＋门面"、就地安置、被征地农民养老保险、公益性岗位优先就业等惠民安置政策，妥善解决被征地农民安置问题。近三年，妥善安置被征地农民近2万户。

（三）稳步提高城乡社会保障水平

不断完善以"五险"为主要内容的社会保险机制，社会保障扩面提标，城乡60岁以上老人全部纳入城居保和新农保，各项社会保险参保人数达到59.38万人次。不断提高城乡居民低保标准，重点优抚对象减免9项医疗费，享受"一站式"即时结算服务。实行城乡一体化的就业登记和失业统计制度。在全疆率先启动被征地农民养老保险工作，近郊三乡20个村全面开展被征地农民养老保险工作，参保6865人。启动了农牧民群众重大疾病保障项目，建立新型农牧区合作医疗大病救助基金。高度重视被征地拆迁农民征收安置和安居富民工程。大力实施"城中村"、棚户区改造工程，集中建设农民安置小区、农民就业安置市场、人力资源市场。深入推进安居富民、定居兴牧工程。

（四）加大支农惠农力度

通过城市经营，增强城市财力，加大城乡统筹发展力度。在经济发展积累财力的同时，库尔勒也在城市经营上做足了文章。2012年，"三河贯通"一期工程启动前，铁克其乡辖区城中村、棚户区周边所处地块的3000亩土地每亩地出让金仅20万元也无人问津，工程实施后，这一区域景观有了很大提升，开发商发现了潜在价值，后来这一区域的土地出让金升到每亩150万元～200万元，出让的1500亩土地被开发商一抢而空，这给库尔勒市财政创造了25亿元～30亿元收入。充实财政实力后，市委、市政府审时度势，加大了城乡统筹发展和支农惠农力度。

通过社会民生事业建设，加大惠农力度。2012年以来，市财政拿出上亿元资金用于养老保险统筹，全市16000名符合条件的农民，已有8000余人参加养老统筹保险，参保率达到50%以上；1000余名被征地农民，入城后办理了"农转非"手续，同城里人一样参加城镇居民医疗保险。

通过科技、农机、示范基地建设等专项补贴，为农牧业发展输血。仅2013年，就落实各类农业补贴资金3027万元，受益农户近12000户；投入1289万元扶持设施农业建设，育苗中心和高标准示范温室发挥样板作用，新建设施农业蔬菜大棚781座2340亩。投入2000万元扶持农区畜牧业发展，制定出台了加快库尔勒市农区畜牧业发展补助奖励措施和配套方案，落实"六补一奖"补助奖励，探索对贫困户养殖补助政策，新建库尔勒现代畜牧生态产业园和包头湖养殖小区。各种支农惠农补贴，为库尔勒农业发展提供了重要动力。

二　着力培育龙头企业，做大做强支柱产业

由于独特的地理气候环境，以及绿洲农业生产方式，形成了许多具有浓厚地域特色的农产品。与国内其他棉区相比，由于其生产条件得天独厚，单产水平高，效益好，是我国出产优质长绒棉的省区和彩棉主产区。特色林果业和特色农业基本框架已经形成，许多特色林果产品和农产品，比如库尔勒香梨，在国内外已经具有一定的影响力和竞争力。近年来，根据库尔勒市的农村实际，市政府适时提出了"突出一个基础，抓好四个支柱产业建设"的农业产业化发展思路，为库尔勒市农业发展奠定了坚实的基础。"一个基础"就是以粮食为基础；"四大支柱产业"，即特色林果业、棉花产业、农区畜牧业和设施农业。

对特色产业发展按照"现代农业产业基地"建设规划，因地制宜，突出区域重点产业，发展集约化、规模化种植业，真正形成产业集群优势，在引导和扶持上有的放矢。狠抓农业招商引资，着力引进龙头企业，培育农业支撑产业。按照壮大一批、嫁接改造一批、开放引进一批、大力发展一批的思路，做强做大农业产业化龙头企业。根据实际情况，制定优惠政策，从资金、税收、技术等多方面加大扶持力度，鼓励龙头企业（专业合作社）在扩大生产规模基础上，开展特色种养殖产品的精深加工，提升产品质量，创建品牌产品。

"龙头企业培育和产品品牌打造双轮驱动，优势产业集聚发展"，是库尔勒农牧业发展的重要特征。

（一）积极培育龙头企业

近年来，库尔勒市涌现出一批具有一定规模的农牧业龙头企业，在不断发展支柱产业基地的同时，进一步加大农业现代化的建设力度。截至2013年底，国家级、自治区级、州级重点龙头企业分别达到3家、11家、10家，新增农民合作社81家，总数达到213家，农产品加工企业160家，其中收入500万元以上的企业55家，收入上亿元的企业17家。各类龙头企业共带动农户3.4万余户，订单超过4000公顷，有各种农民专业合作经济组织、经纪人队伍23个，带动农户3600户，参加合作组织的农民人均收入达5980元，高出全市农民人均收入近500元，这些龙头企业和专业合作经济组织不仅有力地带动了库尔勒市农户，而且还有效地带动了周边的农户。通过技术服务协议等形成联合技术推广，开展全过程技术服务工作，香梨生产逐步形成了农产品生产、加

工、销售一条龙的产业群，促进了棉花、香梨产业的快速发展。

新疆瑞源乳业有限公司已走过 10 年的发展历程，现已成为集养殖、加工、营销于一体的乳品加工企业，新疆最大的干酪工业化生产企业，形成了以奶牛标准化养殖为基础、奶酪产品为主导、乳清系列产品为新的经济增长点的产业结构，是国家级农业产业化重点龙头企业、国家级学生饮用奶定点企业、自治区产学研联合开发示范基地、自治区两化融合示范企业、自治区企事业知识产权试点工作试点单位、自治区重点培育的 100 家成长性企业。2012 年公司完成营业收入 6933 万元，同比增长 5.03%；利润总额 1040 万元，缴纳税金 548 万元，同比增长 164.2%。目前公司已形成年产常温液态奶 7000 吨、酸牛奶 2500 吨、干酪 300 吨的生产能力。乳清综合利用项目投产后，将形成年产乳清营养酒 700 吨、乳清营养醋 1500 吨的生产规模。通过"公司＋基地"与巴州瑞源良种畜生态繁育有限公司、农二师 30 团良种繁育中心、阿拉尔市 5 团、10 团奶牛养殖场签订了采购订单，公司以高于当地散奶市价 0.6 元/千克的价格向养殖小区支付奶款，通过建立稳定产销合作关系带动农户 5000 户、通过其他方式带动农户 2700 户，促进农民增收 7318 元。乡镇企业中规模以上企业有 23 家，带动了企业的发展。

新疆利华棉业股份有限公司为筹划上市，在原库尔勒利华棉业有限责任公司基础上，以整体变更方式设立的股份制企业，现为国家级农业产业化重点龙头企业和国内棉花加工业的领军企业，也是自治区百家重点培育成长性企业。现已形成 14 个棉花加工厂和 1 个油脂加工厂的经营规模，在新疆（巴州、昌吉、乌鲁木齐、阿克苏）、上海以及美国、澳大利亚设有 8 个全资子公司，业务范围已覆盖棉花的收购加工、食用油加工、皮棉国际贸易、农用物资生产等领域，形成了"企业＋银行＋农户＋客户"的产业化运作模式。随着规模的迅速扩张，公司的盈利能力也实现了快速提升，2012 年完成皮棉加工量 15.02 万吨，完成销售 10.67 万吨，实现营业收入 23.73 亿元，净利润 9714.7 万元。

新疆库尔勒香梨股份有限公司资产总额 33288.14 万元，净资产 28457.72 万元。公司现有 1.2 万吨果品保鲜库，采取"公司→基地＋农户"的生产管理模式的香梨种植基地 27000 亩，年经营库尔勒香梨、苹果、红枣、葡萄干等新疆特色果品约 15000 吨。公司生产的"东方圣果"牌库尔勒香梨、杏冰酒、香梨酒、红枣、葡萄干等产品主要以内销为主，已在北京、上海、长沙、嘉兴、广州等大中城市建立了销售网络。自成立起就建立了果品种植基地，种植面积达 27000 亩，与农户直接签订承包合同 1076 户；在果品收购期，直接与农户签订收购合同的有 655 户。

新疆拓普农产品开发有限公司是一家从事农副产品进出口业务的国际贸易公司，现有气调保鲜库 44000 吨，并有 4 万亩香梨基地果园，其中：注册果园 13943 亩，认证果园 3000 亩，签约农户为 2000 余户，带动了当地梨农的发展。拓普是专营果品冷链业的新疆拓普农产品有限公司（以下简称拓普公司），2000 年在国内率先引进意大利先进冷藏技术，建造了当时全国最大、储量达 7600 吨的果品保鲜库，专门储存库尔勒市出产的香梨，把销售期从两个月延长到 12 个月以上。在成功探索出库尔勒香梨冷藏保鲜技术，成为国家标准，实现"库尔勒香梨"全年上市之后，拓普公司又同铁路等有关方面协商，于 2001 年春节开通了火车专用线路，利用冷藏车皮运输"库尔勒香梨"，减少了运输成本，缩短了运输时间，在一定程度上提高了"库尔勒香梨"的商品性能，健全了物流系统和销售网络。拓普公司已发展成为农业产业化国家级重点龙头企业，也是我国果品冷链业的骨干企业。就"库尔勒香梨"冷链体系"冷"的建设，该公司累计投入近 5 亿元资金，建起了 8.4 万吨气调保鲜冷藏库，带动库尔勒市以香梨为主的鲜活农产品储藏能力达到 52 万吨，成为我国县市中的佼佼者。拓普公司还自建了 3000 亩有机香梨园，联合农民专业合作社建立了 1.1 万多亩出口香梨注册果园和上万亩绿色香梨园，保证了所收购、储藏、销售香梨的高品质。在"链"的方面，拓普公司拥有直达国内多个城市、沿海港口的大型冷藏车组成的运输系统，在国内 30 多个中心城市，以及美国、加拿大、澳大利亚和欧洲、东南亚各国建立了完善的销售网络，将我国重要的出口农产品——"库尔勒香梨"销售到了世界各地。

新疆众力农产品有限责任公司主营新鲜水果销售、仓储服务、果品收购。公司经过多年的发展，已成为一家集农产品收购、加工、销售为一体的自治区农业产业化重点龙头企业，库尔勒香梨自营出口年创汇位列新疆前三。2011 年出口创汇 392 万美元，2012 年出口创汇 428 万美元。公司现拥有一座 1 万吨果品保鲜库和 2000 平方米的果品加工厂，三个农民专业合作社，"公司＋农户＋基地"库尔勒香梨种植基地 12000 亩，年经营库尔勒香梨、苹果、红枣等新疆特色果品 15000 吨。公司积极发展"农超对接"经营模式，已与家乐福、麦德龙、人人乐等国内外大型超市建立起了稳定的合作关系，目前已在北京、上海、重庆、武汉、昆明、广州、深圳、成都等 30 多个大中城市建有销售网点。

沙依东园艺场始建于 1959 年，地处塔克拉玛干大沙漠北缘，位于巴州首府库尔勒市西郊 10 公里处的孔雀河畔，是以生产经营新疆名优特产品——库尔勒香梨为主的国有专业化园艺场和龙头企业,是国家确定的第一批优质农产品生产出口基地。全场土地规划面积6万亩,梨园面积4.2万亩。全场下辖10个分场及配套附属单位,全民、集体、个体三种形式并存。

永胜投资集团公司已连续多年被自治区农业银行认定为AAA级信誉企业,为农行巴州分行的重点优良客户。从2006年起连续多年分别被自治区农业产业化领导小组和自治区扶贫办认定为自治区农业产业化"重点龙头企业"和"自治区扶贫龙头企业",成为巴州首批获此殊荣的企业,连续多年被库尔勒市及巴州人民政府授予"重合同、守信用"荣誉称号,并多次获得"十大爱心企业"、"优秀私营企业"、"优秀企业会员"、"先进基层商会"等殊荣。

库尔勒惠祥棉种有限公司于2007年11月15日成立,注册资金:2000万元。地址位于库尔勒的产棉区普惠农场,占地120亩。公司经营项目:籽棉收购加工,棉花种子加工,批发零售各类农作物常规种子,批发零售农用地膜,化肥等。惠祥种业为农民繁育销售优质种子,带动普惠地区周边70%的农民增产增收,棉花单产以20%的幅度递增。惠祥现为普惠地区最大的棉花种子产业,有多名专业技术人员开展与棉花良种繁育、加工、示范推广的技术研究,多年来与巴州农科所及区内外多家种业科研机构开展种子繁育与示范推广,积累了丰富的种子研发、新品种推广繁育及示范的经验。

通过不断健全和完善"订单农业"模式,库尔勒市使龙头企业与农民联结机制从松散型发展成紧密型,龙头企业与农户之间建立了稳定的利益共享、风险共担的产业化运作机制和利益分配机制。积极实施"农企对接"、"农超对接",推荐有实力的企业和合作社参加各类农产品洽谈会、展销会、交易会、博览会等,有力地推进了农企利益联结工作进程。

(二)打造农牧业产品品牌

库尔勒市现在主要农产品品牌包括:"库尔勒香梨"获国家地理标志商标和中国驰名商标,产品享誉国内外;阿瓦提农场的"天梨之乡"获"中国著名品牌"。库尔勒香梨由新疆巴音郭楞蒙古自治州香梨协会申请注册为地理标志,具体范围在孔雀河流域和塔里木河流域,塔克拉玛干沙漠的北边缘,冷热空气剧烈冲击地带的塔里木盆地北缘生态气候区。

此外,"拓普"、"盛牌"、"香丽公主"、"沙依东"、"艾丽曼"、"瑞源"、"英康"等品牌相继被授予"新疆著名商标","拓普"、"瑞源"通过ISO 9001:2000质量管理体系认证,这些名优特产品品牌陆续出现在国内知名度较高的商品推介会、展销会、博览会上，占领了国内外、区内外市场，有效地提升了品牌影响力和市场占有率。

为保护好库尔勒香梨品牌和香梨产业，2012 年，库尔勒市实施了库尔勒香梨品牌策划工作，经过前期调研、走访策划，并经多次沟通和方案修改，最终确定"孔雀河畔"为库尔勒香梨唯一主推品牌商标，并完成注册。"孔雀河畔·库尔勒香梨"品牌着重突出"世界香梨原产地"理念，融合阳光、博斯腾湖水、草甸土壤、种植历史四大要素。库尔勒计划在 1 ~ 2 年内完成"孔雀河畔"的品牌统一，让更多果农和企业意识到品牌统一对香梨产业发展的好处；3 ~ 5 年内将"孔雀河畔"打造成一个具有影响力的产品品牌和产业品牌；6 ~ 10 年内将其打造成林果行业的领军品牌。

（三）实施差异化的产业化策略和产业化模式

实施差异化的产业策略。第一，在粮食生产方面。市委、市政府及农业和粮食部门相继出台了一些积极政策，并采取了一系列卓有成效的措施。一是优化粮食品种，二是大力实施农业节本增效工程，三是提高农业机械化水平，四是实施粮食种植直补政策。第二，在林果业方面。库尔勒市主要以香梨为龙头，辅以葡萄、红枣等。为此，库尔勒市着力扩大香梨种植面积，建设香梨生产基地，提高香梨产量，努力培育库尔勒香梨品种，扩大品牌效应。第三，在棉花生产方面。库尔勒市本着"稳定扩大高产棉区，坚决退出低产棉区，主攻单产，提高品质"的原则，大力推进优质商品棉基地建设，抓好高产攻关和植棉效益。第四，在蔬菜瓜果生产方面。库尔勒市本着"依靠近郊，发展周边，借用外商，搞活流通"的策略，采取筑巢引凤，内引外联，先后从国内一些城市引进日光温室栽培技术，带动企业和广大农户参与建设，走出了一条以外地农民投资为主体，政府积极引导的，持续健康发展的"菜篮子"工程。第五，在特色畜牧业方面。推行牲畜品种优良化、畜群结构合理化、生产经营产业化、产品营销市场化、防疫体系网络化，坚持"以草为本"，加快饲草料基地建设，使畜牧业快速发展。

实施差异化的产业化模式。一是"加工企业 + 农户"的龙头企业带动型模式。公司负责产后收购加工并签订农产品最低保护价。二是"流通组织 + 农户"的市场带动型模式。以流通组织为龙头，负责种苗、种子供应、产中技术指导，并负责收购，农户根据流通组织反馈的市场需求信息组织生产。三是"科技实体 + 农户"的技术服务组织带动型模式。带动农户应用先进技术、采用良种良法，按市场需求统一生产。四是"中介组织 + 农户"的中介组织带动型模式。以各种类型的专业技术协会等中介组织，为农户提供技术、良种、生产资料，组织农户进行销售及加工。五是"主导产业 + 农户"的主导产业带动型模式。利用优势资源发展特色产业，走一体化道路。通过农民自发组织的合作社带动农民和农产品进入市场。

（四）形成区域化、专业化农牧业生产大格局

近年来，库尔勒市因势利导，提出了"安全保粮、绿色兴果、节水稳棉、规模促蓄、丰富菜篮"的发展思路，经过几年的发展，已经形成了"南棉北梨，近郊蔬菜"的区域性格局。先后统筹规划和建设英康生态园、香梨科技文化园、香梨省力密植示范园、农业科技示范园、西尼尔现代生态畜牧园、农产品物流园、上库产业园、塔什店产业园等。

市政府为进一步加强对农业产业化的组织领导，成立了分管农业的市长为组长，农业畜牧和各乡场等单位主要领导为成员的农业产业化领导小组，负责全市农业产业化发展的组织领导工作，并设立了农业产业化办公室负责有关日常工作，按照"市场牵龙头，龙头带基地，基地连农户"的原则，将龙头企业建设作为农业产业化经营工作的重中之重来抓，并建立了严格的目标责任制度，要求各级政府一级抓一级，层层抓落实，从而在全市范围内形成了一把手亲自抓，负总责，分管领导具体抓，出实招，其他领导配合抓的良好局面。

2012 年，全市农产品加工企业完成营业收入 654829 万元；增加值 237269 万元，同比增长 20.68%；净利润 22682 万元，同比增长 16.26%；缴纳税金 3576 万元。其中：55 家规模以上农产品加工业完成营业收入 652352 万元；净利润 21833 万元，同比增长 22.56%；缴纳税金 2856 万元。

（五）大力发展香梨产业

孔雀河是库尔勒市的"母亲河"，从市中心穿城而过。河流两岸土质肥沃，加之良好的光热资源，十分适宜香梨等瓜果的生长，形成了特有的农产品资源优势。盛产的库尔勒香梨是一个地域性极强的名优特品种，其皮薄、肉嫩、酥脆、无渣、香味浓郁，被誉为"果中之王"，距今已有 2000 多年的历史。

在 1924 年举行的法国万国博览会上，在参展的 1432 种梨中，库尔勒香梨名列第二，被评为银奖，被誉为"世界梨后"。从 1950 年起，库尔勒香梨曾多次在全国果品评比中夺冠，1957 年全国梨业生产会议上被评为第一名，1985

年又被评为全国优质水果。在 1999 年昆明世界园艺博览会上，库尔勒香梨获得金奖。自 1987 年进入国际市场以来，畅销不衰。1986 年 9 月，英国女王伊丽莎白在北京人民大会堂吃了库尔勒香梨后，频频点头，连声称道："真是果品王子"。从此以后，库尔勒香梨就被指定为招待贵宾的上乘果品。

近年来，库尔勒市通过狠抓香梨生产的科学化、标准化、规范化管理，持续提升香梨品质、不断扩大种植面积、大力拓宽销售渠道，做优做精香梨品牌，已形成集香梨生产、加工、贮藏、保鲜、运输为一体的产业化发展格局，打赢了"果中王子"保牌增值攻坚战。拓普、金丰利、世光、冠农、北方、库尔勒香梨网仓储等一大批以香梨保鲜、营销为主的龙头企业，香梨采摘后入库保鲜率达90% 以上，实现了香梨由短期季节性销售为四季均衡上市，有力地促进了香梨产业化发展。目前，市域内香梨包装企业已达 32 家，年产香梨内外包装 5000 万套以上，注册登记的香梨农民专业合作社 35 家，社员达 3000 多户 8256 人，初步形成 110 家仓储保鲜企业，50 万吨仓储保鲜规模的特色林果业生产、贮藏、加工和果品中转集散地。香梨年出口 2 万 ~ 3 万吨，年均创汇约 3000 万美元，出口市场已发展到美国、加拿大、澳大利亚、新西兰等 20 多个国家。

（六）稳步发展棉花生产

为提高棉花生产能力，从三方面落实棉花高产优质栽培措施：一是狠抓棉花播种质量，严格落实各项技术措施，提高了播种质量，推广棉花滴水春灌技术。在实施双膜覆盖精量播种和测土配方施肥技术的基础上，示范推广了棉花滴水春灌技术 20000 亩，与常规春灌后耕翻播种作业相比，每亩节水 120 方左右，可提前 10 天播种，有效延长了棉花生长期，为夺取棉花丰产打下了基础。二是加强棉花田间管理，分片包村检查播种质量，调试播种机械、指导农民药剂拌种、科学施肥，定期跟踪调查棉花生长情况。三是抓好棉花高产创建示范片工作。实施棉花万亩高产创建示范片 5 个，强力推进高产品种、高密度加压滴灌、平衡施肥、综合调控及虫害统防措施。四是继续加强测土配方施肥技术推广。2013 年，全市共实施测土配方施肥面积 57.3 万亩，项目区覆盖 57 个村，其中棉花测土配方施肥面积 35.6 万亩。

2013 年全市种植平均单产皮棉 141.5 公斤/亩，总产 8774.415 万公斤。其中亩产皮棉 150 ~ 180 公斤面积 22.113 万亩，平均亩产皮棉 200 公斤以上面积1.5152 万亩。规划到 2020 年，全市（市属）棉花播种面积调减到 50 万亩，总产量 8 万吨，平均单产达 160 公斤/亩；创建万亩棉花高产创建示范片 5 个，单产达 180 公斤/亩；建设 20 万亩国家级棉花制种基地，年加工优质棉花良种 2000 万公斤；棉田全部实现高效节水灌溉，机采率在 80% 以上。

三　以农牧民为本，将农牧民增收作为农牧业发展的根本落脚点

库尔勒在加快农牧业发展的过程中，始终将增加农牧民收入作为出发点和落脚点。近年来，在农牧业加快发展的同时，农牧民收入也快速增长，库尔勒逐步探索出了一条城乡统筹发展的新路子。

（一）农村经济收入和农民收入快速增长

2013 年，库尔勒市农村经济总收入达 231733.6 万元，比上年 219579 万元增加 12154.6 万元，增幅 5.54%；农牧民人均纯收入达 15057.2 元，比上年 13356.14 元增加 1701.06 元，增幅为 12.74%。第一、二、三产业对农民人均纯收入的贡献率分别为 76.78%、3.06%、11.83%，分别为 11561.31 元、461.29 元、1780.64 元。

其中，第一产业农牧民人均纯收入较上年增加 1106.89 元，增幅 10.59%。农业支柱产业布局日趋合理，对农牧民收入的影响较为显著。四大农业支柱产业香梨、棉花、蔬菜、畜牧业在农民人均纯收入中占比分别为 27.15%、29.58%、4.87%、11.28%，其中：香梨人均纯收入达 4087.53 元，较上年增加 227.45 元，增幅为 5.89%；棉花人均纯收入 4454.57 元，较上年增加 408.32 元，增幅为 10.09%；蔬菜人均纯收入 733.24 元，较上年增加 110.32 元，增幅为 17.71%；畜牧业人均纯收入 1698.3 元，较上年增加 261.63 元，增幅 18.21%。另外，全市除香梨以外，红枣、杏等特色林果业农牧民人均纯收入达 182.26 元，增加 77.69 元，增幅达 74.29%。

（二）城乡居民收入均衡增长

由于库尔勒重视农牧民积极分享经济发展成果，多方面推动农牧民增收，因此，库尔勒城乡差距绝对值比较小，而且呈现出不断缩小的趋势。

由表 2-1 可知，库尔勒城乡收入差距比较小，2007 年以来，城乡收入比一直都低于 1.8，近两年来，甚至低于 1.4。由表 2-2 可知，尽管库尔勒城镇居民收入总体上比新疆平均水平低，且绝对差额有扩大的趋势，农牧民收入水

平却远高于新疆平均水平，且绝对差额有扩大的趋势。与全国平均水平比，库尔勒城镇居民收入水平较低，仅相当于全国平均水平的68%；但库尔勒农牧民收入水平却远高于全国平均水平，约为全国平均水平的169%。

表2-1 库尔勒市城镇居民与农牧民收入比较

单位：元

年 份	城镇居民人均可支配收入	比上年增加	农牧民人均纯收入	比上年增加	城镇居民比农牧民增收	城乡收入比
2013	20369	2269	15057	1701	5312	1.35
2012	18100	2100	13356	1984	4744	1.36
2011	16000	2191	11372	1483	4628	1.41
2010	13809	1309	9889	2008	3920	1.40
2009	12500	1000	7881	1220	4619	1.59
2008	11500	1200	6661	795	4839	1.73
2007	10300	—	5866		4434	1.76

注：城乡收入比 = 城镇居民人均可支配收入/农牧民人均纯收入。

表2-2 库尔勒市与新疆、全国收入对比

单位：元

年 份	城镇居民人均可支配收入			农村居民人均纯收入		
	新 疆	库尔勒	全 国	新 疆	库尔勒	全 国
2012	20194.6	18100	24565	6393.7	13356	7917
2011	17631.2	16000	21810	5442.2	11372	6977
2010	15421.6	13809	19109	4642.7	9889	5919
2009	13602.2	12500	17175	3883.1	7881	5153
2008	12478.6	11500	15781	3502.9	6661	4761
2007	11303	10300	13786	3183	5866	4140

图2-1表明，2007年以来，全国城乡收入比一直高位运行，尽管近年来城乡收入差距有所缩小，但城乡收入比仍然高于3。与此形成鲜明对比的是，库尔勒城乡居民收入比一直低于2，且近年来有不断缩小的趋势。截至2013年，库尔勒城镇居民收入仅为农牧民人均纯收入的1.35倍。

上述对比分析表明，随着农村经济加快发展，库尔勒农牧民收入也快速增长，城乡差距逐步缩小，已经逐步探索出一条城乡统筹发展的新路子。

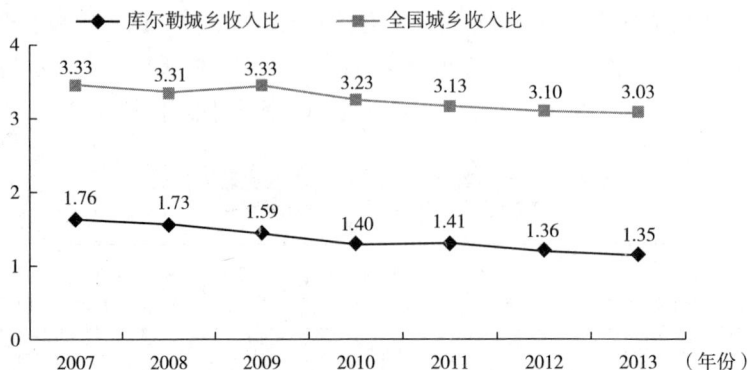

图 2-1　库尔勒与全国城乡收入比

四　引入科技、生态、文化等现代理念，指引农牧业走可持续发展道路

在资源约束日趋严峻的形势下，库尔勒市委、市政府积极倡导科技、生态、文化等现代理念，拓展农业生态、文化、休闲等功能，建设集育苗、试验、旅游观光为一体的农业生态园，提升农牧业附加值，打造高效农业，推动农牧业走可持续发展的道路。

（一）加大农业科技支持力度

近年来，库尔勒加强现代化农业示范区建设，充分发挥科技型龙头的作用。加快农技部门的机制转换，优化农技机构队伍资源配置，积极鼓励民间科技力量开展科技服务。大力发展农业职业教育，充分发挥市农广校培养农民技术人才的作用。实施"绿证"工程和新型职业农民培训工程，进一步加强对农民群众及农村基层科技人员的培训、教育，提高农牧民的科技素质和水平。

节水技术的运用和推广在库尔勒具有重要意义。在启动阶段，主要为技术消化和政府引导扶持的过程，一方面引进国内外的节水滴灌技术，与本地农业生产实际相结合，形成本地滴灌技术及人才队伍。初期，农业部门推广的本地俗称"小白龙"的地表滴灌管效果并不理想，经过技术消化和摸索，才形成目前全市普遍应用的地下滴灌技术。另一方面，利用国家和自治区、州、市的项目资金，在全市范围内兴建一批棉花节水灌溉示范田和示范户，对于先期建设的农户每亩补助接近 400 元。自 2006 年开始，在增产增效的示范效应带动下，农户纷纷主动购买设备，全市棉花滴灌进入快速发展阶段。目前，全市棉花种植除了零星地块和套种地块，已全部采用滴灌技术。采用节水滴灌技术的棉花，长势更均匀，高矮更整齐，花期更集中，花果大小更一致，棉花品质等级更高，售价更高。运用节水滴灌技术后，水肥同步，使用控制阀门手动或自动灌溉，同步达到了节水、节肥、省工的目标，同时，生产效率大为提高。

在香梨生产技术方面，尤其值得一提的是 2013 年刚刚通过成果鉴定的库尔勒香梨种植信息系统建设项目。库尔勒市香梨基础信息系统包括遥感技术（RS）、地理信息系统（GIS）、全球定位系统（GPS）技术，合称为 3S 技术，是目前可以较准确地反映地面信息的高端技术。该项目通过购买相关遥感影像数据和收集有关资料、采用遥感解译的方法进行香梨种植信息调查，能得到全面、真实的数据信息。利用 3S 技术建立高分辨率的香梨基础信息空间分布数据库，在数据库基础上研发库尔勒市香梨种植信息系统，为管理者提供高效的决策信息支持，推动库尔勒市香梨产业健康有序地发展。

（二）大力发展生态农业

库尔勒通过发展生态农业，利用农村空间、生产场地、农业产品和农村自然环境、人文资源等，经过规划设计以发挥农业与农村休闲旅游功能，增进城市民众对农村与农业的体验，提升农业品味，并提高农民收益。

拓展农业生态链。充分利用果园中生长的杂草，采用种养结合的方式，在果园中放养鸭子，除了可增加卖鸭收益外，鸭子排泄的粪便经生物菌发酵后成为有机肥返施香梨。形成"土地上果树—果树下杂草—杂草饲养鸭—鸭粪当肥料—肥料返施果树"的生态循环农业产业链，形成闭环式的充分循环利用态势。这种生产模式把生态农业建设与农业结构调整结合起来，与改善生产条件和生态环境结合起来，与发展无公害农业结合起来，使农业经济的增长与农业发展环境的改善相结合，达到经济效益和生态效益的统一，实现种养双赢。

（二）推动农业与文化融合发展

历史记载与民间传说相互印证，深入挖掘香梨文化。史料记载，库尔勒香梨在汉唐时期就通过"丝绸之路"传入印度，被誉为"西域圣果"。民间则有这样一个传说，古代有一个叫艾丽曼的姑娘，为了让乡亲们吃上梨子，她不畏艰难，朝东翻越 99 座山，到过 99 个地方，骑死 99 头毛驴，引进 99 株梨树，在当地栽植。其中只有一株梨树与本地的野梨树嫁接成功。当梨树上结的梨子成熟时，香气浓郁，随风飘散，乡亲们高兴地称它为"奶西姆提"，意思是喷香的梨子。

库尔勒香梨不仅是一种营养丰富、味道鲜美的水果，更是东西方文化交融的重要纽带，也是库尔勒这座城市兴起的重要见证，因此库尔勒将"塞外明珠，山水梨城"作为自身的重要地位。2013 年，"梨城飘香"雕塑落成，成为库尔勒的重要城市标志。近年来，库尔勒市正在着力打造"香梨文化旅游节"，使之成为城市发展的重要名片。

五　创新体制机制，为农牧业发展提供制度保障

近年来，库尔勒坚持正确导向，整合资源投入，积极探索创新，强化示范带动，创新农业发展思路，逐步建立健全符合本地特点、顺应发展趋势的现代农业发展机制。

（一）完善农村基本经营制度

在稳定和完善家庭承包责任制、尊重农民意愿的基础上，建立、健全土地流转制度。推行多种形式的土地流转机制，发展规模经营，为产业化经营提供条件。凡是龙头企业所需征用的土地，优先安排、优先审批，费用按规定予以减免；允许承包租赁集体土地用于农业开发；在不改变土地用途的前提下，鼓励农民以土地使用入股，同企业实行股份合作制，进行种植业、畜牧业等农业产业开发。实施产业倾斜政策。农业产业化项目，简化申报、审批程序和层次。凡是农业龙头企业，不受所有制、行业、地区的限制，一律享受农业的各种优惠政策。

扶持政策包括：免征增值税（国税）；政策性农业保险；农业重点科技项目扶持；农村休闲旅游观光农业扶持；农民专业合作社扶持；种业发展优惠政策扶持等。

（二）积极发展各种形式专业合作社

库尔勒通过政府主导，民间创新，以支持推进专业合作社，引导专业大户，建设示范户来大力发展特色种养业。截至 2014 年 5 月底，库尔勒市共注册登记农民专业合作社 310 家，较上年新增 77 家，合作社成员数 7313 人，带动农户数 6500 人。其中，种植业合作社 80 家，林果业合作社 92 家，畜牧养

殖合作社 116 家，服务类合作社 17 家，其他合作社 4 家。

结合特色主导优势产业，整合土地资源，引进业主开发，鼓励种植大户扩大规模，建设一批有实力的专业合作社，组成各特色种养产业基地，实现产业规模化、集约化发展。加快专合经济组织建设，是做大做强特色种养业的保证。通过做实一批专业合作社，充分发挥专业合作组织的民间"自治"作用，形成连接企业和农户的桥梁纽带，有效组织农民，共同参与市场竞争，共同抵御市场风险。激发农民参与农业产业化经营的积极性、主动性、自觉性。

一方面，建立特色种养业信息发布制度。建立健全特色养殖信息收集、分析和发布制度，加强对生产、流通、销售各环节的监测，科学预测市场和消费需求走势，及时发布市场信息，指导生产者合理安排生产。另一方面，营造良好的金融支持环境。重点支持标准化规模养殖场和专业合作社；为规模养殖场和养殖户贷款提供信用担保和保险服务，增强特色种养殖业抵御市场风险、疫病风险和自然灾害的能力。同时，培植科技示范户。选择具有一定种养基础的特色种养户作为科技示范户重点培植，以点带面、辐射周围。

（三）建立健全农牧业发展体制机制

以体制机制建设促进发展，是库尔勒农牧业发展的又一重要思路。

1. 推进农牧业管理体制改革

（1）建立农业执法体系

按照农业部、自治区农业厅农业执法规范化建设的要求，进一步加强农业综合执法队伍建设，改善执法手段，完善执法装备，增强执法能力，提高执法效率，逐步建立起职能集中、管理规范、层级协调、上下一致、运行有效的农业行政综合执法体系。

（2）完善农产品特色体系

在全面提升农产品质量的同时，重点抓好蔬菜、香梨等无公害标准化生产示范基地建设，生产规模达到一定程度的，争取获得自治区标准认证。

（3）建立健全农产品质量监督体系

加大农产品质量安全监管力度，提高农产品质量安全水平；加强对农业投入和农产品的质量管理，进一步规范农资市场和农产品市场秩序。

（4）保护和提高农业综合生产能力

落实严格的耕地保护制度，确保全市耕地稳定在 107 万亩。以提高基础地力和产出能力为重点，建设高标准农田、改造中低产田，大力实施农作物秸秆还田和测土配方施肥，加强对化学农药的施用监管，杜绝高毒高残留农药的使用，确保农产品生产安全。加强农作物有害生物预警和防控，提高病虫测报准确率。

（5）加强农业生态环境保护管理机制

加大对工业污染物排放的检查监管力度，优化农业生产环境；加大高效、低毒、低残留农药、生物农药和0.01mm农用薄膜的推广应用，合理使用化肥；加强农产品标准化生产能力建设。

2. 建立健全融资机制

（1）改善农业发展环境，制定出更多吸引投资的政策

对重点农业项目的投入资金进行整合，提高资金使用效率，确保重点农业项目落实；加强政策支持力度，鼓励种植大户扩大生产规模，促进现代农业生产走产业化、规模化道路；继续出台对主导产业的产业化扶持政策，完善相应的产业发展规划、目标和配套措施；认真研究和解决农业发展中的重大问题和困难，研究制定有利于农业发展的政策措施并抓好落实，确保领导到位、工作到位、政策措施到位、财政投入到位。

（2）推进重点项目建设，增强农业发展后劲

实施项目带动战略，积极争取上级财政支农资金，夯实农业发展基础，增强农业发展后劲。近年来，全市相继落实了农机具购置补贴政策、落实农作物良种补贴政策、落实农资综合补贴政策、落实温室大棚补贴、推广应用滴水出苗技术、推广应用测土配方施肥等多项重点民生工程项目。

3. 建立健全经营机制

（1）大力扶持和发展农业龙头企业

加快培植出一批辐射面广、带动力强的农业龙头企业。积极研究市场，开拓市场，狠抓标准化生产，坚持以提高农产品质量和增加科技含量来培育品牌、打响品牌，发挥品牌效应。

（2）完善预测系统

运用信息技术，建立和完善市场预测系统。逐步规范龙头企业与农户的产销合同，完善双方的主体地位和相应的权利义务，提高订单的履约率。

（3）发展农民专业合作组织

鼓励和引导发展各类农民专业合作组织，加强协会、经济合作组织等的中介作用，开展产前、产中、产后的自我服务，充分发挥各类协会在行业自律和协调、行业标准和发展规划制订等方面的作用。

4. 建立健全技术创新机制

（1）改革完善农业公共服务体系

以市推广中心为龙头，建立县、乡（镇）、村、户四级联动服务体系，加快推进乡镇综合服务站建设，设立村级办公室，配备必要的办公设施。

（2）建设农作物病虫害防控体系

包括农作物重大病虫害监测预警系统和防控系统，危险性病虫害检疫防疫系统，植物新技术和新产品推广服务体系建设。

（3）加快农村科技培训

加强农民技能培训，提高农村劳动力就地就近转移，促进农村劳动力向农业产业延长链转移，推动城乡统筹协调发展和社会主义新农村建设。

（4）大力推广实用农业新技术

增加农业科技投入，提高科技应用率、转化率和贡献率。推广生态高效农业发展的关键技术，全面提高全市农业科技含量。建立健全农业科技网络，稳定市、乡（镇）两级农业科技推广队伍，深化农技人员进村入户服务工作，充分发挥农民技术员的作用；加强农机化建设，进一步推广各类新型实用农机具；加强农业信息网络建设，进一步建好农业信息服务平台，充分发挥农业信息在生产中的指导作用。

加大科技教育投入力度，大力发展职业教育，培养建立一批优秀人才队伍；增加人才引进，从工作、生活环境、收入等方面提高被引进人才的待遇，吸引更多的有着更高学历以及更新技术的人才来此工作。

（四）因地制宜落实党中央、国务院和自治区各项惠农措施

为落实党中央、国务院和自治区各项惠农、支农政策，库尔勒市 2012 年分别下发了《关于促进库尔勒市设施农业健康快速发展的实施意见》、《加强库尔勒市林业工作的实施意见》、《关于促进库尔勒市畜牧业持续健康发展的实施意见》。

1.《关于促进库尔勒市设施农业健康快速发展的实施意见》

大力发展设施农业，保障全市蔬菜有效供给，增强农业综合生产能力，促进农业增效、农民增收，全市要严格遵循"稳步增加面积、突出提高效益、注重开拓市场"的发展方针，按照"丰富菜篮、稳定发展、提质增效"的总体思路，以"加大农产品质量安全检验检测力度，打造全疆重要的无公害设施农业生产基地"为目标，因地制宜，合理布局，科学规划；以节能日光温室为重点，稳步扩大设施农业生产规模；以科技进步为支撑，内引外联，加速引进、培养设施农业专业人才，努力提高农民的生产技术和经营管理水平，提高设施农业产出率和效益；以市场需求为导向，优化品种结构，丰富设施农产品种类；以实施设施农业规模化、标准化生产为前提，打造安全、优质、绿色、有机的名优品牌；以加快服务体系和产地专业批发市场建设为载体，大力实施筑"巢"引"凤"战略，积极吸引和培育龙头企业，努力开拓疆内外市场，全力推动设施农业健康稳步发展。

2.《关于进一步加强库尔勒市林业工作的实施意见》

库尔勒市为全面贯彻中央、自治区、自治州农村工作会议关于林业工作的安排部署和库尔勒市第七次党代会及市委七届四次全委（扩大）会议精神，深入贯彻落实科学发展观，充分发挥林业在贯彻可持续发展中的战略地位，牢固树立"环保优先、生态立市"理念，坚持走资源开发可持续、生态环境可持续发展道路，建立比较完备的林业生态体系和比较发达的林业产业体系，使生态环境明显改善、库尔勒香梨的经济效益更加凸显，倾力打造"生态之域、水韵之都、幸福之城"。为推动全市林业工作持续快速健康发展，按照生态立市、科学跨越、富民兴林、后发赶超的发展方向，构建以防沙治沙为重点的林业生态体系、以香梨为重点的林业产业体系、以香梨文化为主的生态文化体系。预计到2015年全市新增生态林5万亩，建立健全农田防护林体系，进一步优化香梨种植结构，稳步发展香梨面积，不断提高单产、质量和效益，扩大出口。

3.《关于促进库尔勒市畜牧业持续健康发展的实施意见》

为进一步推动畜牧业发展，保障畜牧业生产安全，根据国务院《关于促进畜牧业持续健康发展的意见》文件及自治区、自治州畜牧工作会议精神，结合库尔勒实际，坚持科学发展观，以农牧业增效、农牧民增收为目标，以规模化养殖为主导产业，加快发展规模化牛羊育肥业，稳步推进猪禽、奶牛养殖业，继续强化"良种繁育、饲草料保障、动物疫病防控、产业化经营、科技支撑、行政执法"六大现代畜牧业体系建设，加强管理服务，推进草原生态保护，加快畜产品标准化生产，提高畜产品质量安全，实现由粗放、散养经营向集约、规模经营的逐步转变。

六　因势利导，谱写库尔勒农牧业发展新篇章

近年来，库尔勒农牧业发展取得了长足进步，但仍然存在诸多深层次的矛

盾和问题，主要表现为：水资源约束加剧；香梨产业虽然产量逐年增长，但面临品质下降、冻害频繁发生、品牌保护艰难等问题；棉花产业面临缺水、人工成本逐年增加等问题，生产效益受到严重影响；畜牧业产值在大农业中的比重仅占11.6%，在全自治区83个县（市）中居倒数第8位；农作物播种面积中，蔬菜占比甚少，无法满足库尔勒市未来百万人口的消费需求等。

今后5~15年，是库尔勒全面实现农业现代化的关键时期。针对上述问题，围绕自治区、自治州农业和农村经济发展的战略目标，库尔勒结合实际，提出了农业发展目标：到2020年，库尔勒农业的土地产出率、资源利用率、劳动生产率显著提高，农业综合生产能力、市场竞争能力、可持续发展能力显著增强，形成生态良好、装备先进、产品优质、农民增收的现代农业发展新格局，建成绿洲农业样板和都市农业典范，在自治区率先实现农业现代化（见表2-3），为实现上述目标，必须集中精力，做好以下工作。

表2-3　库尔勒市农业发展目标

类别	指标名称	单位	基期值	目标值
一 总体 情况	辖区面积	平方公里	7268	——
	耕地面积	万亩	107	107
	总人口	万人	55	100
	农业人口	万人	20	15
	农民人均纯收入	元	13356	26000
	劳动生产率	元/人	23220	40000
	农林牧渔业总产值	万元	464390	700000
二 产业 发展	粮食总产量	吨	12427	12500
	粮食单产	公斤/亩	305	320
	棉花总产	吨	90107	80000
	皮棉单产	公斤/亩	141	160
	香梨产量	吨	191998	350000
	蔬菜产量	吨	84000	220000
	肉类总产量	吨	18818	72000
	蛋类总产量	吨	3815	6000
	奶类总产量	吨	16401	65000
	水产品总产量	吨	1150	18000
	无公害农产品	个	22	25

续表

类别	指标名称	单　位	基期值	目标值
二 产业 发展	绿色食品	个	1	10
	有机农产品	个	1	5
	农产品地理标志	个	1	3
	农产品质量安全例行监测总体合格率	%	99	99
	种植业、林果业、畜牧业、渔业产值之比	——	66.7:21.4: 11.6:0.3	43.3:32.4: 24:0.3
	农产品加工业总产值	万元	549343	1400000
三 基础 设施	旱涝保收高标准农田面积	万亩	80	90
	灌溉水利用率	%	44	50
	设施农业面积	万亩	1	3
	畜牧业养殖小区	个	5	45
	农产品产地批发市场	个	3	3
四 科技 水平	良种覆盖率	%	98	99
	乡镇或区域性农业公共服务体系健全率	%	100	100
	持专业证书农业劳动力占农业劳动力比重	%	15	20
	农业信息化服务覆盖率	%	60	90
五 农业 机械化	耕种收综合机械化水平	%	70	80
	农机总动力	万千瓦	43.45	80
	百亩农机总动力	千瓦	40	75
六 规模化 生产	高产创建示范面积	万亩	5	10
	规模种植大户经营面积	万亩	28.56	40
	规模化畜禽养殖率	%	60	80
	土地承包经营权流转面积	万亩	0	10
	土地适度规模经营比重	%	60	80
七 产业化 情况	国家级龙头企业	个	3	8
	自治区级龙头企业	个	9	10
	规模以上农产品加工企业销售收入	万元	480955	1200000
	农产品加工业与农业产值之比	%	1.18	2
八 组织化 情况	农民专业合作社	个	132	180
	农户参加专业合作组织比重	%	28	60

续表

类别	指标名称	单　位	基期值	目标值
九 资源 环境 保护	专业化统防统治面积	万亩	40	107
	测土配方施肥面积	万亩	46	107
	灌溉水利用率	%	58	65
	农业废弃物综合利用率	%	60	90
十 农业 支持 保障	财政支农增幅与一般预算支出增幅之比	倍	1.06	1.1
	农业贷款增幅与贷款总额增幅之比	倍	0.07	1
	农业保险覆盖面	%	50	90

注：基期数据均为 2012 年数据，目标值为 2020 年。

（一）调整优化农业产业结构

1. 继续推进优质棉花基地建设

坚持巩固扩大高产棉区面积，退出低产棉区的原则，优化资源配置，加大棉花高产创建示范片建设力度，努力将库尔勒建成新疆重要的优质商品棉基地和出口棉基地。狠抓高产攻关，降低生产成本，提高棉花的内在品质和质量，以优质高产和低成本抵御市场风险。到 2020 年，全州棉花面积控制在 60 万亩左右。

2. 稳步推进设施农业建设

大力发展优质高效安全环保的设施农业建设。不断调动广大农民发展棚菜生产的积极性，逐步提升设施农业经济效益。在 2020 年，建成 3 万亩设施大棚。

（二）提升农产品品质和质量

1. 建设无公害、绿色、有机农产品基地

健全农产品质量安全标准、检验检测、认证体系，完善制度，建立农产品质量安全管理制度，对农产品质量安全实施全过程的监督，加强生产监督，推行市场准入及质量跟踪，强化执法监督、技术推广和市场信息工作，有效改善和提高农产品质量安全水平。到 2020 年，全市蔬菜种植面积达到 3.5 万亩，其中设施蔬菜基地 3 万亩，蔬菜总产量达到 22 万吨。建成 7 个设施蔬菜规模化生产基地，认证绿色设施蔬菜生产基地 1 万亩。

2. 实施农产品品牌战略

抓好有地域特色的农产品、乳制品等申请商标注册，加快商标注册步伐，尽快使资源优势转变成经济优势。引导和鼓励瑞源乳业、富全新科种业等涉农企业正确运用商标战略和策略，扩大企业商标宣传，不断开展新产品和提高市场竞争力，提高产品质量。

3. 建设农产品质量安全检验检测体系

完善农产品质量安全体系的组织体系、法律法规体系、质量标准体系、检验检测体系、认证服务体系、技术推广体系、执法监督体系和信息服务体系，逐步建设成"生产有规程，质量有标准，产品有标志，市场有监测"的"功能齐全，责任分明"的综合体系。

（三）增强农业抗风险能力

1. 建立健全防灾减灾机制

加强气象、国土资源、水利、民政、安全监督、农业、林业、环境、新闻等部门的联动和紧密协作，建立"统一指挥、反应灵敏、功能齐全、协调有序、运转高效"的应急联动机制，把防灾减灾纳入各级政府的公共服务体系。组织开展人工增雨、人工消雨、人工防雹、人工消雾等作业，有效抵御和减轻干旱、洪涝、雹灾、雾灾、滑坡等灾害的影响和损失。高度重视灾害监测预报预警工作，分类防灾，变盲目抗灾到主动避灾。广泛宣传普及预防、避险、自救、互救、减灾等常识，增强公众的忧患意识、社会责任意识。

2. 建设农产品市场预警体系

实施农产品市场监管应急预案，工商行政管理和农业部门相互配合，维护正常的农产品市场经济秩序，妥善处理突发性的市场波动，有效保障人民群众消费安全；对农产品市场内出现的有毒有害农产品需及时召回；责令退出市场的农产品，及时发布预警，防止发生重大伤亡事故。

3. 搞好农业保险

本着"先起步、后完善，先试点、后推广"和"低费率、广覆盖"的原则，分层次、分险种恢复和发展农业保险业务，优先发展种养业中需求迫切的险种，实行法定保险与自愿保险相结合，保障农业生产稳定。允许商业性保险公司自愿申请经营由政府提供补贴的政策性农牧业保险项目。

（四）加强科技创新体系建设

1. 建设农作物和畜禽良种繁育基地

重点建设库尔勒市种子公司的良繁基地，以点带面，以小促大。力争到2020年，全州主要农作物的良种覆盖率达到95%以上。

2. 建设动植物疫病防控体系

建立动物疫情监测预警、疫病预防控制、检疫监督、物资保障、技术支撑、兽药饲料质量监测和残留监控六大体系，形成快速诊断、监测预警、防控和应急反应能力，动物及其产品实施有效监督检疫和快速处置应对突发公共兽医卫生事件能力，畜产品质量安全监控能力三大能力。建立起设备齐全、功能完善、手段先进、反应快捷和包括所有单位在内的完整统一的动物防疫体系。

3. 推广应用节约资源和防治污染技术

在资源开采、生产消耗、废物产生、消费等环节，建立自治州资源循环利用体系。树立节约资源的意识，积极倡导有利于节约资源与保护环境的消费方式与生活方式。大力发展节水农业、大幅度降低农业灌溉定额，做好企业节水改造和废水回收利用。节约土地，严格实行耕地保护制度。节约材料，加强资源综合利用。强化促进节约的政策措施，建设资源节约型农业。

（五）不断提升农机化水平

1. 创新对农机补贴经销商的管理

制定出适合市情的监督管理农机购置补贴产品经销企业执行政策和售后服务跟踪核实，对全市农机补贴经销商进行监管，保证补贴政策的顺利实施及农民能买到、使用放心的农机产品。

2. 创新农机补贴工作规范管理

制定农机补贴工作操作流程、检查标准，推动农机补贴工作规范化、标准化、制度化。

3. 创新农机新技术推广工作

着力解决设施农业、棉花机收、香梨田间管理等突出问题，积极推广精量播种、化肥深施、保护性耕作、机采棉等农机化技术。

4. 创新农机服务"三个平台"建设

积极搭建、完善农机装备平台、信息网平台、农机协会三个平台建设，加快发展。

（六）稳定和完善农村基本经营制度，增强农经管理能力

1. 加快构建农村土地承包纠纷仲裁体系建设，在农村土地纠纷仲裁工作上有新进展

加大农村土地纠纷仲裁机构设置，使农村土地承包纠纷仲裁和调解工作成为农村土地纠纷解决的有效方式，有力地缓解政府在农村土地承包纠纷信访方面的压力。

2. 在指导农民专业合作社规范化建设上有新举措

培育一批经营规模大、服务能力强、质量安全优、民主管理好的专业合作社，促进农民增收和产业升级。加大法律宣传培训力度，帮助合作社健全内部管理运行机制，推进标准化生产，规范生产经营行为，积极引导农民专业合作社与大型连锁超市开展产销对接。

3. 在农村集体资金资产资源管理工作机制上有新突破

要创新农村集体资金、资产管理模式，建设农村"三资"监管平台，实现农村"三资"监管网络化。核实"三资"底数，明晰产权关系，建立台账，健全制度，促进集体资金的规范管理、资产的保值增值和资源的合理利用，逐步实现农村集体"三资"的会计电算化、管理网络化、运行规范化、监督即时化。

4. 在加强农经干部队伍建设上有新要求

建立起科学的工作机制，以工作效率为核心，激发干部职工工作活力，不断提高工作水平；加大培训力度，提升干部职工找准工作切入点、协调配合沟通及依法行政的能力。

第三章

着力培育产业集群，提升工业化水平

导言：作为南疆的区域性中心城市和新疆维吾尔自治区"一主三副"战略的龙头城市，库尔勒依托疆内丰富的石油天然气、水能、矿产、特色农产品、林果业等资源优势，以及优越的投资环境和良好的基础设施配套，凭借得天独厚的区位条件和政策优势，努力探索出了一条独具特色的工业化道路。与此同时，库尔勒工业发展也面临结构较为单一、水资源短缺等严峻挑战。继续走多元化、集群化、园区化发展道路，实施最严格的资源利用和保护政策，走资源节约和环境友好型发展道路，发展生态型工业，是提升库尔勒工业化水平的必然选择。

一 库尔勒工业发展的成就与经验

从工业规模和技术水平两方面看，库尔勒工业已经在引领南疆发展方面发挥了重要作用。

（一）库尔勒已经具备较高的工业化水平

2012年，库尔勒人均国内生产总值达到10540元，城镇化率达70%，工业化增加值占地区生产总值的比重达69.9%。2013年，库尔勒市人均国内生产总值达到110676元，近17000美元，城镇化率高达73%，工业增加值占经济总量的比例超过70%，对应工业化发展阶段的相关经典标准①，库尔勒工业化整体上已经达到较高水平。

与全国平均水平相比（2013 年，全国人均国内生产总值41805 元，第一产业增加值占国内生产总值的比重为 10.0%，第二产业增加值比重为 43.9%，第三产业增加值比重为 46.1%，第三产业增加值占比首次超过第二产业），库尔勒人均国内生产总值高出一倍，工业占比高出 26 个百分点，第三产业则与全国平均水平存在 24 个百分点的差距。

与全疆水平相比（2013 年，全疆人均地区生产总值37847 元；第一产业增加值占国内生产总值比重 17.4%，第二产业增加值比重为 46.4%，第三产业增加值比重为 36.2%），库尔勒人均国内生产总值的优势更加明显，第二产业比重高出 23 个百分点，第三产业与全疆平均水平存在 21 个百分点的差距。

表 3-1　库尔勒市工业化发展各项指标

年　份	人均 GDP（元）	三次产业比例	城镇化率	轻重工业比例
2010	75471	5.3：79.7：15.0	68%	11.6：88.4
2011	97444	5.6：80.2：14.2	68%	8.2：81.8
2012	101452	5.8：78.9：15.3	70%	9.1：80.9
2013	110676	5.8：78.9：15.3	73%	9.5：80.5

总之，库尔勒已经具备较高的工业化水平。进一步地，较高的工业化水平推升了库尔勒总体经济发展水平。然而，服务业发展严重不足，已经成为库尔勒工业化进程的重要制约因素。

（二）支柱产业优势明显

近年来，库尔勒工业经济得到了较快发展，初步形成了以石油化工、油田装备制造业、棉纺织加工、电力生产供应业、造纸业、矿产品开采、建材制品等行业为重点的具有特色的工业体系。其中，石油化工产业和棉纺织加工产业是库尔勒的支柱产业，其对工业经济的贡献和对全市的引领作用非常明显。

1. 石油化工产业

石油化工产业在工业总产值中的占比超过 80%，代表企业有以开采原油、天然气为主要产品和加工石油制品、提供西气东输、生产氮肥的中国石油天然

---

① 包括钱纳里的人均 GDP、城镇化率等工业化阶段划分标准、库兹涅茨的产业结构划分标准、霍夫曼的轻重工业比重经验指标等。

气股份公司塔里木油田分公司；以天然气为主要原料，加工生产1，4－丁二醇的新疆美克化工有限责任公司；生产二硫化碳的巴州瑞兴化工有限公司和生产粘胶短纤维的新疆富丽达有限公司等。

2013年，塔里木油田生产石油液体590万吨、天然气223亿立方米，油气产量当量2366万吨，连续七年油气当量产量保持2000万吨水平。25年来，塔里木油田累计为国家生产原油1.04亿吨、天然气超1508亿立方米，油气产量当量2.24亿吨，建成我国重要油气生产基地，为保障国家能源战略安全和中国石油工业可持续发展做出重要贡献；累计向西气东输供气超1250亿立方米，惠及北京、上海等14个省区市、80多个大中型城市的3亿多居民，为建设"美丽中国"提供了优质能源。

新疆美克化工股份有限公司（以下简称美克化工）是美克投资集团有限公司控股子公司之一，美克化工一期工程6万吨1，4－丁二醇项目，是以天然气为原料、采用具有世界先进水平的工艺路线：通过天然气部分氧化法工艺生产乙炔、乙炔尾气生产甲醇、甲醇氧化生成甲醛，再通过乙炔与甲醛加氢合成生产国内急需的精细化工原料1，4－丁二醇。美克化工1，4－丁二醇装置建成后实现了新疆以天然气为原料加工精细化工产业，成为国内第一个使用天然气加工1，4－丁二醇产品的装置，也是目前国内单套最大的1，4－丁二醇装置。装置的建成对加速巴州新型工业化以及石油天然气精细化工产业发展，促进经济发展、社会繁荣都具有良好的社会效益和经济效益。2010年4月，美克集团决定在一期项目的基础上，继续依托新疆的优势天然气资源，扩建二期年产10万吨BDO（1，4－丁二醇）项目。二期项目总投资约30亿元，包括空分、乙炔、制氢、甲醇、甲醛、热电站和BDO七套装置。二期项目于2010年10月动工建设，二期项目建成后，美克化工每年可向市场供应16万吨BDO产品，将成为国内最大、最专业的BDO产品供应商，同时也将形成年创产值26亿元，每年为地方增加税收约3.6亿元，为地方新增1500多个就业岗位的新型联合精细化工工业园。

巴州瑞兴化工有限公司主要产品二硫化碳，年生产能力6万吨，是采用自主知识产权、目前世界最先进技术装备起来的制造二硫化碳的高新技术企业，是该行业环保、消防、安控的示范企业，是新疆地区粘胶纤维、橡胶促进剂、选矿药剂、农药、炼油等企业最安全、最便捷、最稳定、最理想的原料基地。

新疆富丽达纤维有限公司于2007年8月在新疆巴音郭楞蒙古自治州库尔勒经济技术开发区内投资成立了新疆富丽达纤维有限公司，主要从事粘胶纤维的生产销售，并配套热、电、水的技术开发。一期年产 10 万吨差别化粘胶纤维生产项目已于 2008 年 12 月底顺利开工；2009 年，为更好地响应国家"新疆大开发"战略、为新疆经济发展做出更大的贡献，同时也进一步增强公司竞争力，新疆富丽达公司进行二期年产 20 万吨差别化粘胶纤维项目建设，项目已于 2011 年 9 月顺利投产。目前新疆富丽达已形成年产棉浆粕 10 万吨、粘胶短纤维 30 万吨、硫酸 25 万吨及配套生产规模水平，成为全球最大的粘胶纤维生产基地之一。

2. 纺织产业

2014 年 3 月通过评审的《库尔勒纺织服装城十年产业发展规划》提出将建设库尔勒纺织城。纺织城规划总投资为 670 亿元，规划面积 31 平方公里，主要建设纱锭 1000 万锭，服装 2 亿件、粘胶纤维 80 万吨、涤纶 10 万吨以及印染、织造、针织、经编、家纺、非织造布、纺织机械设备以及辅料等行业相配套产业，同时带动商贸、旅游、存储、物流等相关第三产业，具有富民就业、产业链条完整，上下游关联度高，依靠市场拉动，产品创新为一体的特点。预计将解决社会劳动就业 20 万人。其中第一期：到 2015 年达到纺纱规模 500 万锭；第二期：2016 ~ 2020 年达到纺纱规模 1000 万锭。纺织服装城全部生产制造型企业投产后，将创造工业总产值 906 亿元，实现销售收入 893 亿元，实现从原料生产基地向纺织服装加工基地的转变，建成国家新型数码印花示范基地，打造国家纺织产业由东部向中西部地区转移升级的样板、全疆最大、全国影响力最广的高品质纺织生产基地和南疆最大的纺织物流集散地和交易中心，为实现新疆纺织服装产业百万人就业提供重要支撑。

截至目前，库尔勒纺织服装城已形成了年产 32 万吨差别化粘胶纤维、纱锭 160 万锭规模，并已经先后带动吸引国内环锭纺龙头企业福建新华源，以及杭州春晖、达佳、佳艺等有实力的纺织企业签约，为 2015 年完成 500 万锭规模，2020 年达到 1000 万锭奠定了坚实的基础。

金富特种纱业有限公司于 2013 年落地，并在当年投产。巴州金富计划分两期投资 30 亿元，在巴州建成国内最大的气流纺纱生产基地。项目全部建成后可实现年销售收入 40 亿元，生产各类特种纱线 15 万吨，解决就业 3000 人。目前，巴州金富已经投产的 50 台气流纺纱机，每年消耗粘胶短纤维 15 万吨，达到新疆富丽达目前产能近一半，随着后期项目的陆续投产，巴州金富将利用新疆富丽达其他产品完成更大收益。2014 年 1 ~ 4 月，该企业生产多种纱线 10000 吨，实现销售收入约 1.9 亿元。值得关注的是，这家企业的投产意味着库尔勒经济技术开发区内的纺织行业已经可以把棉籽、木浆等原材料制成化纤，新疆纺织行业产业链就此得到了进一步延长。巴州金富的生产线不仅可以将新疆富丽达生产的粘胶短纤维制成化纤，还可将棉花加工成棉纤维。

（三）产业向园区集中

近年来，库尔勒市委、市政府按照"项目集中园区、产业集群发展、资源集约利用、功能集成建设"的发展思路，全面实施了"一主两翼"园区发展规划，在全力支持库尔勒经济技术开发区发展壮大的同时，科学布局建设上库综合产业园和塔什店循环经济产业园，实行错位发展、优势互补，为增强地区核心竞争力、赢得经济发展主动权提供了坚强支撑。

2013 年，"一主两翼"的新型工业化发展新格局加快推进。"一主"方面：经济技术开发区库尉工业供水、群克污水处理厂排水管网工程等项目进展顺利；博湖苇业迁建一期、美克化工二期、洪通燃气 12 万吨 LNG、金富特种纱业 130 万锭纺纱等项目投产试车；美克化工三期、康丰化工等一批重大项目开工建设。"两翼"方面：上库综合产业园区规划（2011～2030 年）、塔什店循环经济产业园区规划（2011～2030 年）编制完成，正在抓紧推进园区供排水、道路、通信、电力、防洪等专项规划设计和基础设施建设。两个园区累计完成基础设施投资 3.9 亿元、开工企业累计完成投资 7.32 亿元。上库综合产业园获批自治区级工业园区，中节能光伏发电等 30 个项目开工建设，中汇矿业等 10 个项目实现投产。塔什店循环经济产业园获批自治州级工业园区，南疆再生资源综合开发园区"城市矿产"示范基地项目积极推进中，福升华、鼎嘉隆等一批新型建材项目相继开工建设。

库尔勒市将 2013 年确定为"新型工业化发展年"，全力以赴推动产业和园区升级，主要包括三个方面：一是对全市 1000 余家企业，在充分调研的基础上，分类、分批强化技术改造和技术创新，引导这些企业逐步搬迁、向园区集中，大力支持这些企业采用新技术、新工艺、新设备、新材料，提高技术装备水平和产品质量，延长产业链，增加附加值，增强核心竞争力；二是继续大力支持中石油、中石化、大庆油田加大油气资源勘探开发和属地精细加工力度，打造石油天然气下游产品产业链；扶持优势矿产加工制造业，建设一批优势突出的矿产资源项目；加快推进纺织业建设，有效承接内地产业转移，实现从原料输出向成品输出的转变；大力发展特色农副产品加工业，建设具有地域和民族特色的绿色食品加工和出口基地；三是培育一批战略性新兴产业。立足现有基础和市场前景，着力发展新能源、新材料、先进装备制造、节能环保、生物、信息、清洁燃料等战略性新兴产业。

截止到 2014 年 4 月，库尔勒经济技术开发区已入驻各类企业 685 家，开发区已基本形成了石油化工精细加工、棉纺化纤、特色农副产品加工、石油技术服务及装备制造业、高新技术及新型能源建材业、现代服务业六大产业，产业链正在不断延伸和发展，产业结构不断升级和优化。

上库综合产业园区方面，2013 年，园区已开工建设的企业 8 家，完成固定资产投资 8.06 亿元。2014 年上半年，上库综合产业园区用地挂牌项目 75 个，目前已经全面开工建设项目 41 个，已完成固定资产投资 2.7 亿元，41 个项目预计 2014 年下半年完成固定资产投资 2.63 亿元。截至 2014 年 7 月底，上库综合产业园区已经完成招商引资项目选址企业 160 余家，申请用地 2.4 万亩，实际供地 1.1 万亩，其中已通过项目规划评审的有 108 家。

二 库尔勒工业发展面临的形势

库尔勒工业发展迅速，但工业增长中高投入、高消耗、低水平、低效益的"两高两低"问题比较突出，长期以来依靠"资源换发展"，整体上走的是一条粗放发展的路子。在工业转型的新要求下，要加快产业的集约发展，推动转型升级、实现提质增效。

(一) 工业化加快推进和调整的历史关键期

基于库尔勒市独特的区位条件、资源禀赋和工业基础，可以发现，库尔勒市在工业发展中面临的问题仍然较为突出，主要表现在：

一是产业结构不合理，工业内部重工业的比例高达 80.5%，且石油天然气"一业独大"，占规模以上工业增加值的 65% 以上。二是工业的产业链条较短，对其他产业的带动能力不强，未有效形成经济的良性循环。大部分产品仍然是工业原材料，高附加值的最终产品较少，制造业的服务化水平不高。三是工业技术整体水平较低。石油化工及高端石化产品比重不及 30%，石油装备的数控化率仍然较低，具有自主知识产权的关键性技术供给和技术储备严重不足，工业发展仍处于要素驱动阶段。四是生态环境脆弱，当前库尔勒的七大主要工业产业中大部分为重点耗能行业，使得库尔勒市建设资源节约型与环境友好型城市建设的难度增加。

当前，国家正大力建设"丝绸之路经济带"，加大与西亚、欧洲各国的经济合作，库尔勒市正站在新的历史起点上，要抓住重要战略机遇期，加大开放发展力度，着力调整工业发展结构，实现工业化向更高层次推进。

（二）加快转变发展方式，推动转型升级

在新的发展阶段，库尔勒市工业要实现战略突破，推动由量到质的转变，必须加快转变经济发展方式，推进新型工业化，处理好产业转型与加快发展的关系、追求当前利益与谋划长远发展的关系，力争实现"四个转变"。

一是努力实现由单纯追求经济增长向科学发展转变。科学发展观的核心是以人为本，基本要求是全面协调可持续。深入贯彻落实科学发展观，应从单纯追求 GDP 增长向追求速度与质量、结构、效益相统一转变，从单纯追求经济发展向经济、人口、资源、环境发展相协调转变，实现经济又好又快发展。在经济不断发展的同时，更加注重经济社会协调发展、城乡协调发展、人与自然和谐相处的可持续发展，努力提高人民群众的生活水平，促进人的全面发展。

二是努力实现由粗放型增长方式向集约型增长方式转变。新型工业化是以与信息化深度融合为主要途径，以绿色低碳、集约增长为内在要求，实现生产方式根本性变革的工业化。在科学技术突飞猛进、信息技术广泛应用的知识经济时代和经济全球化的背景下，库尔勒市完全能通过发挥后发赶超的优势，加快新型工业化进程。在总体上进入工业化初期向中期加速推进的关键时期，要实现经济发展方式的转变，必须坚持以生态和环境成本最小化、资源消耗减量化为原则，推进产业结构调整，提高工业技术水平，切实解决"两高两低"问题，建立资源节约型、环境友好型工业经济体系。

三是努力实现由资源优势向经济优势转变。发展工业，最大的优势就是资源。但如果长期以原材料和初级产品输出支撑经济增长，就会丧失经济竞争力。转变经济发展方式，走新型工业化道路，必须靠改革建立节约资源的体制机制，靠管理挖掘节约资源的潜力，靠科技建立节约资源的技术支撑体系，用资源优势吸引疆内外的资金和技术，以资本和技术推进资源的深度开发、转化和产业延伸，从而提升工业化水平，提高经济发展的质量和效益。

四是努力实现就工业抓工业，向跳出工业发展工业转变。新型工业化是一个系统工程，与城镇化、信息化和农业现代化密切联系，与政策环境、法制环境、文化环境等息息相关。应按照新型工业化的要求，跳出就工业抓工业的小圈子，从更广视野、更宽领域、更高层次上把工业化作为一个社会系统工程来抓，准确把握工业与服务业、农业之间的共生关系，工业化与信息化、城镇化、农业现代化之间的依存关系，努力实现三次产业的协调发展和"四化"的良性互动。

三　提升库尔勒工业化水平的思路

产业集群有利于工业集约集聚发展，是工业转型升级、提升工业化水平的有效路径。目前，库尔勒市已形成以库尔勒国家经济技术开发区为主体，上库综合产业园、塔什店循环经济产业园为两翼的产业格局。未来应进一步明确产业发展定位，把握集群发展原则，构建以石油天然气化工产业、油田装备制造及技术服务、农副产品深加工、新型建材和新材料等为特色的产业集群。

（一）产业集群是推进新型工业化的有效路径

产业集群通过优化区域的竞争与合作环境、延伸产业链条、提升区域的创新能力，有效地改变粗放的发展方式，实现产业的集约集聚发展，从而推动工业化水平的提升。

一是产业集群有利于优化区域的竞争与合作环境。地理集中性是产业集群的重要特点之一。由于地理位置接近，产业集群内部的竞争自强化机制将在集群内形成"优胜劣汰"的自然选择机制，刺激企业创新和企业衍生。在产业集群内，大量企业相互集中在一起，既展开激烈的市场竞争，又进行多种形式的合作，如联合开发新产品，开拓新市场。通过这种合作方式，中小企业可以在培训、金融、技术开发、产品设计、市场营销、出口、分配等方面，实现高效的网络化的互动和合作，以克服其内部规模经济的劣势，从而能够与比自己强大的竞争对手相抗衡。

二是产业集群有利于延伸产业链条。集群在加强合作竞争的同时，有利于集群内部的专业分工、产业配套，即企业之间利用现有产品进行产业链的上下游延伸和新兴商业模式的拓展，加强产业生态体系的构建，形成以骨干企业为龙头，大中小企业协作配套、产业链上下游企业共同发展的产业组织结构。并最终在集群内实现产业的高度化（结构不断升级）、高端化（提高高附加值、资金技术密集度的比重）、特色化（本地特色资源为依托），从而实现经济发展方式的转变和战略性调整。

三是产业集群有利于提升区域的创新能力。集群的创新促进作用主要体现在观念、管理、技术、制度和环境等许多方面。首先，集群能够为企业提供良好的创新氛围。集群内企业由于存在着竞争压力和挑战，需要在产品设计、开发、包装、技术和管理等方面，不断进行创新和改进，占据先端。其次，集群有利于促进知识和技术的转移扩散。产业集群与知识和技术扩散之间存在着相互促进的自增强关系。集群内由于空间接近性和共同的产业文化背景，不仅可以加强显性知识的传播与扩散，而且更重要的是可以加强隐性知识的传播与扩散，并通过隐性知识的快速流动进一步促进显性知识的流动与扩散。最后，集群可有效降低企业创新成本。由于集群内存在着"学习曲线"，专业化小企业学习新技术变得容易和低成本。

（二）明确库尔勒产业定位，推动产业集群

　　库尔勒市是新丝绸之路经济带的重要发展区域，是辐射南疆、面向中亚的国际物流集散基地，是新疆重要的机械装备制造业基地和能源产业及新型环保建材产品生产基地。应着重围绕库尔勒市的发展定位，明确主导产业选择，以库尔勒经济技术开发区、上库综合产业园、塔什店循环经济产业园为载体，重点围绕工业创新、智能、绿色、服务的发展要求，推动建设若干立足优势、错位发展的产业集群。建设产业集聚区，应重点把握以下原则：

　　统筹规划、适度超前原则。在做好产业集聚区总体规划的同时，依据优势资源和产业特点，制定科学合理的产业规划，产业集聚区的规划与建设必须充分体现跨越式发展与城镇化协调推进的要求，形成产业集聚区与城区之间、集聚区企业与工矿企业之间的有机联系，统筹兼顾综合服务设施和生产服务业的建设与发展。重视产业集聚区环境评价，切实做到"以环评指导规划，以规划指导建设"；立足长远、适度超前，高起点规划，高标准建设，按照城市化的总体要求，为产业发展预留足够的空间。

　　优势优先，集聚发展原则。推动优势产业、优势企业、优势资源和保障要素向产业集聚区集中，坚持优势资源优先开发原则。落实科学发展观、优化产业结构、转变发展方式、实现节约集约发展，促进"企业（项目）集中布局、产业集群发展、资源集约利用、功能集合构建"四要素的有机融合，推进产业集聚区又好又快发展。以现有或潜在的优势，引导各类高端项目、关联项目、配套项目向集聚区有序集中，为发展循环经济、污染集中治理、社会服务共享创造前提条件。

　　环保优先、生态发展原则。按照资源开发可持续、生态环境可持续要求，节约使用水资源，合理确定项目用水和建设规模。积极推广清洁生产工艺，降低废弃物产出率，加强"三废"治理，努力实现"三废"零排放或无害化处理。把建设资源节约型、环境友好型产业集聚区作为加快转变经济发展方式的着力点，打造循环经济产业示范。

开放带动、创新发展原则。进一步解放思想，扩大集聚区对外开放，推进集聚区的体制创新、发展模式创新和管理方式创新；坚持"引进来"与"走出去"相结合，招商引资与引智引技相结合，探索建立政府主导、专业开发、政企共建、项目先行等有效模式，鼓励企业、商会办园区；支持产业集聚区建立技术创新中心和高新技术孵化器，搭建产学研联合创新平台；重视提高中小企业创新能力，形成技术创新强势集聚区，提高集聚区产业发展质量。

（三）建立六大产业集群基地

目前，库尔勒市在石油天然气化工、石油装备、棉纺化纤、轻纺、特色农副产品加工、建材、能源等领域具备一定的发展基础和优势，应以三大产业集聚区为载体，推进工业向产业集聚区集中，大力发展绿色型、生态型、环保型、服务型经济，努力建设六大工业产业基地。

1. 石油天然气化工产业基地

坚持"油气并举，上下游结合，提高综合开发率"的原则，做大做强石油石化、天然气中下游产品的开发利用。引进和培育既能独立投资又能以产权多元化形式以商招商的企业，使更多的大企业、大集团来库尔勒发展石油石化及天然气产业的精细加工；吸纳库尔勒、周边及全国各地的该类企业聚集和落户产业集聚区发展，最大限度地延伸石油石化及天然气产业链，实现基础有机化工、精细化工共同发展，打造全疆重要的石油石化、天然气精细化工基地。力促美克二期10万吨1，4－丁二醇项目、中泰化学年产40万吨聚氯乙烯树脂及30万吨离子膜烧碱、60万吨电石一体化项目投产，重点支持美克化工三期建设，大力推动塔里木大化肥第二套45万吨合成氨80万吨尿素装置项目建设。

2. 油田装备制造及技术服务产业基地

依托塔里木油田勘探和开采，大力发展油田装备制造业，培育油田技术服务产业，力争建成全疆重要的油田装备制造和技术服务战略基地。支持西姆莱斯配套产业链项目建设，重点推进西姆莱斯炼钢项目，力促西姆莱斯一期年产25万吨石油专用管项目、高原公司一期石油钻杆项目达产二期扩能，扶持胜利石油、西部瑞普、斯伦贝谢等一批技术企业做大做强。

3. 棉纺化纤加工产业基地

着眼打造新的竞争优势和未来发展，瞄准产业链的高端，充分利用库尉及周边地区的棉花资源优势，积极主动承接东部棉花系列加工产业转移，培育一批技术装备一流、核心竞争力强的大企业集团，加快形成纺织、印染、成衣，棉短绒、棉浆粕、长短丝制品，棉籽精炼油、饲料蛋白、食用蛋白三条棉花系列加工产业链，全力打造全国最大的棉纺化纤生产基地。稳定富丽达一期年产10万吨粘胶纤维、泰昌8万吨棉浆粕项目、13.5万锭纺织项目生产，支持富丽达二期年产20万吨粘胶纤维项目、20万吨木浆粕项目、30万吨尾气制硫酸项目建设，泰昌5万吨棉浆粕项目扩建、雅戈尔棉纺厂迁建。依托新疆富丽达20万吨木制浆粕项目，争取在棉秆制浆方面取得突破。

4. 特色农副产品加工产业基地

抓住自治区环塔里木盆地建设1200万亩特色林果业基地机遇，着力打造南疆特色农副产品加工出口基地。重点抓好农副产品的精深加工和转化升值，进一步提高档次，扩大规模，创建特色品牌。加快引进果蔬深加工项目，形成冷藏保鲜、加工、成品包装、物流运输等完整产业链。引强嫁接大企业集团，做大做强乳品产业链，增强库尔勒乳业发展后劲。大力发展马鹿及其他肉食制品加工业，做强做特养殖加工产业链。注重生物、保健、医药、红色素等企业和产业的发展。

5. 现代能源产业基地

紧紧抓住自治区建设"西电东送"基地机遇，按照"水电火电气电相互补充，发电输电用电通盘考虑，积极发展太阳能发电和风力发电"的总体思路，大力发展现代能源产业，确保库尔勒电网承北启南中枢点和自治区支撑电网地位的形成。加快实施塔什店火电厂四期 2×150 兆瓦、国电库尔勒热电联产 4×300 兆瓦项目、高能源公司 2×220 兆瓦项目，形成库尔勒220千伏环网，全力配合自治州电网列入西北大电网骨干网架，协调推进水电、火电、气电和基础电网建设。支持电力企业与企业进行直供电合作，鼓励各类规模企业发展热电联产项目。通过提高输变电能力，推动电力工业向更高更广层次发展。推进太阳能、风能、农村沼气等可再生清洁能源开发利用，提高绿色能源比重。

6. 矿产品及建材产业基地

紧紧围绕自治州建设全国重要的钾肥生产基地、自治区重要的矿产加工基地和南疆钢铁生产基地的目标，借助周边存储丰富的钾盐、红柱石、蛭石、煤炭、铁矿、菱镁矿、玉石、铜、锡、硅等优势矿产资源，充分发挥库尔勒各项功能相对完备的优势，以"分散采选、集中冶炼、延伸加工"为突破口，全力配合周边各县引进有实力的大企业大集团进入设立"总部型"基地、科研开发基地、生活基地，推进矿产加工关联产业集群式发展，实现矿产初选加工就地、优质高精产品入园发展的良性互动和转移对接，最大限度地延伸矿产资源加工利用的深度和广度。加大对现有煤矿的整合、重组和兼并，全面淘汰30万吨/年以下规模矿井，将中小型矿井改造为大中型矿井，提高煤炭生产集约化、现代化程度，增强煤炭采掘机械化水平和安全保障能力，提升煤炭工业整体水平。大力扶持煤制甲醇、煤制二甲醚、煤制烯烃等煤化工产业。力争建成全疆重要的矿产品精细加工基地。

加大建筑行业的结构调整力度，逐步形成总承包、专业承包和劳务分包三个层次协调发展的产业体系。鼓励建筑企业"一业为主，多业并举"，向房地产开发、物业管理、新型建材等相关、相近领域发展，实行多元化经营。鼓励和支持骨干建筑企业以资产为纽带，通过改组、联合、合并、股份合作等形式，与全国各地优势企业实行强强联合，加快形成一批基础实力雄厚、市场竞争力强、资产规模大和融资能力强的建筑企业集团，提高建筑企业的整体实力和市场竞争能力。大力发展新型建材业，依托本地非金属矿产资源和石油化工产业，发展优势非金属建材（石材、新型水泥、陶瓷等）、新型化工建材（塑料建材等）和新型金属建材（铝合金建材、钢结构建材）。

四　推进库尔勒工业集群化发展的实现路径

库尔勒在以集群推进新型工业化过程中，要牢牢抓住"自上而下的大项目带动"和"自下而上的民营经济发展"这两条基本路径，以龙头项目带动产业发展，以民营经济推动产业集聚壮大，实现优势互补，协调互动。依托产业集聚区和骨干企业，通过产业链完善、配套合作、良性互动，培育特色鲜明、优势明显的产业集群。

（一）加强规划引导

要加强规划引导，编制组织实施好《库尔勒市产业集聚发展与空间布局规划》，培育"产业更加集中、发展更加强劲、特色更加明显、优势更加突出"的产业集群为主线，积极扶持重点产业、重点产品、重点项目，就土地、资金、高级人才和熟练工人、技术研发引进、税改减免等方面给予倾斜，努力建设一批具有全国影响力的现代产业集群。积极发展与产业集群相配套的专业市场、产品展销、现代物流、信息中介、产业文化等生产性服务业。全力支持库尔勒经济技术开发区建设发展的同时，依托218国道、314国道和南疆铁路地缘优势，加快对上库综合产业园和塔什店循环经济产业园的道路、给水、排水、中水、电力、电信、热力、燃气、防洪等基础设施建设。

（二）推动协调发展

全面实施"一主两翼"规划，加快构建现代产业体系。其中，库尔勒经济技术开发区以外向型经济为主，主要发展以石油化工、化纤、轻纺、石油勘探辅助设备、新兴建材、农副产品加工等为主的产业，成为巴州新的经济增长极和新疆对外开放的重要窗口，形成丝绸之路经济带重要发展区域。上库要加快发展清洁能源、综合物流、装备制造、新型材料、特色农产品加工，并着重推动小企业的创业发展。塔什店循环经济产业要发挥比较优势，优化循环经济产业链，重点发展建材、能源、商贸物流、城市矿产、循环经济产业，不断巩固生态建设成果。

（三）承接产业转移

库尔勒在新丝绸之路经济带中，要实施更加积极主动的开放战略，按照"以优势资源综合开发为突破口，以引联战略伙伴为主渠道，富民和强市统筹推进，引外和联内双轮驱动"的发展思路，瞄准适合于库尔勒的国际国内优势企业，主动联系、专门攻关，有序承接产业转移，加强区域产业合作，着力提升库尔勒工业对外开放发展的层次与水平。

加强与东部沿海区域及中西部邻近地区的产业合作，实施承接产业转移年度行动计划，支持和引导县（区）、产业集聚区组建产业对接小分队，依托政府、工业和信息化部门、国家行业协会、相关行业协会、各类商会等组织，开展行业专题对接活动。立足能源、有色金属等资源优势，着力发展和承接基于循环经济的原材料精深加工项目；立足农副产品资源优势，着力发展和承接农产品精深加工项目；立足区位和劳动力优势，着力发展和承接制造加工贸易项目；立足于已有优势的新兴产业优势，进一步吸引电子信息、新能源汽车、生物医药、高端装备制造等战略性新兴产业项目。加快总部经济、孵化中心基地建设，鼓励公司总部、研发中心、科研院所、博士后工作站进入，引进商业银行、保险、证券等金融机构和大型商贸物流企业入驻。

进一步优化承接产业转移的基础设施环境和政策制定环境。按照"宜居宜业宜商"的要求，全面提升绿化、美化、亮化、硬化水平，改善人居环境，基础设施围绕项目配套。严格控制"两高一低"（高耗能、高污染、低水平重复建设）产能移入。对效益好、占地少、环保的项目给予更大政策优惠，推进"一站式"服务，取消前置事项，实行并联式审批，为企业开通"无障碍"绿色通道。

（四）推进龙头带动

库尔勒市要围绕建设具有竞争力的产业集群，重点培育拥有自主知识产权和知名品牌、主业突出、行业领先的大公司、大集团，在集群内形成支撑、示范和带动作用。特别要认真总结油地、兵地、铁地融合的经验，挖掘中石油塔里木油田分司、农二师和铁路等总部力量的潜能，探索龙头融入地方的规律，带动库尔勒三产的快速发展。

以优势企业为依托，围绕打造全产业链，通过企业并购、转让、联合重组、控股等多种方式，推动优势企业强强联合或跨地区兼并重组，重点推进一批企业战略重组项目。着力在装备制造、石油化工、建材、能源等行业，培育一批大型企业集团，形成以百亿级企业为主体的大型企业集团方阵。推动大型企业集团与中小企业开展产业链接，积极引导龙头企业由产品制造商向解决方案提供商转型，整合产业链，致力于发展核心环节，积极发展业务外包，向中小企业延伸产业链和资本链的转型，推动大企业为配套或协作的中小企业提供设计、技术、管理、市场等各种形式的援助和支持，带动中小企业提高专业化配套能力，构建现代产业分工合作网络。

同时，依托产业，引导一批科技型、就业型、资源综合利用型、农副产品加工型、出口创汇型中小企业集聚发展，推动中小企业与大企业、大产业配套协作，壮大产业规模。引进和培育竞争力强、辐射带动有力的龙头型、基地型项目及龙头企业，带动中小企业集聚，加强生产性服务业和公共服务平台配套。

（五）拓展产业链条

库尔勒市要以工业化为核心，实施大产业战略，加快产业从点式发展方式向链式发展方式转变，按照"提升中间、拓展两端"的总体思路，促进配套产业链本地化，积极构建现代产业分工合作网络，加快推进产业核心竞争力由主要依靠单个企业支撑向主要依靠产业链支撑转变。库尔勒经济技术开发区和库尔勒纺织城的实践是拓展产业链条的真实写照。

首先，抓支柱产业培育，强化工业发展基础。要做强主导产业，加强对石油、矿业加工以及农产品加工产业发展的扶持和引导，以产业链延伸为主线，把靠近技术前沿、靠近终端消费作为产业链延伸的重点方向，不断提高精深加工，积极推动工业企业向设计、研发、创意、解决方案等高端延伸，发展关联工业和配套产业。打造产业"企业＋基地"，零部件加整机，研发加制造、销售的垂直整合的开放运作模式，以产业配套生产作为基地，加强物流基础设施建设，加快发展生产性服务业。

其次，引导并推动工业企业根据确定的产业链条进行纵向协作和横向联合。推动产业链条的纵向协作，包括强化产业链上游，提高资源掌控能力，构建资源产业体系；提升改造中游加工生产的技术水平，积极采用先进技术设备，提高生产效率，推进绿色低碳生产；完善产业链下游，通过发展精深加工，延长产品链，以龙头企业牵头，向下游扩散产品。在横向上，要推动企业之间通过横向协作形成新的多元化企业体系，并不断完善库尔勒市产业配套体系，实现大企业带动小企业的"中心－卫星"模式，逐步扩大产业集群规模。

（六）实施六大工程

库尔勒市在加快推进工业化进程中，应通过实施工程带动，加强集群内企业的培育壮大、产业链完善、结构调整、循环生态建设等，着力提升产业集群的水平和层次，从而提升工业化水平。

一是实施特色优势产业集群工程。应依托资源优势，重点发展以石油石化为主的重工业，以水泥为主的建材业和棉花、香梨加工、生物制药等为主的农产品加工业，形成集中度高、关联性强、集约化水平高的产业集群。

二是实施产业优化升级工程。按照新型工业化的要求，改造提升传统产业，提高技术装备水平，推进农产品加工、建材等传统产业升级和产品更新换代，加快淘汰浪费资源、污染环境的落后生产能力。

三是实施节能减排工程。实行最严格的水资源保护和利用制度；突出抓好电力、能源、化工等重点行业的节能降耗，培育一批循环经济示范企业；支持企业通过改进设计和技术进步实施清洁生产；大力推动产业循环式组合和企业循环式生产，加强企业间、产业间的循环链建设，提高废渣、废水、废气的综合利用水平。

四是实施技术创新工程。着力提高企业自主创新能力，重点是加快平台建设，积聚创新要素，激发创新活力，转化创新成果。通过加大技术开发投入、推广高新技术和先进适用技术、加快企业技术开发中心建设、广泛开展产学研结合等途径，提升企业技术创新能力。

五是实施大企业培育工程。重点培育拥有自主知识产权和知名品牌、主业突出、行业领先的大公司、大集团，使之对工业经济起支撑、示范和带动作用。同时，依托产业，引导一批科技型、就业型、资源综合利用型、农副产品加工型、出口创汇型中小企业集聚发展，推动中小企业与大企业、大产业配套协作，壮大产业规模。

六是实施品牌创建工程。坚持以优势特色产业和龙头企业为突破口，实施品牌战略，制定品牌产品培育导向目录，为企业培育品牌和保护名牌提供政策支持和制度规范，加强品牌扩散和品牌经营，鼓励和支持企业争创"中国名牌产品"、"驰名商标"、"出口名牌产品"，形成一批具有相当规模的名牌产品生产企业。

第四章

城乡一体的新型城镇化道路

导言： 城乡一体的新型城镇化是库尔勒的战略选择。库尔勒市充分利用独特的资源优势、区位优势、交通优势和行政资源优势，以加快工业化进程为支撑，做大做强中心城市为引擎，以人为本为出发点和落脚点，以良好的生态环境为载体，以统筹城乡发展为基本要求，努力探索城乡一体发展的新型城镇化道路。

作为新疆维吾尔自治区城乡统筹试验区，库尔勒市按照自治区党委"三个走在前列"（新型城镇化走在南疆乃至全疆前列，新型工业化走在南疆前列，城乡居民人均收入水平走在全疆前列）的要求，采用多种路径推进城市发展转型，努力探索多元化发展的城乡一体新型城镇化道路。

一 城乡一体的新型城镇化是库尔勒的战略选择

城乡一体化是指城乡之间通过资源和生产要素的自由流动，相互协作，优势互补，以城带乡，以乡促城，实现城乡经济、社会、文化和空间形态持续协调发展的过程，是针对城乡在社会经济发展过程中存在的二元分隔状况提出来的，其目的在于促进城乡共同发展和共同繁荣，是一个国家和地区在生产力水平或城市化水平发展到一定程度的必然选择。党的十六大提出，"统筹城乡经济社会发展，建设现代农业，发展农村经济，增加农民收入，是全面建设小康社会的重大任务"。党的十八大报告进一步提出，城乡发展一体化是解决"三农"问题的根本途径，要加快完善城乡发展一体化体制机制，着力在城乡规划、基础设施、公共服务等方面推进一体化，促进城乡要素平等交换和公共资源均衡配置，形成以工促农、以城带乡、工农互惠、城乡一体的新型工农、城乡关系。这是党中央根据新世纪我国经济社会发展的时代特征和主要矛盾，致力于突破城乡二元结构，破解"三农"难题，全面建设小康社会所做出的重大战略决策。近年来，库尔勒市委、市政府坚决贯彻落实党中央推进城乡一体化发展的战略决策，经济建设和社会发展取得了长足进步，走出了一条具有鲜明区域特色的科学发展之路。

（一）推进城乡一体化是库尔勒市科学发展的必然要求

目前，库尔勒市在地缘政治、综合实力、交通运输、城乡统筹等方面都已初步具备影响、辐射和带动区域发展的条件，城市品牌效应不断提升，综合竞争力和投资吸引力不断增强，现代化区域中心城市的地位日益凸显，已初步形成了以石油开采、石油化工行业为主导，拥有纺织、轻工、建材、矿业、电力、煤炭、食品、有色金属等门类较为齐全的工业体系，还形成了以香梨、棉花、农区畜牧业、设施农业为重点的农业发展格局。

随着城市化步伐加快，城市规模不断扩大，"城中村"问题也日益凸显，已经制约了城市经济社会快速协调发展，影响到城市化的进程和城市整体功能的发挥。如何平稳地解决大量失地农民转变身份，促使农业转移人口尽快地融入城市生活，推进城乡结合部经济结构由第一产业向第二、第三产业转变，成为城乡一体化发展的重大任务。从新疆长远发展看，推动南北疆协调均衡发展必须将库尔勒市培育打造成新疆的次中心城市。通过推进新型城镇化，促进地区新型工业化的进程，促进农村公共服务和社会管理的进步，形成新型城镇化与新型工业化两轮推进、互相促进和城乡经济与社会统筹协调发展的新局面。

因此，库尔勒市开展统筹城乡综合配套改革试点、加快城乡一体化进程，既是改革与发展的必然选择，也是加快现代化区域中心城市建设的迫切需要，还是逐步缩小城乡差距、实现统筹发展的客观要求。

（二）城乡一体化是解决库尔勒市"三农"问题的根本途径

党的十八大报告指出："解决好农业、农村、农民问题是全党工作重中之重，城乡发展一体化是解决'三农'问题的根本途径。"并明确指出了推动城乡发展一体化的基本方向和着力重点。从库尔勒市的实际情况来看，把工业和农业、城市和农村作为一个有机统一整体，充分发挥彼此相互联系、相互依赖、相互补充、相互促进的作用，充分发挥工业和城市对农业和农村发展的辐射和带动作用，有利于促进城乡全面协调可持续发展，实现富民与强市有机统一；有利于优化城乡整体布局，拓展"三农"发展空间；有利于创新农业组织和经营方式，推动现代农业发展；有利于加强生态环境建设，改善城乡人居环境，实现经济发展与人口资源环境相协调；有利于推进现代化区域中心城市建设，形成城乡经济社会发展一体化新格局。

库尔勒市始终把城乡一体化作为新型城镇化的动力，按照"开发新区推进工业化，带动城郊建设新农村，两大工程夯实维稳基础，库尉一体构筑中心城市"的总体思路，紧紧抓住中央新疆工作座谈会这一重大历史性机遇，在城市近郊铁克其乡、恰尔巴格乡、英下乡、西尼尔镇实施"村改居、乡改办"，加快农村劳动力向二、三产业转移、农民居住向城镇和新型社区集中。

（三）经济社会发展为新型城镇化创造了良好条件

库尔勒市推进城乡一体化发展，具有地理区位、资源禀赋、交通条件、民族和谐等多方面的有利条件。

地理区位十分优越。库尔勒市地处新疆中部，位于天山南麓，塔里木盆地东北边缘，北倚天山支脉，南距"死亡之海"世界第二大沙漠——塔克拉玛干沙漠直线距离仅 70 公里，是巴音郭楞蒙古自治州的首府和政治、经济、文化中心，是国家重点发展的 47 个中等城市之一，在全疆发挥着承北启南的重要作用。2012 年自治区公布的《新疆城镇体系规划（2012～2030）》中，库尔勒市与喀什、伊宁—霍尔果斯两个国家级经济特区一起被列为自治区重点发展的副中心城市。自治区党委八届四次全委（扩大）会议上进一步明确要求把库尔勒市培育成区域中心城市。

资源禀赋独特丰富。库尔勒坐落于孔雀河三角洲上，气候温和，土质肥沃，物产丰富，光热水土资源十分丰富，开发潜力巨大。尤其是油气资源充裕，开发前景十分广阔，目前已探明油气资源近 200 亿吨，是全国四大气区和六大油田之一，已经成为国家、自治区重要的石油、石化基地。库尔勒市矿产资源富集，已探明具有开发价值的有煤、红柱石、云母、蛭石、石墨、铁、锰等 50 多种矿藏，其中煤探明储量 7.8 亿吨；红柱石探明储量 8000 万吨，远景储量可达 1.5 亿吨，储量居全国之首。香梨是库尔勒市得天独厚的优势农产品资源，皮薄肉嫩、香甜爽口、色味俱佳，目前已建立香梨标准化示范基地 3 个，注册果园 3.08 万亩，2013 年香梨种植面积 42.15 万亩，总产量 19.61 万吨，总产值 7.85 亿元。库尔勒是传统的产棉区，全国优质长绒棉种植基地之一，目前已创建棉花万亩高产示范片 5 个，棉花总产达 8774 万公斤。库尔勒市独特的地理位置孕育了独特的旅游资源，目前有国家一级文物保护点 14 处，二级文物保护点 40 处，纳入国家文物档案的文物古迹有 240 处，1998 年库尔勒入选首批中国优秀旅游城市名单。

交通条件便捷畅通。库尔勒历史上就是古丝绸之路中道的咽喉之地和西域文化的发源地之一，也是南北疆重要的交通枢纽和物资集散地。正在建设的北海—南宁—昆明—成都—格尔木—若羌—库尔勒—伊宁—霍尔果斯自东南向西北的第二条亚欧铁路大陆桥，是国家新丝绸之路的重要东西大通道。南疆铁路吐鲁番至库尔勒新增二线 2014 年底全线通车。战略地位十分重要的库格铁路（连接南疆铁路和青藏铁路的库尔勒至格尔木段）将于 2014 年开工建设，形成第二条出疆铁路大通道，修通后，成为处于内陆地区的新疆三大国际通道的南通道，经格尔木向东形成三个方向的出海通道，向西带动三个口岸开放，最终形成我国通往西亚、地中海和黑海地区的洲际陆路运输大通道。

库尔勒市现有机场一座，目前已开通库尔勒至乌鲁木齐、成都、上海虹桥、北京、郑州、重庆、西安等多条疆内外航线。2013 年，库尔勒机场旅客吞吐量突破 73 万人次。2014 年正在推进的机场改扩建项目，届时可满足民航旅客年吞吐量 240 万人次，货邮年吞吐量 12000 吨，年客机起降 26230 架次。

库尔勒市是南疆与北疆、东疆通道的交会点，有 7 条通往南北疆各地的公路运输线，通车里程 1934 公里，其中国道线路 4 条，省道线路 3 条。314 国道向东北经博湖、焉耆、和硕，连接吐鲁番、乌鲁木齐，向西经轮台、库车连接阿克苏、喀什；218 国道向东北经和静连接乌鲁木齐，向南经尉犁联系若羌。新疆首个利用亚行贷款的公路项目库尔勒至库车高速公路全长 300 公里，是新疆"三横两纵两环八通道"干线公路网的组成部分，也是中国由内地通往中亚、欧洲的国家高速公路网重要通道。近年来，库尔勒市编制完成《库尔勒综合交通枢纽规划》，正在着力打造西联国际、东联内地的七大放射状通道。

目前，库尔勒市的公路、铁路、航空综合立体交通体系已初具规模，区域性现代化交通枢纽地位日益巩固。按照"完善区域快速路网，打开对外高速通道"的思路，加快形成"布局合理、功能完善、衔接顺畅、技术先进、安全环保"的综合交通走廊，为承载和构建城市群新格局奠定坚实的基础。

投资环境明显改善。综合竞争力和投资吸引力不断增强，城乡基础设施建设步伐加快，城乡商贸物流网络体系不断健全，城乡公共服务功能和发展环境得到明显改善，人流、物流、资金流持续集聚，发展基础良好。在物质文明快速发展的同时，精神文明建设也取得了丰硕成果，先后荣获国家卫生城市、中国人居环境范例奖、全国科技进步示范市、全国双拥模范城四连冠、首批中国优秀旅游城市、国家环境保护模范城市、中国十佳魅力城市、国家园林城市、全国文明城市等37项国家级荣誉称号，是西北五省区唯一的"全国文明城市"。

民族团结社会和谐。库尔勒市行政区域面积7268平方公里，建成区面积113平方公里，常住人口为55.25万人，流动人口40多万人，有汉、维、蒙、回等23个民族，其中主城区实际居住人口已近70万人。市辖9乡、3镇、5个国有农牧园艺场、5个街道办事处，市域内驻有兵团第二师师部及所属3个农业团场、中石油塔里木油田分公司、3个州直农牧园艺场及十几个驻库部队。库尔勒市坚持把维护民族团结和社会稳定作为加快发展的基础性工作来抓，坚决贯彻中央和自治区、自治州及市委关于维护稳定的一系列决策部署，创造性地做好维护稳定的各项工作，始终保持对"三股势力"的严打高压态势，加大流动人口服务管理和特殊人群的教育转化工作，坚决遏制宗教极端思想的渗透，形成了军地、兵地、油地团结互助、合力共赢的良好发展优势，连续多年被自治区、自治州评为"社会治安综合治理先进市"，蝉联自治区"平安市"，"热爱伟大祖国、建设美好家园"主题教育和民族团结进步创建活动更加深入，各民族共同团结奋斗、共同繁荣发展的思想基础更加牢固。

（四）新型城镇化是宏观形势发展和库尔勒自身发展阶段的双重要求

库尔勒建市30多年来，紧紧抓住了南疆铁路通车、塔里木石油大会战和国家实施西部大开发等历次历史机遇，实施了优势资源转换战略、可持续发展战略、科教兴市战略、中心城市发展带动战略。截至2013年，库尔勒市城市建成区面积扩大到113平方公里，城镇化率已达到73%，在全疆走在了前列。

库尔勒市作为西部地区、民族地区的一个县级市，近年来把推进新型城镇化作为"富民强市"的重要引擎，大胆实践、奋力开拓，全市经济社会建设取得了前所未有的成就。2013年，全市实现生产总值653亿元，增长8.8%，不含石油开采业为238亿元，增长11.7%；地方财政收入50.68亿元（其中市属地方财政收入44.05亿元，增长22%，开发区6.63亿元），公共财政预算收入34.03亿元（其中市属公共财政收入30.4亿元，增长16.5%，开发区3.63亿元）；固定资产投资368.5亿元，增长30.4%；社会消费品零售总额75.98亿元，增长17.2%；城镇居民人均可支配收入和农牧民人均纯收入分别达到20369元、15057

元，分别增加 2269 元和 1701 元，增长 13% 和 12.7%，均高于生产总值的增长幅度。被评为 2011～2012 年度"全国科技进步考核先进县市"；在"2013 年度中国中小城市综合实力百强县市"中居第 58 位，较 2011 年跃升 16 位，是全疆唯一进入"全国中小城市综合实力百强县市"的县市，并首次荣获 2013 年度中国"十佳'两型'中小城市"和"最具区域带动力中小城市百强县市"殊荣。

当前，库尔勒市正处在加快科学跨越、后发赶超的关键时刻。面对全疆日益激烈的竞争态势、争先恐后的发展势头，面对已经掀起的大建设、大开放、大发展的热潮，库尔勒市适时调整思路定位，坚持走新型城镇化道路，抢抓中心城市发展机遇，及早谋划，主动对接，进一步向中心城市集聚发展要素，将资源优势转换为优势资源。通过完善服务功能，带动项目投资，拉动信贷消费，不断增强内生发展动力，努力打造西北地区一流的投资环境、发展环境、宜居环境、人文环境。以新型城镇化带动新型工业化和农牧业现代化，加快城乡居民人均收入走在全疆前列。以敢于担当、敢于突破的勇气，争取在西部地区、民族地区实现率先发展、赶超发展的目标。

《自治区城镇体系规划》中明确指出："中心城市是承担跨地州的生产服务中心、公共服务中心和交通枢纽职能的中心城市。"库尔勒市紧紧围绕中心城市的三大职能，充分利用库尔勒市是全国发展改革试点城市和自治区唯一的统筹城乡综合配套改革试点市的政策优势，努力使发展速度与发展质量相协调，"扩容增速"与"提质增效"相同步，促进新型城镇化建设、中心城市发展步入量质并举的良性轨道。

二　加快工业化进程是新型城镇化的重要支撑

上大项目、上优质项目，以大产业带动引领全市经济社会大发展。库尔勒市把项目建设和工业化作为加快推进新型城镇化建设的有力载体，作为中心城市提升质量的强大动力，不断提高对抓项目就是抓发展，抓项目就是抓财源，抓项目就是抓发展后劲，抓项目就是抓城市发展质量的思想认识。有效借助河北省产业援疆政策，千方百计做好产业承接，吸引资金项目投入到经济社会各个领域，特别是投入到第三产业。至今，已争取中央预算内项目资金 2.79 亿元，19 个重大前期项目和 205 个重点建设项目进展顺利。

（一）产业协调发展是新型城镇化的前提

在推进统筹城乡发展进程中，库尔勒市加快转变经济发展方式，不再仅仅关注 GDP 增长，而是综合考虑规模、速度、质量、效益之间的增长关系，着力推进新型城镇化、新型工业化、农牧业现代化以及现代服务业互动协调发展。

工业化是现代化不可逾越的阶段。库尔勒结合市情，实事求是地坚持把推动地方工业发展作为经济发展主导，作为转变发展方式、贯彻落实科学发展观的重要目标和战略举措。坚持把新型工业化作为发展的第一推动力。库尔勒市提出"一主两翼"园区发展格局，探索实践中心城市发展"一城多极、整体提升"、"大分区、小综合"、"政府主导、市场主体"、"民生优先、群众第一"的"四大理念"，加快形成两带七组团和城市群"两大格局"，实现差异化、区别化发展。突出核心区域辐射作用，尽快形成"一城三区、一区两核"的布局。当前，一大批国际国内知名企业落地库尔勒，为经济发展提供了强大后劲。

一是依托优势，壮大地方工业。紧紧依托石油石化、农副产品、新能源等产业的市场竞争优势，把优势产业做大做强，着力建设石油天然气化工产业、油田装备制造和技术服务产业、棉纺化纤加工产业、特色农副产品加工产业、现代能源产业、矿产品及建材产业"六大工业产业基地"，引入大企业、大集团，带动大工业、大跨越、大发展。

二是依托园区，走集约化发展之路。2005 年，库尔勒市与尉犁县打破行政区划，整合库尔勒市工业园、尉犁县西尼尔工业园，建立库尔勒经济技术开发区，完成了一期 80 平方公里基础设施配套工程，实施了二期 60 平方公里规划建设，特别是美克集团、富丽达、西姆莱斯等一大批知名企业的落地促进了开发区的快速崛起。

三是整合园区，做大做强园区经济。2011 年 4 月 10 日，经国务院正式批准，库尔勒经济技术开发区升级为国家级经济技术开发区。库尔勒市以此为契机，按照"依市建区、以区强市，产城结合、业居统筹"的建设方针，把"产业功能"和"城市功能"有机结合起来，科学规划、统筹布局，沿国道218 和 314，推进塔什店循环经济产业园、上库综合产业园与库尔勒经济技术开发区互为补充、错位发展，提升园区整体承载能力。

与此同时，库尔勒坚持发展与区域性中心城市相适应的现代服务业。库尔勒市着力提升城市产业支撑力，坚持把发展现代服务业作为优化经济结构、拓宽就业门路、增强综合实力的重要突破口，提高生活服务业档次，拓宽生产服务业领域，着力构筑与工业化、城镇化相协调的现代服务业体系。充分利用区域内三条铁路、五个枢纽站建设契机，加快人流、物流、资金流、信息流的聚集，加快建设华凌现代物流中心、农副产品集散中心、火车客运站综合枢纽、公路客运中心枢纽、南疆特色产品集散中心、民航机场综合枢纽、火车库东站货运综合枢纽、西尼尔新城服务中心、旅游休闲综合发展轴，培育壮大"九个城市发展增长极"。苏中农产品物流园、新疆连续物流等大型物流园项目先后入驻库尔勒市。

（二）以项目带动产业发展和就业增长

依据地方资源特点发展实体经济，是新型城镇化发展道路的内涵要求，也是实现城乡一体化发展的必然途径。当地政府因势利导，充分利用库尔勒市独特的优势区位，将石油石化、装备制造、商贸物流、新型材料等作为招商引资的重点领域，积极引进大项目，引进有助于形成产业聚集、产业升级、资源向高附加值转化的项目，建设一批投资规模大、技术水平高、产业链长、资源转化能力强的大项目。

有重点的引进，形成有效的资源利用。为做大做强优势产业，充分利用各类展会平台和推介会，加大项目推介力度，有针对性地与行业内有实力、有影响、有意向的大客商、大企业接触、洽谈，与石油产业发达的山东东营市建立了合作关系，吸引当地的优秀企业到库尔勒投资兴业，逐步形成由资源开采到技术服务和深加工的重大转型，实现由生产型向科技生产型的转变。库尔勒纺织服装城1000万锭纺纱项目被列入自治区服装产业"三城七园一中心"规划，并正式启动一期130万锭气流纺项目；世界500强企业——哈里伯顿公司携手民企华油能源集团，于2014年7月成功落户库尔勒经济技术开发区，将进一步开拓巴州的油气田压裂增产服务市场。

有规划的布局，形成科学合理的产业分布。根据库尔勒市经济地理条件，结合新型工业化建设，分别规划建设了上库综合产业园区和塔什店循环经济产业园区，形成了以国家级库尔勒经济技术开发区为主战场，上库综合产业园区、塔什店循环经济产业园区产业互补的"一主两翼"发展战略格局。结合石油产业是库尔勒新型工业化发展的重点产业，专门请中国石油大学等相关专家为库尔勒制作了《石油石化产业园规划方案》和《库尔勒区域物流中心发展总体规划》，分别规划设立了石油石化产业园和仓储物流园。在新规划的园区中，将产业用地按照不同的产业门类、产业特点进行集中成片布置，规划配置用地分为清洁能源产业区、产业控制预留区、传统能源产业区、综合物流产业区、新材料产业区、个体经营示范区、综合产业区。

有效的产业接续，推动更多的人员就业。在加快产业结构调整上下功夫，重点引进产业链长、产值高、税收高、能拉动就业的大项目、好项目，大力发展劳动密集型项目和资源综合利用项目。改造和提升石化产业，拉长资源产业链条；积极发展现代物流业，提升旅游服务业；提高伴生资源和废弃物的利用率，项目建设全力为可持续发展打好基础。2013 年，全市就业形势保持稳定，新增就业 8652 人，城镇登记失业率 3%，零就业家庭保持动态清零，转移农村富余劳动力 4192 人次，应届高校毕业生就业率达 85% 以上。

（三）产业布局和城市功能完善有机结合

坚持城镇化与工业化"双轮驱动"，突出产业兴城，完善城市功能，形成城内以第三产业为主、园区以第二产业为主的产业格局和城镇功能配置。

一是重点加快建设区域金融中心。完善规划、政策等支撑体系和配套设施建设，为金融机构入驻提供优质载体；大力支持各类金融机构开发更多的金融产品和项目，扩大对支柱产业、基础设施、中小企业的信贷支持；不断优化金融生态，引进和发展各类银行业机构，积极推进证券公司、保险公司设立区域性总部或分支机构，吸引大企业集团发展面向南疆的总部型基地。

二是加快建设区域物流中心。沿交通走廊、核心功能区，规划建设了一批功能全、起点高的商贸流通设施，健全城乡商贸流通体系，增强商品集散能力，加快建成多层次、开放型、高效便捷的南疆物流中心和全疆重要的物流集散地。

三是建设现代服务业体系。为优化经济结构、拓宽就业渠道、加速资源聚集，提高生活性服务业档次，拓宽生产性服务业领域，增强全社会信息化水平，积极构建与工业化、城镇化相协调的现代服务业。按照"把旅游业培育成为调结构、促就业、惠民生的战略性支柱产业和富民产业"的要求，积极整合自然资源、人文资源、社会资源和区位优势资源，实施立体开发，打造特色旅游业。结合生态城市建设、园区建设、生态农业，开辟新的旅游通道，发展乡村特色旅游。积极争取纳入南疆环塔里木盆地特色旅游观光区，将库尔勒建设成新疆重要的旅游目的地和集散地。

三　做大做强中心城市是新型城镇化的引擎

在推进城乡一体化、新型城镇化进程中，库尔勒市坚持思路决定出路，以规划为先导，谋大、谋深、谋远，科学规划、合理布局，打破常规，创新理念，拓展了城市发展空间，指导了城市科学发展。中央新疆工作座谈会召开以来，库尔勒市从实际出发，对发展重新作了判断和定位，在认真听取民意、广泛集中民智、科学判断形势的基础上，找准了"建设新疆重要的现代化区域中心城市"这一推进科学跨越、后发赶超的中心目标，实施中心城市"三步走"发展战略，即：第一步，全面提升巴州中心城市功能，建成全州跨越式发展的增长极，成为南疆首位度更高城市；第二步，凸显全疆重要的中心城市地位，争当全疆跨越式发展和长治久安的重要支点，加快建设成为新疆重要的现代化区域中心城市；第三步，提高在全国县域经济中的综合竞争力，扩大在全国的知名度和影响力，打造中国西部名副其实的"塞外明珠，山水梨城"。在发展方式上确立了"三个转变"的发展思路：注重城乡并重，实现以城带乡、城乡统筹发展的转变；注重经济社会并重，实现以百姓幸福指数体现经济发展质量与效益的转变；注重一、二、三产业并重，实现以工促农、壮大地方工业总量、培育三产发展优势的转变，最终实现发展规模、速度、质量、效益的同步提高。

（一）坚持"一城多极、整体提升"

库尔勒建市之初仅仅集中在孔雀河以北，20 世纪 90 年代随着石油大开发跨过孔雀河，2005 年南扩西连逐步建设开发区、南市区，城市建成区从不足10 平方公里到目前的 113 平方公里，成长为一个大城市。在地域广阔、发展条件约束较多的南疆发展成区域性中心城市，避免以单极为支撑简单地"摊大饼"式的发展模式，树立地区性"非均衡发展"的城市理念。在城市空间布局上规划多个发展极，根据其区位特点、基础条件、发展需求等，分期分批启动实施，让有条件的点优先发展，先发带后发，先发反哺后发，以点连线、点线及面，从而整体提升城市的综合发展能力。

库尔勒市提出的"三核九极六载体"，就是利用区域内三条铁路、五个枢纽站建设契机，加快建华凌现代物流中心、农副产品集散中心、火车客运站综合枢纽、公路客运中心枢纽、南疆特色产品集散中心、民航机场综合枢纽、火车库东站货运综合枢纽、西尼尔新城服务中心、旅游休闲综合发展轴。"九个城市发展增长极"的建设，集中市域内生产要素重点投入，形成多元聚集的"洼地效应"，利用要素集聚的发展势能逐步形成"产业高地"。这"九极"的发展建设不仅完善了城市功能，更重要的是在落后地区科学布点，注入发展动力，带动"后发"区域快速赶超，实现多极开放发展格局，实现城市综合服务功能和对外辐射带动作用"两个提升"。

（二）实行"大分区、小综合"的规划策略

在地域广阔的西部地区推进城镇化，必须科学解决城乡居民点的空间布局，库尔勒市有针对性地提出了"大分区、小综合"的空间布局发展理念。按照总体规划，库尔勒市到 2015 年中心城区面积发展到 120 平方公里，2030 年达到 150 平方公里，中心城区人口规模达到 100 万人。库尔勒市综合考虑市域内不同区域的实际情况，在总体布局上形成两带七组团和城市群"两大格局"，构建特色要素聚集、城市基本职能健全的分区组团，这样的"大分区"使每个组团都成为一定区域范围的"中心"。在每一个组团（区）内分别形成两个核心功能区，将城市基本服务职能"小综合"集中在这两个核心区内，每个核心的服务半径为 3 公里左右，基本覆盖整个功能分区，从而实现对全市域发展全局的带动。

老城区是库尔勒市的政治、文化、商业中心，人流密集，商贸繁荣。库尔勒市按照百万人口规模发展，就要放大这个优势，按照"大分区、小综合"的理念提升改造城市功能。把州政府所在区域作为一个核心，同时在老城区西侧结合三河贯通棚户区改造工程三期建设约 9 平方公里的"幸福城"，形成老城区发展的新老"两个核心"。

南市区是随着市政府迁移而逐步形成的新城区，较老城区有更多的发展空间，库尔勒市把现市政府所在区域与正在实施的三河贯通棚户区改造工程一期 3.1 平方公里的"上水城"作为区域一个核心，同时加快规划建设另一个核心即三河贯通棚户区改造工程二期重要节点——约 13 平方公里的"生态城"，将城市商务拓展、文化艺术、会展服务等现代城市功能布局于此，为总部型经济奠定空间基础，形成新城区发展的"两个核心"。

库尔勒经济技术开发区已升级为国家级经济技术开发区，借助这个优势，从建设开发区管委会所在区域和西尼尔新区"两个核心"功能区出发，突出产业与生态的统一，宜业宜居，吸引更多企业、更多人才来库尔勒投资创业，建设创新型的示范区。

"大分区、小综合"的发展理念，有效地指导了库尔勒城市的空间格局，让城市未来发展更健康、更幸福、更宜居、更宜业、更有特色。

（三）着力提升城市品位

库尔勒市坚持把建设"百姓幸福感更高城市"作为中心城市发展的主线，突出保障和改善民生在中心城市发展建设中的重要地位，着力提高居民的安全感、舒适感、自豪感、认同感，调动人民群众积极主动的参与热情。

"塞外明珠，山水梨城"是库尔勒的自然禀赋，是长期发展的共识。库尔勒市委、市政府紧紧抓住这一城市共识，通过具体的工程项目建设予以落实。2013年库尔勒市实施了"三河贯通棚户区改造工程"，把孔雀河、杜鹃河、白鹭河横向联系起来，在水系经过的地方规划了城市新的发展片区，充分利用水脉把原本分散的城市组团串联起来，把缺少的城市功能丰富起来，解决城市空间纵向密集、横向不足的问题，为城市整体发展提供了坚实的空间基础和良好的生态环境。

一是立足优势、放大亮点。"水韵"一直是处在西部地区的库尔勒市最值得自豪的优势条件，分四期实施的三河贯通棚户区改造工程正是立足于得天独厚的水韵资源、生态条件、人文环境。多年来，几届班子都很注重孔雀河、杜鹃河、白鹭河的景观改造工程，但对河与城之间的有机联系关注不够，偏重景观，忽略了河道在城市发展中的综合功能。由于缺乏把景观改造同周边片区整体开发结合起来、同区域整体功能提升结合起来、同城市长远发展结合起来，造成只有"河景"，没有后续"城市开发"。这一届班子总结教训，在"三河贯通棚户区改造工程"两岸规划了商业区、工作生活区、服务区、休闲区和城市综合体，构建生态、生活、产业等多功能复合的发展水系廊道，借水文章办发展的事，四期工程建设各具特色，让整个城市充满生机、充满亮点。如：一期天鹅河工程，自杜鹃河穿过梨香湖至孔雀河，沿4.9公里河道布局游步道、码头、桥涵，达到行船的要求，打造"上水城"，建设市民服务中心、综合创意展示中心和旅游服务中心，发展城市服务功能，建成继老城区之后第二个城市中心。二期建设，由一期工程与喀拉苏渠交叉处至孔雀河5.6公里，规划了四面环水、绿化充盈的"生态城"，建造市民健身中心、文化艺术中心、会展中心，重在营造商务文化气息，拓展现代城市功能。三期建设，连接孔雀河与十八团渠4.7公里，作为老城区功能的补充和完善，与"生态城"隔岸相望，延展老城区综合服务功能，建设"幸福城"，重点打造以文化养生、有氧运动体验、商业服务、生态游憩为主的优越生活空间。四期建设，连接白鹭河到杜鹃河4.5公里，全面贯通三大核心功能区，打破过去的孤立状态，将综合服务、商务文化、创业集聚等功能有机串联起来，丰富城市空间的横向轴线内涵。同时，结合飞机场、火车站、客运站的建设，因地制宜实施水绿结合的生态水网工程，形成错落有致的山、林、水城市整体风貌，使"水韵"景色各异，实现现代生态城市的发展格局。

二是一举多得、多方共赢。"三河贯通棚户区改造工程"是一项打基础、利长远的工程，工程在实施前，库尔勒市找专家、请名院，进行了大量的可行性研究，结合棚户区改造选址，宜宽则宽，宜窄则窄，合理布局各个节点，力求经济效益、社会效益、生态效益、群众利益有机统一，政府、市场、群众、城市多方共赢。首先，有利于推动城市整体功能提升，共四期的"三河贯通棚户区改造工程"打破了原有组团间的壁垒，有机串联三大组团，组团间功能互补，整体联动，实现了现代化大城市、生态化大空间的发展形态整合。其次，有利于推动社会管理盲点破解，一期水脉拉大了城市框架，沿线规划的"六大有形载体"，将城市文明风尚逐步向外围延展，进一步把城乡结合部藏污纳垢和治安乱点、难点清除干净。再次，有利于推动老城区的疏散、新城区的快速崛起。长期以来，南市区、开发区及城市外围组团相对于老城区的发展明显滞后，组团综合服务功能远低于老城区，造成老城区人流拥挤、交通拥堵，库尔勒市在实施"三河贯通棚户区改造工程"过程中，新规划了的上水城、生态城、幸福城三个片区，就是通过强化各组团综合服务功能，缓解老城区压力，疏散人流，振兴新区。最后，充分发挥了"政府主导、市场主体"的作用，通过规划布局、河道改造、生态建设等以政府为主导的先期造景投入，让更多投资者看到了城市发展前景，充满了信心，实现了政府财政投资与市场开发同步进行。

三是以城带乡、产城融合。以"三河贯通棚户区改造工程"为组团连线，不仅将中心城区各组团之间贯通起来，也将中心组团和外围组团，以及外围各组团之间有机贯通，增强互动交往，保持整体协调。沿河两岸合理布局商业区、生活区、服务区、休闲区，推进服务功能向远郊延伸，逐步消解城乡二元结构，围绕各组团中心功能，有序兼顾新农村建设、特色小城镇建设，继续放大组团集聚效应，实现农村城镇化、城镇城市化、城市现代化。以"三河贯通棚户区改造工程"为产业轴线，沿轴规划行政办公、商贸金融、会议展览、文化娱乐、生活休闲等有形载体，链接创业中心、商务文化中心、综合服务中心、物流中心，以增强经济带动和吸纳就业为重点，大力发展现代制造业、现代农牧业、高端服务业等产业，形成产城一体、园区一体，不断提升资源整合能力、辐射带动和创新发展能力。

库尔勒市实施的"三河贯通棚户区改造工程",不单纯是一个河道治理的景观工程,更是体现了"健康、幸福、宜居、宜业、特色"的中心城市发展的核心功能提升工程和民生改善工程,是发挥自然禀赋、建设可持续发展示范区的生态工程,是打造西北地区一流的发展环境、宜居环境、人文环境的转型工程,是扩大开放、走在前列、面向未来的时代工程。

(四)不断完善现代城市功能

加快建立清洁高效的能源供应和使用体系。2012 年 8 月,全线总长 15 公里的天然气次高压管线建成通气,使城市供气能力提高了三倍,保障了库尔勒市未来 20 年内的安全用气,提高了城市气化率。进行全市燃气管网成环建设,实现了由单向供气向双向供气的转变,保证了民用燃气供应的稳定性、安全性。

完善供排水基础设施,全力提升供水保障能力。先后实施了城市供水一期工程、水源扩增、管网改扩建等工程,目前供水管网达到 480 公里,供水人口达到 57 万人,市区供水普及率 98%以上,水质达标率 100%,供水范围覆盖了库尔勒市区及周边农村。建立完善的排水和污水处理体系,基本消除水环境污染。2011 年以来库尔勒市投资了 3 亿元改造老城区排水系统,建设新区排水设施。老城区污水处理厂改造后水质可达到一级 B 标准,年减排 COD 可达到 8000 吨左右,处理后的废水可对周边的荒地进行绿化浇灌,促进节能减排目标的实现。

提高集中供热水平。根据城市建设发展需求,建成一批集中供热点,满足城市热负荷发展和环保需求。利用外资及国债先后在 23 号、28 号小区建成两座大型集中供热站,在新区建设新区供热站,关停了约 100 余座小型锅炉房,拆除了近 300 余根小烟囱,市区大气污染得到了极大改善,供热面积和经营规模不断扩大。目前,供热站由 1 个发展到 8 个,带供面积由 10 余万平方米发展到 836.7 万平方米,换热站从无发展到 112 个,供热能力已达 606.7 兆瓦,全市服务人口达 6.13 万户。

完善公共服务设施。城市环卫设施建设与管理历来是市政府需要解决的难题之一。库尔勒市现有公共厕所 149 座,均为二级地上水冲式厕所。近年来,已完成老旧公厕升级改造 25 座。在全市各条主次干道安装 890 个果皮箱,设有公用垃圾箱 812 个,垃圾桶 53 个,现有环卫车辆 118 辆,负责全市 1588 万平方米地域上所有垃圾收集点和近三乡 1494 个垃圾收集点的垃圾清运。

（五）加强智慧城市建设

信息化发展是当今城市发展的趋势和特征。2011 年 10 月提出"智慧库尔勒"的发展思路，2012 年 4 月，全面启动了智慧库尔勒的建设。

库尔勒市是国家"数字城市地理空间框架建设试点城市"，该市把建设数字城市和智慧库尔勒作为信息化建设的总体目标，统领信息化建设的全局。市政府明确提出大力推进经济社会各个领域的数字化、网络化、智能化，促进社会服务管理水平和政府行政效率的进一步提高。市政府成立信息化项目建设领导小组，市委副书记、常务副市长担任组长，负责统筹规划管理、协调整合、指导推进全市信息化建设项目。将数字城市建设列入城乡规划建设计划，市财政专项投入信息化应用项目建设的资金和相关的维护费用近 3000 万元。

科学规划智慧库尔勒建设。组织赴苏州、昆山、上海、南京等城市考察学习，深入了解、广泛学习国内先进城市在"数字城市"、"无线城市"、"智慧城市"等的发展理念和成功经验。组织编制完成《"智慧库尔勒"总体规划（2010~2015）》，对智慧城市建设进行全面安排，明确改善经济服务民生的智慧建设项目 30 余个，涉及基础设施、社会管理、民生服务、城市管理以及经济发展等六大类。中国电信巴州公司在"十二五"期间计划投入 6 亿元支持建设"智慧库尔勒"。

建立专家决策咨询制度。成立库尔勒信息化建设专家咨询委员会，作为统筹全市信息化的决策咨询机构，参与智慧库尔勒发展规划的制定、重大关键技术攻关、重点项目评审及重点项目运营管理等决策咨询服务工作。专家组先后召开 10 余次讨论会、座谈会、评审会，对 8 个智慧城市重点应用项目建设设计方案进行了可行性审查、技术指导、成果评价、资金控制等方面的服务，提出各类合理化意见和建议 200 余条，为重点信息化应用项目节约资金达 500 余万元，促进了公共信息资源的共建共享，避免了重复建设和重复投资造成的浪费。

加强信息基础设施建设。成立"库尔勒市基础地理信息中心"，投资 1100 万元，建成了电子政务数据暨数字城市数据存储交换机房，全面完成了城市基础地理空间共享平台的建设。整合了入库摄影像图、地形图及地名地址数据，形成了较高分辨率的数字影像图和地名地址数据，是全市管理与发布基础地理信息数据的统一、权威的信息平台，为政府、企业、公众对地理信息应用的需求提供标准的数据服务支撑和强大的应用服务。将市属各部门在基础地理信息共享平台上发布的基础数据，通过叠加专业部门的业务数据，形成各部门所需要的专题应用数据和统计分析服务。市基础地理信息共享平台已支撑数字城管、规划管理、近郊三乡一镇基础数据管理信息系统的集成工作，达到了基础信息数据整合、资源共享的目的。

全面推进了电子政务服务。建设政府电子政务协同办公 OA 系统，融合了综合手机移动办公功能，覆盖全市 140 个部门和单位，将公文流转和政府指令缩短到最短时限，实现了快速传递、信息有效处理和办公信息资源共享，节省了财政开支，提高了办公效率。开通政府门户网站，初步实现了发布政务信息、公务服务和干群互动，年均点击量达 12.1 万次。门户网站市长信箱累计接收受理达 1116 件。完成了网上行政审批（效能监察）暨移动办公项目。市民可通过政府门户网站进行行政审批事项的办理，运行 1 年来，累计完成网上行政审批件 3.4 万件。这些电子政务措施为市民提供一站式直通服务，极大地提升了政府管理和公共服务能力，政府实现了"无纸化办公"，百姓实现了"网络化办事"。

积极推广数字和智慧应用服务。智慧城市示范项目大部分与市民生活息息相关，目前已经实施完成应用的有：智慧政务（协同办公 OA）、智慧空间（地理空间信息平台）、智慧城管（数字化综合管理系统）、智慧政府（市行政服务中心信息系统）以及平安城市、数字规划、数字城乡、交通三维数字化决策管理等系统。其中："数字化城管系统"实现了城市问题适时发现、及时研判、动态管理、高效处置，做到了城市管理精细化、网格化、信息化和人性化。自 2012 年 1 月系统运行以来，累计受理解决各类城市问题 1948 件。"基层社区管理创新服务平台项目"通过数据整合、采集、更新和交换，建立服务于街道、社区两级的人口与房屋基础数据库。将人口与房屋基础数据库连接起来，实现辖区不漏楼、楼栋不漏户、住户不漏人、人员不漏项，为人口的精细化服务和社会和谐稳定管理服务。同时，为居民提供更加便利、舒适、放心的家庭养老、安防和社区服务，构建涵盖医疗、社保、教育、文化、社区、家居等重点民生领域的智能化基本公共服务体系和便民生活环境。

四　以人为本是推进新型城镇化出发点和落脚点

按照以人为本的要求，推进新型城镇化，一要安民富民，让老百姓成为新型城镇化的真正受益者；二要加强组织动员，让老百姓积极参与新型城镇化建设过程。

（一）实施安居富民工程

实施安居富民工程是推动城乡一体化发展的重要抓手，是造福各族人民群众的民心工程，是实践"三个代表"重要思想和落实科学发展观的具体体现。认真做好这项工作，对于解决城乡结合部各族群众生活问题，促进库尔勒市经济和社会各项事业持续快速健康发展，不断提高城乡人居生活质量具有十分重要的意义。

库尔勒市通过 2004～2010 年抗震安居工程的开展，农村房屋抗震性能有了很大的改观。2010 年底，库尔勒市制定了安居富民工程"十二五"规划。经过三年努力，全市共完成安居房 10086 套，新建安居房面积近 101 万平方米，投入资金约 105942 万元，其中中央补助资金 8886.6 万元，自治区补助资金 8068.8 万元，河北援疆资金 10086 万元，农民自筹资金 78900.6 万元。安居富民工程建设坚持"高起点、高水平、高效益"和"住房面积不落后、功能不落后、质量不落后、产业不落后"，因地制宜，按照乡（镇）场实际情况分类实施。紧邻市区的近郊乡按照城市发展需要，由城建集团统一建设楼房，基础设施建设资金也由市人民政府解决。中环乡（镇）、远郊的乡（场）多采取原址新建和异地新建相结合的方式。

政策扶持建设安居新村。距库尔勒市 45 公里的普惠农场 1958 年建场，总面积 136 平方公里，是库尔勒市最大的棉花生产基地。全场常住人口 16291人，流动人口 25709 人。2013 年实现农业总产值 6.5 亿元，职均收入 33125元，人均收入 16480 元。根据安居工程需要，在普惠农场场部东北面异地集中新建普惠新村，新村以 3～5 年规划为目标，总居住人户数 1972 户，总居住人口 6902 人，按农家小康户型为主，楼房、别墅为辅，是文化活动设施齐全的综合型集中连片住宅新村。楼房主要户型一梯两户，户型面积 80 平方米至 120平方米，农宅多采用两户叠拼，每户院落占地面积 0.8 亩，院落内布置葡萄架、菜地、花草、果树、户厕、杂物间等。普惠新村建设按照城镇标准，除了供水、供电、道路、绿化以外，还铺设了燃气管道。2011 年以来，国家、自治区以及援疆省市对新疆安居富民工程补助力度不断加大，2013 年每户建房补助 2.85 万元，约占安居房成本的 30%～40%，建房资金补助极大地激发了农民建新房建安居房的积极性。

　　抓好中心村的建设与人居环境整治。库尔勒市在"工业反哺农业、城市支持农村"的方针指导下，以村容村貌整治为突破口，以农村基础建设为重点，完成全市村庄的整体规划编制，优先启动农村供水、排水系统工程建设，完善乡村客运交通。库尔勒市积极推进污水、垃圾处理设施共建共享，城市供水、公交等基础设施和公共服务向农村延伸，农村基础设施和公共设施有所改善，城乡联系更为紧密。近些年，库尔勒市进一步加强近郊三乡城乡接合部人居环境和生活环境的改善，保障城乡建设和经济社会健康有序发展。

　　市容环境卫生管理工作由城市向农村地区延伸服务。2006 年底成立了恰尔巴格、铁克其两个市容环卫管理所，对城乡结合部和近郊三乡的环境卫生进行统一管理，每天安排垃圾清运车辆专门负责近郊三乡的垃圾清运处置工作，基本上达到日产日清。为解决小巷道内垃圾清运车辆进出不便的问题，在部分不能放置大垃圾箱的巷道，放置小垃圾箱，配置电动三轮车，利用人力再转运到就近的大垃圾箱内。近年来，库尔勒市加强近郊三乡市容环境卫生综合整治力度和村容村貌整治力度，清理整治农贸市场 16 个，清理流动摊点 1000 余处，清理羊圈、旱厕 200 余处，清理垃圾 16500 余吨。

　　科学管理安居富民工程建设。一是坚持"谁管理、谁负责"的原则，建立市、乡、村三级质量监管体系，工程的重要工序必须经过市、乡、村三级管理人员验收才能进行下一道工序。二是建立安居富民补助资金管理制度，全面规范资金管理，各项补助资金专款专用，严禁截留、挤占、挪用。统建工程按照合同约定或者工程进度拨付资金，自建工程待竣工验收合格后发放补助资金。三是严格按照抗震设防要求进行设计、施工和监理，采取现场查看、核实、查阅档案资料等方式组织工程竣工验收。对凡未按要求组织验收的工程，一经发现，不予发放补助资金，并追究领导和当事人的责任。四是建立完整的安居富民电子信息档案。以农户为单元，开工 15 日内将信息录入危房改造信息系统，资料包括农户建房申请、审批意见、建筑地址、图纸面积，施工进度图片等。五是对安居富民补助资金公告公示制。做到补助对象公示、资金使用公示、发放到户公开，广泛接受群众、社会监督，确保补助资金兑现到建房户手中。

（二）加强组织动员，公众参与推动城乡建设

　　加大城乡规划宣传公示力度，实行规划批前、批后全程公示。提高了城市规划的透明度和公开性。完善社会承诺服务，坚持把服务意识放在首位，有效

带动广大民众的社会参与意识。对重要地段、重要项目和其他需要公示的建设项目的规划设计方案，在审批前均向社会进行公示。

公示期间收到周边住户要求听证申请的，严格按照《库尔勒市城市规划听证实施细则》召开听证会，并及时将听证结果反馈给相关单位和个人，保证公民充分享有对城乡规划的知情权、建议权，提高了行政许可决定的公正性、公开性，同时也为建设项目规划设计方案的审批提供了重要的参考依据。每年，召开多起听证会，既保证了利害关系人的合法权益，又保障了合法建设项目及时开工建设。

库尔勒市的经验告诉我们，在城乡结合部推动安居富民工程建设，引导公众积极参与城乡建设，必须坚持从实际出发，主动实施，克服"等、靠、要"思想，调动各方面的积极性。必须坚持科学规划，整体推进，分步实施。必须充分发动群众，既注意发挥政府的职能作用，又充分重视农民群众的主体地位，充分尊重农民的意愿，广泛听取农民的意见和建议。必须立足当前，着眼长远。优先解决农民住房安全问题，同时抓好解决农民致富，有步骤、有重点地推进，达到既安居，又富民的目标。

五 良好的生态环境是新型城镇化的重要载体

随着库尔勒市区域性中心城市建设步伐加快，提升城市化发展的质量与品质成为城市发展的重大实际问题。加强生态环境保护，提高城市发展品质，坚持以人为本，统筹协调，在保护公众利益与生态环境的前提下，为人民群众不断创造宜居宜业的优美生活环境，是库尔勒市新型城镇化发展道路的追求。

（一）科学把握库尔勒生态环境建设的重点问题

库尔勒市地处沙漠边缘，距有"死亡之海"之称的世界第二大沙漠——塔克拉玛干沙漠的直线距离仅 70 公里。属典型的温带大陆性干旱气候，干旱少雨，空气干燥，年平均降水量 40~50 毫米，年蒸发量高达 2800~3200 毫米。城市被沙漠、戈壁、荒山所包围，极为恶劣的自然条件和十分脆弱的生态环境，严重制约着全市经济社会的发展。

一是推进生态立市，库尔勒市坚持环保优先、生态立市，立足国家可持续发展实验区新定位，走水系绿色生态发展之路。二是划定发展的生态红线，结合库尔勒城市规划区的扩大调整和景观工程的建设，合理预测各组团的城市人口规模，确定适宜的城市生态环境建设用地规模，确定组团之间的城市生态用地红线，保证城市发展合理的生态空间。三是针对组团式的城市结构，重点解决城市内部各组团间的交通联系，建立完善高效的城市交通体系。四是依据发展规划，重点对城区近期发展建设进行控制和引导，做到近期建设与远景规划相结合，合理引导城区向西发展，创造具有城市特色的生态景观风貌。五是落实国家生态环境保护政策，在规划生态建设中实现与土地利用总体规划的协调。

（二）实事求是推动生态环境改造与建设

位于西部边疆省区的库尔勒市在发展中深刻认识到，生态建设不仅是一个经济问题、社会问题，而且是一个民生问题、稳定问题，更是一个重大政治问题、战略问题。要切实解决突出的环境问题，既要"好中求先"，更要"守住底线"，建设生态梨城。一是确立可行的生态目标，坚持生态保育、生态恢复与生态建设并重的原则，将梨城建设成为空气清新、环境优美、生态良好、人与自然和谐、经济社会全面协调，可持续发展的生态城市。二是坚持不懈地实施荒山荒滩造林、"三北四期"退耕还林、孔雀河流域湿地保护工程、库鲁克山生态林建设，全面应用节水滴灌技术，在城市外围构筑了一道生态屏障。近年来，完成公共绿地 158 公顷、道路绿地 15 公顷、防护林绿地 1811 公顷，建成区绿化覆盖率达 40.2%，人均公共绿地面积达到 10.46 平方米，成为西北干旱地区植树造林防沙治沙的典范。三是合理配置，推进城区绿化。结合库尔勒市道路综合整治与新建区块开发建设，优化城市道路、公共空间绿化种植，形成"乔、灌、草"合理配置、点线面相结合的城市绿地系统。注重打造亮点，高标准实施重点道路（西环路、建国路、老 218 国道、索克巴格路、朝阳路、兰干路）等多条城市主干道、河道两侧绿化和新建小区绿化等项目，加强绿化养护，提升绿化率。四是建管结合，同步推进。牢固树立保护环境就是保护生产力、建设环境就是发展生产力的观念，坚持保护优先、预防为主、防治结合，坚持源头控制与末端治理相结合，坚持开发与保护并重，加大生态环境建设和保护力度，组织开展植树护绿等宣传教育实践活动，培养市民生态环保意识，营造全民共建共享生态文明的社会氛围，彻底扭转局部地区边建设边破坏的被动局面。

（三）不断完善以城市基础设施为主的生态循环系统

加强基础设施建设，以"绿化、净化、亮化、美化"为抓手，切实保护与合理使用规划区范围内的山体与河流，规划建设绿化景观带。坚持高标准，高起点，在不脱离现实的情况下创造指标先进，绿地功能齐全，结构合理的绿化生态系统。因地制宜地充分利用现有生态条件，选用、设置适合的建设项目，使改造生态环境建设工作具有较强的针对性和可操作性。合理分布绿地，使居民能近距离有效地享受绿化空间。以中心城区为重点，兼顾周围边区，使库尔勒市的大环境生态工程建设与中心市区的各个公共绿地相结合，形成绿带、绿圈、绿地、绿线相结合的生态良性互动体系。大力建设中心城为一体，点、线、面相结合的公共绿地系统。着力抓好城市污水处理厂、生活垃圾处理厂等基础设施建设和布局，彻底治理污染，基本消除城镇噪声和固体废弃物的污染，建设优美、舒适、文明的现代人居环境园林城市。建设一批能为城市增辉添彩的主题公园，使自然景观与人文景观有机结合，人类与自然相融合。建成"可望、可游、可行、可居"其间的综合性的山水绿地系统。

六　统筹城乡发展是新型城镇化的基本要求

2009 年库尔勒市被确定为自治区统筹城乡综合配套改革试点市以来，库尔勒市进一步树立"城乡统筹，系统推进"的思想，把统筹城乡配套改革作为市委、市政府的中心工作，坚持把统筹城乡的思想贯穿于发展规划、工作部署、政绩考核等具体工作中，积极探索"新疆特色、巴州特点、库尔勒模式"的统筹城乡发展新路子。

（一）坚持城乡统筹发展新理念

认真组织，出台制定推进城乡一体化政策体系。主要有：市委、市政府《关于推进城乡一体化实施"村改居、乡改办"的意见》、《库尔勒市"村改居"农业户口村民"农转非"暂行办法》、《库尔勒市"村改居"农村集体土地处置暂行办法》、《库尔勒市"村改居"农村集体经济组织资产处置暂行办法》、《库尔勒市城乡一体化社会救助体系建设暂行办法》、《库尔勒市城郊三乡一镇村集体土地补偿费统筹管理使用暂行办法》等 9 个相关配套改革方案。制定出台了《关于加快实施两大工程加强城乡结合部社会建设的方案》、《库尔勒市棚户区改造工作方案》、《库尔勒市农村村民住宅建设暂行规定》等加快城乡结合部社会建设的文件。此外还出台了文化教育等多领域的配套政策文件。2011 年，经自治州编办批复同意，库尔勒市将市城乡一体化办公室更名为市委城乡综合改革办公室，牵头实施综合配套改革各项任务。

明确城乡统筹工作突破的重点区域。库尔勒市把城乡结合部作为先期启动统筹城乡综合配套改革的重点区域，积极探索符合城乡一体化的基层组织建设、综合治理、社会事务管理的新模式，着力解决劳动就业、社会保障等群众最关心、最迫切需要解决的问题。例如在近郊三乡和西尼尔镇实现包含土地、林地、房屋、人口等资料的统一数据库，确保重点区域发展规划、土地审批等方面工作的统筹管理。

推动城乡社会管理重心下移。在城乡结合部引入城市建设与管理理念，积极探索符合城乡一体化的基层组织建设、综合治理、社会事务管理的模式，着力解决劳动就业、社会保障、拆迁安置等群众最关心、最迫切需要解决的问题。启动社区数字化管理服务系统，在近郊三乡设立综治、社会事务工作中心，村一级也设立综治、社会事务工作站，建立统一调动、业务归口、资源共享的工作机制。在近郊三乡一镇成立了乡规划所和规划执法队伍，严把土地、规划关，严厉整治乱搭乱建等违法建设行为。明确拆迁补偿安置办法，建立拆迁安置补偿长效管理机制，明确村民住宅建设、产权认定登记审批程序、条件和标准，保护村民的合法权益。

（二）加强城乡统一规划

库尔勒市充分发挥规划的龙头作用，全盘谋划、科学指导，夯实城乡一体化建设发展的基础。一是城市发展科学定性。2013 年 3 月自治区人民政府批准的《库尔勒市城市总体规划（2012~2030 年)》，将库尔勒市定性为新疆重要现代化区域性中心城市、重要的综合交通枢纽、先进的石化产业基地、宜居的生态花园城市。二是城乡空间科学布局。在中心城市通过组团式布局，构建以"大库尔勒"为核心，"两带七组团"城镇体系，区域特色明显、基础设施共享的城乡发展空间新格局。突出中心城区核心带动，构建"三山三带三组团，六轴六廊六绿心，三核九极六载体"，"大分区、小综合"的发展理念。在产业布局上打造"一主两翼"新型工业化发展格局，实现"产业功能"和"城市功能"有机结合。三是城乡发展功能科学定位。在各大分区、组团内部建设上，既尊重差异也强调城市的基础功能，尤其是关注城市的基本公共服务功能，科学规划和分期建设商业、办公、休闲、居住、医疗、文化教育等基础设施，完善组团的核心带动功能。四是组团发展科学有序。遵循人的活动规律，以3公里左右为每个核心的服务半径，与"三河贯通棚户区改造工程"

同步规划，确立每个组团（区）内两个核心功能区。老城区重点建设"幸福城"，南市区重点建设 3 平方公里的"上水城"和 13.1 平方公里的"生态城"，开发区重点建设开发区管委会所在综合服务区域和西尼尔新区。五是各类规划科学协调。确立"无限框架、有限布局，近远结合、有机衔接"的规划思路，将城市发展规划、产业带发展规划、基础设施发展规划、能源规划及生态环境保护规划等专项规划统统融合，与国民经济发展规划、城乡规划、土地利用总体规划相互协调，打破行政区划，实现重大基础设施统一规划管理，全面体现空间规划的统筹性权威性。

（三）加大统筹城乡一体化建设力度

加强城乡基础设施、公共服务设施建设。创新体制机制，加大对教育、公共卫生、医疗服务、医疗保障的投入力度，使城市基础设施和公共服务不断向农村地区延伸覆盖。努力实现城乡交通、供水、供电、污水和垃圾处理共享，城乡区域之间教育、医疗、文化、社会保障等基本公共服务均等化发展，城乡基本实现充分就业，城镇登记失业率控制在 4% 以内。被征地农民学有所教、劳有所得、病有所医、老有所养、住有所居。

全面提升城市品位。加快推动城市重点景观工程建设，大力实施"三河三渠"水系建设，进一步拓宽市民健身休闲娱乐空间。改善区域交通拥堵状况，完善城乡道路、农村水利等公共设施建设。全面实施农村安全饮水工程，推广农田节水工程，有效遏制土壤退化和生态弱化。增强环境保护执法和环境检测能力，加大节能减排力度，主要污染物排放总量持续降低，万元 GDP 能耗总体呈下降趋势。

推进城乡地区社会建设。编制并实施教育布局调整规划，促进城乡教育均衡发展，农村地区办学条件明显改善。加强市、乡镇（街道）、村（社区）三级卫生服务网络建设，建立城乡大病医疗救助制度。全面启动城乡居民社会养老保险工作，社会保险覆盖面不断扩大，动态管理下的应保尽保、分类施保的城乡低保制度全面建立。积极落实廉租房实物配租政策和租金补贴，各族群众的居住条件明显改善。

维稳基础进一步稳固。加强基层组织工程和民生工程建设，全面实施"平安库尔勒技防网络"防控工程，认真落实"四知四清四掌握"工作机制，大力推进农村和社区警务建设，加强协勤、联防队、民兵、"红袖标"等治安辅助力量，社会治安综合治理防控体系进一步健全。依法加强宗教事务管理，建立"主麻日"长效管理机制，深入开展了制止零散朝觐和"两教"专项治理工作。坚持信访联席会议和积案化解、矛盾排查解决机制，坚持领导干部接待日和日常接访工作，认真接待处理群众来信来访，初步形成了"大调解"工作格局。

（四）加强体制创新，保障城乡一体化健康发展

库尔勒市紧紧抓住建设新疆区域性副中心城市的机遇，全面落实自治区政府的《新疆推进新型城镇化行动计划》。一是以规划为龙头，修编完成城市总体规划等一系列规划设计。创新自治区统筹城乡综合配套改革试点工作，坚持城乡规划一张图布局、土地审批一支笔管理、市政建设一盘棋考虑，实行州、市两级及专家论证"三审"制度，充实乡镇规划监察力量，坚决查处违法建设，全面推进城乡发展规划一体化。二是扎实推进"项目建设发展年"活动，实施了一批"打基础，利长远"的重大项目。启动总投资 20 亿元左右的道路、桥梁、河道、地下管网、公共设施、规划编制、城乡环境综合整治等 20 余项城市建设工程。三是贯彻"民生建设年"各项部署，每年保持民生支出占公共财政预算支出的80%以上，连续三年共实施了220项重点民生工程，一大批安居富民工程、保障性住房、危房改造、教育保障、公共设施、出行环境改善、公园建设、应急保障、园林绿化、基层基础工程、供水二期工程、污水处理厂工程及排水复线工程等惠民工程建设陆续竣工。四是下决心提高在南疆的城市首位度。把聚集人流作为建设中心城市的关键，注重发挥社会事业的民生效应，积极构建南疆乃至全疆领先的就学、就医、创业、养老、环境条件，逐步完善社会保障、公共安全、应急防灾、帮扶救助等体系建设。坚持以现代文化为引领，挖掘多层次文化内涵，广泛开展群众性文化活动，以文化人，以文聚人，进一步完善覆盖城乡的公共文化服务体系，推进文化大发展大繁荣，展现现代文明交融的城市形象特质，让"天鹅故乡、幸福梨城、宜居家园"城市特色形象品牌深入人心，使更多的人来到库尔勒、住在库尔勒、留在库尔勒。

第五章

坚持创新驱动，提高发展的质量效益

导言： 库尔勒以国际级可持续发展实验区建设、自治区创新型城市试点工作、自治区制造业信息化示范工程、国家科技富民强县（市）工程、科技强警示范工程为主要抓手，着力加快建设创新型城市。同时，通过城市生态系统重构和城市空间形态优化，提升城市品位，实现城市资源的保值增值，创新城市发展模式，为西部边疆及少数民族县市可持续发展提供了范例。

　　库尔勒市既是国家向西开放、延边开发的战略前沿，又是自治区重点发展的"一主三副"战略中心城市之一，加之位于新疆地理中部和南北疆交通战略要冲，是承北启南、东联西出的重要经济支点。

　　库尔勒是我国重要的能源战略接替区塔里木盆地西北缘，是中石油塔里木油田公司总部所在地。库尔勒及周边区域水土光热等农业发展条件优异，矿产资源禀赋优越，交通通信便捷，产业门类齐备，库尔勒市是新疆乃至中国西部经济最为发达的县级区域之一。库尔勒市先后获得"全国科技进步先进市"、"全国科技进步示范市"、"国家可持续发展实验区"、"国家知识产权试点城市"和"自治区创新型试点城市"、自治区制造业信息化示范城市、"自治区县市党政领导科技进步目标责任制先进集体"等称号。

一　加强政策导向，完善创新平台

　　库尔勒市第七届党代会明确提出，要积极推进"创新型库尔勒"建设，围绕提升经济竞争能力、增强科技创新能力、提高区域可持续发展能力的目标，进一步完善科技服务和科技投融资两大体系。这已成为库尔勒市贯彻落实中央建设创新型国家重大战略部署，转变经济增长方式，增强城市核心竞争力，推进库尔勒实现创新发展的重要工作安排和部署，也为库尔勒市创新发展明确了思路和任务。

（一）明确创新发展思路和重点

库尔勒创新发展的总体思路是：以科学发展观为引领，以创新型库尔勒建设为载体，围绕区域创新体系建设，努力形成科技成果加快转化、人才和产业技术进一步集聚、技术和知识创新能力不断提升、新兴产业和现代服务业健康发展的创新发展局面。使库尔勒市成为南疆乃至新疆重要的科技创新、人才培养、科技企业孵化基地。

创新发展的重点：一是积极推进区域创新能力建设，逐步建立健全适应创新、创业的机制和社会环境，完善以企业为主体、市场为导向，产、学、研和技术推广组织相结合的技术创新体系和科技服务体系；二是增强区域性、特色性产业技术自给能力，以适应本地经济需求和社会发展为出发点，在技术引进的基础上，为区域性、特色性产业（经济）发展提供技术支持，推动产业升级；三是加强科技创新的典型示范和带动作用，以创新型企业、科技示范工程为重点，积极推进高新技术改造地方传统和特色产业，逐步提高产业整体创新水平，推动经济转型和创新发展。四是进一步强化政府对创新型发展的决策研究、政策引领、宏观指导和服务协调作用。

（二）完善创新机制

一是为充分发挥科技第一生产力的作用，先后制定下发了《库尔勒市拔尖人才选拔管理办法》、《库尔勒市乡镇场科技副职管理规定》、《库尔勒市科技进步奖励办法》和《库尔勒市重点科技项目管理办法》等一系列政策文件，不断深化科技体制改革，加大对科技奖励、考核、人才队伍建设工作的激励扶持力度。2012年4月，市委、市政府又出台了《关于增强自主创新能力推进创新型库尔勒建设的决定》，标志着库尔勒市创新型城市建设工作进入了新的发展阶段。

二是加大市财政对科技研发经费的投入，充分发挥财政资金"四两拨千斤"的作用，引导和带动全社会对科技的投入。通过加大财政科技投入和积极向上级争取项目和资金等形式，形成多层次、多渠道的科技创新投入体系，落实科技创新战略性投入。2010 年库尔勒市科技支出为 3403 万元，占当年财政一般性支出的比例为 1.26%，2013 年库尔勒市科技支出达到了 6592 万元，较 2010 年增长近一倍，占当年财政一般性支出的比例为 1.62%，年均增长大大超过同期财政支出的增长比例。

三是完善激励机制，以技术入股等形式探索科技人员参与股权分配制度，激发广大科技人员为产业基地建设服务的积极性、主动性和创造性。设立科技风险基金，对高层次人才承担项目支持。完善科技成果评价和科技奖励制度，在科技项目实施、科技进步奖励上向科技创业型人才倾斜。

四是积极推进科技创新平台建设。支持 8 家企业与科研院所建立研发中心；支持产学研合作，自 2010 年起，市财政每年拿出 100 万元支持新疆农业大学在库尔勒市实施的科技成果转化合作项目；建成自治区香梨工程技术研究中心和实验室。

五是强化全社会科技创新意识，培育创新文化。首先从市党政决策层面形成了依靠科技进步和创新推动经济社会发展的基本共识。搞好创新型城市建设的宣传动员，建立全社会理解、支持科技进步与创新的社会氛围，开展主题鲜明的创新发展理念宣传和教育活动，通过科技宣传周、企业创新主题培训、专题讲座等各类活动载体，让广大公众深刻理解建设创新型国家和创新型城市的重要意义，倡导创新发展理念和培育创新文化，进而自觉提高创新发展意识。

（三）狠抓科技创新的基础建设，在搭建平台、招才引智上取得新突破

着力加强科技创新平台建设。重点抓好香梨综合实验室、自治区香梨工程中心和科技服务中心（科技馆）建设，依托上库产业园、塔什店循环经济工业园的发展推进库尔勒科技企业孵化器的建设，依托库尔勒市与同济大学战略合作推进同济大学库尔勒成果转化分中心的建设和运行。不断完善科技人才和企业创新、创业服务功能，提升服务能力。

培养领军人才和创新团队。依托重大科研项目、重大科研基地等，引进、选拔、培养一批高层次创新型科技人才、青年科技骨干和创新团队。设立库尔勒市科技创新基金，单设 100 万元杰出人才发展基金，提高杰出人才基金对企业科技人员的支持力度。以培养和引进高层次人才为重点，推动高校和科研院所来库尔勒市开展多层次、多专业、多形式的培训，带动本地创新型领军人才和创新团队成长。

（四）加快科技项目实施

库尔勒市以科技项目实施为抓手，在推进科技成果转化和科技创新方面做了许多卓有成效的工作。

一是政策保障。草拟了《增强自主创新能力，推进创新型城市建设的决定（草案）》、《库尔勒市十二五科技发展规划》、《库尔勒可持续发展实验区建设规划》等政策、法规草案，为推进科技成果转化，库尔勒市根据《库尔勒市科技进步奖励办法》及《实施细则》加大了科技奖励力度，分别由过去的5000元、2500元、1000元提高到2万元、1万元、5000元。

二是项目推进，措施保障。为推进科技创新平台建设，库尔勒下大力气积极争取国家、自治区和对口援疆省份的支持，完成了库尔勒经济技术开发区科技孵化中心建设，认真实施了国家科技富民强市工程和知识产权强市工程以及自治区可持续发展试验区建设项目，积极申报了库尔勒香梨综合实验室及香梨工程技术研究中心项目。近期申报的《万亩库尔勒香梨出口注册果园基地建设》等3个项目被列入自治区重点科技项目，争取自治区项目资金可达175万元。为推进企业科技创新，我们试行了《库尔勒市创新型企业创建工作方案》，加大了对技术创新优势企业的支持力度，已有13个制造业项目通过论证。

三是投入到位，资金保障。长期以来，库尔勒市一直十分重视发挥财政科技研发投入的引导作用，通过建立财政科技研发投入持续增长机制，为科技创新提供物质保障，每年科技研发投入占到当年财政决算支出的1%以上，2013年库尔勒市财政安排科技研发经费6592万元，比上年增加30.82%，占财政决算支出的1.62%，大大超过了同期财政收入的增长幅度，有力地支持了新技术、新产品研发和运用。

截至2013年底，共申报国家、自治区重大科技计划项目31项，争取项目经费1300万元。申请专利397件，专利授权数量353件，其中发明专利授权88件，专利授权和发明专利授权分别较"十一五"同时期增加175.78%和151.43%；市域区累计取得科技成果96项，评定和奖励市级科技进步奖78项，其中获得自治区、自治州科技奖励的有36项。

（五）推动产学研合作

根据科技资源不足、科研力量较弱的实情，在人才的培育和使用上，借助外力，引进、消化、吸收、再创新是库尔勒市企业发展的有效途径。为此库尔勒市本着"不为我有，但为我用"的原则，加大了科技合作与交流的力度。政府层面开展了与同济大学、新疆农业大学、中国科学院、河北农林科学院等高校和科研院所战略层面的高层次合作，合作框架协议内容涉及科技成果转化、人才培训、教育资源共享、科研项目协作等方面。各相关企业和科技事业机构根据生产和科研的需要，也先后与中国建筑材料科学研究院、天津轻工设计院、武汉理工大学、哈尔滨工业大学、河北农业大学等高等院校和科研院所建立了长期科技合作关系。通过交流与合作，引进转化技术（成果）30余项，通过市校、企校科技合作，解决企业技术难题20余个，实施重大技术改造项目2个，合作建立企业研发机构和检测检验室、实验室7个，共建实验和教学实习基地6处。

二　以重点科技创新项目为抓手，加快建设创新型城市

近年来，库尔勒以国际级可持续发展实验区建设、自治区创新型城市试点工作、自治区制造业信息化示范工程、国家科技富民强县（市）工程、科技强警示范工程为主要抓手，着力加快建设创新型城市。

（一）国家级可持续发展实验区建设

库尔勒可持续发展实验区于2008年1月经自治区科技厅批准并开始实施。根据自治区科技厅《关于申报"新疆可持续发展实验区"的通知》要求，库尔勒市组织相关单位和人员认真编制了《库尔勒可持续发展实验区建设规划》（以下简称"规划"）。《规划》于2010年1月由市人民政府上报自治区科技厅通过了规划评审，根据自治区专家的意见对《规划》又做了补充修订后于2011年7月经库尔勒市人大常委会审议通过，2011年8月库尔勒市被自治区科技厅批准确定为自治区可持续发展实验区。2012年5月经自治区科技厅推荐申报国家可持续发展实验区。2012年11月国家可持续发展实验区建设工作专家组来库尔勒市检查指导工作，专家组通过实地考察和评议，同意推荐库尔勒市参加国家可持续发展实验区的评选，库尔勒市于2013年1月通过了科技部、国家发改委等22部委专家的联合评审，2013年4月被批准为国家可持续发展实验区。

库尔勒市通过可持续发展实验区创建，科技投入不断加大，不断创新，创

业环境进一步优化，经济与社会、人与自然关系进一步协调。国家和自治区多项重点科技项目在库尔勒市启动、实施，为库尔勒市科学发展，充分发挥本地资源优势，依靠自主创新引领产业升级和促进经济增长方式的根本性转变，优化区域发展布局、推动产业转型提供了支持。

（二）自治区创新型城市试点工作的启动与实施

长期以来，库尔勒市高度重视科技进步与创新，于 2007 年就提出了建设创新型城市的战略构想，并先后在 2009 年、2010 年政府工作报告中加以明确，通过不断优化科技进步与创新、创业的软硬环境，"内生增长，创新发展"发展思路和理念逐步深入人心。2012 年，市委、市政府做出《关于增强自主创新能力推进创新型库尔勒建设的决定》，标志着库尔勒市创新型城市建设进入新的历史发展阶段，创新型城市建设工作以正式文件形式纳入库尔勒市党政决策。同时将"创新型城市建设推进工程"列入库尔勒市重点科技项目。

库尔勒创新城市建设的重点：一是通过宏观政策引导，以科技创新引领和推进经济和社会事业发展。将创新发展与推进新型工业化、新型城镇化和农业现代化结合起来，大力发展战略性新兴产业，以新技术、新成果的创新、引进和应用促进循环经济、绿色经济、低碳经济发展，推动企业和全社会节能降耗和资源循环利用，在节能与环保、新材料、生物技术与新医药、装备制造、现代农业等领域取得实用性创新成果。二是通过鼓励和支持企事业单位和社会建设科技创新平台，完善创新发展的基础设施。积极支持企业、事业单位采取产学研合作等形式，建设研发中心、工程技术中心，鼓励企业承担重大科技专项，在自主知识产权、重大科技成果、知名品牌创造和创新方面积极探索，实现企业创新发展。三是通过实施知识产权战略鼓励企业和个人积极申请专利权、植物新品种权、地理标志、注册商标和登记版权等，提高全社会知识产权创造、应用、管理和保护能力。围绕库尔勒市重点产业发展，鼓励企业积极参与国际、国家、行业及地方标准的制定工作。鼓励企业将其核心专利技术纳入标准，增强市场竞争力。四是通过科技创新成果的运用，推动社会事业发展。

（三）自治区制造业信息化示范工程

库尔勒市被自治区确定为制造业信息化示范城市以来，通过积极实施制造业信息化科技示范工程，全市企业信息化建设不断迈上新台阶。一是制订并出台了《库尔勒市制造业信息化科技示范工程实施方案》、《库尔勒市制造业信息化示范企业管理办法（试行）》等规范性文件，为制造业信息化示范工程项目的实施与管理奠定了坚实的基础。二是 2009～2011 年由市政府命名了 15 家制造业信息化示范企业，并设立了库尔勒市制造业信息化科技专项资金支持企业推进信息化，安排市级科技项目资金超过 150 万元，获得自治区信息化项目资金（包括企业）40 万元。财政专项资金的投入，有效地激发了企业实施制造业信息化的热情，企业作为投入主体的作用得到充分显现，截至 2012 年底，15 个被调查的重点企业，用于信息化建设的资金投入超过 500 万元。

据不完全统计，全市每年制造业企业用于信息化建设的资金投入已连续超过 1000 万元，有效推动了制造业信息化项目的实施。目前，部分优势企业先后开展了"计算机辅助设计（CAD）"、"企业资源计划系统（ERP）"、"产品数据管理（PDM）"、"产品生命周期管理（PLM）"的初步运用，为数字化设计、制造一体化技术和生产、经营管理信息化集成技术的推广应用打下了基础，使大批企业初步实现了管理由经验化、人为化向程序化、标准化转变，企业内部资源独享向外部资源共享理念的转变。

（四）国家科技富民强县（市）工程

2008～2013 年，库尔勒市"高效奶牛养殖及乳产品深加工产业化示范"项目被列入国家科技富民强县专项计划，库尔勒市被确定为国家科技富民强县行动试点县市。通过相关单位积极努力，国家科技富民强县专项的实施取得了显著成效，获得专利授权项目 7 个，2012 年"高效奶牛养殖及乳产品深加工产业化示范"项目获得自治区科技进步二等奖。

在国家科技富民强市工程项目带动下，"库尔勒市设施农业绿色蔬菜种植技术及产业化示范"、"万亩库尔勒香梨出口注册果园基地建设"等项目先后被确定为自治区科技富民强县（一把手工程）专项，安排项目资金 200 万元。"万亩库尔勒香梨出口注册果园基地建设"项目总投资为 1100 万元。以万亩出口注册果园基地建设为例，政府及科技部门与科研单位、企业和专业合作社等通过密切合作，共同完成万亩库尔勒香梨出口基地建设、集成出口注册果园标准化生产技术体系、改造升级 5 个香梨出口企业包装设备、建立出口注册果园服务体系、建立果品检验追溯体系、建成配套的"冷链"系统等六项具体工作，使生产基地及示范果园香梨产量达到 1.8 吨/亩，商品果率达到 90%，其中特级果率 70%，年产合格的出口果品 1.08 万吨，比普通果园每年每亩增收 500 元，项目区共增收 500 万元，项目区人均纯收入增加 1300 元。

通过实施科技富民强市工程，不断培育新的经济增长点，形成了香梨、棉花、畜牧业、菜篮子农业四大支柱产业以及以瑞源乳业、天山雪乳业、香梨股份、冠农果蔬等企业为代表的一批国家和自治区农业产业化龙头企业。依托科技富民强市专项行动，性控冻精技术、优良牧草种植技术、科学高效饲养技术以及奶牛场现代管理技术得到广泛推广运用，棉花种植节水滴灌和测土配方施肥得到大面积普及，设施农业、生态农业、智慧农业得到较快发展，注册果园、无公害果园、绿色标准果园建设得到进一步加快，库尔勒香梨成功进入国家现代农业产业技术体系，香梨成为库尔勒市农牧民增收致富的第一支柱产业。

（五）科技强警示范工程

科技强警是建设平安新疆、推进科技兴新强化实施的重要组成部分，是新时期落实科教兴新战略的新举措。库尔勒市委、市政府高度重视科技强警工作，注重探索治安防控工作方式、方法，不断加强全市治安防控和打击恐怖活动的信息网络建设，重点推进"警用视频指挥调度系统推广与应用"、"公安信息网络系统推广与应用"、"公安电视电话会议系统推广与应用"等科技项目。

通过经费支持和引导加快先进实用的警用科技成果转化，以信息技术为先导，不断完善库尔勒市公安网络基础设施，建设主要业务应用信息系统，满足当前急需和适应未来发展要求的公安工作信息化框架体系，促进信息技术在各项警务工作中的广泛应用。已经实现覆盖市区 7 个派出所、12 个城乡结合部派出所、6 个农村派出所的现代化的综合信息网络工作信息化。建成开通全市公安图像传输系统，开展视频会议、案例分析、远程教学等业务，实现会议、图像传输、数据共享等功能，为全市公安工作和对敌斗争提供良好的声像信息传输保障和服务。引进先进视频、音频传输存储技术，基于专线 IP 协议，利用先进视频设备，在全市各辖区派出所、看守所、拘留所推广应用，实现执法窗口、审讯场所、监管场所全程录音录像，提升公安系统视频监控、指挥调度水平，提高治安防控能力。为实现库尔勒市公安局行政业务信息集中、交换，达到业务联网通用、资源共享提供可靠的通信平台。为构建平安和谐库尔勒，维护库尔勒长治久安、保障人民安居乐业提供强有力的科技支撑和保障，2010年、2013 年库尔勒市两次荣获自治区科技强警先进县市。

三 创新发展思路，推动城市跨越式发展

库尔勒市委、市政府强调，思路决定出路。通过城市经营做大做强中心城

市，通过产业聚集规划发展重点园区，工业化和城镇化良性互动，实现了城市的跨越式发展。同时，运用科技创新加强生态建设，创新社会管理，推动城市可持续发展。

（一）创新城市发展思路

库尔勒"以中心城市和外围三镇为重点，走集中式的城镇化发展道路"、"根据不同的资源环境条件、生态状况和经济社会发展水平，实行类别化的分区城镇化策略"，集中体现了库尔勒在城市发展中注重城市外观形态、组成结构的创新，基本形成了空间结构紧凑、功能混合有序、景观特色协调多样的城市空间构架。

通过集中发展"一主两翼"的工业园区，推动了工业的聚集发展。国家级库尔勒经济技术开发区、上库产业园区和塔什点园区发展势头迅猛，成为全市经济发展的引擎。同时，产业聚集发展，有利于发挥聚集效应，减少企业运行成本，也最大限度减少了经济发展对城市环境的干扰。

同时，以绿色城市理念推动城市发展的生态化、绿色化、低碳化，实现社会、经济与自然的协调发展。库尔勒抓住国家可持续发展实验区授牌的有利契机，重点推进孔雀河流域友好环境示范、绿色香梨产业化经营综合示范、经济技术开发区循环经济示范、荒山绿化示范等四大可持续发展示范工程和一大批社会、生态、环境可持续发展优先项目的实施，积极探索具有库尔勒特色的区域可持续发展模式。

通过城市生态系统重构和城市空间形态优化，提升城市品位，实现城市资源的保值增值，为西部边疆及少数民族县市可持续发展提供范例。

（二）依靠科技创新推动生态环境建设

库尔勒市地处塔里木盆地东北边缘，毗邻塔克拉玛干沙漠，受自然和历史因素影响，生态环境脆弱、经济增长方式粗放、产业结构不尽合理、能源资源利用效率不高。一直以来，市委、市政府及各级领导认识到位，思路明确，把可持续发展作为库尔勒经济社会发展的核心战略之一，特别是党的十八大召开之后，库尔勒市将生态文明建设作为推进可持续发展的重要内容，进一步强调了处理好发展与生态环境保护的关系，坚持走资源开发可持续、生态环境可持续的道路，依靠科技创新推进生态文明建设。

随着库尔勒市城市化的迅速发展，人们在感受到城市化带来的丰富的物质和精神生活的同时，却又不得不面对日益严峻的生态环境、自然资源的压力。人口密集、交通拥挤、环境污染、绿地紧缺已成为制约城市发展的限制因素。尤其是库尔勒，位于塔克拉玛干沙漠边缘这样一个干旱少雨，生态环境脆弱的城市，为适应城市化发展对环境保护的需要，在城市化的过程中创新生态保护方式，具有极其重要的意义。

依靠科技创新推动生态环境建设。通过推进以绿色照明、节水灌溉、沼气综合利用、节能降耗、中水循环为内容的节能减排专项行动，实施医疗废物处置改扩建、环城荒山荒滩绿化等生态环境工程，开展环境卫生、违法违章建设专项整治，实施环境绿化、美化、亮化工程，使库尔勒城乡环境有了极大改善。通过加强对既有居住建筑节能及热计量改造，积极推行可再生能源建筑，实施太阳能与建筑一体化供热、地源热泵供热制冷工作，重点抓好民用建筑外墙保温及节能材料的规范化，积极落实供热计量及节能改造项目，促进既有建筑节能及热计量改造任务的完成，绿色建筑、低能耗建筑成为城市建筑新亮点。依靠科技创新推进现代生态花园城市为抓手，坚持环保优先、生态立市，编制好生态环境功能区划，突出"以人为核心"，加强城市基础设施建设，增强主城区和小城镇产业发展，在公共服务、吸纳就业、人口集聚功能完善顶层设计和规划，扎实推进"以人为核心"的城镇化。坚持走"绿色生态发展"之路，推进城市环境与生态体系改善。在"三河贯通"一期建设中，规划建设好"两大中心"和"上水城"，预先设定商务文化、规划展览、便民服务、休闲健身、综合体开发等中心城市服务功能，建成新疆第二大会展中心。突出"以绿为主、以水为脉、文化为魂、以人为本"的原则，把完善绿道系统作为重点，合理布局休闲区、商务区、生活区。老城区规划建设成田园风格鲜明、业态多样现代的"幸福城"。突出"塞外明珠，山水梨城"特质，大力实施孔雀河、杜鹃河、白鹭河贯通工程，形成"三纵一横"水景网格，构建"水生态、水循环、水景观、水经济、水文化"五位一体的水生态文明城市，城市综合服务功能和辐射带动作用不断提升。目前库尔勒市已初步形成了亲水为韵、依绿为魂、傍山为势的花园城市，"塞外江南、山水梨城"已成为库尔勒市生态文明建设的城市名片。

以保护现有的生态为基本目标，全面加强生态环境的保护和建设。通过采取生活污水和医疗及生活垃圾无害处理、集中供热等各类措施美化、净化城市生活环境，优化城市区域内的环境质量；通过人工造林、人工种植花草和实施节水灌溉荒山绿化工程，构筑了城区林业生态体系的基本框架，在城市外围构筑起了生态建设的一道绿色屏障。据气象专家评估，库尔勒市东山荒山绿化成林后，将减少库尔勒地区的热辐射，夏季降温 1.6℃，相对湿度提高 7% ~ 10%，风速降低 20% ~ 30%，扬沙天气减少 4 ~ 6 天，沙尘入城率明显降低，城市生态环境得到很大的改善。

把发展生态经济、绿色经济、低碳经济、循环经济作为生态文明建设与经济建设结合的重要内容，充分挖掘区位优势、资源优势、生态优势，发展区域经济。首先，大力发展可持续农业。依靠农业科技创新，运用、推广高效节水灌溉、绿色种植养殖、植物病虫害综合防治、测土配方施肥、奶牛性控冻精繁育、节能型反季节设施蔬菜生产等技术，为发展绿色生态型和可持续农业提供支撑。其次，实施优势资源转换，以可持续发展为导向引领新型工业化。在推进新型工业化进程中，我们积极引导企业开展节能减排、清洁生产，发展循环经济。一方面，严格环保准入标准，在招商引资过程中，认真开展项目环境影响评价和执行"三同时"制度，从源头上防止新污染源和生态破坏的产生。与此同时，我们按照生态条件和环境承载能力进行工业布局，积极促进符合节能减排、清洁生产规定的企业优先入驻，不断壮大可持续发展产业规模。另一方面，我们通过对传统产业的设备、技术改造，达到提高能源、资源利用效率和生产效益，减少污染排放的目标。如库尔勒市利税大户企业博湖苇业有限公司开展异地迁建和升级改造，不仅扩大了企业生产规模，配套完善了污染物处理设施与处理工艺，将按照国家《造纸工业水污染物排放标准》（GB3544 - 2008）实现碱回收、黑液综合处理、中水循环利用和废气达标排放。

城市绿地是城市生态系统的重要组成部分，它不仅具有美化城市环境的景观效益，而且具有见闻增势，调节环境条件，吸收有毒气体，净化空气，降低环境噪音和杀菌等保护和净化环境的生态效益，在保持整个城市的生态平衡方面起积极作用，是城市生态环境改善，实现城市可持续发展战略的重要生态措施。因此城市化和城市生态环境建设首先要加强城市绿地建设。

坚持节约水资源原则，以植物配置为突破口，建立节水型的城市生态景观绿地。库尔勒水资源短缺，水资源是制约库尔勒经济发展和环境建设的重要因素之一，因此，城市绿地建设应按照资源的合理与循环利用的原则，最大限度地节约水资源，提高水资源的利用率。根据所处的地理位置和水资源条件，广泛选择既具有景观效果，又具有耐旱特点的植物，构建最佳的生态景观植物配置模式，达到节水的目的。

坚持充分利用土地的原则，最大限度地提高土地利用率和绿化覆盖率，提高城市森林对空间、土地和光能的利用率。要充分利用废弃地、盐碱地，利用沟洼地，推平耕细后植树种草。在土质好的地块种植一些适合新疆生长的果树以及其他一些经济林。树种的选择以当地乡土树木为主，例如在当地生长良好的杨树、榆树等。坚持因地制宜原则，建设丰富多彩、各具特色和优势的城市园林和绿地，以植物为主体，水土为要素，营造一个适度、合理的空间环境。

保持自然地形地貌特征，避免进行大规模的地形改造工程，并充分利用场地原有的表土作为种植土进行回填，节约利用了土壤资源，有利于保存土壤中原有的生物物种。建设绿地要根据气候条件，土壤状况，建设具有生态效应的具有观赏性的广场绿地，街头小游园，居民小区绿化，城郊园林，在构建城市绿色风景带的同时，结合城市整体绿化、立体绿化。以三河贯通棚户区改造沿岸为中心点，采用多树种搭配的方式高效实施防护林建设、荒山戈壁绿化和绿轴、绿廊、绿心建设工程，完成人工造林 3 万亩，环山绿化 5000 亩，开发区绿地补栽 3000 亩，森林覆盖率提高到 16.3%。形成布局合理、覆盖城乡、景观优美的绿色生态屏障。

广泛利用清洁能源，积极改善大气质量。从污染源着手，通过削减污染物的排放量，促进污染物扩散稀释等措施来保证大气环境质量。严格执行建设项目节能环保审查审批制度，采用各种技术，例如烟尘治理技术、二氧化硫治理技术、控制污染物排放，强化消烟除尘的在线监控，根据城市大气质量状况对大中型燃煤装置做出脱硫、脱氮规定。广泛利用清洁能源，改变目前不合理的燃料结构，广泛利用清洁能源，推行煤的清洁使用，生活能源实行以天然气代替煤，集中供热，大力推广天然气供热和汽车油改气工作。在市区中心拆并小型锅炉，禁止原煤散烧。开发新能源、太阳能、水能、风能等清洁能源，以减少煤炭、石油的用量。大力发展绿色交通和公共交通。提倡大力发展燃气机动车辆，为了有效控制大气污染，根据规划要求，结合库尔勒对城市汽车尾气污染现状，制定机动车污染防治工作管理办法，严禁尾气不合格的机动车上路行驶。

积极推行污水集中控制，发展具有规模的城市污水处理设施，把污水处理设施作为重点工程，城建资金要优先安排污水处理厂配套管网建。完成老城区污水处理厂改扩建和城市排污管网建设工程。城市工业废水要在预处理的基础上，尽量送到城市污水处理厂与生活污水进行集中处理。大力提倡节约用水，提高重复用水率，减少废水排放，以保护水质。城市和工业污水处理与回用是解决城市水资源紧缺、防止水污染、改善生态的一项重要内容，城市和工业污水通过处理，使其达到灌溉水标准，满足城市周边绿化用水，既解决了城市绿化水源，又解决了城市污水对水环境的污染，提高了水的利用效率。

城市垃圾进行无害化处理和处置。对城市垃圾的处理要统筹规划，分类收集，分类处理处置，回收利用，实行城市垃圾的无害化、减量化、资源化。规划新东山垃圾场二期等工程项目建设。一些经过处理仍有较高的利用价值工业固体废弃物作为二次资源加以利用；将一些农业固体废弃物和部分生活垃圾作为农业生产必不可少的优质有机肥源，将垃圾分类，金属、玻璃、塑料，有机物等分享统一回收，分别运用物理、化学、生物方法转化为可利用的资源和二次能源。

从根本上防治白色污染，按照"以宣传教育为先导，以强化管理为核心，以回收利用为主要手段，以替代产品为补充措施"的防治原则。加强对"白色污染"危害性的宣传，引导和教育市民自觉防治"白色污染"；采取强制措施回收利用，清洁的废旧塑料包装物可以重复使用，必须回收利用，并规定回收率必须达到一定比例。禁止使用一次性难降解的塑料包装物，要求用纸制品或可降解塑料制品代替原来的难降解的泡沫塑料制品。

（三）依靠科技创新加强社会管理

推进数字城市、智慧城市建设，着力构建普惠型公共服务体系。从2011年起库尔勒市开展了数字城市、智慧城市建设，以此为载体具体实施了数字城管、智慧社区、远程医疗等项目，以智慧社区建设为例，库尔勒市依托全市社区数字化管理基础，着力构建符合满足基层管理、服务需求的"社会管理服务创新平台"。通过利用现代信息技术、通信技术和全球定位系统，结合社区"网格化管理"模式工作机制，建立基层管理服务中心，开展便民咨询、家政服务、居家养老服务推进服务工作；建立社区常住人口、流动人口、计划生育、劳动保障、社区便民服务、重点人群关注、重点场所监控等基层社区管理中的各项业务流程。目前此项工作已先期在萨依巴格街道开展试点并将逐步运用到5个街道49个社区。

坚持"政府主导、市场主体"的发展理念。把政府和市场两只手协调起来，走以城兴城、以城建城之路。一方面加快政府职能转变，充分发挥政府的引导和控制作用，把主要精力集中于政策制定、规划编制和行业监管等宏观领域，先造景、后开发，让投资者、建设者看到发展前景、看到商机，积极参与、有序开发，促进产业、人口、城市良性互动。

坚持"民生优先、群众第一"的发展理念。把利民便民作为发展的出发点和落脚点，以建设"百姓幸福感更高城市"为中心城市发展的主线，在细节之处体现群众生活生产的实际需要，着力提高居民的安全感、舒适感、自豪感、认同感，高度重视社会事业的民生效应，打造南疆乃至全疆一流的就学、就医、居住、创业、养老环境，真正调动各族人民群众积极主动的参与热情，吸引更多人来到库尔勒、住在库尔勒、建设库尔勒，为"百万人口"大库尔勒奠定基础。

四　依靠科技创新，加快转型发展

为充分发挥科技对经济发展的推动作用，库尔勒用现代科技成果改造传统产业，发展优质特色农业，同时积极培育和发展新兴产业和创新型企业。

（一）改造提升传统产业

随着库尔勒经济技术开发区升级为国家级经济技术开发区，"六大工业产业基地"建设稳步推进、初具规模，园区引擎作用进一步凸显，全州工业主战场的地位更加巩固。地方工业运行良好，科学规划了塔什店、上库和库尔楚产业园，先行启动了塔什店新型建材工业园区基础建设，20 余家企业协议入驻，新型工业化呈现出"核心巩固做强、两翼突破壮大"的喜人局面。2013年，全市实现工业增加值 515 亿元。

积极引进技术含量高、创新能力强的优势企业和项目，带动了传统产业技术水平整体提升。依托美克化工 1，4－丁二醇项目、富丽达 20 万吨粘胶短纤维、塔石化大化肥等一批投资达十亿的大项目催生了库尔勒市新兴产业的快速发展。

通过对传统产业的设备、技术改造，达到提高能源、资源利用效率和生产效益，减少污染排放的目标。博湖苇业有限公司开展异地迁建和升级改造，不仅扩大了企业生产规模，配套完善了污染物处理设施与处理工艺，实现碱回收、黑液综合处理和废气达标排放。

重点企业通过技术引进与合作研发相结合，实施了生产工艺创新和新产品开发，完成了生物酶漂白、碱回收等技术工艺的研发，开发生产出粘胶纤维、静电复印纸、电脑打印源纸、畜产品、高辣椒红素以及果醋、浓缩辣椒浆、汁用番茄酱、香梨浓缩汁、杏酱等近 20 个特色果蔬深加工产品。瑞源乳业、惠森生物等企业，通过与国内外知名企业和院所合作建立企业实验室，开展乳制品和微生物菌种研发，实现了科技资源跨地域配置。惠森生物技术有限公司研发生产的"坤奇尔"牌系列生物菌肥产品，作为绿色、有机农产品的生态肥，被列入山东省地方标准，并通过了OFDC有机产品认证。石油石化（化工）、纺织、造纸、果蔬及乳制品加工、高新节水设备制造、能源及矿产品开发等重点工业领域技术创新优势凸现。

通过实施制造业信息化示范专项工程，加快了企业科技信息平台建设，信息化建设投入不断加大。博湖苇业、希伯来天鹅纸业、安东通奥等企业逐步实现了计算机辅助设计，"企业资源计划系统"、"产品数据管理"、"产品生命周期管理"的初步运用，为数字化设计、制造一体化技术和生产、经营管理信息化集成技术的推广应用打下了基础，增强了企业的竞争力。

（二）发展优质特色农业

库尔勒市依靠农业科技进步，大力推进农业技术创新，扶持一批科技示范村、科技种养示范户和科技种养大户，扩大科技含量高、品质优良的品种种植面积，促进科技成果转换为现实生产力，加快农业产业化、现代化、特色化。

围绕农业"四大产业"的发展，加强农产品深加工科技型龙头企业的培育。抓好香梨、棉花、畜牧、设施农业等优势产业开发，强化菜篮子安全与质量监管，推进名特优品牌创建，建成国家级香梨产业化示范园区；争取建成国家级库尔勒香梨工程技术研究中心，积极促成科技部、河北省和自治区科技厅支持的库尔勒香梨综合实验室建设。积极争取自治区农业高新技术示范园区项目在库尔勒落地。加大节能、环保、生态、农业良种选育与繁育技术、绿色有机农产品、农业信息技术、农产品精深加工等方面支持力度，结合自治区科技富民强市工程"绿色蔬菜种植技术及产业化示范"项目的实施——加快设施农业示范基地建设。

以农业科技项目为引领，通过运用、推广高效节水灌溉、绿色种植养殖、植物病虫害综合防治、测土配方施肥、奶牛性控冻精繁育、节能型反季节设施蔬菜生产等技术，为发展绿色生态型和可持续农业提供了支撑，库尔勒市先后实施了"10万亩绿色香梨出口基地建设"、"库尔勒市设施农业绿色蔬菜种植技术及产业化示范"、"万亩绿色蔬菜生产基地建设"、"10万亩棉花丰产及高效节水滴灌技术示范与推广"、"高效奶牛养殖及产业化示范"等国家和自治区级重点科技项目。巩固棉花产业优势，实施优良棉种繁育工程，引导棉花种植向宜棉区域集中，开展棉花高产栽培和高效节水灌溉综合技术集成与示范，提高单产；加快发展现代农区畜牧业，推进增草增畜、现代高效示范、高产品质和畜牧业产业化工程建设；实施设施农业"技改工程"，完成现代育苗中心、老旧温室大棚改造等一批建设项目。

近年来，通过大力推进可持续农业的发展，围绕香梨、棉花、畜牧业、菜篮子农业四大支柱产业形成了以拓普农产品、冠农果蔬、富丽达纤维、瑞源和天山雪乳业等企业为代表的一批国家和自治区农业产业化龙头企业，农业和农村经济得到全面发展。

按照"促进农民收入倍增"的目标，增强香梨、棉花、畜牧业、设施农业支柱产业示范效应，组织制定促进畜牧业、设施农业、农田水利等方面加快发展的实施意见，加快发展生态高效农业。以香梨种植业发展为例，打好"绿色"产品和"库尔勒香梨"地理标志专用商标两张王牌，抓好"库尔勒万亩无公害香梨标准化示范区"和"国家级绿色香梨标准化示范县建设"等重点科技项目的实施，推行香梨标准化生产，推进出口注册果园和绿色香梨生产基地建设，形成绿色标准化、产业化生产；通过加强香梨生产管理技术研究、推广，提高香梨品质和效益；通过香梨文化和品牌建设，提高香梨知名度；通过提高香梨产业化组织管理与控制水平，强化标准化经营与品质管理，提高库尔勒香梨在国内外市场中的竞争优势。促进了香梨产业的跳跃式发展，形成果品保鲜、包装、物流、储运、销售、深加工产业链，库尔勒香梨成功进入国家现代农业产业技术体系，香梨也成为库尔勒市农牧民增收致富的第一支柱产业。

依靠现代信息技术成果推进农村科普培训，充分利用农村党员干部现代远程教育网，通过一系列的科普活动，为广大农民提供最快捷、最直接、最广阔的科技致富信息平台。在香梨的品种、品牌、品质上下功夫；运用科技提升农业发展水平，与疆内外5家科研院校签订了长期战略合作协议，构建了技术合作交流平台和科技推广应用机制；建立了以7个农区自动气象站为主体的林果气象灾害监测预警系统，进一步提高气象服务能力；建设农产品质量安全检验检测中心、畜产品质量安全监测体系，确保市民吃上了"绿色、安全、优质"的"放心食品"。

抓住国内一些大企业在重点投入新疆煤化工产业的同时，逐步向制造业和新疆具有优势资源的棉纺、化纤产业转移以及国家、自治区出台的一系列支持纺织产业发展的措施的机遇，瞄准产业链的高端，充分利用库尔勒的区位优势，棉花资源优势，市场拓展空间巨大，产业基础好的条件，积极主动承接东部棉花系列加工产业转移，培育一批技术装备一流、核心竞争力强的大企业集团，加快形成纺织、印染、成衣，棉短绒、棉浆粕、长短丝制品，棉籽精炼油、饲料蛋白、食用蛋白三条棉花系列加工产业链，全力打造全国最大的棉纺化纤生产基地，发展面向国际的纺织服装加工业。

库尔勒香梨闻名国内外，依托香梨的品牌，抓住自治区环塔里木盆地建设1200万亩特色林果业基地机遇，着力打造南疆特色农副产品加工出口基地。抓好农副产品的精深加工和转化增值，进一步提高档次，扩大规模，创建特色品牌。加快引进果蔬深加工项目，形成冷藏保鲜、加工、成品包装、物流运输等完整产业链。引强嫁接大企业集团，做大做强乳品产业链，增强库尔勒乳业发展后劲。大力发展马鹿及其他肉食制品加工业，做强做特养殖加工产业链。注重生物、保健、医药、红色素等企业和产业的发展。面向内地、中亚市场，不断扩大产业规模，增强加工转化能力，提高产品附加值和市场竞争力，建设国家绿色食品加工出口基地，打造有独特区域优势和良好市场竞争力的产业集群，形成市场广、加工深、品牌好、配套全、特色鲜明的轻工业发展新格局。

（三）培育和发展新兴产业

始终坚持以科技创新引领新型工业化，积极支持库尔勒经济技术开发区实现产业升级，集聚可持续发展产业。在推进新型工业化进程中，通过推进科技创新，发挥资源优势，围绕农副产品深加工和油气、矿产、能源的产业项目和投资正在快速提升库尔勒工业生产的总体水平，工业经济发展的活力和后劲明显增加，已基本形成了以石油石化、机械加工、农副产品加工、新型建材等为主导的产业群。

推进企业与高校、科研院所进行高层次科技合作是库尔勒市是利用外地高层次科技资源培养本地人才和推进战略性新兴产业发展的重要平台。新疆宝安新能源矿业有限公司，利用库尔勒市丰富的红柱石矿产资源，通过武汉理工大学合作共同研发了红柱石蜂窝陶瓷节能新型材料，获得了自治区科技进步三等奖。在推进新兴产业发展过程中，库尔勒市坚持产业发展与人才成长双兼顾，如：厚拾生物与塔里木农业大学、青岛农业大学等高校和科研院所合作进行了"新疆马鹿茸化学成分及活血的研究"及"鹿血抗衰老物质（SOD 和 GSH－PX）的动态分析及提取技术研究"等技术研发合作，在共同实施技术合作项目的同时提升了企业科技水平和研发能力，先后获得"一种鹿胎盘珍珠胶囊及其制作方法"等4项国家专利；美克化工通过与四川大学、新疆大学就"1，4－丁二醇清洁合成"、"新型催化氢化反应器和工艺技术"进行合作研究，解决了固液气非均相反应器物相接触不良、催化剂分散悬浮不佳、粉化严重、分离过程难度大、操作过程安全性差、设备产能低的问题，提高了BDO（1，4－丁二醇）的收率，降低了单位BDO物料和能量消耗。

紧紧抓住自治区建设"西电东送"基地机遇，按照"水电火电气电相互补充，发电输电用电通盘考虑，积极发展太阳能发电和风力发电"的总体思路，大力发展现代能源产业，确保库尔勒电网承北启南中枢点和自治区支撑电网地位的形成。支持电力企业与园区企业进行直供电合作，鼓励各园区、各类规模企业发展热电联产项目。通过提高输变电能力，推动电力工业向更高更广层次发展。推进太阳能、风能、农村沼气等可再生清洁能源开发利用，提高绿色能源比重。

紧紧围绕巴州建设全国重要的钾肥生产基地、自治区重要的矿产加工基地和南疆钢铁生产基地的目标，借助周边存储丰富的钾盐、红柱石、蛭石、煤炭、铁矿、菱镁矿、玉石、铜、锡、硅等优势矿产资源，充分发挥库尔勒各项功能相对完备的优势，以"分散采选、集中冶炼、延伸加工"为突破口，全力配合周边各县引进有实力的大企业大集团进入园区设立"总部型"基地、科研开发基地、生活基地，推进矿产加工关联产业集群式发展，实现矿产初选加工就地、优质高精产品入园发展的良性互动和转移对接，最大限度地延伸矿产资源加工利用的深度和广度。

（四）大力培育和发展创新型企业

企业是库尔勒市推进科技创新，实现新型工业化的主体，推进科技创新型企业建设是建设创新型城市的重要基础。库尔勒市通过政策、人才、项目和资金等具体措施，长期坚持对创新型企业、民营科技型企业和高新技术企业实行扶持。

推进企业技术创新体系建设，用技术进步与创新支撑新型工业化。着力强化企业创新主体地位，推进新型产学研合作，加大培育创新型（试点）企业力度，在全市创新型企业中精心选择20个成长性强、具备创新实力、创新热情的企业作为创新示范企业，从资金、项目、人才等方面持续扶持。通过强化产学研合作创新，积极创新高校、科研院所、企业等科技创新主体的合作模式。在与中科院、新农大、同济大学等产学研合作的基础上，使产学研合作适应市场化运作与配置创新要素和资源的要求，不断提高与优势高校院所合作的深度和广度。通过加快改造和提升传统产业，培育和发展战略性新兴产业。启动实施生物医药、新能源、先进装备制造、新材料等重大科技专项，力争在循环经济和节能减排、特色林果等研究开发方面实现突破，提升产业核心竞争力。

从 2010 年起，库尔勒市先后开展了高新技术企业、科技示范企业、制造业信息化企业和创新型企业的认定、命名表彰及奖励、专项扶持和重点服务与指导等行动。从 2011 年起，每年从市级重点科技项目计划中切出部分专项资金设立了科技创新型企业重点专项，对创新型企业和创新型试点企业分别给予 20 万元和 15 万元的专项支持，有力地促进了企业技术进步与创新。为了加大对科技创新的支持力度，从 2013 年起，每年从市财政安排 200 万元作为中小企业科技创新专项基金，重点用于支持技术创新团队和创新型企业，每个创新基金项目计划安排资金 40 万元。

开展优势科技创新型团队的评审工作，市科技局牵头会同有关部门和专家组成评审组，确定 7 家优势科技创新团队。这些创新团队大部分以企业为依托，以市域内专业、行业和学科带头人为领军人才，以相关领域内技术创新和解决库尔勒市相关行业、专业、学科以及生产中存在的技术难题为主要目标，对提高库尔勒市行业整体创新能力有很大预期。

积极整合重点小城镇优势资源和产业，构建以上户、哈拉玉宫、普惠、塔什店、西尼尔等为中心的特色鲜明、优势互补、生态良好、支撑强大的小城镇群。加强城镇公共基础设施建设，不断完善城镇综合服务功能，促进农村人口和农村二、三产业向小城镇转移，让符合条件的农业转移人口逐步变为城镇居民，逐步形成以城市建成区带动、城乡结合部驱动、中心镇推动的新型城镇化发展格局。

第六章

促进能源资源节约利用，实现绿色发展

导言： 库尔勒能源资源富集，能源产业是库尔勒的支柱产业。随着丝绸之路经济带的重振，库尔勒能源资源产业发展前景广阔。库尔勒通过完善产业政策和财税政策，着力扶植资源节约产业体系，鼓励新能源开发利用；通过地方性法规和发展规划，着力保护水源生命线，并确立了资源环境保护的基本原则和制度。库尔勒经济发展的结构性矛盾依然存在，水资源供需矛盾突出，必须扎实做好环境保护工作，开拓能源工作新局面，再造绿色发展新机制。

节约资源和保护环境，是实现经济社会全面协调可持续发展的内在要求。提高能源利用效率，打好节能减排攻坚战和持久战，转变经济发展方式，是库尔勒建设资源节约型和环境友好型社会的必然要求。

库尔勒把建设资源节约型、环境友好型社会放在工业化、现代化发展战略的突出位置，不断完善有利于节约能源资源和保护生态环境的法律和政策，开发和推广节约、替代、循环利用和治理污染的先进适用技术，落实节能减排工作责任制，加快形成可持续发展体制机制，切实增强可持续发展能力。

一 能源资源开发现状与前景

库尔勒市是华夏第一州——巴音郭楞蒙古自治州的政治、经济、文化、教育、信息中心，是新疆维吾尔自治区党委确定的三个重点发展的副中心城市之

一。库尔勒作为欠发达地区，虽然物产丰富，但开发有限，如水资源、矿产资源等。通过近年来的快速发展，初步形成了以石油开采、石油化工行业为主导，拥有纺织、轻工、建材、矿业、电力、煤炭、食品、有色金属等门类较为齐全的工业体系。

习近平总书记于 2013 年提出重建丝绸之路经济带构想，新疆的能源地位逐步凸显。库尔勒市作为南疆的桥头堡，随着石油开发和石油工业园区的建设，库尔勒市不仅将成为南疆石油综合开发带，也将成为国家、自治区的主要石油石化基地。目前，中国石油天然气股份有限责任公司在库尔勒库尔楚西北部 30 平方公里范围内已取得了石油天然气勘查许可证，作为中国石油天然气和塔里木石油开发主体的库尔勒市，已日益显示出它的经济和地理优势。为加速构造新一代支柱产业、促进现代产业的兴起和新形经济格局，把库尔勒建成新疆第二大城市，带来了难得的历史机遇。

（一）化石能源与新能源储量丰富

油气资源充裕，开发前景广阔。库尔勒毗邻的塔克拉玛干沙漠蕴藏着丰富的石油天然气资源。此外，红柱石、云母、蛭石、石墨、铁、锰等矿产资源也非常丰富，其中红柱石储量为全国之首，相对富集，品位高，国内外市场都十分紧俏，开发价值可观，有望成为库尔勒新的支柱性产业。

煤炭是库尔勒市的主要矿产资源。辖区煤的探明储量 7.8 亿吨，主要分布在塔什店、哈满沟地区，归属焉耆煤田一小部分，在库尔楚仅有一个煤矿点，由于库尔楚处于库尔勒断裂带上，构造破坏严重，从煤层厚度、煤质及物探资料来看，此处深部还有找矿的前景。由于煤炭资源探明程度低，严重制约了库尔勒地区煤炭工业发展的合理布局和开发，也严重影响了地区经济的高速发展。

水资源较为丰富。孔雀河源于博斯腾湖，由塔什店、铁门关进入市区经塔里木盆地注入罗布泊，全长 785 公里，库尔勒市境内流程 271 公里。由于有博斯腾湖的调节，水量长年稳定。洪水期最大流量 233 立方米/秒，枯水期最小流量 23.7 立方米/秒，平均年径流量 11.9 亿立方米，地下水资源较丰富，矿化度偏高，市区地下水埋深均大于 5 米。库尔勒市区主要水系为孔雀河，再由孔雀河分流出库塔干渠、十八团渠、喀拉苏渠，构成"一河三渠"的城市水系主体形态。

光热水土资源丰富，开发潜力巨大。库尔勒坐落于素有"巴音郭楞金三角"之称的孔雀河三角洲上，气候温和，土质肥沃，物产丰富，光热水土资源十分丰富。年日照总时数 2880～3200 小时，日照百分率年平均 67%，太阳总辐射能 145～152 千卡/平方厘米，大于或等于 10℃ 积温 4000～4500℃，无霜期 190～220 天。年均辐射量为 5603.59MJ/m²，在倾斜角度为 35° 时，倾斜面所接收到的年辐射量为 6555.67MJ/m²·a。太阳能利用前景广阔，能够为光伏发电站提供充足的光照资源，创造巨大的社会效益、环境效益和经济效益；在作物生长期内气温高，日较差大，年平均日较差 12.5℃。全市土地总面积 1063.53 万亩，草场总面积 663 万亩，天然林及荒漠灌木林 60 万亩，耕地面积 69 万亩，可垦耕地 140 万亩。

生物资源丰富，拥有丰富的野生动植物资源。巴州有我国最大的野生动物自然保护区——阿尔金山自然保护区；我国唯一的天鹅自然保护区，野骆驼自然保护区。巴州还是我国最主要的甘草和麻黄产区，其中麻黄生产能力 100 万吨/年，约占全国产量的一半。博斯腾湖芦苇丛生，边缘苇田面积 58 万亩，芦苇资源蓄积量 31 万吨。库尔勒主要农作物有小麦、水稻、玉米、棉花、番茄、香梨等，土特产品很多，其中最负盛名的有长绒棉、香梨、番茄酱。

(二) 能源开发全面推进

目前，库尔勒市共有三个油气勘查区块：一是库尔勒西部至轮台县的交接处，南至尉犁县的交接处，油气勘查面积为 1219.0557 平方公里；二是库尔勒市西南部地区，东起库尔勒至尉犁县交接处，西至 30 团，南至普惠牧场与尉犁县交接处，油气勘查面积为 2809.3667 平方公里；三是库尔勒以西 314 国道北侧至轮台县交接处，油气勘查面积为 31.2362 平方公里。

库尔勒市矿产资源相对丰富，但目前矿产勘查程度不高，矿产基本上还处在资源不清的状况，现已开发利用固体矿种有 10 种：煤、红柱石、石灰石、石膏、页岩、滑石、陶土、砖瓦用黏土和建筑用砂石矿等。其中煤探明资源储量在 7 亿吨以上，红柱石矿已探明储量在 148 万吨以上，预测资源量在 3 亿吨以上。主要矿种分布情况是：煤、制瓷陶土耐火土分布在塔什店北部；红柱石矿分布在距库尔勒市区 60 公里处西北部苏克塔格能厄肯山区；石膏、石灰石矿分布在霍拉山山脉，滑石矿和页岩矿分布在夏洛霍姆沟；砖瓦用黏土分布在塔什店；建筑用砂石矿分布在市区北部山前。目前，库尔勒市辖区内共有矿山企业 58 个，其中中型矿山 2 个（金川矿业有限公司塔什店二井田煤矿、塔什店联合矿业有限责任公司哈满沟煤矿均为农二师国有企业），其余均为小矿或小型矿山。按发证权限分：国土资源厅发证矿山 15 个，巴州国土资源局发证 18 个，库尔勒市国土资源局发证 25 个。按矿种分：煤矿企业有 6 个（7 口井），石膏矿 1 个、红柱石矿 1 个、滑石矿 3 个、页岩矿 1 个、石灰石矿 2 个以及砖瓦用黏土矿、建筑用砂、石矿 43 个。

除塔什店地区煤矿外，其他矿山企业普遍存在开采规模小、生产效率低等状况。矿产资源经营方式粗放，竞争无序，"三废"污染治理不足，综合利用水平不高，开采深度浅，经营规模小。矿产品深加工、高附加值的矿山企业少，经济效益差。塔什店煤矿，霍拉山地区的红柱石矿产资源综合开发及深加工能力较低。矿产资源综合开发利用、尾矿综合利用、矿物原料的深加工和全社会的资源的循环利用较差。基本上处于销售原料的矿业经济初级阶段，未形成产业经济和产业链。

库尔勒市电网是巴州地区电网的核心枢纽，巴州地区电网处于新疆主电网覆盖之下。目前最高运行电压等级为 220 伏，新疆 750 伏电网正在覆盖巴州电网，750 伏巴州变电站枢纽工程正在库尔勒市的塔什店区镇东北建设。2011 年底，巴州电网直调装机容量 436.73 兆瓦，其中：水电装机容量 158.45 兆瓦，占总装机容量的 36.281%；火电装机容量 169 兆瓦，占总装机容量的 38.697%；燃气电站装机容量 109.28 兆瓦（目前可以投运的有两台 35.64 兆瓦的机组，属石化厂自备电源），占总装机容量的 25.022%。塔什店火电厂近期正在建设 2×150 兆瓦的四期扩建，中远期还将扩建 2×300 兆瓦 + 2×600 兆瓦火电机组。自备电站均属位于库尔勒市区的企业。近几年城区用电量年均增长率约达到 12.40%，其中居民生活用电量年均增长率为 10.2%，工业用电量年均增长率 12.5%。夏季库尔勒市最高统调供电负荷为 261 兆瓦，容载比为 1.8，负载率为 61.7，负载较重。

（三）开发利用前景广阔

随着石油的开发和石化工业园区的建设，库尔勒市不仅将成为南疆石油综合开发带，也将成为国家、自治区的主要石油石化基地，以石油石化为主导的新一代支柱产业正在形成，塔里木盆地已成为全国四大气区和六大油田之一，石油开采和天然气精细加工逐步成为地方经济发展的主要方向之一。中央新疆工作座谈会召开以来，新疆进入大建设、大开放、大发展的历史新时期。根据中石油塔里木油田公司和中石化西北油田分公司在塔里木盆地油气勘探开发规划，到"十二五"末，产能合计将达到4170万吨油气当量（原油1650万吨、天然气335亿立方米）。其中：塔里木油田公司将实现油气当量产量3170万吨（原油700万吨、天然气310亿立方米）；西北油田分公司将实现油气当量产量1000万吨以上（原油950万吨、天然气25亿立方米）。预计到2020年，塔里木盆地产能合计将达到6580万吨油气当量（原油2400万吨、天然气525亿立方米）。其中：塔里木油田将生产原油1000万吨、天然气产量500亿立方米；西北油田分公司将生产原油1400万吨，天然气25亿立方米，为国家石油工业的战略接替打下坚实的资源基础。

库尔勒红柱石储量居全国之首，相对富集，品位高，国内外市场都十分紧俏，开发价值可观，有望成为库尔勒新的支柱性产业。

库尔勒市独特的地理位置孕育了独特的旅游资源，1998年被列入首批中国优秀旅游城市名单。历史上，库尔勒就是丝绸之路中道的咽喉之地。目前，周边有国家一级文物保护点14处，二级文物保护点40处，纳入国家文物档案的文物古迹有240处，吸引了无数中外游人和科学工作者。库尔勒市周边还有不少独特的自然景观，如烟波浩渺的博斯腾湖，广袤迷人的巴音布鲁克草原，幽雅神奇的天鹅湖，举世闻名的罗布泊，松涛林海的巩乃斯，风光秀丽的塔里木河，雄伟壮观的天山石林，千姿百态的"雅丹奇观"，世界最长的沙漠公路，海拔6973米的木孜塔格峰，都是人们旅游探险的好去处。在民族风情方面，主要有蒙古族的"那达慕"，维吾尔族的"麦西来甫"等民间文化艺术，群众基础良好，深受新疆各族人民所喜爱。

库尔勒市作为中国优秀旅游城市发展特色旅游业的思路是：以自然景观为基础，以民族风情、民俗文化为主体，构建多层次、多领域、多方位旅游发展新格局，以城市资源为中心，增强对周边旅游景点辐射力，汇成发散型大旅游圈，积极向娱乐型、探险型、保健型、购物型、参与型等模式发展。

库尔勒特有的水土孕育了特有的农产品资源。库尔勒市年日照时间长，昼夜温差大，十分适宜香梨、棉花、番茄、红花、啤酒花等经济作物的生长，形成了特有的农产品资源优势。香梨是库尔勒市得天独厚的优势农产品资源。因其具有含糖量高、香味浓郁、果肉细嫩、酥脆多汁、耐储藏等性能，号称"果中之王"，远销香港、东南亚等国家和地区。目前，全市香梨种植面积已达40万亩，其中结果面积5.4万亩，香梨总产4.0万吨。库尔勒市是传统产棉区，1995年被列为国家百强产棉市。所产棉花因其色白、纤维长、强度高等优异品质而受区内外客商青睐。目前，全市棉花种植面积在 25 万亩左右，总产约 50 万担。库尔勒长绒棉、甘草膏制品、番茄酱、野生罗布麻同样也是声名远扬。

二 节能减排的主要经验

库尔勒坚持将节能减排和绿色发展作为一个重要约束条件。节能减排，离不开产业体系的发展和完善，离不开政策的支撑。

"六五"时期，库尔勒五年规划中经济指标占了 60% 以上，非经济指标不到 40%。"十二五"时期，规划中的经济指标的比例已经下降到了 21%，非经济指标包括节能减排等所占比重大幅度提高。今后，库尔勒还会进一步缩小经济指标，并且强化和增加绿色发展指标，形成有助于激励和促进绿色发展的政绩考核体系。

（一）完善产业政策，扶植新型产业体系

坚持产业抓支柱、企业抓集团、产品抓名牌的原则，大力推进工业向园区集中，着力培育一批特色鲜明、技术领先、产业链长、规模效益好的龙头企业，发展一批市场竞争力强、科技含量高的优势产品，形成一批在国内外市场有较高知名度的企业品牌，全面提升企业核心竞争力，努力推动地方工业成为经济发展主导。

石油天然气化工产业体系。坚持"油气并举，上下游结合，提高综合开发率"的原则，做大做强石油石化、天然气中下游产品的开发利用。引进和培育既能独立投资又能以产权多元化形式以商招商的企业，使更多的大企业、大集团来库尔勒发展石油石化及天然气产业的精细加工；吸纳库尔勒、周边及全国各地的该类企业聚集和落户园区发展，最大限度地延伸石油石化及天然气产业链，实现基础有机化工、精细化工共同发展，打造全疆重要的石油石化、天然气精细化工基地。力促美克二期 10 万吨 1，4 - 丁二醇项目、中泰化学年产 40 万吨聚氯乙烯树脂及 30 万吨离子膜烧碱、60 万吨电石一体化项目投产，重点支持美克化工三期建设，大力推动塔里木大化肥第二套 45 万吨合成氨 80 万吨尿素装置项目建设。

装备制造及技术服务产业体系。依托塔里木油田勘探和开采，大力发展油田装备制造业，培育油田技术服务产业，力争建成全疆重要的油田装备制造和

技术服务战略基地。支持西姆莱斯配套产业链项目建设，重点推进西姆莱斯炼钢项目，力促西姆莱斯一期年产 25 万吨石油专用管项目、高原公司一期石油钻杆项目达产二期扩能，扶持胜利石油、西部瑞普、斯伦贝谢等一批技术企业做大做强。

矿产品加工及煤炭产业体系。紧紧围绕自治州建设全国重要的钾肥生产基地、自治区重要的矿产加工基地和南疆钢铁生产基地的目标，借助周边存储丰富的钾盐、红柱石、蛭石、煤炭、铁矿、菱镁矿、玉石、铜、锡、硅等优势矿产资源，充分发挥库尔勒各项功能相对完备的优势，以"分散采选、集中冶炼、延伸加工"为突破口，全力配合周边各县引进有实力的大企业大集团进入园区设立"总部型"基地、科研开发基地、生活基地，推进矿产加工关联产业集群式发展，实现矿产初选加工就地、优质高精产品入园发展的良性互动和转移对接，最大限度地延伸矿产资源加工利用的深度和广度。加大对现有煤矿的整合、重组和兼并，全面淘汰 30 万吨/年以下规模矿井，将中小型矿井改造为大中型矿井，提高煤炭生产集约化、现代化程度，增强煤炭采掘机械化水平和安全保障能力，提升煤炭工业整体水平。大力扶持煤制甲醇、煤制二甲醚、煤制烯烃等煤化工产业。"十二五"末，力争建成全疆重要的矿产品精细加工基地。重点建设美克一号矿井 120 万吨/年项目，改扩建秦华煤矿二号矿井 60 万吨/年、华安煤矿三号矿井 60 万吨/年、金川煤矿四号矿井 120 万吨/年、联合矿业五号矿井 90 万吨/年 5 个项目。到 2015 年，塔什店矿区煤炭产量达到 700 万 ~800 万吨/年，年产值在 16 亿元 ~20 亿元，甚至在 20 亿元以上，且单井产量达到 150 万吨/年。

特色农副产品加工产业体系。抓住自治区环塔里木盆地建设 1200 万亩特色林果业基地机遇，着力打造南疆特色农副产品加工出口基地。重点抓好农副产品的精深加工和转化升值，进一步提高档次，扩大规模，创建特色品牌。加快引进果蔬深加工项目，形成冷藏保鲜、加工、成品包装、物流运输等完整产业链。引强嫁接大企业集团，做大做强乳品产业链，增强库尔勒乳业发展后劲。大力发展马鹿及其他肉食制品加工业，做强做特养殖加工产业链。注重生物、保健、医药、红色素等企业和产业的发展。

棉纺化纤加工产业体系。着眼于打造新的竞争优势和未来发展趋势，瞄准产业链的高端，充分利用库尉及周边地区的棉花资源优势，积极主动承接东部棉花系列加工产业转移，培育一批技术装备一流、核心竞争力强的大企业集团，加快形成纺织、印染、成衣，棉短绒、棉浆粕、长短丝制品，棉籽精炼油、饲料蛋白、食用蛋白三条棉花系列加工产业链，全力打造全国最大的棉纺化纤生产基地。稳定富丽达一期年产 10 万吨粘胶纤维、泰昌 8 万吨棉浆粕项目、13.5 万锭纺织项目生产，支持富丽达二期年产 20 万吨粘胶纤维项目、20 万吨木浆粕项目、30 万吨尾气制硫酸项目建设，泰昌 5 万吨棉浆粕项目扩建、雅戈尔棉纺厂迁建。依托新疆富丽达 20 万吨木制浆粕项目，争取在棉秆制浆方面取得突破。

现代能源产业体系。紧紧抓住自治区建设"西电东送"基地机遇，按照"水电火电气电相互补充，发电输电用电通盘考虑，积极发展太阳能发电和风力发电"的总体思路，大力发展现代能源产业，确保库尔勒电网承北启南中枢点和自治区支撑电网地位的形成。加快实施塔什店火电厂四期 2×150 兆瓦、国电库尔勒热电联产 4×300 兆瓦、高能源公司 2×220 兆瓦项目，形成库尔勒 220 千伏环网，全力配合自治州电网列入西北大电网骨干网架，协调推进水电、火电、气电和基础电网建设。支持电力企业与园区企业进行直供电合作，鼓励各园区、各类规模企业发展热电联产项目。通过提高输变电能力，推动电力工业向更高更广层次发展。推进太阳能、风能、农村沼气等可再生清洁能源开发利用，提高绿色能源比重。

建筑建材产业体系。加大建筑行业的结构调整力度，逐步形成总承包、专业承包和劳务分包三个层次协调发展的产业体系。鼓励建筑企业"一业为主，多业并举"，向房地产开发、物业管理、新型建材等相关、相近领域发展，实行多元化经营。鼓励和支持骨干建筑企业以资产为纽带，通过改组、联合、合并、股份合作等形式，与全国各地优势企业实行强强联合，加快形成一批基础实力雄厚、市场竞争力强、资产规模大和融资能力强的建筑企业集团，提高建筑企业的整体实力和市场竞争能力。大力发展新型建材业，依托本地非金属矿产资源和石油化工产业，发展优势非金属建材（石材、水泥、陶瓷等）、新型化工建材（塑料建材等）和新型金属建材（铝合金建材、钢结构建材等）。

（二）完善财税政策

努力建设资源节约型、环境友好型和谐社会，推进行业节约能源，提高经济效益，是"十二五"期间保障国民经济健康发展的新目标。我国已出台了支持节能减排技术研发与转让，鼓励企业使用节能减排专用设备，倡导绿色消费和适度消费，抑制高耗能、高排放及产能过剩行业过快增长等一系列税收政策。对此，库尔勒财政对节能环保的投入也在逐年增大。

一是产业提升，环保先行。财政支持是开展环保工作的重要保障，是经济社会可持续发展的必然要求。库尔勒把环境保护投入作为公共财政支出的重点，积极推进环境保护工作，特别是近年来，对环保的资金投入、政策引导，对库尔勒治理环境污染，改善环境质量，实现环境保护与社会经济发展协调、可持续发展起到了良好作用。

2010～2013 年库尔勒财政收入由 202238 万元增长至 440550 万元，年均增长 29.63%，与此同时，财政对能源节约等环保方面的投入也在逐年增加，2010～2013 年累计投入用于节能环保方面的资金共计 46877 万元。其中投入 26020 万元用于老城区污水处理厂改造及新市区给水管网改扩建项目；投入 8302 万元用于退耕还林，其中直接支付农牧民退耕现金 2166 万元，用于退耕还林项目建设 6136 万元；用于居住建筑供热计量及节能改造补助资金 3579 万元，可再生能源建筑应用项目 1980 万元，农村环境卫生治理 303 万元，污染防治 4246 万元，绿色照明项目 1000 万元。用于循环经济和资源节约重大示范项目及重点工业污染治理 1000 万元。

二是做好税收服务，落实税收优惠政策。为确保国家节能环保税收优惠政策落实贯彻到位，保证纳税人充分享受优惠政策，库尔勒市税务部门通过优化纳税服务，帮助纳税人及时准确掌握节能减排税收政策内容及办税程序。加大了宣传力度，充分利用税务网站、税收宣传月举办活动、税法六进、建立税企 QQ 群、在办税服务厅公示、出租车滚动屏等方式宣传税收政策。

通过税收管理员一对一的纳税辅导，有针对性地为纳税人提供税收政策咨询辅导。优化办税工作流程，使符合条件的纳税人及时享受节能减排税收优惠。让符合国家鼓励节能减排的税收优惠政策和资源综合利用充分使税收优惠政策得到全面落实，引导企业研发和使用节能的新产品、新技术、新设备、新材料，增进企业对税收优惠政策的了解和掌握。目前库尔勒主要在增值税、企业所得税、车船税等税种根据国家政策对于节能环保企业进行税收减免。

2010 年度至 2014 年度，库尔勒根据《财政部国家税务总局关于资源综合利用及其他产品增值税政策的通知》（财税〔2008〕156 号）为符合政策的 20 家企业免征增值税共计 3701 万元；根据《财政部国家税务总局关于资源综合利用及其他产品增值税政策的补充的通知》（财税〔2009〕163 号）为符合政策共计 10 衣企业即征即退增值税 492 万元。

2010 年度至 2014 年度库尔勒根据《财政部国家税务总局关于执行环境保

护专用设备企业所得税优惠目录节能节水专用设备企业所得税优惠目录和安全生产专用设备企业所得税优惠目录有关问题的通知》（财税〔2008〕48号）为符合政策的4家企业减免企业所得税32.7万元。

自2012年1月1日起，对节约能源的车船，减半征收车船税。对使用新能源的车船免征车船税，根据财政部、国家税务总局、工业和信息化部《节约能源使用新能源车辆（船舶）减免车船税的车型（船型）目录》，2012年至今库尔勒对节约能源的车船累计减免车船税65万元。

（三）鼓励新能源开发利用

随着传统能源的不断消耗，发展新型能源已势在必行，库尔勒地区资源优势明显，发展前景广阔，在有关部门的指导下，进行了积极探索和实践。

1. 新能源产业加快发展

受益于中央差别化产业政策和西部大开发产业政策的支持，库尔勒以太阳能光伏发电为主的新能源发展较快。库尔勒现有北京中节能太阳能科技有限公司、汉能控股集团有限公司、特变电新疆新能源股份有限公司等三家公司开展光伏发电站建设，一期总装机容量达90兆瓦。其中北京中节能太阳能科技有限公司一期50兆瓦光伏发电项目已实现并网发电，汉能控股集团有限公司一期20兆瓦光伏发电项目和特变电新疆新能源股份有限公司一期20兆瓦光伏发电项目正在紧张建设中。

2. 沼气推广

沼气是一种取之不尽、用之不竭的优质、价廉、卫生的可再生能源，具有显著的能源效益、经济效益、生态效益和社会效益。沼气池建设项目不仅能化解烧柴毁林的矛盾、保护森林植被、减少水土流失、维护生态平衡，还可减少污染、改善农村环境。为发展农村沼气能源，库尔勒市开展了库尔勒九洲康鑫养殖场沼气工程项目、瑞源乳业有限公司奶源基地大型沼气示范工程建设项目和巩固退耕还林成果农村能源建设项目。

（1）库尔勒九洲康鑫养殖场沼气工程项目

库尔勒九洲康鑫养殖场沼气工程项目建设单位为库尔勒九洲康鑫养殖场，监管部门是库尔勒市农业局，建设内容主要有土建工程、仪器设备、沼气输配工程建设等。项目总投资450万元，其中中央投资200万元，地方配套22万元，企业自筹228万元。招投标后，总投资430万元，其中中央投资200万元，地方配套22万元。

（2）瑞源乳业有限公司奶源基地大型沼气示范工程建设项目

新疆瑞源乳业有限公司大型沼气工程项目建设单位为新疆瑞源乳业有限公司，监管部门是库尔勒市农业局，施工单位为山西佳禾生物质能开发有限公司，监理单位为新疆建筑科研院建筑监理公司，设计单位为山西省农业规划设计研究院。项目建成运行年产沼气 36 万立方米，年产沼液 22871 吨，年产沼渣 1241 吨。解决周边 100 户农民生活燃料问题。

目前，对沼气站周围建了 330 米的钢筋围栏，同时对一部分地面、路面进行了硬化，对厂区内的住宅安装了入户管道和仪表，并进行了试压，可投入运行。

（3）巩固退耕还林成果农村能源建设项目

2009 年，库尔勒市巩固退耕还林成果农村能源建设项目，建设户用沼气池 552 户。2013 年，该项目建设户用沼气池 104 户，投资 36.4 万元，其中中央投资 20.8 万元，农民自筹 15.6 万元，目前，户用沼气池正在建设当中。

3. 节能灶推广

（1）省柴节煤灶

旧式灶浪费大量的燃料，推广省柴节煤灶，会大大减少因燃柴（草、木）、煤而产生的二氧化碳等温室气体。2009 年，库尔勒市巩固退耕还林成果农村能源建设项目，配备省柴节煤灶 316 个，2013 年，该项目配备省柴节煤灶 500 个，投资 50 万元，其中中央投资 30 万元，农民自筹 20 万元，500 个省柴节煤灶已全部发放完毕。

（2）太阳能灶

太阳能是大自然赐予人类最清洁、最廉价的能源，太阳能灶，大大减少因燃柴（草、木）、燃气、燃煤产生的二氧化碳等温室气体。对于植被保护，改善生态环境，实现碳减排，促进农牧业发展具有十分重要的意义。为推广清洁能源，2009 年库尔勒市巩固退耕还林成果农村能源建设项目，配备太阳能灶 201 个。

三 环境治理制度创新

为适应库尔勒市经济发展和环境保护的客观需要，在自然资源保护立法过程中充分考虑地区、地域特点，2007 年，巴州人民代表大会常务委员会通过了《博斯腾湖流域水环境保护及污染防治条例》，2008 年通过了《库尔勒城市饮用水源环境保护管理办法》，通过立法来保护市域内地表水、地下水等资源，这些条例和办法确定了对自然资源保护的基本原则，是自然资源保护方针、政策在法律上的体现，是调整自然资源保护方面社会关系的指导规范，也是资源保护立法、司法、执法、守法必须遵循的准则，对资源保护具有十分重要的意义。条例和办法确定了一系列重要原则。

（一）保护水源生命线

贯彻落实党中央和国务院关于加强饮用水安全工作的要求，保障人民群众饮水安全和水源地可持续开发利用。水源地保护不仅仅是保护出水口，更重要的任务是保护水源地赋存及形成的生态环境系统，所以保护规划既要注重保护工程设施规划，也要注重水源地及邻近范围土地使用状况的规划。保护好企业的命脉，使水源地保护规划有利于企业的持续发展。不同功能区采取不同保护措施的原则，水源地的保护是关系企业持续发展、水源永续利用的大事。对水源地的不同部位要设立不同的保护级别，采用不同的保护方法，利用有限的资金搞好水源地保护。保护与合理利用相结合的原则，水源地开发应遵循"在保护中开发，在开发中加强保护"的总方针，合理利用水源地保护设施，使规划的水源保护设施起到保护、宣传、监测研究和合理开发利用的多重功能。

（二）明确资源环境保护的基本原则

经济建设与资源保护协调发展的原则。根据经济规律和生态规律的要求，库尔勒市资源保护必须认真贯彻"经济建设、城市建设、环境建设同步规划、同步实施、同步发展的三同步方针"和"经济效益、环境效益、社会效益的三统一方针"。

预防为主、防治结合的原则。凡是在市域内进行资源开发和利用，必须遵守预防为主，即"防患于未然"的原则。资源开发中预防污染不仅可以尽可能地提高原材料、能源的利用率，而且可以大大减少污染物的产生量和排放量，减少二次污染的风险，减少末端治理负荷，节省环保投资和运行费用。"预防"是保护第一位的工作。然而，根据目前的技术、经济条件，工业企业做到"零排放"也是很困难的，所以还必须与治理相结合。

污染者付费的原则。污染者付费的原则，通常也称为"谁污染，谁治理"、"谁开发，谁保护"原则，其基本思想是明确治理污染、保护环境的经济责任。

政府对环境质量负责的原则。资源保护和环境保护是一项涉及政治、经济、技术、社会各个方面的复杂又艰巨的任务，是我国的基本国策，关系到国家和人民的长远利益，解决这种关系全局、综合性很强的问题，是政府的重要职责之一。

（三）确立资源环境保护的基本制度

环境影响评价制度。该制度规定凡从事对环境有影响的开发、建设项目，必须首先进行项目的环境影响评价，明确项目对环境可能的影响及提出针对这些影响的对策，编制环境影响报告书，并报环境主管部门审批后才能进行建设施工。特别在流域内进行自然资源开发、利用的项目，必须遵循"先评价，后开发"的原则，并按有关规定，办理相应的审批手续。

自然资源有偿使用制度。长期以来，自然资源一直被人们作为没有价值的东西而无偿地占有、开发和利用，甚至在一些权威理论上也认为无人类劳动凝结的自然资源是无价值的，从而导致了自然资源的过度开发和浪费。自然资源有偿使用制度的建立，具有多方面的意义和作用。一是它有利于促进自然资源的合理开发和节约使用；二是它有利于为开发新的资源筹集资金，并有利于自然资源的保护和恢复；三是它有利于保障自然资源的可持续利用，并促进经济社会的可持续发展。

自然资源许可制度。库尔勒在从事开发利用自然资源的活动之前，必须向有关管理机关提出申请，经审查批准，发给许可证后，方可进行自然资源开发利用。

采用自然资源许可制度，可以把各种自然资源开发利用的活动纳入统一管理的轨道，并将其严格控制在国家规定的范围内。它有利于对开发利用自然资源的各种活动进行事先审查和控制，对不符合自然资源可持续发展的活动不予批准。同时它还有利于根据客观情况的变化和需要，对持证人规定限制条件和特殊要求，便于发证机关对持证人实行有效的监督和管理。库尔勒施行的自然资源许可证，从其性质看，可分为三大类：一是资源开发许可证。例如，林木采伐许可证、采矿许可证等；二是资源利用许可证。例如，土地使用证、草原使用证、取水许可证等；从表现形式看，有的叫许可证，有的叫证书或证明书等。

四　再造绿色发展新机制

当前，库尔勒经济发展的结构性矛盾依然存在，石油石化产业在 GDP 构成中占主导地位，产业结构相对单一，对经济社会发展的带动作用还不够强，可持续发展能力有待于进一步提高。

水资源供需矛盾突出，形势不容乐观。2007年实际用水量6.61亿立方米，超出可利用水资源量约1亿立方米。由于城市生活用水和部分工业用水由焉耆盆地引水解决，目前主要满足于农业灌溉。随着社会经济的快速发展，尤其是大型工业企业入驻、工业园区的发展，工业和城市用水需求将不断增加，水资源供需矛盾将更加突出。水资源利用结构不合理，浪费严重，表现为水资源利用效率不高，地下水超采严重，导致地下水位不断下降。因此必须采取较强的节水措施，达到较高的节水水平，保证城市和工业优先发展。

（一）坚定绿色发展的努力方向

今后，按照党的十八大和十八届三中全会精神，库尔勒的发展必须坚持低碳、绿色、可持续，更加重视生态环境保护和资源清洁节约利用，更加重视知识资源和人力资源的开发，更加重视体制、机制创新和政策调整。树立绿色产业观念，大力调整产业结构，积极发展服务业、劳动密集型产业、环境友好型产业，特别要发展"绿色农业"，按照生态系统功能发展多元化和多样化的农业、林业、果树业、牧业、养殖业、水产业，大力发展绿色食品、绿色植物、绿色药品等高附加价值、无公害、市场需求潜力大的农产品。树立绿色城市观念，加强城市环境的综合治理，根据不同类别的城市，明文规定和宣布实施各类污染达标排放、环境质量达标期限；鼓励城镇使用清洁煤技术，严禁城镇和居民使用高硫煤，提高城镇集中供热能力和城镇燃气普及率；强制性实行城市垃圾无害化处理制度，限期各城市实行垃圾分类。树立绿色能源观念，充分利用两种能源、两种技术和两种市场，积极引进清洁能源技术、节能技术和环保技术；大力发展水电，削减煤炭使用量，以天然气替代煤炭，大幅度提高天然气使用率和普及率；引入零增值税政策，鼓励使用太阳能、风能等新能源。树立绿色贸易观念，支持城市企业绿色产品的研发，积极推行符合国际标准的绿色产品认证，在各市场积极倡导绿色消费；大力发展符合国际标准的、具有国际市场竞争力的农产品及其加工品出口，鼓励高技术产品出口；积极吸引跨国公司进入能源与环保产业，充分利用国外成熟的治污技术。

绿色发展是科学发展观的题中之意，是经济社会协调发展的核心元素。加快经济发展方式转变需要我们贯彻落实科学发展观，更新传统发展观念，充分认识我国的生态、资源与环境的现实国情，加速实现从黑色发展误区向绿色发展轨道转变，追求绿色发展，做出绿色贡献，实现绿色和平。

（二）坚持正确的指导思想，做好环境保护工作

我们要把改善环境状况、提高人民生活质量、促进经济社会可持续发展作为环保工作的根本出发点和落脚点，坚持以人为本，提高环境质量，保障环境安全，维护人民群众的环境权益，要从群众最现实、最关心、最直接的环境问题入手，尽心竭力地解决影响群众健康的热点、难点问题，为群众营造良好的生产生活环境。

牢固树立科学的发展观，坚定不移地走社会经济、人口资源和环境相协调的可持续发展道路，一定要严格执行国家的环境法律、法规，用科学的发展观做指导，努力做好当前的各项环保工作。一是要在开发建设的过程中，严格执行《环境影响评价法》和《建设项目环境保护管理条例》，避免在发展中走弯路，要强化环境保护管理，落实环境制度，尽可能把污染消除在萌芽状态；二是要服务经济结构调整，配合有关部门依法淘汰，违反国家法律、法规，生产设施落实，环境污染严重、能耗物耗高的设备，支持重点项目和高新技术产业的发展；三是要树立环保先进和落后正反两方面的典型，用典型教育和引导的方法来推动整个环保工作的进展；四是要加大宣传教育力度和业务培训工作，提高全民环境意识，大力发展循环经济，引导社会向资源型、节约型、环境保护型方向发展；六是要进一步加强党风廉政建设和精神文明创建活动，转变作风，强化服务，努力创造一种欢快、愉悦、和谐、积极向上的工作学习环境和氛围。

（三）提高全民意识，开创资源工作新局面

今后一个时期，要继续坚持以提高社会各界和广大公众的环境保护意识为宗旨，面向社会加大宣传力度。特别要做好中小学生的环保教育，全面开展环保法律、法规、环保知识的普及和宣传教育，使社会公众的环境意识显著提高，在全社会形成自觉保护环境的良好风尚。城市绿化是有生命的城市基础建设，要做好"绿色学校"、"绿色社区"、"绿色机关"等的创建活动，使各阶层、各行业的人都参加到绿色系列创建活动中来，使环境保护成为每个人的自觉行动，努力在全社会形成共同参与、齐抓共管的新局面。

做好环境保护工作，保护好自然风貌和生存环境，是历史赋予我们的神圣职责，是实现库尔勒经济跨越式发展，加快建设库尔勒的重要保证，我们一定要振奋精神，与时俱进，开拓进取，扎实工作，努力开创全市环保工作的新局面。

（四）工作重点

现阶段，对库尔勒而言，人才、技术、资金短缺是现实存在，但资源优势也是我们的现实存在。随着经济社会的发展，资源也将愈加匮乏。因此，合理开发利用现有资源将成为我们必须认真思考的重要问题。今后需要重点加强的有以下几方面的工作：

一是变资源优势为经济优势。产品向商品的转换是由市场来决定的。也就是说，加快资源转换和推进工业化进程，市场是极为关键的因素。我们有诸多资源禀赋，但要区分出哪些是优势资源？随着全球经济一体化，能否成为资源优势需要在世界的大市场中去考察和定位。资源优势的转换关键是稀缺资源的转换，因此，要根据市场需求来确定资源转换开发利用的梯度，解决好近期和远期开发问题，把具有明显优势的资源尽快做大做强。

二是更加突出资源特色。市场竞争的现实决定了我们必须在"特"字上做文章。在资源中有一般性资源、垄断资源和独特资源，近期我们发展的重点是垄断资源和独特资源。

三是追求资源转换效益最大化。优势资源开发不能只停留在资源输出和半成品输出的层面上，必须瞄准世界先进水平，占据制高点，追求产业链上的高附加值，追求优势资源转换效益的最大化。在招商引资过程中，要把实现深加工作为前提条件。

四是珍惜有限资源、避免盲目开发。在矿产资源的勘探开发过程中，要防止盲目建设、滥采乱挖、圈占资源。因此，政府首先要做好资源开发战略规划，确定好开发重点、市场定位和正确的开发思路，然后再去招商引资，利用商家的资金、人才、市场的优势，确定合理的发展规模。

第七章

打造大市场，发展大物流

导言：库尔勒充分发挥区位优势，加快建设重点物流园区，着力引进大型物流项目，推动商贸物流发展，提升城市现代化功能，驱动产业转型升级。在丝绸之路经济带日渐成为共识的背景下，在"一主三副"战略指引下，充分发挥区位优势，打造大市场、发展大物流，成为库尔勒优化产业结构、提升区域性中心城市地位的重要选择。

作为南疆的首位城市之一，库尔勒有着重要的战略地位，在区域产业分工中，除了在制造业方面要继续发挥规模聚集效应和技术引领作用之外，还要集中发挥好现代服务的引领和主导作用。物流业作为现代服务业的重要组成部分，将是未来库尔勒产业发展的重要方向。

一 发挥优势，促进商贸和物流协调发展

促进商贸发展，物流起着关键性作用。作为自治区"一主三副"战略布局的副中心城市，库尔勒商贸物流有突出的优势，对城市经济乃至南疆经济发挥了辐射带动作用。

（一）商贸物流发展的有利条件

1. 地缘和区位优势

库尔勒市是新疆巴音郭楞蒙古自治州（简称巴州）的首府和政治、经济、

文化、教育、信息中心，位于欧亚大陆和新疆腹心地带，北倚天山支脉，南临塔克拉玛干沙漠，总面积 7268 平方公里。库尔勒市距新疆首府乌鲁木齐市近 480 公里，据南疆重镇喀什市 1000 余公里，被自治区列为新疆重要的交通枢纽，南疆的门户城市。是南北疆重要的物资集散地，在全疆经济社会发展和国防建设中，具有"承北启南"的战略地位。

区内有国道 216、217、218、314、315 线，国道 218、314 线在巴州境内穿过，25 条省道遍布全州各地，多条国道、省道直通新疆各口岸、联通中亚国家和内地省市。新疆南疆铁路穿市而过，国家批准的新疆—格尔木—成都铁路即将修建。库尔勒市铁路、公路、航空、管道四位一体，库尔勒航班直达乌鲁木齐、成都、北京、上海、西安，国家批准的新疆—格尔木—成都铁路即将修建，库尔勒至深圳、广州、郑州航线即将开通，区位优势日益凸显。

2. 完善的城市基础设施和便利区域交通

库尔勒市城市供水、排水、供电、供气、交通、通信、防灾等公共服务系统以及环境设施完善，城市应对公共突发事件的能力较强。城乡教育、医疗、文化、居住等方面条件优越，城市承载力越来越强。库尔勒市紧紧抓住自治区综合交通枢纽建设示范市这一契机，加快建设并初步形成了"布局合理、功能完善、衔接顺畅、技术先进、安全环保"的公路、铁路、民航综合交通走廊。城市公交车近 800 辆，出租车 2100 余辆，城市道路主干道贯通全市，实现道路、广播、电视、通信等网络和公交车辆"村村通"。现已实现"市区一刻钟上高速"，"半小时联系通道——中心城区至外围组团半小时到达"，"一小时辐射圈——贯通了周边县、团场、农场一小时交通体系"和"四小时联系圈——公路、铁路、航空三位一体，四小时可通达疆内外大中城市"的立体交通格局。市民服务中心、市民健身中心、文化艺术中心、会展中心、旅游服务中心、综合创意展示中心，进一步展示现代都市新风貌。

（二）商贸业迅猛发展

库尔勒市现有中小微商贸服务企业（网点）5108 家。其中，批发零售业企业 4099 家、居民服务业企业 304 家、租赁及商务服务业企业 612 家。商贸业的迅猛发展，促进了库尔勒市物流业的快速发展。全市各类市场 43 个，其中：亿元市场 7 个，大型超市 10 余个，大型百货商场和购物中心 5 个，农村建成综合市场 7 个，农副产品市场 5 个。全市拥有仓储能力 100 余万吨。其中，保鲜库 110 余座，保鲜容量达到 50.77 万吨，储藏保鲜期 6～10 个月，形成了环塔里木盆地1300万亩特色林果基地的储藏保鲜中心。棉花储备中转库容达40万吨，中石油库尔勒公司成品油一次性可储存3万立方米（约2.4万吨），国家粮食储备25万吨。服务功能较为完善、具有代表性的企业有新疆华凌南疆综合批发市场、新疆海宝农畜产品批发市场等。

1. 新疆华凌南疆综合批发市场

地处库尔勒市北山路和314国道交叉地段，北临314国道，南依南疆铁路干线，库尔勒火车北站和库尔勒长途客运站与市场相连，地理位置优越，交通极为便利。

华凌南疆市场占地700亩，总建筑面积30多万平方米，主要经营建筑装饰材料、化工原料、木材、板材、石材、陶瓷洁具、墙纸地板、窗帘布艺、灯饰家具、家用电器、钢材、汽车配件及修理、锅炉设备、大型机械、农机产品、机电产品、日用百货、服装鞋帽、针纺织品、地毯、工艺品、小商品批发、瓜果批发、烟酒副食品批发、土产杂货、花鸟鱼虫等。

2000年5月，华凌南疆综合批发市场开始试运营以来，已进驻市场的经营厂商1000多家，营运情况良好，现已成为覆盖南疆5个地州42个县市辐射周边国家的重要的物资集散地，对内地产品和南疆本地产品的入市、产业联动、扩大就业及增加税收起到了积极作用。

2. 新疆海宝农畜产品批发市场（原库尔勒万山红农畜产品批发市场）

始建于2003年，占地面积8万平方米，有30～40平方米经营用房400余间，露天交易场地1.5万平方米，停车场3000平方米，蔬菜批发交易场地5000平方米，市场内设有家禽区、水产区、瓜果区、蔬菜区、调料区、农资区等六个大的专销区。市场自建立以来，发展迅速，交易活跃，日客流量达1万余人。

（三）建设重点物流园区

1. 上库综合物流园区

依托314国道和新疆南疆铁路，立足巴州，面向南疆和中亚，建设特色产业和高新技术产业的集中式大型综合性物流园；重点发展棉花交易市场物流、特色农副产品交易市场物流、农资交易市场物流、高新技术产品展示交易物流、内陆港型的集并分拨物流。

2. 塔什店物流园

西临218国道，东临南疆铁路火车站，与和库高速公路、218高速公路的出入口连接，形成以服务库尔勒的煤炭输出和大宗物资输入的集中式大宗散货物流园区；重点建设建材与大宗散货物流中心和民生物资储备中心。

3. 库尔勒经济技术开发区产业物流园区

依托区域优越的物流环境和产业集群，以支持本园区产业集群发展的综合性分布式的生产物流园区为近期目标，以建设库尔勒综合保税区并逐步形成具有国际物流功能的内陆型口岸物流园区为中远期目标；重点发展化危品物流园区、库尔勒保税物流园区、库尔勒综合性多式联运物流园区、库尔勒大宗散货（资源与能源）物流园区、库尔勒航空物流产业园区。

（四）引进功能完善的大型物流项目

2013年3月，库尔勒市人民政府与江苏苏中投资股份有限公司签订了《库尔勒苏中农产品冷链物流园及其配套项目投资协议书》。江苏苏中投资股份有限公司计划投资32亿元，在上库综合产业园建设占地面积约3000亩的农产品冷链物流园（包括农副产品展示交易区、冷藏冷冻区、农资产品交易区、加工区、物流中心、电子商务中心）。待项目建成后，将成为全疆规模最大、辐射最广、种类最全、产业链最集中的、以库尔勒的农副产品为基础，全面链接上下游产品，将本地特产输出、外地特产引入完善辐射范围内农副产品供需的冷链物流中心。

2013年5月，库尔勒市人民政府与新疆汇锦物流有限公司签订了"新疆汇锦物流有限公司公铁物流园"项目建设协议。该项目由新疆汇锦物流有限公司和新疆连续铁路物流有限公司合作建设，计划总投资20亿元，项目建成后，货值达600亿元/年以上。其中，一期投资3亿元，在上库综合产业园肖塔火车站附近高速公路与铁路之间，建设占地面积2000余亩的棉花收储堆场、铁路专用线及附属设施，预计于2013年9月投入使用，可满足60万吨皮棉收储。

2011年4月，库尔勒汇嘉时代商业投资有限公司与库尔勒市人民政府签订了城市商业综合体战略投资项目。该项目包含精品百货、超市、餐饮、儿童职业体验、高端的IMAX影院、KTV、酒店等多种业态，打造集购物休闲、旅游观光、餐饮娱乐、顶级商务办公、高档公寓于一体，是目前全疆单体面积最大、业态最全、功能配套最完善、设计标准最高、管理最先进的购物中心。

目前，该项目一期即库尔勒汇嘉时代商业投资有限公司17万平方米经营场所土建部分已经完成，累计投资约10亿元人民币，现已进入大型设备设施安装及楼体装修阶段，已于 2014 年 9 月 8 日投入使用。这一项目的开发建设，为库尔勒市跨越式发展增添了活力，在促进库尔勒经济发展的同时，将为库尔勒传统消费模式的变革打下坚实的基础。

项目建成投入运营后，将为顾客提供真正意义上的一站式服务，满足全年龄层次消费者的需求。该项目将借助南市区有利的区位优势展开，辐射周边城乡，是面向城市主流消费客层专属生活方式的复合型商业中心。公司希望通过自身经营运作，将其打造成巴州地区具有代表性的城市综合体，成为"城市名片"。

二　发展商贸物流，提升城市功能

商贸物流发展，对库尔勒完善城市功能、提升城市品位发挥了重要作用。商贸物流促进了商业社区服务现代化、完善了市场运行机制、驱动产业转型升级，推动了特色旅游、文化产业的发展。

（一）促进商业社区服务现代化

社区商业对于扩大内需、提高居民生活质量、提升城市现代化形象具有积极的意义。社区商业是整个商业体系中的基础部分，其服务对象是社区范围内的成员，主要的目的是满足社区居民的基本生活需求，是经济发展到一定阶段，随着城镇化的推进、各类新型居住区的形成、居民消费能力的增强而产生的经营业态、消费领域、服务功能多元化的商业服务形式。

库尔勒市按照 5 个街道（萨依巴格街道、天山街道、团结街道、新城街道、建设街道）、2 个镇（上户镇、西尼尔镇）、3 个近郊乡（铁克其乡、英下乡、恰尔巴格乡）划分 78 个社区，共有 303353 户 594668 人，其中有自治区级商业示范社区 3 个。

库尔勒市作为西部的县级城市，尽管在近几年发展变化较大，但社区商业发展存在不少问题，例如，社区商业网点建设缺乏规划，网点的规模、位置、购物环境和社区商业企业的总体经营水平与城市现代化形象差距较大等。

随着居民消费观念的改变，为逐步满足居民消费升级的要求，库尔勒市积极落实相关工作，繁荣社区商业，提升商业社区服务功能。一是，着眼于大库尔勒、大物流的发展观念，对库尔勒市原总规划进行了调整，同时市规划部门又请专业设计部门于 2014 年初开展编制《库尔勒市商业网点规划》工作，为今后社区商业发展起到良好的导向作用。二是库尔勒市推行信息化建设，为库尔勒市商业网点发展搭建了数字信息平台，为库尔勒市商业社区现代化打下基础。三是库尔勒市人民政府重视民生工程，落实"便民、利民、惠民"的措施，为库尔勒市商业社区的发展助推动力。要求新开发的住宅小区建设商必须预留足够面积的各类业态便民店、家政服务及银行、通信等经营场所；市政府在老社区投资建设蔬菜、肉便民直销店，方便居民生活，并通过信息技术手段监管食品安全；市政府按社区分区域打造特色餐饮街，出台了优惠扶持政策推动餐饮行业发展，丰富了居民物质消费。

实现库尔勒市商业社区服务现代化功能，必须着手以下工作。

（1）尽快完成符合库尔勒市发展的《库尔勒市商业网点规划》编制工作，在今后城市建设中，商业网点的布局依规划而定，避免无序发展和浪费资源的现象。

（2）不断实施"便民、利民、惠民"政策，以"民需"为优先，逐步提升社区居民生活质量和幸福指数。

（3）引进和培育社区商业品牌促进社区商业建设健康、持续有效发展。

（4）通过全面建设"数字库尔勒"，推进社区商业的信息化管理和应用水平，随着我国信息化建设的步伐加快，住宅区的信息化、智能化建设取得了很大的成绩，社区商业信息网络终端通向了普通家庭。为了适应这种变化，库尔勒市社区商业企业应该学习先进经验，采用信息网络等先进技术，不断创新服务手段，开发潜在市场，努力使社区商业发展适应消费需求变化的需要。可以建立面向中小企业的公共信息服务平台，宣传和引导社区居民电话购物、网上消费，社区商业企业可在网上发布服务内容、商品价格、服务方式等，为社区居民提供更多的商品和服务，进一步提高居民的生活质量。同时，社区商业企业应该建立能为社区居民提供定向、快捷和周到的电子商务环境，促进社区商业的网络化和产业化。

（二）完善市场运行机制

商品供求关系的变化决定着价格波动，牵引着商品流动去向，但在现今大市场、大物流的市场经济发展中，供求不足的矛盾仍然突出，生产地的商品充裕卖不出去，需要的地方又买不到；产品堆积在库房销不出去；低劣产品随着人们生活水平的提高无人问津；高档产品由于本地区居民消费水平不高而滞销等，这些急需一个媒介来疏通，即信息反馈体系，通过信息反馈体系来指导商品流通，解决供求不平衡的矛盾。

库尔勒市在运用市场供需反馈指导方面已具备一定基础：一是形成了价格监测体系，并及时发布，通过媒体公布当日主要商品价格，监测主体覆盖批发、零售各类产品；二是商务部门开展了生活必需品监测网站，由当地商务部门挑选批发零售企业直报生活必需品价格及库存，并及时发布导向信息，为国家层面掌握农产品动态提供了依据，库尔勒列入监测平台企业共有30家，如近几年发生的"蒜你狠"、"姜你军"、"豆你玩"等农产品异常波动等事件；三是完善了批发市场价格公示及零售价标示工作；四是严格执行规模以上企业进行月报表上报制度；五是市人民政府制定了应急方案，如通过监测反馈发现异常情况，市政府将启动应急预案，以保障供求关系平衡。

运用信息反馈指导供需平衡，对繁荣市场、激发物流业发展有着积极的作用。为此，在今后的发展中，市政府应着力完善信息平台建设，实现信息资源公开、共享，同时建设一支专业的信息资源分析队伍，为政府实施调整产业发展、提高农牧民收入提供科学依据，发挥市场导向作用。完善库尔勒市储备应急体系建设，在特殊情况下解决供需失衡矛盾。积极宣传引导发展电子商务，在发展实体物流业的同时，构建更为快捷的新型物流平台。

（三）驱动产业转型升级

香梨、棉花和蔬菜种植业是库尔勒的支柱产业，为了提升产品附加值，增加农民收入，库尔勒依托传统产业积极向农产品深加工和仓储物流业发展。目前全市仓储能力达100余万吨。其中，库尔勒市林果业仓储库容60万余吨［冷藏（冻）库容30余万吨、气调保鲜库容近7万吨］；棉花种植面积80万亩，棉花加工企业40余家，储备中转库3座，库容达30万吨。

品牌创建工程。品牌是企业科技水平、管理水平和核心竞争力的综合体现，是走向市场的通行证。坚持以优势特色产业和龙头企业为突破口，实施品牌战略，制定品牌产品培育导向目录，为企业培育品牌和保护名牌提供政策支持和制度规范，加强品牌扩散和品牌经营，鼓励和支持企业争创"中国名牌产品"、"驰名商标"。

（四）推动特色旅游、文化产业发展

（1）依托库尔勒市城市发展现状，做好天鹅河景区建设。借助库尔勒市

"三河贯通"工程，将天鹅河、孔雀河整体打造成为国家 AAAA 级景区，现创建工作正在进行当中。通过大力宣传库尔勒市城市旅游及天鹅河景区，使景区的知名度不断提高，现天鹅河景区已成为库尔勒新的旅游亮点。

（2）按照习近平总书记打造"新丝绸之路经济带"的思路，库尔勒市将把库尔勒打造成为新丝绸之路上的重要节点，为实现这一目标，库尔勒通过招商引资，大力开发库尔勒大峡谷及北山草原景区，力求将这两个景区打造成为新疆乃至全国有影响力的景区。现市政府正协商与投资公司签订投资开发协议，协议签订后将由投资公司制作建设性详规。

（3）大力发展特色农家乐、乡村游。依托少数民族地区优势，大力发展民族风情园及民族特色餐饮一条街，扶持海尔巴格、梨园民街等民族特色餐饮，将其打造成为集汉、维、蒙、回等各民族为一体的特色餐饮美食街。

三 完善市场体系，为商贸物流发展创造良好环境

商贸物流要持续快速发展，必须以完善的市场体系为支撑。库尔勒近年来在加强市场信用体系管理、鼓励产品创新、重视品牌保护、鼓励电子商务发展等方面，做出了系统努力，取得了明显成效。

（一）加强市场信用体系管理

《中共中央关于全面深化改革若干重大问题的决定》在加快完善现代市场体系中明确："建设统一开放、竞争有序的市场体系，是使市场在资源配置中起决定性作用的基础。必须加快形成企业自主经营、公平竞争，消费者自由选择、自主消费，商品和要素自由流动、平等交换的现代市场体系，着力清除市场壁垒，提高资源配置效率和公平性。"

现代市场体系处于不断丰富和发展过程之中，它不仅包括消费品和生产资料等商品市场，而且包括资本市场、劳动力市场、技术市场、信息市场以及房地产市场等生产要素市场。其中，商品市场、资本市场和劳动力市场是现代市场体系的核心，现代市场经济只有借助于完整的市场体系，才能有效地配置资源。

1. 健全统一开放市场

一是以规范政府行为为核心，进一步打破行政性垄断和地区封锁。在明确

界定政府在市场准入方面权限的基础上，推进市场准入监管体系改革，提高市场准入程序的公开化和准入透明度；进一步放宽对行政性垄断行业的准入限制，保障各类经济主体获得平等的市场准入机会。

二是要推行现代流通方式，促进商品和服务的高效流转。要进一步加快库尔勒流通产业的现代化进程，加大对社会化、现代化流通基础设施建设的投资，通过产业政策和制度创新，促进流通企业信息化改造，加快现代流通专业人才的培养，为流通方式的变革与创新提供良好的物质基础、交易平台及制度、技术和人才保障。

2. 着力推进要素市场建设

一是继续发展和规范土地市场，改进和完善政府管理土地市场的方式，进一步发挥市场在土地资源配置中的基础性作用。完善土地管理法律法规，改革征地制度；进一步转变政府职能，使政府管理土地市场的职能切实转变到强化建设用地总量和结构调控上来；通过完善土地税制和土地二级市场的管理，建立资源占用的约束机制；综合运用经济、法律手段，切实保护农民土地财产权。

二是逐步建立城乡统一的劳动力市场。逐步消除各种阻碍劳动力合理流动的不合理制度，建立健全失业、养老、工伤、医疗等社会保障体系，建立多样化的劳动就业和专业技能培训等社会服务体系，建立健全劳动保护法规和争议调解机制等。

三是积极发展技术市场。加强技术市场基础设施建设，规范技术交易行为，加快技术市场的统一开放。另外，还要积极发展资本市场，规范发展产权交易市场和各类市场中介组织等。

3. 完善价格形成机制

完善商品和要素价格形成机制，重点是要加强和改进宏观调控，逐步缩小政府定价商品的范围，优化政府定价商品的价格形成机制，进一步提高要素价格的市场化程度，解决当前要素价格扭曲的问题。要积极稳妥推进资源价格改革，完善水、电力、煤炭、石油、天然气、土地等资源性产品价格形成机制，充分发挥市场配置资源的基础性作用，建立反映市场供求状况和资源稀缺程度的价格形成机制。完善土地价格形成机制，扩大市场形成土地价格的范围。实行有利于资源节约、环境保护的价格政策，为经济增长方式转变创造有利的价格体制条件。

4. 规范市场秩序

一是严格执法，坚决打击制假售假、商业欺诈、偷逃骗税行为，建立公平竞争的市场环境。完善打击商业欺诈的法律法规体系和执法体系，强化协同监管，逐步形成反商业欺诈长效机制。

二是完善行政执法、行业自律、舆论监督、群众参与相结合的市场监管体系。库尔勒市正在与中国人民银行巴州分行加强沟通联系，建立企业信用目录，加快库尔勒市场信用体系建设步伐。

三是建立健全社会信用体系。2013 年，库尔勒市在加强文明城市建设的同时，高度重视社会信用体系建设，按照《自治州社会信用体系规划框架》，召开各部门会议，制定了联席会议制度，着手对库尔勒社会信用工作进行部署。

（1）由人民银行采集社会信用信息，并在部分领域开展信用评级工作；同时配合政府各部门在政府采购、项目招投标等方面提供信用报告。

（2）在各行业领域由主管部门公布红黑榜。

（3）工商管理部门每年开展"重合同守信用"企业评比工作。

（4）加大知识产权保护力度。进一步强化保护知识产权的执法力度，加大对侵犯知识产权不正当竞争行为的惩戒力度。

四是市人民政府已计划投入资金进行信息化系统平台建设，逐步实现信息资源共享，并接受社会监督。

（二）鼓励产品创新

库尔勒创新平台建设初见成效，以企业为主体的创新平台已现雏形。重点骨干工业企业以大专院校、科研单位为依托，积极开展了广泛的区内外技术合作，通过投资 3000 万元建设科技孵化中心，构建企业虚拟科技研发中心和林业生产力促进中心，企业与高校、院所共建实习基地和科技示范基地，创建企业技术中心和企业博士后工作站，积极引进技术人才和成果、引进资金和设备，推动了企业技术创新。

企业创新能力和创新动力不断增强。"创新驱动，内生增长"的发展理念日益深入人心。以科技进步示范市、制造业信息化示范城市创建和实施知识产权强县市工程为载体，积极引导企业提升创新能力。近年来，通过实施大企业、大集团战略，发挥资源优势，积极引进技术含量高、创新能力强的优势企业（项目），带动产业整体提升。依托美克化工 1，4 - 丁二醇项目、富丽达 20 万吨粘胶短纤维、乐悟金颗 30 万吨低温脱酚棉蛋白二期、塔石化大化肥、西姆莱斯 50 万吨石油专用管等一批投资上十亿的大项目，实施了生产工艺创新和新产品研发，催生了库尔勒新兴产业的发展。重点企业通过技术引进与合作研发相结合，完成了生物酶漂白、碱回收、棉秆制浆造纸等技术工艺的研发。开发生产出粘胶纤维、静电复印纸、电脑打印纸、畜产品、高辣椒红素以及果醋、浓缩辣椒浆、汁用番茄酱、香梨浓缩汁、杏酱等近 20 个特色果蔬深加工产品。石油石化（化工）、纺织、造纸、果蔬及乳制品加工、高新节水设备制造、能源及矿产品开发等重点工业领域技术创新优势凸现，成为库尔勒重要的科技创新源。瑞源乳业、惠森生物等企业通过国内外知名企业和院所合作建立企业实验室开展乳制品和微生物菌种研发，实现了科技资源跨地域配置。近年来，仅开发区及其企业实施技术创新项目 15 个，有 3 家企业的 5 个产品通过自治区高新技术产品认定，企业商标注册数量已达到 30 多件，涉及近 200 类，国家级著名商标 5 件，自治区级著名商标 15 件。

（三）重视品牌保护和扶持

库尔勒坚持以科技项目为导向，鼓励和支持企业、技术研发和推广机构以及个人多渠道筹集资金，加大科技投入，研发新产品，实施品牌战略。首先每年保证财政应用技术研究与开发经费支出占到当年财政决算支出的 1% 以上；其次通过支持优势企业申请国家、自治区重点科技项目和帮助企业申报专利和开展新产品研发等具体工作，积极向上级争取各类技术创新、技术改造、知识产权专利实施等资金达 4000 余万元，促进了企业在新技术、新产品开发和引进，实施技术创新和品牌战略和技术示范等方面取得明显进展。2008 年以来，通过加强引导和服务，积极帮助瑞源乳业、冠农果蔬、四运服装等企业申报自治区及库尔勒市制造业信息化和科技支疆等专项，争取自治区项目经费超过 200 万元。

近几年来，重视商贸流通业的发展，库尔勒七星餐饮广场、九洲千城特色餐饮一条街等餐饮服务业点已成规模，极大提高了老百姓的生活质量和水平。今年，围绕重点打造的南市区商务文化活动中心，服务业也要提高档次和水平，更加注重引进国内外知名餐饮品牌，大力发展品牌专业店、连锁店等新型零售业态，积极推广连锁经营、电子配送等新型运作模式，使城市商业服务承载功能更加完善。

表 7－1　库尔勒市 2000 年以来专利授权情况统计

年度	发明专利	实用新型	外观设计	当年授权合计	当年申请数合计	截至本年万人拥有有效专利数（万人/件）		计算依据		
						专利数	其中发明专利数	当年人口（万人）	有效专利	
									总数	其中发明专利
2013	18	105	30	153	254					
2012	35	82	16	133	241					
2011	25	39	3	67	163	8.43	2.68	53	447	142
2010	14	40	13	67	71				401	117
2009	13	25	16	54					360	99
2008	10	33	4	47					333	86
2007	13	17	12	42					299	76
2006	12	15	12	39					262	63
2005	12	6	18	36					234	51
2004	3	9	5	17					208	39
2003	5	21	4	30					210	36
2002	2	13	0	15					186	31
2001	5	20	1	26						
2000	6	17	14	37						

　　注：本专利以公告（公开）日期和地址为时间要素检索而得到的结果，检索网站：国家知识产权局。有效专利，是指根据法律、法规规定限期内的授权专利数，实用新型和外观设计自授权当年始有效限为 10 年，发明专利自授权当年始有效期限为 20 年，有效专利数＝有效期限（10年）内的实用新型和外观设计专利＋有效期限（20 年）内的发明专利。

（四）鼓励电子商务发展

　　新疆地处我国西部边陲，资源丰富，但经济落后。从客观条件看，很大程度上是由于地处偏远内陆、交通通信落后、市场信息匮乏，种种不利因素阻隔了新疆与东部大市场乃至国际市场的联系、交流。

　　电子商务作为知识经济时代的产物，冲破时间、空间限制，并依靠各种先进技术，大大降低交易成本。因此，发展电子商务，促进新疆经济发展，是符合新疆地区目前发展状况的。近年来，库尔勒电子商务发展迅速，已经具备较好基础。

一是电子商务基础设施得到加强。电子商务平台的基础设施是互联网，截至 2011 年，库尔勒各类工业企业光纤网络宽带通达率达到 100%。为实施电子商务提供了通信保障。网站是实施电子商务的载体，库尔勒以国内知名电子商务网站平台为依托，建立 B2B 模式网络营销平台，成为发布库尔勒工业产品供求信息和贸易的网上"博览会"。

二是电子商务发展环境持续改善。库尔勒上网职工群众人数快速增长，城镇家用电脑普及率达到 53.68 台/百户，团场、连队家用电脑普及率达到 4 台/百户，互联网普及率在 15% 以上，与全国平均水平基本持平，这说明拥有信息设施、掌握网络基本操作技能的群众越来越多，成为网上购买产品的潜在终端客户群。

三是电子商务在企业中得到初步应用。部分企业利用交易平台采购、交易，原料成本大大降低，产品交易价格远远高于市场价格，取得了比较明显的经济效益，电子交易、网上竞拍已成为库尔勒工业产品交易的重要营销手段。

四　把握机遇，推动商贸物流再上新台阶

2013 年 9 月 7 日，习近平总书记出访中亚四国首次提出了共建"丝绸之路经济带"的重大战略构想。当前，落实好这一战略构想，对于库尔勒市未来确立新疆重要枢纽中心地位、拓展发展空间、发展商贸物流具有重要意义。

（一）构建大通道

城市建设以自治区综合交通枢纽建设示范市和"丝绸之路经济带"为契机，加快建设公路铁路民航管道国家级枢纽。坚持"完善区域快速路网，打开对外高速通道"，促进公路、铁路、民航"三位一体"有机衔接，加快形成"布局合理、功能完善、衔接顺畅、技术先进、诚信和谐、安全环保"的综合交通走廊，为构建现代化区域中心城市打造重要的"引擎"。

——实现一刻钟上高速。结合国道 218 与 314 围合形成的扇状布局，合理规划"环线"连接对外高速通道。延伸建国路、北环路（连接国道 218 与 314），在城区外围新建西环路，形成"三环"城市道路骨架。梳理中心城区骨干道路网络，畅通小区路网，完善人行通道、地下停车场，优化交通出行环境。力争实现市区内一刻钟上高速。

——完善半小时联系通道。结合"三环"骨架，规划建设塔指西路、铁克其路、机场快速路、库尉大道、东环路（开发区东侧）五条射线道路，形成"三环五射"城市快速路网。规划新线、扩建短线、利用快线，建立纵横交错的区间主干脉络体系。打通中心城区与外围组团间、各组团间的联系通道，加快实现中心城区至外围组团半小时到达。

——建设一小时辐射圈。力促巴仑台—库尔勒—若羌、尉犁—库尔勒—轮台高速公路建设，增强对尉犁县、北四县及周边团场、州直农场等地的辐射带动力，保持区域发展领先优势，形成内外兼顾、贯通一体的一小时交通体系。

——畅通四小时联系圈。着力构建以铁路、公路、航空为骨架，多种方式高效运行的对外综合交通运输体系。全力配合吐鲁番—库尔勒二线、库尔勒—阿克苏铁路复线在建工程，积极推进库尔勒—格尔木铁路建设和库尔勒火车东站扩建，打造新疆通往内地第二条铁路大通道枢纽和出疆物流的重要节点，打通以库尔勒为中心到乌鲁木齐、伊宁、喀什、且末、格尔木、敦煌、吐鲁番"七大通道"。力促库尔勒机场改扩建，尽快建成航线通达、运载能力强的干线机场。配套建设公路、铁路、航空客运换乘中心，实施公交共网，促进人流通畅，实现四小时通达疆内外大中城市。

（二）形成大商贸

随着库尔勒城市建设步伐的加快，商贸流通对社会经济的拉动作用日益凸显，已经成为支撑库尔勒发展的主要力量。

1. 规划建设区域商贸中心

库尔勒市作为新疆第二大城市，在地理位置上与新疆首府乌鲁木齐形成"一主三副"遥相呼应的格局。城市基础设施完备，功能齐全，商贸基础较好，具备成为区域性商贸中心的条件。"十二五"期间，要重点围绕把库尔勒市打造成为区域性商贸中心这个目标，以建设一批打基础、利长远、促发展、增后劲且牵动性强的商贸项目为抓手，大力实施商贸提升行动计划。

推动老城区商业中心优化升级。人民路与萨依巴格路相交的大十字方圆一公里范围作为库尔勒市老城区商业中心，商业圈内经营业态丰富，购物环境优美，汇集了众多国内外名牌产品，种类繁多，档次较高，吸引了全州及南疆地区的消费者。要以结构调整为主攻方向，对老城区商业圈进行升级改造，改善和提升购物环境，完善经营服务功能，拓展延伸新的经营服务领域，增加休闲、餐饮消费设施比重，满足顾客多方位消费需求，形成各具特色的都市综合消费服务中心。

推进南市区商贸服务业加快建设。从 2007 年实施"南扩西连"战略以来，随着市政府迁移，南市区发展迅速，市政建设规模迅速扩大。但多年来由于城市建设、人口聚集、商业布局等多种因素影响，商贸流通业发展仍以老城区为主。今后要抓住城市南扩和库尔勒经济技术开发区升级为国家级开发区的有利时机，加快推进商贸业转型升级，促进连锁经营、专卖店等现代流通业快速发展，加强重点特色街区建设，发展壮大汽车、机电、餐饮娱乐等市场和行业，在城市南部打造集商业、办公、居住、休闲娱乐等诸多功能于一体的现代化高端商贸服务区。

2. 提升现代商贸产业发展水平

全力推进现代商贸产业体系建设，强化商贸业在现代产业体系中的带动作用，促进三次产业协调发展。改造升级传统服务业，完善产业链，加快培育新兴商务服务业及特种服务业，形成新的经济增长点。

一是改造提升传统商业模式。重点引进国内外知名商业企业，加快发展中小型超市、便利店和折扣店，合理布局大型综合超市。

二是加快发展现代流通模式。结合全州经济社会发展水平，适当引进和发展购物中心、网购店、专卖店等新兴零售业态，吸引更多国内外资金进入零售领域，提升全州零售业整体质量和水平。鼓励企业自建渠道或进入外商采购网络，扩大产品的全国性销售和出口，支持有一定实力的零售企业实施"走出去"战略。

三是促进消费结构转型升级。及时发布市场供求信息，引导企业调整产品结构，开发适销对路商品，引导消费结构升级。支持养老、休闲健身等服务业发展，着力为各族群众提供更多的享受发展型消费服务。扶持当地特色企业创新发展，为名优企业参展、营销、进入国际国内市场提供服务。推进零售企业和酒店分等定级，引导企业加强设施改造、提高服务水平。推动特色商业街建设，引导品牌化经营和品牌化消费。支持发展循环消费、信用消费和网上消费等新型消费形式。增加信贷消费品种，扩大信用保险补助范围，发展保单、仓单、应收账款、无形资产等质押抵押方式，帮助商贸企业解决融资难问题。

四是加快商贸流通领域信息化和供应链建设。推进条形码、智能标签、无线射频识别（RFID）等自动识别、标识技术以及电子数据交换（EDI）技术应用。推动物流配送、连锁经营、电子商务等现代流通方式的普及和发展，以及直营连锁、特许连锁和自愿连锁加快发展，不断提高各种业态的连锁经营比重。认真落实流通领域电子商务发展扶持政策，扎实开展流通领域电子商务示范引导工作，积极推动电子商务平台建设。鼓励传统实体店拓展网络业务，形成网上和网下市场的良性互动发展。

3. 完善市场监测调控运行体系

综合运用经济、法律和行政手段，充分发挥市场对资源配置的决定性作用，建设企业为主体，政府为主导，结合地区实际情况的市场应急保供体系。制定应急商品目录和配备必要的储备库网点，增强市场调控能力，规范市场秩序，有效应对各种自然灾害和突发事件，保障民生，繁荣市场，扩大消费，促进全市经济社会又好又快发展。

完善城乡市场信息服务体系。按照"准确监测、深刻分析、科学预测、快速反应、及时调控"的原则，从行业、业态、地域、规模入手，进一步优化监测样本结构，加强市场运行分析和预测预警，不断提高样本对决策的支持力度和公共服务效果。

增强市场调控能力。进一步完善应对自然灾害、市场异常波动应急预案，建立健全重要生活必需品的中央、地方和商业三级储备制度，形成覆盖范围广、反应速度快、面向区内与周边的应急储备体系。新建和改扩建一批粮油、肉类、果蔬、方便食品、瓶装水等生活必需品应急储备库和应急配送中心，提高市场应急调控能力。在库尔勒市等地改造建设和新建不同类型储备基地，推进储备商品的规范化管理，完善应急商品数据库，建立应急商品投放网络和应急调运机制，确保关键时刻调得出，用得上。

4. 加速对外贸易发展

加快转变外贸发展方式，巩固提升边境贸易，扩大一般贸易和加工贸易规模，进一步优化进出口商品结构。借助区域优势，积极发展服务贸易，做大中亚市场，拓展西亚、南亚、俄罗斯、东欧、中东国家等新兴市场。加强进出口基地建设，培育龙头企业，逐步推广电子商务。

不断优化进出口商品结构。大力实施名优商标和品牌战略，不断扩大农副产品、轻纺、化工、建材及高新技术产品出口。

积极发展服务贸易。加快引导服务外包产业发展，在扩大信息技术服务外包基础上，积极拓展业务流程外包和知识流程外包，力争服务行业在境外商业存量有较大提高。

健全推进出口协调机制。加强商务、海关、边检协调沟通，引导和帮助企业解决进出口活动中的实际问题。积极推进出口监管仓库、保税仓库、保税物流中心等海关保税场所建设，开展出口加工区、综合保税区等海关特殊监管区域课题研究。培育货代和报关市场，组建"大通关"工作协调机构。深入贯彻落实《自治区承接加工贸易转移的实施意见》，力争成为新疆重要的石油石化、钢铁、农产品和纺织品加工贸易集中发展重点区域。

5. 大力吸引国内外投资

有效利用国外优惠贷款和国际商业贷款，优化贷款投向，开拓贷款领域，促进重点项目建设，形成具有区域产业优势的引资结构。搭建园区引资平台，完善引资区域分布，不断提高吸引国内外资金的规模，促进全市经济协调发展。

优化引资结构。鼓励客商投资节能环保、再生能源、节水农业、特色林果及农牧产品深加工、棉纺织等领域。提升石油石化产业、矿产开采加工业、特色农副产品加工业、旅游业、管道运输业等特色优势产业利用内外资水平。大力发展资源利用型、生产加工型和服务型产业，建成新疆重要的石油天然气产业集群。打造全国最大的盐化工基地和重要的建材产品出口加工基地。建立优质特色林果基地和特色旅游产业基地。

依托库尔勒国家级经济技术开发区，引导国内外资金投向资源消耗低、科技含量高、附加值高的先进制造业和电子信息、生物、新材料、新能源等战略性新兴产业，不断提高产业集聚和园区承载能力。推动产业高端化、高质化和高新化，发挥对全州产业引导、技术扩散和功能辐射作用。以高新技术和先进适用技术改造传统产业，提升特色产品的技术档次。

积极引进现代化农业技术和经营管理方式，谋划组建中外合资的现代农业企业集团。鼓励内外资向农产品优势产区集中，优化农业布局，重点发展林果生产基地。

6. 加强商业流通网络布局

建立健全城乡居民商业服务网络。以覆盖全市、布局合理、层次分明、功能齐全为目标，根据城镇化发展趋势，探索建立"城市—乡镇—乡村"商业网点布局，使之成为保障和改善民生的主要手段和载体。促进产销对接，实现一乡一品的优势产业规模化营销体系，重点发展具有民族元素和文化的特色商业。

实施城市商业网点规划。在城市建立以社区商业为主导，以特许连锁为主要经营组织方式，具备"便利消费、保障消费、创新消费"功能，包括：餐饮、住宿、美发美容、洗浴、洗染、旧货流通、再生资源回收等多种行业的生活性服务业体系，提升标准化服务业水平，不断满足多样化和多层次服务消费需求，提升居民生活品质，广泛吸纳就业，促进社会和谐。

（三）发展大物流

以服务"新疆现代化区域中心城市"建设为首要战略目标，建成具有"促进库尔勒产业联动发展的资源整合平台、内引外联的物流枢纽平台"两个主要功能平台的区域物流中心；以"上库综合物流园区、库尔勒经济技术开发区产业物流园区、塔什店物流区"等三个核心物流园区建设为抓手，同步推进"物流基础能力、物流主体能力、物流行业综合管理能力"等三项能力提升工程，夯实库尔勒现代物流业发展的基础，有序实现"南疆物流中心、新疆重要的物流枢纽"两个发展阶段目标，形成与巴州和新疆其他物流园区协同发展的现代综合物流体系。

一是建设库尔勒区域物流中心，使之成为库尔勒现代物流业的载体，促进其他产业的协同发展。建设库尔勒区域物流中心可以为新疆各地区搭建经济融通平台，能够合理利用南疆乃至新疆各地特色产业优势，发挥规模效应，加强与外界经济往来，刺激地区经济的发展；优化资源配置，扩大产业需求，从市场实际需求来调整经济运行结构，充分发挥产业和地理优势。

二是建设"促进库尔勒产业联动发展的资源整合平台、内引外联的物流枢纽平台"两个平台，是建设"一主三副"战略轴心和实现库尔勒市现代物流业发展目标、建设库尔勒区域物流中心的关键。

三是物流网络建设和物流园区、物流节点的合理布局，大力推动以库尔勒为中心的三大物流圈的建设，是库尔勒发展成为区域物流中心的强有力支撑。上库综合物流园区、库尔勒经济技术开发区产业物流园区和塔什店物流园区的建设将为库尔勒物流产业发展奠定坚实的基础。依托公路和铁路及货运站点，紧密联系产业集群，以三个物流园区建设为支点，依托已建和规划建设的314国道、218国道、乌库高速、和库高速、南疆铁路、青新铁路、库乌铁路，建设以库尔勒为中心的紧密层物流圈。依托库尔勒区域物流中心，积极推动区域协同联动，形成以2000公里为半径覆盖新疆大部分地区的产业协作层区域物流圈。围绕库尔勒交通综合枢纽建设，以库尔勒机场和铁路编组站为重点，以库尔勒三大物流园、铁路运输枢纽、公路客运中心枢纽、库尔勒航空枢纽及其专业化物流中心为平台，以铁路、公路、航空为主要纽带，建成辐射西部地区乃至全国的多式联运物流服务中心和能够辐射亚欧的国际物流圈。

　　四是大力提升"物流基础能力、物流主体能力、物流行业综合管理能力"三种能力，是库尔勒现代物流业和区域性物流中心发展的根本。通过完善物流通道，合理布局物流设施，提升物流基础设施能力，逐步形成"以物流园区为核心、物流中心为骨干、配送中心为基础、农村物流站点为补充"的物流体系；积极引进大型物流企业，培育和扶持本地物流企业，做大做强物流主体，提升物流服务水平；规范物流市场，设立专门物流机构，加强行业监管，营造良好经营环境。

　　五是在建设库尔勒物流中心体系时，坚持"三步走"策略。

　　第一步，立足库尔勒，面向巴州，依托库尔勒区域性中心城市建设和综合性交通枢纽建设，夯实库尔勒区域物流中心发展的基础。重点做好三方面工作：（1）解决库尔勒新型工业化和农业现代化发展过程中的产业发展需求与物流能力之间的突出矛盾，促进库尔勒产业与物流协同发展，壮大物流业发展的产业规模；（2）着力规划和建设物流园区，面向巴州，完善多类型多层次的专业化交易市场和物流中心，完善乡村货运通道，形成与巴州其他八县物流基础和物流网络协同运行、优势互补的物流体系；（3）着力培育多样性的物流主体，提高以库尔勒为经营据地的物流企业的服务能力和服务范围。

　　第二步，立足巴州，面向南疆，联通区域物流网络，建设面向南疆的区域性物流中心。通过上库物流园与南疆的阿克苏、阿图什、喀什、和田、哈密等重要城市连通，通过塔什店物流园联动巴州北四县的商贸发展，为南疆的大宗原料的运输、化工、农产品等产业发展与物资流通提供一个良好的平台。在促进库尔勒经济开发区产业发展的同时，通过库尔勒经济技术开发区物流园区进一步服务南疆其他县市的经济。以三个园区为支撑，为库尔勒建设成为南疆物流中心打下坚实基础。

　　加快建设南疆物流中心，同步推进库尔勒成为新疆物流枢纽。积极与北疆重要的物流园区和国际交易中心开展合作，如乌鲁木齐的综合物流园区、克拉玛依市以石油为特色的物流园区、伊犁沿边3个一类口岸和中哈两国的"霍尔果斯中哈边境合作中心"、博尔塔拉的阿拉山口口岸及博乐边境经济合作区、克孜勒苏柯尔克孜的两大陆路口岸、石河子面向欧亚大陆桥沿线各国的外向型国家级开发区等重要的口岸和经贸中心。打造库尔勒至乌鲁木齐、喀什、且末、若羌、罗布泊、吐鲁番、伊宁的七大通道，将库尔勒升级为均匀辐射全疆的物流枢纽。

　　第三步，在巩固南疆区域性物流中心地位的基础上，拓展物流业发展空间和提升物流中心服务能力，真正实现资源整合平台和国际物流内陆港平台的建设目标。利用新疆地处亚欧中心的独特位置，畅通中国与西亚、中亚，乃至欧洲、北非陆路交往的重要通道，巩固现有的140个贸易往来国，加强与新疆已有的对外开放的一、二类口岸，在新疆成为辐射中、西亚经济圈的国际物流重要战略枢纽和最佳物资集散地的背景下，抓紧时间抢占物流发展的高地，把库尔勒打造成为西部重要的国际物流内陆港。

（四）整合大数据

"大数据作为一种新的资源，数据的拥有者将来会获得越来越大的话语权，整个社会的治理结构与规则将会发生非常深刻的变化，这是每个人都会面临的社会变迁。"智慧物流是物流的发展目标，而大数据能够支撑智慧物流的发展，物流行业和企业要利用好大数据，才能够真正从变革中受益。

1. 发挥政府主导职能，推动现代物流业健康成长

政府作为一体化物流信息网络规划建设发动者、组织者、推动者和协调者，对物流信息化顺利实施具有非常重要的作用。目前，库尔勒一体化物流信息网络合作协调机制尚未建立、物流信息资源没有得到有效的整合，需要通过政府部门的协调，逐步清除物流业发展的行政壁垒，帮助物流企业健康成长。通过各种优惠政策，鼓励企业进行物流信息技术创新，为实现物流信息资源的有效整合做好技术上的准备。

2. 鼓励行业商务协同，促进物流信息资源的共享

物流信息资源整合的关键就在于建立跨行业边界的信息共享机制。在一个关系多方利益的群体当中，如果没有较充分的信息共享，就很容易出现机会主义行为，难以合作成功。现代物流是一个涉及交通业、运输业、商贸业、金融业、保险业、信息业和旅游业等诸多行业的新兴服务业，在整合和管理自身的资源、能力和技术的同时，需要获取相关行业、供应链的解决方案，以及软件、硬件资源的支持，从而为顾客提供集成化的物流服务。因此，各行业间的协同商务是现代物流获取有价值资源的基础，同时也是物流信息整合的关键。

3. 扶持第三方物流企业发展，完善物流配送信息系统

企业和客户以外包物流业务形式促进了第三方物流企业的发展，物流信息资源整合是建立在物流信息化基础上的，第三方物流企业信息化的程度关系到信息资源的有效整合。现代物流中供应链的运行需要众多门类的技术体系的支持，这些体系主要有信息化标准、基础信息技术及设施、事务处理系统、辅助决策支持系统、电子商务系统、ERP 系统等。

物流信息化支撑体系以信息化标准为基础，以信息技术和设施为基本元素，以办公或业务自动化等事务处理系统为基本应用；以仓储管理信息系统、配送管理信息系统、运输配送管理信息系统等实现物流供应链管理与控制；以电子商务系统（包括电子采购、电子分销）实现生产企业和物资需求者的供需关系；通过企业资源计划系统实现与政府经济系统、企业作业系统的集成，从而准确预测不同模式下物资资源需求，保证了物流信息资源的有效整合。积极采用电子商务技术，推进条码技术、RFID（射频识别）、GPS/GIS 和 EDI 技术在库尔勒物流企业中的应用。同时，优化配置物流信息资源，推动立体仓库、条码自动识别系统、自动导航系统、货物自动跟踪系统等物流自动化设施的普及。

4. 搭建物流公共信息平台

大力发展现代物流业，必须抓住区域化和信息化带来的发展机遇，加强物流信息资源的整合，用超前意识推进公共信息平台的建设。物流信息门户网站建设要高标准、高起点地统一规划，避免重复建设，为物流企业提供优质高效的信息服务。除企业的商业机密外，所有的物流信息都应该向公众开放，最大限度地发挥整体的效益。

（五）推动大发展

一是要充分发挥地缘优势，当好"新疆丝绸之路经济带"连接桥，实现高效互动、顺利运转，当好推动者。充分调动与周边县市现有的合作资源，发挥排头兵的作用，当好开拓者，努力将库尔勒建设成为"丝绸之路经济带"的重点支撑城市。

二是要充分用好新疆在建设"丝绸之路经济带"中的政策优势，用好各项政策红利。库尔勒应加快落实包括援疆政策在内的各项优势政策，在"丝绸之路经济带"建设中抢得先机。按照政策沟通、道路联通、贸易畅通、民心相通的要求，推动与经济带沿线各地区在政治、经济、人文、安全等领域的交流合作。

三是充分发挥环境和资源优势，用好差别化产业政策、有序承接东部产业转移。一方面要继续加大自然生态系统和环境保护力度，加快构建生态环保示范区，加快建立环境保护生态补偿机制；另一方面要用好差别化产业政策，创新产业援疆模式，高水平承接产业转移，让更多生产型优势企业落地到库尔勒，支持内地企业依托库尔勒优势，就地发展面向国外市场的精深加工，带动库尔勒产业、物流、人才、服务等各个方面的发展。

四是充分发挥历史、人文和其他优势，做好基础设施建设、物流产业发展和城镇化规划工作，形成科学合理的建设、发展格局。（1）要加大物流业发展力度，坚持"硬件"与"软件"建设相结合，加快构建布局合理、功能完善、衔接顺畅、安全高效的综合运输体系，以交通枢纽带动大物流，以大物流带动大产业；（2）要积极优化城市空间布局，既要发挥好库尔勒的辐射带动作用，也要加快发展一批区域性中心城镇，形成多层次、科学合理的发展格局。

第八章

提升信息化水平，打造智慧城市

导言：库尔勒智慧城市建设不断完善，基本实现了信息化全市域覆盖、智慧公共服务基本普及、智慧产业迅速壮大，成功实现了由"数字库尔勒"向"智慧库尔勒"的转型，智慧城市建设工作先行了一步。"智慧库尔勒"建设的经验包括：顶层设计，统筹规划；信息共享，实务创新；对外开放，坚持合作；完善政策，科学领导。

在互联网、物联网、云计算等新一代信息技术取得突破性进展的背景下，智慧城市这一概念引起了广泛关注，并被认为是从整体上系统性解决当前各类城市问题的有效方案。库尔勒市在"以人为本，绿色、低碳、生态、环保、可持续发展"的宗旨下，以智慧城市建设强力推进新型城镇化建设进程，科学规划智慧库尔勒建设，全面开展智慧城市战略合作，智慧城市建设工作先行了一步。

一　库尔勒建设智慧城市的背景与基础

当前我们正面临全球物联网、新一代移动宽带网络、下一代互联网、云计算等新一轮信息技术变革，同时知识经济进一步发展，信息资源日益成为重要的生产要素，信息化在经济社会发展中的引领和支撑作用进一步显现。在此背景下，一些国家、地区和城市率先提出了建设智慧国家、智慧城市的发展战略。我国对新一代信息技术产业发展高度重视，已将其列为7大战略性新兴产业之一加以重点推进。从城市信息化，走向智慧城市，这是新一轮信息技术发展的必然趋势。

（一）库尔勒建设智慧城市的背景

智慧城市，是以互联网、物联网、电信网、广电网、无线宽带网等网络的多样化组合为基础，更加广泛深入地推进基础性与应用型信息系统开发建设和各类信息资源开发利用，把已有的各种生产要素优化组合，从而以更加精细和动态的方式管理生产和生活，形成技术集成、综合应用、高端发展的现代化、网络化、信息化、智能化城市。智慧城市具有更全面灵活的物与物、物与人、人与人的互联互通和相互感知能力，更高效安全的信息处理和信息资源整合能力，更科学的监测、预警、分析、预测和决策能力，更高水平的远距离控制执行和智能化执行能力，更协调的跨部门、多层级、异地点合作能力，以及更强的创新发展能力，是以智慧技术、智慧产业、智慧人文、智慧服务、智慧管理、智慧生活等为重要内容的城市发展的新模式。

通过信息化手段实现"智慧城市"是一个城市经济社会发展综合实力和文明程度的重要标志，是城市融入全球化浪潮的首要和必要条件，它将城市基础设施、经济、政治、社会、文化、教育和安全等信息有效地组织起来，形成在先进网络环境下的应用系统。

党的十七大指出：健全政府职责体系，完善公共服务体系，推行电子政务，强化社会管理和公共服务；大力推进经济结构战略性调整，更加注重提高自主创新能力，提高经济整体素质和国际竞争力，建设创新型国家；发展现代产业体系，大力推进信息化与工业化融合，促进工业由大变强；提升高新技术产业，发展信息产业和现代服务业，提高城市信息化比重和水平；加强基础设施和基础产业建设。

经过"十一五"的快速发展，库尔勒已进入全面建设小康社会的关键时期。"十二五"时期，是库尔勒实现全面建设小康社会承前启后的关键时期，也是深化改革开放、加快转变经济发展方式的攻坚时期，更是站在新的历史起点上加快推进库尔勒跨越式发展和长治久安的重要时期。大力推进统筹城乡综合配套改单试点市、新疆综合交通枢纽、南疆金融中心、维护稳定的坚强堡垒和战略屏障建设，逐步建立完善十大现代产业体系，加快新型工业化、农牧业现代化、新型城镇化建设，率先实现"三个走在前列"，打造新疆重要的现代化区域中心城市等重大任务都对信息化建设提出了更高的要求。以信息化推动工业化的结构调整，以信息化促进经济快速发展，提升城市综合竞争力，增强可持续发展能力，已成为库尔勒经济社会实现科学跨越发展的战略选择。

（二）库尔勒建设智慧城市的基础

1. 信息化全市域覆盖

从工程建设的角度来看，智慧城市的建设是一项庞大的系统工程，它的实现是以信息科学为基础，主要涉及感知技术、信息通讯技术、应用技术等，各项信息技术的交叉、整合、创新与应用，是智慧城市建设的技术支撑。实现全面覆盖的网络通讯及网际融合是智慧城市建设的硬件基础设施，融合物联网、互联网、通信网和广电网等多个网络，可以为智慧城市提供多种高速接入方式，为不同需求的用户提供个性化、智能化信息服务，为海量信息资源提供多渠道的信息通道。

（1）基础网络建设

——家庭宽带网络

经过多年的规划、建设，库尔勒城市家庭宽带网络基础设施已经形成覆盖全市的高速有线广域宽带网。电信宽带网络有了长足的发展，上行带宽总出口由原来的 1G 提升到现在的 25G，接入方式也由原来的 ADSL 变为 FTTH 光纤接入，接入带宽由原来的 2M 提升到 8M，业务也从普通宽带单一业务，变为 ITV 等多业务终端接入，截止到目前，库尔勒城乡电信家庭宽带覆盖率达到 98%，宽带用户数已经超过 10 万，其中光纤接入的宽带用户已经超过 2 万，按照新疆电信公司的规划，新疆电信将用三年时间打造无所不在的天地一体化宽带网络，2013 年城市区域普遍具备 20 兆以上接入宽带，农村地区 75% 用户具备 12 兆接入宽带，为各类高带宽业务提供了通信基础。

——城市光纤网络

经过十多年的建设，库尔勒城市光纤网络已经形成覆盖库尔勒市区、城乡、郊区、乡团的立体网状光网络，以库尔勒市为核心，纵向上联省会城市乌鲁木齐，下辐射八县，横向覆盖所有乡镇、团连，以电信各个机房为核心，围绕各党政军、企业建立光纤环网。光纤网络为各类专网提供承载基础，建成各类党政军、企业专项服务的专网、满足不同安全需求、不同带宽需求的各类业务。光纤网络的纵深覆盖，使得各类高带宽业务逐步推进，建成"平安城市"全球眼网络和各类党政军、企业视频会议网络等。

——无线 3G 网络

2008 年，中国电信花 1100 亿元巨资收购联通 CDMA 网络，自 2008 年 9 月 30 日开始正式接手运营，并对 CDMA 网经过了全面的优化、扩容、改造和升级。2008 年全疆共投资 5 亿元，2009 年全年共投资 11 亿元。2009 年全年新疆电信全疆建设基站达到 2042 个。截止到目前，现网运行基站已达到 5000 个，其中 EVDO 基站 3500 多个，成功完成乌鲁木齐、昌吉、巴州、吐鲁番、哈密、石河子、奎屯、克拉玛依等地的设备替换割接扩容工作，全疆 16 个地州目前均已开通了 EVDO 3G 业务，目前已经覆盖全疆县级以上城市。

　　自 2008 年，经过 3 年建设，中国电信巴州分公司新建基站 655 个，电信天翼网络已经覆盖库尔勒市所有市区、城乡、乡村、团连、偏远矿区、旅游景点、国道，覆盖度高达 99.1%，2009 年新建的 3G 天翼网络，也已经覆盖了整个市区范围，所有乡镇，团场。利用 3G 网络 + wifi 网络立体交叉覆盖、深度覆盖各个党政军、企业热点区域，实现"无线城市"的目标。

　　——无线 4G 网络

　　2013 年 12 月 4 日，工信部正式向三大运营商发布 4G 牌照。中国移动新疆分公司与 12 月 10 日举行 TD – LTE（4G）网络开通仪式，新疆与全国同步迈入 4G 时代。2014 年上半年，新疆移动建成 TD – LTE（4G）基站 5000 个，覆盖全区 16 个中心城市、63 个县城及团场，同步开通 TD – LTE（4G）业务；2014 年底前，将共建成 TD – LTE（4G）基站 1.2 万个，全面覆盖所有县市、团场、5A 级景区和重点乡镇，并加快向农牧区、连队等区域延伸，使区域内绝大部分客户均能享受到我国自有 TD – LTE（4G）网络提供的服务。中国电信新疆分公司在 2014 年初在乌鲁木齐市试用天翼 4G 无线网络，后续将在全疆范围内逐步放开使用。中国电信新疆公司目前正在积极推进 4G 网络建设部署和提供 4G 业务的相关布置工作。

　　（2）机房硬件建设

　　——库尔勒市政务云 IDC 中心

　　根据国家住建部"智慧城市"建设指标体系、智慧库尔勒规划的相关要求，库尔勒市政府在 2013 年启动库尔勒市政务云 IDC 中心建设。

　　该中心位于中国电信巴州分公司电信大楼五楼 IDC 机房，面积 130 平方米，该机房是国家三级标准机房。初期托管服务器设备为 16 台，中期服务器设备达到 128 台，未来新增服务器设备达到 384 台。该中心机房满足信息安全等级保护二级标准。库尔勒市政务云 IDC 中心安置在该机房，既能满足政府各信息应用系统安全等级保护等要求，也节省了政府机房硬件环境投入。

　　该中心是为了解决政府部门间信息共享，实现业务部门之间的数据交换与数据共享，促进库尔勒市电子政务的发展。具体目标如下：建立数据中心的系统平台；完成相应的应用软件和数据管理系统建设，实现数据的交换、保存、更新、共享、备份、分发和存证等功能，并扩展容灾、备份、挖掘、分析等功能。同时依托电信 IDC 机房，部署"智慧库尔勒"数据云、大数据计算中心，将人口数据库、城市地理空间数据、宏观经济数据库整合在此中心，并作为基础地理信息存贮中心的异地灾备机房。

该中心包含接入区、公共区和 VPN 区三大区域，机房内相关硬件设备性能介绍见表 8 - 1。

表 8 - 1　库尔勒市政务云 IDC 中心构成介绍

三大区域	接入区	按发改委电子政务外网的网络规划，各接入单位需要用专线线路接入智慧城市巴州电信大楼五楼核心机房，该区域提供 MSTP 接入，以及具备以太网口的网络设备接入。
	公共区	市政府各单位所有对公众提供信息服务的应用服务器将规划在该区域内。在等保范围内该区域所有的政府应用服务器提供对公众访问信息应用的渠道。例如：市政府网站群。
	VPN 区	市政府各单位所有的内网应用服务器将规划在该区域内。在等保范围内该区域所有的政府应用服务器提供对内部工作人员访问信息应用的渠道。例如：电子政务、行政审批等应用。
机房内相关硬件设备	市　电	1 路 10KV 市电引入，年停电次数为 3 ~ 5 次，供电质量较好。
	变压器	两台 1250KVA 变压器，采用平均负载工作方式，目前非保证电负荷为 400A，保证电负荷为 550A。
	油　机	2003 年投入使用，威尔逊 P1350，目前峰值电流 700A，带载率达到 43%，要求最大带载率为 80%。
	低　压	整套电源系统共有 2 套低压设备，采用分供的工作方式，2 套低压设备通过母排联通（联络柜内端子损坏），且保证电配电屏内端子全部使用殆尽，无空余端子。
	UPS	2 套 UPS 系统（蓄电池为 2011 ~ 2012 年配置），第 1 套为 80KVA 双机，配置 2 组 200AH 电池（2009 年），目前每台负载率为 45%；第 2 套为 120KVA 模块化设备。
	开关电源	共有 3 套开关电源系统。C 网（2000A，969A，2 × 3000AH）；市话（2000A，668A，2 × 4000AH）；传输（2000A，1000A，2 × 3000AH）。
	机房机架	采用上送风式的货架式机架，更利于散热。
	空调制冷	机房内空调系统采用大风量、小焓差、风冷式恒温恒湿空调机组专用空调。

——库尔勒市基础地理信息中心机房

为保证设备和数据的集中管理、权威发布、资源整合、安全共享，市政府拨付专项资金，对市规划局中心机房按照国家机房建设标准进行改造、扩建，面积达 126 平方米，可容纳 140 台服务器和存储设备。机房作为"智慧库尔勒"数据存储与交换的核心和库尔勒市电子政务大外网建设的重要组成部分。

机房采用气体消防，喷淋全部拆除，墙、顶、地均为防火材料，配有门禁、监控、防雷、防静电、环境监测、精密空调、备用电源等设备，并对地面进行了抗震加固处理，能够保证机房安全及设备稳定运行。

2011 年，市政府拨付专项资金，采购了一期数字城市建设的设备，主要包括：oracle 数据库、ArcGis 软件、入侵检测、硬件防火墙、杀毒软件、服务器、存储、路由器、交换机、中间件、机柜、数字城管 DLP 大屏、终端 PC、终端数据采集器等软硬件设备。其中基础数据管理与发布的核心设备和相关基础地理信息数据均安置在市基础地理信息中心机房，作为数字库尔勒基础数据发布的权威，并将市基础地理信息中心机房和数字城管指挥中心通过百兆光纤专线联通，实现一套基础数据分散调取使用的目的。

——库尔勒市政府网络机房

该机房位于新市政府大楼内，现有网络机房 5 间，其中 4 间机房属于和其他办公单位共用。机房目前有路由器、防火墙、核心交换机各 1 台，接入交换机共计 37 台。

2. "数字库尔勒"建设成效显著

2009 年库尔勒市被列入国家测绘局数字城市地理空间框架建设试点，项目建设包括完善库尔勒基础地理信息数据集、建设库尔勒市地理信息公共平台、开发 2~3 个典型应用示范系统等内容，"数字库尔勒"试点项目构建了库尔勒市地理空间框架，形成权威、唯一的库尔勒市地理信息公共平台，实现地理空间信息资源的共享。

（1）基础设施类工程建设

库尔勒市基础设施类软件条件包括地理信息共享平台、服务资源目录库和数据交换平台三大类型。

——地理信息共享平台

库尔勒市基础地理信息共享平台是"数字库尔勒"整体项目的核心组成部分，是库尔勒基础地理信息数据管理与发布的标准和权威。通过搭建该平台，整合现有数据资源，集成各局委办现有信息系统，实现基础地理信息数据的高度共享，为各局委办信息化建设提供基础地理信息数据保障。

——服务资源目录库

国家标准委 2005 年 9 月底召开了该工作组会议，通过了《政务信息资源目录体系与交换体系》标准的征求意见稿。《政务信息资源目录体系与交换体系》中将政务信息资源目录体系定为：采集、存储、使用和管理政务信息资源目录内容，通过元数据信息的定位和发现，实现政务信息资源共享。建设政务信息源目录体系，就是要对部门间政务信息资源进行梳理和整合，进行分级、分点、分布式的组织和管理。它体现了各种政务资源的内在关联，是信息资源共享和服务的一套工具；是方便信息资源检索、定位和共享的应用服务体系。通过建立政务信息资源目录共享体系，形成科学的政务信息资源整合机制，支持政府与政府之间以及政府各部门之间的协同政务。政务信息资源目录共享体系可以作为一个信息交换共享的平台，从而以保证政府的信息流能顺畅地流动起来。政务信息资源目录共享体系在数据规范化管理的基础上，建立统一的信息资源注册登记制度和管理制度，可以在使用者和各部门之间搭建起一个桥梁和纽带，有利于政府信息资源的发现与定位、发布与传递、共享和交换。便于目前没有信息化的部门共享政府资源目录提供的数据资源，减少重复投资。

——数据交换平台

信息资源的管理、共享、交换、整合和增值应用等逐渐成为当前电子政务建设的重心。政务信息资源交换平台是以国家统一的电子政务网络为基础，通过构建覆盖全市的多级政务信息资源交换体系技术总体架构，围绕跨部门的业务协同，以部门业务信息为基础，确定部门间交换信息指标及信息交换流程，实现不同部门间异构应用系统松耦合的信息交换，形成部门间政务信息资源物理分散、逻辑集中的信息交换模式，提供部门间横向按需信息交换服务，提高政府行政管理效率和公共服务水平，满足政府履行职能的需要。

（2）电子政务类工程建设

——政府 OA 及移动办公

政府 OA 是基于互联网络运用 VPN 加密技术实现远程办公、异地办公的现代化办公软件。具有安全性高，稳定性、可维护性高，可移动性好、使用方便、快捷等特点。通过该系统可实现了电子化公文的传输和资源与信息的共享，OA 与移动办公有效整合，改善了原有纸质传阅、电话通知的工作方式，使单位领导、工作人员突破地域、时间的限制，实现随时随地的公文处理、信息浏览、公文签批、数据传输等无纸化、高效型、方便快捷的信息化办公。是提高工作效率、改进政务流程、加强社会经济监管能力的有效手段。

——库尔勒市政府门户网站群

"库尔勒市政府门户网站群"是根据国家、自治区对政府门户网站绩效评估指标体系的要求，围绕"政务信息公开、在线办事、公众参与、场景式服务"四大功能要求，按照建立一套统一部署、统一标准、统一规范、统一管理的"政府门户网站群"的思路，由库尔勒市政府、陕西西安时光软件公司和巴州电信分公司共同建设在互联网平台上、面向社会服务的，全新高效、功能完备的现代化信息化交流平台，是全市电子政务建设的重要组成部分，其建设目标是能够成为库尔勒"新闻发布的新窗口、政务公开的新平台、干群互动的新桥梁、公共服务的新门户"。

——网上行政审批（效能监察）系统

行政审批系统是运用信息和通信技术，对受理、承办、审核、批准、办结等行政审批过程的手段、方法以及流程进行改造和整合，从而构筑行政审批管理新平台，提高行政审批效率，规范审批行为，是政府实现透明审批、树立廉洁形象、方便群众的重要举措。

——数字城乡

优化社区管理模式和工作模式，提高社区管理、服务水平和工作效率，整合社区各类资源。数字城乡建设是社区"六站一室"工作程序全面展开的必要工具，是社区开展"四知四清四掌握"工作机制的有力助手，是引导"两新"组织良性发展的强力支撑，是实现"两明确"、"三个覆盖"的全面落实的推进器，是实现"维稳工作"在社区长效开展的有利机制。

——数字发展

结合发改委实际工作中存在的问题而提出的是一个针对发改委业务工作信息化的支撑系统，通过建设"数字发展"系统平台，展开与财政、国土、规划、建设、医疗、统计、环保、农业、林业、畜牧、交通、教育、乡镇场等部门、各类企业、市民的信息互动和数据共享，全面掌握库尔勒市国民经济和社会发展现状，积累项目储备，及时核实项目建设地点、建设规范、项目工程进度，掌握全市各类企业规模、需求，及时反馈商品价格，查处各类价格违法行为，为市委、市政府提供及时、准确的宏观经济信息，为企业提供更好的项目服务，为市民提供更好的价格服务提供全面支撑。

3. 智慧公共服务逐步普及

（1）民生服务类工程建设

智慧城市的软件基础包括翼校通、校园翼机通、食品安全管理信息系统、城市一卡通、智慧教育、智慧社区、智慧养老等便于居民文化教育、食品安全、交通通讯、居住养老等方面的民生服务设施建设。

——翼校通

为教师、家长提供基于手机客户端、互联网和短信的家、校沟通服务以及学生到离校安全管理服务。

——校园翼机通

通过使用 RFID UIM 卡的天翼手机提供教师、学生的考勤、就餐、消费等功能。

——食品安全管理信息系统

利用物联网技术，结合工商、食药监等食品安全监管业务，家里食品安全综合监管系统，围绕食品生产流通环节，实现实时数据采集，全过程监测，及时预报预警，联合执法检查，协调事故报告处理等业务功能。

——城市一卡通

城市一卡通系统工程是城市数字化、信息化建设的一部分，其主要目标是建设全市通用的一卡通网络系统。城市一卡通，主要涉及公交、出租、地铁、水电暖交费等领域，大大方便了广大居民。

——智慧教育

初步建立教育管理数据中心，整合各类信息资源，完善教育行政管理、教学业务管理，学生综合素质管理，教师研训管理，课程资源管理，教育质量管理等信息系统，推进面向学生和家庭的公共教育信息服务。

——智慧社区

智慧城区（社区）是指充分借助物联网、传感网，涉及智能楼宇、智能家居、路网监控、智能医院、城市生命线管理、食品药品管理、票证管理、家庭护理、个人健康与数字生活等诸多领域，构建城区（社区）发展的智慧环境，形成基于海量信息和智能过滤处理的新的生活、产业发展、社会管理等模式，面向未来构建全新的城区（社区）形态。

——智慧养老

智慧养老是面向居家老人、社区及养老机构的传感网系统与信息平台，并在此基础上提供实时、快捷、高效、低成本的，物联化、互联化、智能化的养老服务。例如远程监控老人生活，老人在家中摔倒，地面的安全传感器就会立即通知此前协议约定的医护人员和老人亲属；正在煮的东西长时间无人问津，装在厨房里的传感器会发出警报，提醒健忘的老人；老人已经外出，如果报警一段时间还是无人响应的话，煤气便会自动关闭；监测老人健康。

（2）社会管理类工程建设

——工商 E 通

利用移动网、电话网、互联网等通信手段，借助物联网、云计算等技术，为工商行政管理部门搭建移动执法和重要商品监管工作平台，实现一线执法人员移动执法，以及重要商品信息的备案和监管等功能。该应用可以大大提高工商行业的信息化建设水平，加强监管工作力度，提高执法工作效率。

——警务 E 通

中国电信"警务 E 通"行业应用产品是利用中国电信电话网、移动网、互联网的融合优势，为公安一线执法人员提供数据加密及身份认证等技术手段，在保障安全的前提下使用移动终端与公安信息网进行信息交互的公安移动警务系统。使公安信息能够覆盖凡是移动通信网络通达的任何地方，达到公安部"三 A"要求，即：任何地点、任何时间及任何方式都能够保障信息畅通，以满足公安客户随时随地办公的需求，提高了警务工作的管理效率和一线执法人员的办工效率。

——司法 E 通社区矫正管理

"司法 E 通"社区矫正信息管理系统以中国电信天翼 3G 手机为载体，将区域监管功能、信息交换功能、警示告知功能、档案管理功能、考核管理功能和权限管理功能等六大功能集于一体。通过"司法 E 通"平台，司法管理人员能随时随地了解矫正对象的位置，实施定时和随机位置查询，在预定时间内了解社区矫正对象是否离开安全活动范围，并提供考核依据。同时，系统管理功能还可实现对矫正对象的集中学习、公益劳动、思想汇报、奖惩登记、请假登记、警示告知等情况进行自动评分、累计统计，并通过平台下发教育文件、教育通知、劳动通知以及心理咨询等信息，大大提高矫正工作人员工作效率，同时有效防止脱管、漏管现象，最大限度预防和减少矫正对象重新走上违法犯罪的道路。

——库尔勒数字城管

数字化城市管理新模式就是采用万米单元网格管理法和城市部件、事件管理法相结合的方式；应用、整合多项数字城市技术；通过信息采集器"城管通"，创新信息实时采集传输的手段；创建城市管理监督中心和指挥中心两个轴心的管理体制；再造城市管理流程；从而实现精确、敏捷、高效、全时段、全方位覆盖的城市管理模式。

——库尔勒应急指挥

形成全市统一指挥、反应灵敏、运转高效的应急机制，增强政府保障公共安全和处置突发公共事件能力，确保人民群众生命财产安全。以突发公共事件应急响应全过程为主线，涵盖各类突发公共事件监测监控、预测预警、报警、接警、处置、结束、善后和灾后重建等环节的系统工程。

——库尔勒平安城市

"平安城市"是城市综合管理的有机组成部分，主要以综合治安监控应用为主，对整个城域范围的视频资源和信息进行有效管理和应用。治安视频监控系统是城市系统中的"点"，"平安城市"的视频监控不仅是单个部门或行业安防业务的支撑系统，整合后将成为整个城市信息化建设和管理应用的支撑系统。

4. 智慧产业迅速壮大

——智慧旅游

智慧旅游，也被称为智能旅游。就是利用云计算、物联网等新技术，通过互联网/移动互联网，借助便携的终端上网设备，主动感知旅游资源、旅游经济、旅游活动、旅游者等方面的信息，及时发布，让人们能够及时了解这些信息，及时安排和调整工作与旅游计划，从而达到对各类旅游信息的智能感知、方便利用的效果。

——智慧服务

旺铺助手：为普通聚类客户提供客户资料管理、来电弹屏、进销存管理等功能。销售管家：面向一般制造行业，通过移动终端帮助企业实现外勤外修人员、进销存、零售终端、物流配送的高效管理。外勤助手：为企业、政府管理者提供针对外勤人员基于位置的考勤、差旅、客户、行程等管理功能。企业翼机通：为企事业客户群提供门禁、考勤、会议签到、园区消费、短信通知等功能，提高企业信息化管理和后勤管理水平。

——智慧金融

保险 E 通集软硬件、移动网络于一体，主要为保险公司解决报案后等待时间长、定损质量和理赔时效较差、销售人员缺少信息化营销工具等问题；移动证券通过客户端软件、短信、彩信、视频、WAP、定制终端等多种方式，为证券公司的客户提供大陆 A/B 股实时行情、在线交易、港股行情、基金行情、投资咨询、证券资讯信息等服务。

二　库尔勒智慧城市建设的发展现状分析

库尔勒市在被选入第一批国家智慧城市试点后，又入选"中欧绿色智慧城市战略合作"的中方试点，在《国家智慧城市试点暂行管理办法》和《国家智慧城市（区、镇）试点指标体系（试行）》的指导下，有19个智慧城市应用项目上线运行，州市应急指挥中心、数字城管效用明显，信息设施和网络信息环境走在全疆前列。

（一）智慧城市建设的顶层设计理念

1. 智慧城市顶层设计思路

顶层设计首先考虑整个城市本身的发展定位和产业定位，信息化项目和信息系统的搭建都和这种定位有直接的关系①。从用户的业务目标着手分解其所有系统的需求，包括未来的产业发展方向、城市发展方向，以及在民生、城市管理等方向预计达到的目标，依据此来分解要实现的目标和要做的信息化工作，最后在整体的设计款框架下实施方案。随着技术的发展，可以被信息化的业务越来越多，设计者必须要对今后一定时期内的发展趋势做出判断。不管是否有条件达成最终的目标，都要先按照相应的目标来做顶层设计。

因此，智慧城市的顶层设计使用系统论的方法，对智慧城市建设的各个方面、各个城市、各种参与力量、各种正面的促进因素和负面的限制因素进行统筹考察，理解和分析影响智慧城市建设的各种关系，从全局的角度出发，对智慧城市的基本问题进行总体的、全面的设计，确定长期的建设目标，制定实现目标的路径和战略战术，并建立智慧城市建设发展的保障措施，将建设的风险降至最小。顶层设计关系智慧城市全局，是方向性的举措。顶层设计是在宏观上对智慧城市的方方面面进行统筹规划，是智慧城市发展战略的具体化，关系智慧城市建设的全局乃至成败。

2. 库尔勒智慧城市建设的新理念

（1）以提高城市现代化水平为关键

智慧城市不仅仅是一个发展愿景，更是增强中心城市核心竞争力和整体辐

---

① 冯经明：《顶层设计　重点突破　全面应用》，《信息化建设》2012年第4期。

射能力的切入点，为城市经济结构调整、社会事业发展和信息化技术提高指明了方向，将不断推动城市经济社会向高端发展。智慧城市内涵非常丰富，智慧城市的建设不仅仅是改变城市居民的个人生活环境和质量，更可用于城市公用安全、产业发展、环境监控、智能交通、医疗卫生等多个领域，使社会各种资源的效用最大化，大大促进企业降低成本、提高效率，同时助力政府提升公共服务能力、城市管理效率。库尔勒智慧城市建设就是以智慧城市基础设计、智慧产业、智慧政府为突破进行建设的。将智慧城市建设作为库尔勒政府转型发展的载体、创新发展的支柱、跨越发展的动力，从根本上提高库尔勒的城市综合竞争力。

（2）以建设服务型政府为导向

库尔勒智慧城市建设的出发点和落脚点都应该是为了创新城市管理模式，提高城市运行效率，改善城市公共服务水平，拉动智慧产业发展，提升城市综合竞争力。政府作为城市的管理者，既是智慧城市建设的主导力量，也是智慧城市建设的核心内容之一，是智慧城市建设成功的关键。在目前政府转型、强调智慧型政府的新时期，智慧城市的目标就是通过信息化手段达到提升政府效率和服务意识的目标。用信息技术装备行政主管部门，提高管理手段的现代化水平；实现业务流程规范化、标准化和软件化，提高城市管理的工作效率和办事透明度；构建数据和信息双向和多向的交流通道，为城市的管理和发展提供及时和充分的科学依据，市政府管理和为社会服务从定型化走向定量化。

（3）以提高市民的生活品质为目标

库尔勒智慧城市建设要惠及市民百姓，努力提高市民的生活品质和城市品质。把富民放在更加突出和优先的位置，千方百计促进就业创业，增加居民工资性、经营性、财产性收入，大力提高社会保障水平，是全体市民能够更好地分享信息化和城市化成果，构建民主法治、公平正义、诚信友爱、充满活力、安定有序的社会主义和谐社会，有效提高城市居民的满意度，真正将城市发展的成果惠及市民百姓。

（二）智慧城市建设历程

1. 国家关于智慧城市建设的相关政策

政策是调整城市经济和社会发展的重要手段。在以智慧城市为导向的城市建设中，政策在其中起到一个风向标的作用。政府加强智慧城市建设相关的政策制定与完善，控制科研经费的拨付方向，影响着技术进步和资本投资的方向。而技术和经济是影响智慧城市建设的另外两个重要方面，所以政策在此起到至关重要的作用，政策因素在我国决定建设模式。

2012 年 11 月 22 日下发了建科办〔2012〕42 号"住房城乡建设部办公厅关于开展国家智慧城市试点工作通知"的文件，文件包含三部分：通知、管理办法和指标体系，核心内容涉及城市的产业升级、民生改善、社会治理、生态环境、基础设施建设等。《国家智慧城市试点暂行管理办法》（简称《管理办法》）的发布将使我国智慧城市建设进入一个崭新的阶段，对推动建设的发展具有重要价值。《管理办法》在指标体系中，对规划、组织机构、政策法规、经费来源、运行管理等几个方面明确提出了建设要求，突出显示了"智慧"城市建设的系统性、复杂性、综合性的特点。《管理办法》对智慧城市的建设理念给出了明确阐述，结合中国现状和发展目标，给出了明确、务实、有效的观点。

同时发布的《国家智慧城市（区、镇）十点指标体系（试行）》（简称《指标体系》）传递了一种现代城市的发展观，以及城市基础设施建设的工程、应用系统的规划、建设、管理、运行等经济、社会、空间特征。《指标体系》建立了便于检验、评判的建设标准；明确了建设方向，从政务、产业、民生、金融等多角度构建城市规划、建设、运营、管理相关业务应用系统，服务于广大民众、政府部门和企业。

《管理办法》和《指标体系》的颁布，将智慧城市建设体系化，明确了申报程序，制定了体系指标，层次分明，要求明确。同时实现了智慧城市建设的资金保障前提，在资金得到保障的前提下，建设推进速度将得到很大提升。最后，智慧城市发展的驱动器是产业创新，技术创新型和战略性新兴产业的发展，将衍生全新的产业形态，从而促进城市动力机制的发展。

2. 库尔勒智慧城市建设历程

2009 年，库尔勒市被国家测绘局列为数字城市地理空间框架建设试点市，这是库尔勒智慧城市建设的开端；

2011 年 8 月，新疆公司"宽带中国、智慧新疆"项目签订并启动，从集团公司和区公司层面引导推动了智慧库尔勒的建设；

2012 年 3 月，库尔勒市政府召开"智慧库尔勒"工作会议，分公司和市政府签订了"智慧库尔勒"合作框架协议，标志着"智慧库尔勒"项目正式启动；

2012 年 9 月，智慧库尔勒推动库尔勒市创意展示中心、市民服务中心项目建设；

2013 年 1 月，库尔勒市成功申报国家住建部全国首批 90 个国家智慧城市试点城市；

2013 年 7 月，智慧库尔勒推动"库尔勒市政务云 IDC 中心"项目建设；

2013 年 9 月，库尔勒市成功入围"中国和欧盟委员会绿色智慧城市"试点单位，全国 15 座城市，西北五省仅库尔勒市；

2014 年 3 月 5 日，以智慧库尔勒发展为契机，为全面推进全州智慧城市建设，巴州人民政府与新疆电信签订《把握建设"丝绸之路经济带"战略机遇，共建"智慧巴州"战略合作框架协议》，进一步促进智慧库尔勒的建设。

（三）智慧城市建设的主要成就

自 2009 年启动数字、智慧城市建设项目以来，库尔勒市在原有的信息化水平之上，加大创新力度，深入拓展智慧城市深入应用，切实为市民、企业、政府及社会提供力所能及的服务、管理和支撑，以服务企业、市民、社会为宗旨，取得了一系列的建设成果。在"十一五"期间，库尔勒市对信息化建设非常重视，制定了各种推动措施和扶持政策，基础网络不断完善，升级改造了政府门户网站，并将"数字城管"、"地理信息资源中心"、"网上行政审批（效能监察）系统"为示范应用，陆续为后期建设一大批"实用、易用"的应用系统、公共服务平台、专业网站等，起到推动作用。基本形成以电子政务建设和搭建公共服务平台为龙头，以社区、农村和企业信息化为支撑的应用体系。

1. 建立基础地理信息数据管理系统，创新基础设施体系建设

（1）基础空间数据管理系统

主要的子系统，面向基础地理 4D 数据及各专业图形数据的管理及系统维护人员，实现对空间数据的输入、编辑、管理、查询、空间分析和输出等功能。

（2）控制测量成果管理系统

对数字线画图、数字高程模型、数字正射影像图、地名数据、综合管线数据、专题信息等各类地理信息空间数据库的元数据进行编辑、检索、查询、统计、输出等管理。

（3）地名库管理与应用系统

对自然地理实体名称、行政区划和经济区域及居民地名称、道路及交通附属设施名称，具有地名意义的大厦、公园、广场、风景名胜、文物古迹、企事业单位、门牌号码等地名信息进行编辑、查询、统计、分析、输出以及对历史数据进行管理。

2. 构建公共服务平台，推进便民工程建设

（1）数据共享服务子系统

面向市各委办局提供基于数据的 Web 服务，实现基础空间数据共享和互操作，以及与各委办局和乡镇业务应用系统的无缝集成。各委办局可以综合自身业务需求、根据共享基础空间数据特点及网络连接情况，采取适当的数据共享方式，通过系统提供的一系列空间数据服务接口，加载已经发布共享的不同专题的基础空间信息，并叠加自身业务专题信息，完成相关的基础空间数据的查询、定位、分析等功能，实现基础空间数据的共享服务。

（2）数据库管理子系统

管理基础地理共享数据和支撑专业应用系统的基础平台，主要负责提供对各类数据的入库、更新、管理和地图配置，通过目录管理和元数据管理相结合，实现统一资源目录的管理和应用。

（3）运维支撑子系统

对公共服务平台各系统的管理，提供监控数据库运行状态的功能，建立数据访问、服务访问的管理日志，以保障整个平台能够为客户端应用访问提供安全、稳定的支撑。

（4）资源展示子系统

对矢量数据、栅格数据、遥感影像数据、三维数据等各类现有基础空间数据资源进行展示，对地图标注、全文检索等功能进行相应的应用展示，以及这些数据在各个领域（综合决策、应急指挥和公众服务）中的作用和典型应用。

3. 社会信息化全覆盖，实现城市数字化管理

门户站群：政府门户网站、电子政务协同 OA、综合手机移动办公、行政审批（效能监察）。

公共服务平台：共享服务平台建设、运维支持平台、SL 版展示平台。

智慧应用：数字城管、平安城市、数字城乡、数字规划、三乡一镇信息管理、数字发展、警务 E 通、工商 E 通、财政 E 线、智慧社区、交通三维辅助决策、煤炭税费征收信息管理等。

（四）"智慧库尔勒"的重点工程项目建设

智慧城市概念是在新一代信息技术获得突破的大背景下提出的，可以说技术的进步是智慧城市建设的原动力，离开了新一代信息技术智慧城市只是空想。智慧城市是指通过广泛采用物联网、云计算、人工智能、数据挖掘、知识管理等技术，提高城市规划、建设、管理、服务的智能化水平，使城市运转更高效、更敏捷、更低碳的新型城市发展模式。数字城市、无线城市是智慧城市建设的基础。无线城市建设初期是希望实现人们可以在任何时间、任何地点，获得任何服务的目标，主要是用"2G＋3G＋WiFi"的技术模式实现服务的全覆盖。而在无线城市建设的高级阶段，主要是实现服务由数字化、信息化到智慧化的转变。

1. 网络基础设施建设工程

（1）建设深度覆盖无线网络

持续推进2G网络的广度和深度覆盖，加快3G网络的建设步伐，重点打造"3G＋WLAN"的"无线城市"网络。加强高速无线网络在市区、城镇、乡村、团连的连续覆盖，在住宅楼宇、办公区域、商业休闲区域、交通线路及枢纽、旅游景点等公共场所和重点区域的深度覆盖和在偏远地区的广度覆盖。积极开展网络优化工作，改善网络性能，提升网络质量。加快构建无线城市应用体系，加强多种类内容的资源整合力度，推进无线宽带业务在现代服务业的应用，强化产业园区无线信息化综合服务平台建设。探索无线网络建设新模式，相关专项规划工作有企业深度参与，并与城市开发建设规划紧密结合；在重点公共区域探索由企业负责建设和运营、由政府购买服务、为公众免费提供的新模式。

（2）建设高速光纤网络

进行城市核心节点环状组网，并连接核心路由器，实现大容量传输以及多业务融合汇聚传送和统一交叉调度，建成覆盖全市的高速光纤网络。同时以尽量靠近用户为原则，不断延伸光纤网络的覆盖范围，加快推进光纤到楼入户，全面实现高带宽的接入。在光纤网络的建设过程中，加强规范管理，注重基础网络资源的共建共享，避免重复建设和资源浪费。积极推进架空信息线缆入地敷设工作，完善集约化城区新建信息管网建设。

（3）建设下一代广播电视网

以光纤同轴混合网为基础快速全面推进有线电视网的数字化和双向改造，加快基于高清交互机顶盒的家庭网关的普及，建成符合下一代广播电视网要求的干线传输网络和接入网络，具备跨地区网络互联和资源共享能力。建设综合性下一代广播电视网管理系统，对业务、内容、网络和用户进行智能化监控和管理，打造智能管道。丰富基于下一代广播电视网的业务形式，开展广播电视、宽带接入、语音通话和家庭物联网应用等融合类服务。

（4）深入推动三网融合

推动广电和电信业务双向进入，探索广电和电信领域合作模式的创新。以业务互补、资源互补、市场共享为原则，积极引导鼓励本地广电网络运营商和电信运营商的业务应用合作以及双方对合作模式的大胆创新和实践，实现网络的互联互通与数据的经济交换，大力推进基于电视、手机、PC 等多终端的融合类业务的开展。

2. 信息资源整合共享工程

（1）建设政务云计算中心

基于以基础设施即服务、平台即服务、软件即服务的云计算网络架构，建设智慧库尔勒政务云计算数据中心。通过架构即服务（Iaas）的在政务私有云，将传统数据中心不同架构、不同品牌、不同型号的服务器进行整合，通过云操作系统的调度，向智慧城市的各个应用系统提供一个统一的运行支撑平台。同时，借助云计算平台的虚拟化基础架构，可以有效地进行资源切割、资源调配和资源整合，按照应用需求来合理分配计算、存储资源，最优化效能比例。

（2）整合城市公共基础数据库

整合来自各领域的数据资源，运用虚拟化技术，初步形成包括人口信息资源库、基础空间资源库、法人信息资源库、宏观经济资源库、建筑物基础数据库及专项系统数据库的公用数据资源池。其中人口信息资源库以自然人为主线，整合全市人口以及计生、劳保等相关领域的信息资源；基础空间资源库以城市管理为主线，整合全市建委、安监、环保等部门的空间地理信息资源；法人信息资源库整合全市财税和法人信息资源；宏观经济资源库整合全市宏观经济指标；建筑物基础数据库整合全市建筑物的相关数据信息；统一共享数据管理平台和专题数据服务平台基于模型规则库和元数据库，对信息进行加载、清洗、转换、整合和应用。

（3）搭建城市公共信息平台

为实现不同职能部门之间的业务协同和信息共享、提升政府的公共管理和公共服务水平，建设公共信息平台。该平台由共享交换前置机系统、交换平台、共享平台、门户网站和数据服务组成。其中共享交换前置机实现其前置交换机数据库与部门业务数据库之间的在线实时信息交换；交换平台实现不同部门前置交换信息库之间安全、可靠、稳定、高效的信息交换传递；共享平台基于交换平台实现数据共享，主要包括基础数据库、GIS 平台和信息资源目录库；门户网站是用户在线提供数据和服务的出口以及用户在线获取数据和服务的入口，集成多类在线服务功能；数据服务为用户提供数据分析、查询、挖掘、决策等各类功能实现和数据开放、调用服务。

3. 城市基础功能智慧化工程部署

（1）部署智慧化供水系统

按照供水企业运行模式和行业要求，建立包括水源监测子系统、水质处理子系统、管网监测系统、供水营收系统、城市供水配水管网管理系统、总控系统等在内的一整套信息化系统，运用科学的管理模式和方法，对数据进行统一采集处理，并形成合理规划、管理和决策，最终搭建起综合供水管理信息平台。

（2）部署智慧化排水系统

综合采用物联网、地理信息系统、可视化等技术对城市排水管网进行信息化改造，构建水源感知监测系统和包含排水管网基础空间数据库、排水管网监测系统、排水管网控制系统的排水管网可视化系统等，实现对整个城市的排水管网状态、自然水和污水排放状况以及排水系统的实时动态监测和管理调度优化。同时推广居民住宅节水系统对雨水以及居民生活中产生的中水进行回收再利用。

（3）部署地下管线与空间综合管理系统

以计算机网络为载体，以地理信息系统为核心平台，构建地下管线信息数据库系统、地下管线安全监控系统、地下管网系统应急处置系统、地下管线规划系统。在数字地图的基础上，利用地理信息系统的数据库管理、查询、统计和分析功能，为城市地下管线的规划、建设、管理、决策提供支持。

（4）部署智慧化燃气系统

针对燃气用量大的商业客户逐步推广远程智能抄表，建立包括城市燃气智能监控系统和燃气智能抄表系统的智能型燃气监控调度和应急指挥平台，实现对住户、液化气充装站、汽车加气站、天然气门站、调压站、燃气终端等设施的在线监控，确保合理供气和用气安全。

（5）部署智慧垃圾分类处理系统

依托物联网技术和移动互联网技术实现垃圾分类处理的信息化，构建垃圾收集系统、垃圾运输系统和垃圾处理系统，用数字化智慧化的技术手段提升垃圾分类管理实效，降低城市垃圾处理成本。

（6）部署智慧化供热系统

鼓励新建楼宇采取居民住宅清洁能源分户自采暖方式。在已有集中供热系统基础上，依托数字化城市供热管网系统，解决集中供热系统的主干管网布局优化和换热站供热容量优化问题，在全市范围内采样部署市内温度监测感知点，建设供热指挥调度中心、供热监控系统和供热智能终端控制系统，提升城市供热智能化、信息化管理水平。

（7）部署智慧化照明系统

基于云计算技术，对公共照明设施进行改造。通过搭建控制系统硬件平台、云计算基础平台和平台业务系统，实现快速准确地对公共照明设施实施遥控、遥测、遥监、遥视、遥信等功能，以及根据实际需求对系统制定相应的节能和报警策略，配合来人来车检测。

（8）部署智慧交通工程

以地理信息系统为基础，通过 GPS 定位和无线通讯手段，实现城市路面警力的可视化指挥调度功能，完善对交通警情的有效处置。建设集交通信号控制、事件检测、交通诱导、交通流采集、违法监测、车辆智能监测记录为一体的集成交通管理系统，实现对主城区实时交通状况的全面掌控。发展面向市民和企业的公众交通信息服务，为市民交通出行提供全方位的信息支持。建设集成公交车辆监控调度、自动报站、客流统计、电子站牌和视频监控等功能的智能公交系统，完善公共交通服务。

4. 便民高效电子政府工程

（1）推进办公自动化系统

基于云计算技术构建办公自动化系统，实现集网络平台互联、应用系统协同、信息资源共享为一体的，固定和移动网络技术相结合的，智能化、规范化的信息门户和通用办公自动化系统，功能实现包括公文管理、档案管理、人大政协提案管理、督察督办管理、领导日程安排、通讯录、任务管理、通知管理、视频会议等。

（2）推进网上办事系统

以业务支撑平台和资源管理平台为核心，通过标准接口，实现系统与各部门的无缝对接以及系统与基础数据资源库的连通，为市民和企业提供个性化可定制的智能门户界面以及统一的水、电、煤气、通信等公共事业企业服务。完善政府网上办事功能，实现端到端的网上办事流程贯通，提供全生命周期、全方位、个性化、主动式的政府在线服务。

（3）搭建决策支持系统

以公共基础数据资源库为基础，综合利用网络舆情监测系统、视频监控系统等渠道，广泛获取城市运行各方面的信息，进行数据加工、知识挖掘、模型构建，为政府决策提供权威、一致、及时的基础数据支持。开发建设政府网络问政平台、通用分析平台和决策支持主题应用系统，借助多样化社情民意了解渠道，使用成熟的分析工具和科学的分析算法，实现分类指标比对和综合分析判断。

（4）推进政务信息公开

全面落实地方性法规议案、规章制度、规范性文件和重大事项的公众意见网上公开征集程序，主动、及时、准确公开财政预算决算、重大建设项目批准和实施情况、社会公益事业建设情况等方面的政府信息。

5. 城市管理智能化工程

（1）搭建数字化城市管理平台

基于传感网络、通信网络、互联网和物联网，建设涵盖城市核心区域与城乡结合部的数字化城市管理平台，实现无线采集、业务受理、呼叫中心、协同工作、地理编码、监督指挥、数据交换等关键业务系统。逐步实现将市容、环卫、交通、环保、建筑、园林等行业纳入平台，对公共业务流程进行抽取，实现统一模块研发和调用。

（2）建设园林绿化管理系统

建设智能节水园林绿化系统，基于传感网络收集与园林绿化相关的气象、土壤、雨量等各类数据，通过专家预测系统科学计算出最佳灌溉时间与灌水量，以达到节水灌溉的目的。建设基于地理信息系统的园林绿化管理系统，实现园林绿化信息查询与管理、园林绿化拆迁成本核算、园林绿化养护规程管理、园林工程建设管理等相关功能，实现对园林绿化情况的综合评价。

（3）推进公共建筑能耗管理

建设公共建筑能耗管理系统，基于传感网络收集建筑的温度、湿度、电能等各类能耗数据，实现从多角度、多维度对建筑能源消耗情况进行跟踪统计分析，并实时提供相应的数据报表，对建筑能耗进行合理控制，以达到建筑节能运行的目的。推进绿色建筑试点工程，在试点建筑中，引入太阳能、风能等自然资源，安装节水型生活用水器具等节能用具，合理设计节约土地资源和能源，实现建筑与自然环境的和谐发展。

6. 智慧民生工程

（1）建设智慧教育平台

搭建优质全市教育资源共享平台，整合共享全市课堂录播视频、课件、试题等优质教育信息资源，通过远程教育和网上互动教学等网络教育方式，促进教育的均衡发展和优质教育资源的普及共享，使农村和边远地区师生也能享受优质教育资源。探索推进"智慧校园"建设，提升校园运行管理信息化水平，促进服务型校园建设。利用三维技术、虚拟技术等手段，发展文化、艺术、生活的网上展现新形式，建设一批高质量的文化信息数据库，推广普及数字图书馆和电子阅览室。

（2）建设智慧社保系统

以"群众满意、适度超前"为目标，紧密围绕社会保险、社会求助、基本住房保障等社会保障事业重点工作，加强实现社保信息系统的融合和信息资源的整合，实现各项业务领域之间的信息共享、业务协同和有效衔接，形成统一规范的信息化公共服务体系和科学有效的决策支持体系，实现社会保障一卡通。

（3）建设智慧医疗体系

构建区域卫生信息平台，逐步建立全市统一标准、高度共享的"居民健康档案/电子病历管理系统"。建设"智慧医院"，推进云计算、物联网和无线移动技术在医患管理、用药管理、物资管理、采供血管理等医疗卫生行业的应用。建设全市统一的集约式预约挂号平台，探索检验检查结果互认、双向转诊及远程医疗等协同应用。

（4）建设食品药品安全诚信系统

适应当前本市食品药品监管工作的需要，借助信息化管理手段建立完整的食品药品安全诚信体系，更好地保障本市食品药品安全，开展餐饮食品药品各环节、全过程的信息化快速了解、反应、监管和处置机制，创造一个企业满意的、市民信任的、与国内一线城市接轨的食品药品企业诚信环境，确保本市不发生群体性食品药品安全事件。

7. 智慧生活环境塑造工程

（1）智能环保监控系统

构建快速感知、智能处理、环境应急一体化的智能环保监控系统，综合运用 GIS 系统、传感器、在线监测仪表、视频监控等技术手段，实现对空气质量、地表水环境质量、环境噪声、污染源、城市饮用水等环境指标及能耗的实时监测、事前预警、紧急响应等，利用智能技术、低碳技术推进节能减排和生态发展。

（2）智慧社区建设工程

在萨依巴格街道"数字社区"综合服务管理系统试点基础上，全面推进建设全市统一的社区智能综合服务平台，为居民提供行政管理、社会事务、家政等"一站式"服务。试点和推广智能消防、停车场管理、社区安防、远程抄表、智能供水等智能物业管理应用，发展社区电子商务以及电子政务、远程医疗、远程教育、家政服务等社区互动信息服务。

（3）智能家居建设工程

大力推进以4C（计算机、通讯、消费电子、内容）融合和三网融合为特征的数字家庭发展，试点发展集家居控制、安防、节能、健康服务等为一体的智能家居系统，发展高清互动家庭多媒体信息服务，提高家庭信息化水平，使库尔勒市居民可以享受更智能的家居服务，提升生活质量和品质，更直观地感受到信息化带来的生活便利。

（4）智慧能源优化提升

综合利用物联网、新材料、新能源等技术推动核心地段商业建筑和高端社区楼宇的智能化、绿色化建设，推行智能绿色建筑标准，推广太阳能屋顶、楼宇可再生水循环系统、智能节电等示范应用；建设全市综合能源管理平台，以市政路灯统筹控制、景观灯光智能调控、企业能耗上报和居民智能用电为突破口，引导企业和用户采用绿色低碳的生产方式和生活方式，逐步建立覆盖全市的能源数据实时监测、能源服务智能响应、能耗信息整合共享的能源应用管理体系。

8. 智慧产业培育工程

（1）提升传统产业智能化

推进数字化、智能化、网络化为显著特征的自动化控制系统和装备在石油、纺织、电力、水泥、矿产、建材等工业领域的应用，提高行业的智能化水平，并推进计算机辅助设计（CAD）、计算机辅助工程（CAE）、虚拟仿真、数字模型等新技术的应用，支持企业部署应用新一代智能化企业资源计划、供应链管理、客户关系管理等系统的部署应用，在建材、造纸等高耗能、高污染行业，推广清洁生产和节能减排信息技术应用，部署环境监测预警系统。在香梨、棉花、畜牧业等特色的农业产业领域，建立信息化服务平台，推广农业科技信息服务支撑，借助电子商务等新模式壮大特色产业。

（2）推进智慧物流

在航运、空运、铁路、公路等行业建设面向中小企业的金融信息发布、监控追踪、诚信认证、金融担保、保险救援等功能于一体的物流公共信息服务平台，推动"多式联运"的智能化供应链建立，把库尔勒建设成为南疆的区域物流信息中心；促进制造企业和物流企业信息系统对接，推动 RFID 技术在本市物流企业的应用。

（3）智慧支付

推动金融跨行业融合，加强金融与移动电子商务以及物流的融合，鼓励商业银行与非金融行业加强合作，推广市民一卡通、NFC 手机支付等智慧化支付新方式，普及支付终端卡设备，提高全市支付服务便捷性、安全性。

9. 安全保障工程

（1）智能综合管控系统

建设库尔勒治安综合管控平台，完善和深化"平安城市"工程，增设视频监控点，整合公安监控和社会监控资源，实现对重点区域与重大工程现场、重要企业、高危行业和金融单位的 24 小时实时监控和优化管理。建设"治安卡口管理"和"电子警察"系统，在主要道路和治安卡口、城市出入口全部安装高清智能卡口监控系统，在辖区国省道、主要道路（含县乡道路）交叉路口全部安装高清图像监控系统和车辆号牌抓拍识别系统，实现对行人、车牌的抓拍、识别、比对、报警和布控等功能。建设公共安全动态视频监控报警系统，将公共安全视频监控网与社会面报警监控技防网进行融合，实现报警联动，构成全市社会治安动态视频监控体系。

（2）网络信息安全保障工程

强化网络应急容灾能力建设，做好应急预案制定、应急资源储备、应急抢险队伍建设、应急容灾技术创新等工作。加强安全监控平台建设，落实信息安全和网络文化监管，提升网络安全水平，确保各类机密和用户个人信息安全以及网络文化环境健康有序。

10. 应用项目工程建设

智慧地理信息共享平台、财政 E 线、OA 办公、党员电教、网上行政审批（效能监察）系统、政府门户网站群、数字城乡、数字发展、智慧校园、翼机通、智慧社区、数字医院、社区矫正、警务 E 通、食药监管、数字药监、平安城市、智慧监控、数字城管、智慧公交、智慧公交等。

（五）"智慧库尔勒"建设面临的问题

近年来，库尔勒市在信息化建设方面取得了较好的成绩。库尔勒先后建设了政府电子政务协同 OA 系统、平安城市、数字城乡、市政府门户网站、综合手机办公、数字城管、行政审批、协同通信等深化政务应用系统。2012 年又陆续启动了"基层社区管理创新服务平台项目"和"煤炭税费征收信息化管理系统"等信息化项目。这些信息化项目的实施，有效提升了政府管理和公共服务能力，初步实现了信息兴业、惠民的目标。

自 2009 年被国家测绘局列为"数字城市地理空间框架建设试点"城市后，库尔勒市投资 1100 万元，建设数字城市中心机房，搭建全市统一的基础地理空间共享平台，将入库正摄影像图、地形图及地名地址等基础地理信息数据进行整合和统一管理、发布，形成基础地理空间数据"一张图"，"数字库尔勒"建设初具雏形。

虽然，库尔勒在信息化建设方面已具备良好基础，但要实现从信息化到智慧化，从数字城市到智慧城市的跃升，还存在一些问题和不足，主要表现在以下几个方面：

1. 缺乏智慧城市顶层设计，建设难以统筹

以北京、广州、宁波等为代表的智慧城市建设都以顶层设计统筹基础设施、信息化应用和政策标准等方面的建设发展。库尔勒虽然也有相应的信息化发展规划，但在全面性、指导性、可操作性等方面与顶层设计还有差距。

2. 智慧城市建设机制尚不完善，建设效率低

2011 年库尔勒建立了信息化建设领导小组，并在信息化办设置了领导小组办公室。但由于信息办管理机构责权不匹配，难以发挥应有的指导、协调、监督作用，无法形成统一、高效、畅通的信息化协调推进机制。

3. 各部门信息系统间缺少信息共享，信息孤岛现象严重

库尔勒目前还没有对信息资源进行全面的梳理，没有建设信息资源目录和信息交换共享平台，各部门信息、流程互不相通，缺少跨部门的业务协同，距离实现信息化便民、惠民的目标还有一定距离。

4. 智慧城市建设的产业基础薄弱，开发能力不足

虽然库尔勒市智慧城市建设取得了较大成就，并且处于全国智慧城市建设中的领先地位，但是依然存在规模小、质量不高，技术水平低、创新能力差，档次不高、附加值低、营销能力弱和结构不合理、开发能力不足的问题。农业信息化发展速度较快，但技术水平较低，覆盖农业和农村经济领域的信息采集渠道规模较小，农业信息技术开发和应用技术水平较低，农业信息与技术服务档次不高。企业信息化发展水平参差不齐，尤其是中小型企业较为落后。

5. 政务、服务信息基础设施建设分散，安全问题突出

库尔勒还没有统一的电子政务数据中心和网络平台，各系统独立建设没有形成规模效应，且建设地点较为分散，导致资源利用率低、运维成本高；各单位机房条件不一，导致电子政务系统安全性、抗风险等级差。

6. 智慧城市建设发展的融资渠道少，建设资金不足

库尔勒现有信息化基础设施和信息化应用水平与东中部地区都还有很大差距，亟须政府、企业和社会加大投入。库尔勒缺少信息化专项预算资金，难以满足智慧城市建设实现信息化、工业化、农业现代化和城镇化四化同步发展的要求。

三　库尔勒智慧城市管理模式选择

对于城市管理者，智慧城市是一个全新的概念，智慧城市的建设必然伴随城市管理的智慧化转型。智慧型管理需要整合已有平台和应用系统，重新梳理、调整、再造业务流程，理顺管理体制和投资体制，组织各方力量有序推进智慧应用系统的建设和运行。将现有各部门、各行业、各领域、各地区的信息资源最大限度地集成与应用，确保城市框架完整、功能完善、数据完备、标准统一、分工合作、互补互利。

（一）智慧城市管理模式概述

智慧城市的愿景描述诠释了智慧城市所追求的核心价值和使命，指明了智慧城市建设的长期发展方向，明确了一座城市所要追寻的理想应是长期有效的；智慧城市的战略规划是为实现愿景所作的中长期计划。战略规划包括环境分析、目标设定、路径选择和进程规划。通过战略规划的设计，知晓了环境，明确了目标，选择了路径，计划了进程；和谐主题为战略规划的落实寻找到了突破口和关键节点。从愿景、战略规划到和谐主题，是一个从抽象到具体的过程，这一过程基本完成了对智慧城市建设的设计工作，从广阔、长远的发展方向，一直到具体、现实的当前任务都作了明晰的确定。在上述基础上，借助战略实施，智慧城市建设将不断完成和谐主题的阶段性任务，逐步实践战略规划的内容，逐渐向实现愿景逼近。

当然，智慧城市的战略实施是一项系统工程，只有在改革组织机构、强化流程再造、优化资源配置、调整利益关系、树立创新理念、加强执行力度和完善监督控制等多方面的共同努力下，保障战略实施的成功进行，才能够最终完成主题、落实规划、实现愿景。最后，在阶段性和周期性的实施任务完成后，还要通过多角度、多层次的智慧城市战略评价来对战略实施的结果进行评价，所反馈的评价结果将作为调整完善战略规划、和谐主题和战略实施的主要依据。

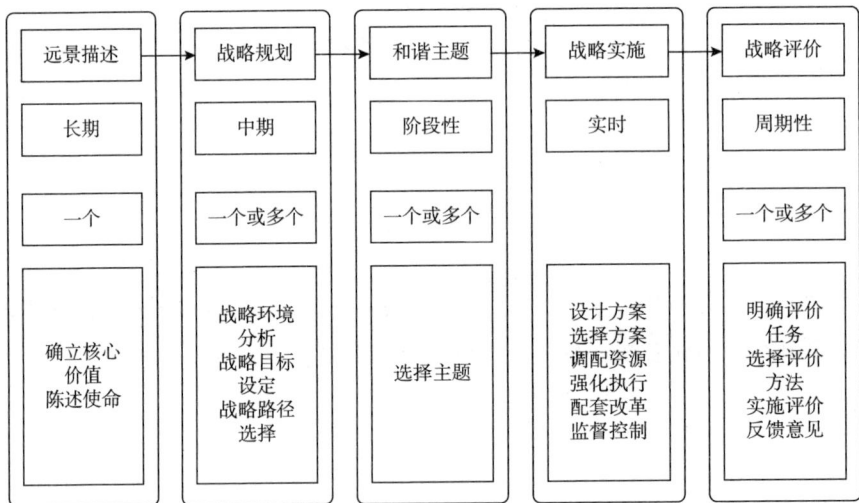

图 8-1 智慧城市建设管理模式

（二）库尔勒智慧城市建设管理模式选择

库尔勒市城市管理主要是传统的城市管理模式，库尔勒市住房和城乡建设局、库尔勒市城乡规划管理局承担城市的管理和规划工作。2009 年 5 月，为加快推进数字库尔勒项目建设，进一步提升库尔勒综合信息应用水平，根据《关于成立库尔勒市数字库尔勒项目建设工作领导小组的通知》（库政办发〔2009〕68 号），市政府决定成立库尔勒市数字库尔勒项目建设工作领导小组，领导小组下设办公室，办公室设在市信息化办公室，办公室工作人员从市信息化办公室、统筹城乡一体化委员会、城乡规划管理局、统计局、环保局、国土资源局抽调。

2010年数字城管上线后，城市管理模式发生一定变化，由库尔勒市住房和城乡建设局下设数字城管指挥中心，专门从事城市主城区50平方公里的数字化城市管理，但力度和深度以及智能化程度远远不能满足现实的库尔勒市城市的管理需要。

2011年，为整合全市已建的信息系统和数据资源，逐步推广政府各部门建设行业信息管理系统，尽快实现"数字库尔勒"项目建设的总目标，向政府、企业、百姓提供全面的信息化服务，根据《关于成立库尔勒市信息化项目建设领导小组的通知》（库政办发〔2011〕97号），市人民政府成立了库尔勒市信息化项目建设领导小组，凡涉及"数字库尔勒"的信息化项目，由该领导小组负责，形成以市信息化办公室和市基础地理信息中心审核、牵头实施和负责的长效机制。

2012年，为使库尔勒市信息化建设更好地拓展本地应用，市政府将库尔勒市信息化项目建设领导小组调整为库尔勒市信息化暨"智慧库尔勒"建设领导小组。

（三）"智慧库尔勒"建设领导小组组成及职责

1. 领导小组职责

贯彻落实国家和自治区关于信息化建设的方针、政策；指导推进全市信息化建设和应用，研究提出信息化建设发展规划；承担全市信息化建设重点工程的组织实施、审核和指导工作；组织推进"智慧库尔勒"总体规划的实施；督促各成员单位落实信息化建设职责。

2. 领导小组办公室职责

推进全市信息化建设发展，组织实施信息化专项工程，负责全市信息化项目的归口管理和行政审批；组织制定电子政务规划，推进电子政务建设；协调和管理全市信息化人才教育培训和信息化宣传工作；具体负责"智慧库尔勒"建设的统筹管理，指导推进具体智慧、智能项目的实施等。

3. 专家委员会职责

对信息化及"智慧库尔勒"重大建设与发展问题提出对策意见；对具体信息化建设项目重大技术问题、技术改造方案进行论证、咨询和技术裁定；向信息化领导小组提出信息化建设、管理等方面的建议；承担信息化领导小组安排的其他技术咨询工作。

（四）库尔勒城市现有智慧城市管理部门、职能

1. 库尔勒市住房和城乡建设局

下设库尔勒市园林绿化管理局、库尔勒市容环境卫生管理局、市政工程管理局、库尔勒市房地产管理局、库尔勒市城市管理综合执法监察大队二级单位，具体从事库尔勒市的城市管理。

贯彻执行国家和自治区有关城市建设管理的方针、政策和法规。根据城市发展需要研究制定城市建设发展中、长期发展规划，并组织实施。

负责及协调城建管理工作，参与城市建设管理重要决策，负责制定行业管理规章。综合协调全市园林绿化、市容环卫、市政设施建设等工作。协调园林绿化、市容环卫、市政建设管理中的重要问题。管理城市综合执法队伍。

负责编制单位部门预算，会同有关部门管理城市建设维护专项资金和城市维护费的使用，负责建设资金审核拨付。

负责市属建筑行业法律、法规的宣传教育，依据建筑行业的法律、法规，制定行业管理的各项工作、政策性文件，传达上级业务主管部门的各项指示及监督实施；负责市属建筑工程项目执法监察工作，规范建筑市场各方主体行为，处理建筑市场违法、违纪事件；负责建筑企业、监理企业、劳务分包企业资质预审、考核及资质年检的初审工作；负责市属建筑工程项目施工许可的审查办证工作；负责市属建筑业的统计报表；负责建筑企业各类人员的上岗培训、证书管理并对持证上岗情况进行监督检查；负责劳务队伍的管理，解决合同纠纷、监督合同履行。

负责市属建设项目的招投标管理；负责审批市政公用各类工程建设的初步计划和施工方案，并参与组织工程招投标和竣工验收；负责建筑工程施工现场管理和工程监理企业的行为管理；负责建安行业劳保统筹管理工作；负责外省（地）施工队伍、监理单位进入本市进行施工、监理以及中介服务的审批。负责市属建筑业对国家强制性标准执行情况的监督管理，负责建筑业的新技术、新科技的运用与推广；负责市属建筑工程项目在实施全过程的监督管理。

负责市属房地产企业的资质管理、注册登记和行业管理，指导城市房地产开发经营、房地产交易、住宅商品化及物业管理，规范房地产市场，指导城市综合开发，推进城镇住宅建设，负责经济适用房工程的组织协调和住房制度改革。

负责市属公用事业单位的资质管理和行业管理，主管市政工程管理，燃

气、集中供热、供水、排水，负责城市建设档案管理，协调组织风景名胜区的规划建设和保护管理，综合指导城建法制工作和信息工作。

负责综合管理市属工业与民用建筑的抗震、设防、加固和附建式人防工程建设工作。

负责组织研究城建行业科技发展规划，组织城建重点科技项目的攻关和科技成果的转化、推广。

负责组织制定住房和城乡建设行业人才培养规划，指导住房和城乡建设行业的职工队伍的业务培训和继续教育工作。

负责住房和城乡建设局系统的行政执法监督、综合管理住建局系统的行政复议和行政诉讼工作。

负责住房和城乡建设系统党的建设、精神文明建设工作、思想政治工作和干部队伍的建设及工、青、妇、老干部工作及宣传教育工作。

负责住房和城乡建设系统的纪检、监察、审计及信访工作，做好党风廉政建设和纠风工作，及时向有关部门提出处理意见和建议。

2. 库尔勒市城乡规划管理局

承担自治州建设项目选址意见书、限额以上建设用地规划许可证的审查报批工作。

参与建设项目选址及可行性研究，编制选址规划技术审查意见，为核发"建设项目选址意见书"提供依据。

参与建设项目用地位置和范围的审查和用地方案的审核，编制用地规划技术审查意见为核发"建设用地规划许可证"提供依据。

负责历史文化名城、名镇、名村及历史街区保护规划的技术审查工作，参与实施情况的监督与检查。

负责城市近期建设规划，详细规划、专项规划的技术审查工作。

负责重点乡镇总体规划和建设规划的技术审查工作。

受建设局委托负责城镇体系规划和城市总体规划批复后的实施监督与检查，负责城市规划执法监督与检查。

负责指导各地做好村庄整治规划工作，督促完成村镇规划编制。

受建设局委托负责城市规划编制单位资质审查和上报工作。

完成自治区建设厅、州建设局领导交办的其他工作。

3. 信息化办公室

负责全市信息化与电子政务建设的总体协调、管理和规划制定，市域内重点信息化工程的实施；

贯彻落实国家、自治区和自治州关于信息化与电子政务工作的方针、政策，研究制定库尔勒市信息化与电子政务发展战略、规划和年度计划；

负责指导、协调各乡镇（场）、办事处及各部门的信息化与电子政务建设工作；促进全市各行业、各部门计算机网络的互联互通和信息资源共享；

指导和推进全市国民经济信息化与社会信息化、企业信息化、教育信息化、农业信息化建设工作；

负责国家、自治区和自治州信息化和电子政务有关法规、规章和政策及信息技术标准、工程规范在全市的监督执行；

组织与协调全市信息化与电子政务工程项目建设及重大工程的立项、可行性审查、技术指导、招标投标、质量检查、监督验收等工作；

负责国家、自治区和自治州的电子政务网络规划和系统建设在库尔勒市的实施；负责全市电子政务专网、办公自动化等系统的规划、建设、推广应用和管理维护；

负责库尔勒市政府门户网站群及电子政务应用系统的组织开发、建设、运行、管理和维护工作，市政府信息公开整理上传及公开指南目录编制工作，指导和监督各乡镇（场）、办事处及各部门政府信息公开工作目录的编制及业务指导工作；

负责市党政联合办公楼信息网络与应用系统的建设、管理和维护，确保各应用平台的平稳运作和网络安全工作，对市属各部门网络建设及网络信息安全进行监督指导；

负责全市信息化与电子政务宣传、推广和培训工作，协调城市、农村、社会信息化、教育信息化的协调组织、推进和建设；

负责市域内信息技术企业申报国家、自治区和自治州信息系统集成等相关资质的初审工作；

接受自治州信息化办公室指导，完成市委、市政府交办的其他工作。

（五）库尔勒智慧城市管理模式的转变方向

随着库尔勒市智慧城市建设步伐的不断加快，选择怎样的智慧城市的管理模式成为一个需要认真思考的问题。为充分实现智慧城市的功能和达到城市管理的智能化，使智慧城市的建设能真正地为城市居民提供幸福的生活，城市管理模式必须与时俱进，以适应现代社会发展的需要。库尔勒市智慧城市管理模式应积极向以下方式转变：

1. 管理理念上由经济主导型向社会服务型的转变

经济主导型城市管理方式的一个重要特征是经济管理的行政性，通过行政区域和行政组织利用行政的方法实现，但这种模式并不意味着城市政府舍弃了社会管理，只是没有正确认识到城市经济和社会发展的内在协调性，以及城市基础设施建设的生产线、社会性和超前性。这种城市管理方式必然会使政府往往不考虑城市经济社会和生态环境诸方面发展的协调和结构优化，而片面地追求城市工农业产值的增长、经济发展速度的提高和经济规模的不断扩展，从而不可能实现对城市建设和发展有效、科学的管理。社会服务型的管理理念是以人为本，确立人在管理过程中的主导地位，从人的需求出发，围绕着调动人的主动性、积极性、创造性，以实现组织目标和促进人的全面发展的一切管理活动，在深刻认识人在社会经济活动中的作用基础上，突出人在管理过程中的主导地位。

2. 管理架构上由垂直独立型向扁平协同型的管理转变

传统的城市管理是一种垂直独立型的架构，即政府职能部门上下自成一体、相互独立，在管理方面基本上是相互独立的，没有交叉，自然会造成城市管理职责不清、信息不能互联共享、缺乏有效的监督和评价机制等弊端，经常会出现多头管理及无人管理的尴尬局面，使城市管理显得十分被动低效，显然这种城市管理架构已不适应智慧城市发展的需要。智慧城市扁平协同型的管理架构是根据协同管理的思路，打破部门的限制，按照不同城市管理领域，实行集中管理和处置，在管理架构上趋向扁平化，在管理模式上达到信息互联、资源共享，在管理效果上体现了低成本、高效率，最终实现智慧城市管理的网络化、协同化、智能化。

3. 管理对象上由主要对人的管理向人、物和信息流的管理转变

以前城市管理更多的是对人的管理，以管理人为出发点，通过管理人去达到对城市其他方面的管理，这种思路缺乏宏观性和引导性，容易出现多头管理、思路不清，也容易造成越管事情越多、越管越复杂。智慧城市的管理对象不仅包括人和物，更加注重对信息流的管理，通过对各种信息流的有效分析、利用和管理，做出科学的决策和判断，进而实现对城市中人和物的正确引导和管理，这是一种思路的转变，不是不再管理人，也不是抛弃以人为本的管理理念，只是管理初始节点的变化，管理对象的转变。

4. 管理方式由行政管理向行政管理与社会自我调节相结合的转变

传统的城市管理方式大多是纯粹的行政管理，单纯依赖政府职能部门依据行政规章进行城市管理，是一种程式化、模式化的管理方式，城市管理主要是人的意志在起支配作用，人的因素是主要的。传统城市管理方式不仅会加大城市管理的依赖性，且会出现人为过多干预而造成城市发展不利的局面。智慧城市管理方式需要行政管理与社会自我调节相结合，要充分发挥社会的自我调节功能，遵循智慧城市发展的自然规律，减少人为干预。

5. 管理制度将从过去单一的供给体系向多样化的供给体系转变

传统的城市管理制度都是由政府制定的，政府是唯一的制度制定者和提供者，这就形成了单一的管理制度供给体系，不能有效利用各方的优势。对于智慧城市建设，要打破政府作为单一制度供给主体的局面，鼓励和引导城市化进程中的所有利益相关者参与制度供给体系建设，形成多样化的供给体系，充分重视民间制度供给主体在城市化制度支撑体系建设中的积极作用，用制度供给主体的广泛性弱化制度实施过程中的阻力，转变政府和民间主体的制度供给理念，优化制度供给路径，进而推动整个制度供给体系的不断完善，为智慧城市建设提供有利的制度环境。

库尔勒市智慧城市的管理模式属软环境建设范畴，涉及制度、人事、体制的方方面面，建设的时间跨度较长，要在智慧城市建设过程中集中社会各方面力量，通过科学的研究、分析、实践而逐步完善。

四　库尔勒智慧城市建设与运行的保障机制

智慧城市建设与运行所面临的是一个开放环境，其建设与运行的主体和客体都可能存在不同程度的弱点，要规避弱点及其带来的相应风险，必须建立智慧城市建设与运行的安全防范机制，以保障库尔勒智慧城市建设的顺利实施。

（一）智慧城市的核心技术支撑体系

库尔勒建设智慧城市，需有一个强大的核心技术支撑体系。现阶段，库尔勒市的技术支撑体系主要有：

（1）中国电信支撑体系：中国电信集团公司、中国电信新疆分公司、中国电信巴州分公司；北京电信研究院、上海电信研究院、广州电信研究院。

（2）十六个行业产品应用开发基地：政务行业应用（福州）基地、政务行业应用（杭州）基地、交通行业应用（南京）基地、交通行业应用（上海）基地、物流行业应用（北京）基地、物流行业应用（广州）基地、教育行业应用（兰州）基地、教育行业应用（广州）基地、制造行业应用（福州）基地、制造行业应用（广州）基地、医疗行业应用（上海）基地、医疗行业应用（兰州）基地、旅游行业应用（杭州）基地、旅游行业应用（南京）基地、金融行业应用（武汉）基地、金融行业应用（重庆）基地。

（3）中国电信巴州分公司本地支撑单位。

（4）国内主流通信设备提供公司：华为公司、中兴公司、烽火公司；新疆规划设计院、湖北设计院、河南日海恒联设计公司。

（5）社会支撑单位：工信部北京规划院、咸亨国际（杭州）物联网信息产业有限公司、中国电信集团系统集成有限责任公司新疆分公司、新疆公众信息产业股份有限公司、西安雷迪维护系统设备有限公司、云腾九州科技（北京）有限公司、浙江省公众信息产业有限公司。

（二）智慧城市建设的投融资体制

智慧城市建设需要巨额的资金投入，实施建设必须要解决好建设资金的来源问题，建立有效的投融资渠道。智慧城市建设的投资规模巨大，在我国现行的分税制体制下，政府财力主要集中于中央财政，作为地方财政的城市财政无力在短时间内聚集大量的建设资金。因此，仅仅依靠城市财政资金是无法完成智慧城市的预期建设目标，必须建立多元化投融资方式。"智慧库尔勒"建设投资模式采用政府直接投资或政企合作等多种方式。

1. 政府直接投资

政府直接投资指市政府信息化专项资金或由财政专项资金组成，市政府和财政部门要将该项目建设经费列入年度计划，纳入年度财政预算。由于"智慧库尔勒"建设投资规模较大，财政每年需要留出足够的专项资金给予保障，同时，广开筹资渠道，引进电信运营商的投入，建立灵活多样的建设模式，实现项目保质、如期的顺利建成。将信息化发展资金和信息产业发展资金列入政府投资管理体系。优化政府资金投向，保持全市信息化固定资产投资规模适度增长，加强对公益性、基础性、战略性的重大信息化工程项目的资金支持，加大对信息服务业等领域经济和社会效益明显的企业的合作，大力推动信息化建设和信息产业发展。

2. 政企合作模式

政企合作是指"政府主导、联合共建、服务分包",是结合政府自建和租赁的新模式,项目关键部分由政府主导建设,并根据实际情况将部分系统与运营商联合共建,将适于租赁的部分进行服务分包。该模式一方面可以确保政府对项目关键点的把握,特别是数据的建设和共享;另一方面可以有效地借助外力保障项目的实施,通过租赁分包的方式将某些系统和设备交予运营商。

广泛吸收民间资本,发展多元投资主体,鼓励有管理、技术和资金优势的企业和社会机构参与电子政务等信息化项目的投资和运营,鼓励引导企业积极参与政府依法开放的信息资源增值开发和服务。充分利用经济、法律和行政等手段,强化信息化建设投入的激励、约束和评估机制,加强投资的科学性管理。通过对外宣传、考察、洽谈,争取吸引国内外更多知名企业来库尔勒投资创业。

(三) 智慧城市创新机制

"智慧库尔勒"是一个综合性的信息化系统,在项目建设的过程中必须加强制度建设、创新管理体制,加强信息化建设的统筹管理。加大信息化工作领导小组的工作力度,发挥信息化重大事项的决策作用。信息化工作办公室要充分发挥统筹规划、综合协调和监督管理的职能,调动各部门的积极性,并建立与各部门的信息化联动工作机制,全力推进国民经济和各项社会事业的信息化进程。进一步完善信息化管理体制,加强信息化工作的统筹管理,加大信息化工作推进的执行力度,在有条件的部门试行首席信息官制度。要加大制度创新力度。制度创新是制度建设的核心,要通过不断探索,发挥主观能动性,发挥组织能动性,不断推进规章制度的创新,搞好规章制度的深化、细化、配套和延伸,确保每项工作、各个环节、每一个步骤都有章可循、有据可查、照章办事,增强工作的规范性、程序性和有效性。

1. 管理机制创新

(1) 信息化规划创新

在"智慧库尔勒"总体规划基础上,加强各专业部门信息化的规划体系建设。强化信息化项目建设管理,把重大信息化项目纳入库尔勒国民经济和社会发展"十二五"规划。

(2) 项目管理机制创新

信息化建设项目应按照基本建设程序管理,并区分政府投资和非政府投资信息化建设项目，实行不同的管理办法。对政府投资信息化项目实施全过程管理，按照国家和省市的有关法律、法规和规定，实施立项、招投标、政府采购、监理、验收、审计和绩效评估管理。

（3）信息化发展政策体系创新

积极研究、制定和完善与信息化发展需要相适应的产业政策、投融资政策、吸引和激励人才政策以及其他有关政策，加大对信息化建设重点工程项目扶持力度，重点支持关键信息技术和产品的研发项目。加强知识产权保护，加强市场监管，建立健全公平竞争的市场秩序。

2. 智慧城市发展体系建设创新

（1）信息化标准体系建设

实施信息化标准战略，积极推进标准化工作，充分发挥企业和行业协会的主体作用，积极推进企业、行业技术标准的制定工作，开展标准试用和符合性测试评估，逐步构建信息化标准体系。

（2）信息化法规体系建设

根据《新疆维吾尔自治区信息化促进条例》，尽快制定出台库尔勒市信息化建设相关的配套管理办法，研究制定信息资源开发利用、信息化工程项目建设、电子政务、电子商务、信息安全等相关配套的管理规章和实施细则，加快形成比较完善的地方信息化法规体系。

（3）信息化统计指标和核算体系

研究制订电子政务、社区信息化、农村信息化、企业信息化等信息化应用评价指标体系，开展信息化评价工作。加强信息化的统计调研工作，逐步将信息化纳入统计体系，有效监测和分析信息化水平。

加强监督管理，继续完善库尔勒信息化项目绩效考核体系。组织制定科学的信息化考核评价指标体系，定期考核评价各镇（街道/社区）、各部门的信息化建设和应用情况，并纳入到市政府对各部门的整体工作考核体系。通过建立项目建设绩效考核制度，掘高"智慧库尔勒"项目建设质量，增强政府资金投入效率，加强对项目建设过程中的监督和管理。

（四）智慧城市风险预警机制

我国超过300个城市正在进行智慧城市建设，是贯彻落实党的十八大提出的"四化同步"发展战略部署的重要举措。智慧城市建设是一项前所未有的需要涉及方方面面的系统建设工程，建设过程中将会遇到各种各样一系列的棘手问题。因此，要充分认识智慧城市建设的目的、方向、达到的目标，一定要将现实、未来结合充分考虑，避免智慧城市建设一系列的风险。

1. 带来智慧城市风险的认识误区

（1）智慧城市建设属于信息技术范畴的事，技术越先进越好

有一种观点认为智慧城市建设主要是信息产业部门的事，属于信息技术范畴的事，技术越先进越好。的确，信息技术的发展日新月异，今天刚做完的技术规划，明天就可能由于出现了新的技术而显得"落后"。因此，不断追求新技术的建设规划会使智慧城市建设成为以技术为风向标的建设，让技术牵了智慧城市建设的鼻子，最终可能会导致建设结果与实际需求相距甚远；或者建设了先进的系统但与城市发展阶段不相吻合，造成建设浪费，背离了智慧城市建设的本意。

（2）建设好了物联网，智慧城市建设就完成了

不可否认，物联网的出现给城市建设确实注入了强劲的发展动力，带来了发展契机。不错，物联网在城市建设中的作用无疑是巨大的，而且物联网的数据把真实世界虚拟成了数字世界，使人们可以"坐在屋中观天下"。但是，光有数据的存储、整理不是智慧城市建设的全部，物联网的建立也只是为智慧城市建设奠定了基础，何况智慧城市建设的内涵是如此深厚。

（3）智慧城市就是单纯的城市建设，短期内就可完成

在短期内，花钱可以改变城市面貌，可以建设高水平的信息化系统、高质量的社会保障设施。但智慧城市建设的目标是使城市居民享受更好的社会体验和服务，让城市居民能够使用，会使用，愿意使用城市的信息化设施，真正给市民带来实惠。智慧城市建设是一项长期任务，只有开始没有结束，因为人们追求美好生活的愿望和要求不会停止，满足百姓日益增长的物质文化需求是社会发展的永恒目标。

（4）参考技术厂商的城市建设方案就可以基本实现智慧城市建设

可以说智慧城市建设离不开信息技术厂商的帮助。但是，智慧城市建设需要做好全面、长远的规划，需要从城市全面发展的角度进行顶层规划，一套技术方案所能涵盖城市的宽度、广度、深度恐怕是有限的。从这一点上出发，政府部门需要既看眼前的建设需要，更要看到长远建设要求；既要尊重技术厂商的建议，也要清楚城市百姓对智慧城市的期望，避免走偏，落入技术导向误区。

（5）智慧城市建设就是传统城市建设的智慧化。

其实，仅从建设角度来看，这种观点似乎是正确的。不可否认智慧城市建

设首先面临的是城市的基础建设，但传统的城市建设基本上是旧城改造和新城建设，这只是智慧城市建设的一个方面，更多地还需对城市进行智能化建设和智慧化改造，从城市智慧管理角度进行信息收集、存储、管理、应用等方面考虑，那种大兴土木式的建设方式恐怕不是智慧城市建设的正确方法。

2. 智慧城市建设的风险防范

智慧城市建设过程中要注意防止新的数据孤岛出现、数据重复存储以及各信息化平台数据结构的不统一。智慧城市建设尤其需要顶层设计，也需要进一步解放思想，需要从传统建设思想中跳出来，以科学发展观统领建设全过程，以建设绿色城市、可持续发展城市、宜居城市为目标的发展思想为原则。要切实做好智慧城市建设，满足现实及人们日益增长的物质及文化的需要，做到风险及时预警和把握好建设预期的提前当量。在智慧城市建设过程中注意以下几个难点。

第一，在当前社会环境正在变化的时代，摒弃城市建设过程中形成的不正确的政绩观是难点。智慧城市建设不是作秀的舞台，除了政府部门自身需要进一步提高思想认识外，还需要彻底改革干部选拔任用、干部考核方面存在的瑕疵。在新形势下怎样进行干部考核选拔成为新课题。

第二，数据的整合和协同。智慧城市建设的重心是数据资源的建设和整合，需要将处在不同部门、不同行业、不同系统、不同数据格式之间的海量数据融合和互用，形成新的支持决策的数据源。数据资源建设是智慧城市建设重点，没有数据就没有智慧产生的根源，就没有构架在数据整合开发基础上的智慧决策。

第三，智慧城市建设必须了解城市需求。智慧城市建设的目的是让百姓满意，要从城市的实际出发，不能急于求成，要充分了解城市居民的主体需求，依据本城市的基础，找到本城市建设发展的突破口。以人为本，不断满足人民群众日益增长的物质文化需求。除了要依靠已有的建设经验之外，还要注意吸取其他国家和地区的智慧城市建设经验。

第四，智慧城市建设中信息流将成为城市运转的"血液"。可以说在智慧城市建设中硬件是支撑，海量数据是基础，数据的融合、开发是核心，激发城市信息化活力是智慧城市建设的方向。

第五，信息安全将是智慧城市建设中的难题。海量信息的搜集存储，是智慧城市建设的必须，同时也让信息处于安全风险之中。因此，智慧城市建设初期对信息安全的关注应该是重中之重，也是难点。

建设智慧城市，是城市转变经济发展方式、提升城市功能品质、更好地保障和改善民生的重大举措。全球信息技术革新步伐加快，为"智慧城市"建设提供了难得的历史机遇和发展支撑。在智慧城市发展道路上还有很多难题需要逐步破解，而破解这些难题，需要集各方专家的大智慧和城市建设者们的不懈努力。

五　智慧城市建设的基本经验

近年来，库尔勒市坚持"以人为本，绿色、低碳、生态、环保、可持续发展"的宗旨，以智慧城市建设强力推进新型城镇化建设进程，科学规划智慧库尔勒建设，全面开展智慧城市战略合作，大力加强信息基础设施建设，不断推进电子政务服务，智慧城市建设工作走在了全国的前列，呈现出四大亮点。

（一）顶层设计，统筹规划

顶层设计的战略实施需要整合已有的平台和应用系统，重新梳理、调整、再造业务流程，理顺管理体制和投资体制，组织各方力量有序推进智慧应用系统的建设和运行。在此顶层设计战略的指导下，制定了《智慧库尔勒总体规划（2013～2015年）》，使库尔勒智慧城市建设能够通盘考虑、全面统筹，确保城市框架完整、功能完善、数据完备、标准统一、分工合作、互补互利。实现库尔勒市信息资源的开发、信息资源市场的培育，以及各系统类信息资源的集中、交换、共享和利用。

（二）信息共享，实务创新

在智慧城市建设中，库尔勒各建设主体紧抓信息共享这一智慧城市建设的根本任务，建立信息互联互通与数据共享平台，将现有各部门、各行业、各领域、各地区的信息资源最大限度地集成与应用，实现对现有资源的整合与开发，有效解决"信息孤岛"问题，集约化推进智慧城市建设，即实现信息技术运用，又强抓城市管理改革。通过整合城市管理要素和创新资源，形成全面覆盖、高效灵敏的城市和社会监控与管理体系，增强社会综合智力水平和能力，建设现代服务业、智慧社区管理、社会保障体系，提高库尔勒市民的生活品质。利用先进的信息化技术优化企业内外部资源，不断提高企业在作业、生产、经营管理和市场等方面的竞争力，提高企业效益水平、增强城市综合竞争力。

（三）对外开放，坚持合作

智慧城市的建设和发展受到国际社会的普遍关注，欧美、日本、韩国、新加坡等国家和地区在城市建设和技术应用方面都取得了诸多成绩，库尔勒借助国外智慧城市建设的成功经验，抓住"中欧绿色智慧城市合作"这一重大机遇，成为"中欧绿色智慧城市合作"中方试点，是西北地区唯一入选的城市。

（四）完善政策，科学领导

在《国家智慧城市试点暂行管理办法》和《国家智慧城市（区、镇）试点指标体系（试行）》的指导下，建立了专门的"智慧库尔勒"建设领导小组，从政策、技术、考核等多方面推动库尔勒智慧城市的标准化、制度化建设，突出做好试点工作，抢占科技创新先机，鼓励科技创新应用。在"智慧库尔勒"建设过程中，突出政府的主导力量，在财政、投融资、人才等方面强化政策效力，在项目立项、审批中逐步实现了政府职能转变、不断强化政府公共服务意识，有19个智慧城市应用项目上线运行，州市应急指挥中心、数字城管效用明显，信息设施和网络信息环境走在全疆前列。

第九章

创新社会治理，促进民族团结和社会和谐

导言： 库尔勒创新油地、兵地合作，社区建设、社会组织参与和网络管理紧密结合的社会治理体系，逐步形成"党政主导，群防群治，措施多样，任务多头，以人为本"的社会治理特色，并总结出"强化顶层设计、坚持基层重要、抓好打防结合、解决重点问题、实施专群联动"的成功经验。在各方共同努力下，库尔勒社会治理取得显著成效：民族认同日益加强，民族信任不断深化，民族政策融入民心，各族人民自觉担负起维稳防暴重担，努力营造民族团结、和谐共进氛围。

2014年4月，习近平总书记考察新疆时指出，"新疆第一位的工作是社会稳定和长治久安，新疆最大的群众工作是民族团结和宗教和谐；新疆的问题最难最长远的还是民族团结问题"，因此促进民族和谐任重而道远。库尔勒市作为巴音郭楞蒙古自治州的政治、经济和文化教育中心，南疆最大的城市，加强民族团结，促进社会和谐对全疆的经济发展和社会稳定具有十分重要的现实意义。

一 社会治理总体情况

"治理"一词是20世纪90年代流行起来的，主要用于指称与国家的公共事务相关的管理活动和政治活动①。"新公共管理运动"是20世纪70年代末

---

① 俞可平：《治理与善治》，社会科学文献出版社，2000。

196

出现的，至今已风靡欧美乃至全世界，它主要是对公共部门提出了实施一系列改革以提高行政与管理效率的要求。当今全球社会治理有四大趋势：一是从国家统治走向管理市民社会。马克思认为，国家和市民社会的分立是现代性鲜明的政治特征；在这种分立之中，政治关系采取的是一种分立的国家职权形式，同时也是通过这种分立的国家职权进行运作的。① 英国学者 T. H. 马歇尔指出，现代社会中的三种公民权，即民事权利、政治权利与社会权利，现代政府已不仅需要做好政治统治，更要做好社会治理。二是社会治理主体多元化。社会治理中政府角色经历了从"全能型政府下的一元治理模式"走向"有限政府下的网络化治理模式"这种一元模式逐渐向多元主体治理模式转变的过程，体现了现代国家职能已从单一的政治管理走向了以政府为主导的现代社会治理体系。1987 年美国行政学家威尔逊的《行政学研究》第一次主张政治与行政应当分离。早期的公共行政理论主张，现代社会的公共组织在其运转过程中应该尽可能地追求最高效率，而这样的效率可以通过统一的并且主要是等级官僚制的行政管理结构得到最好的实现。然而，新公共管理运动要求政府（及其部门）去"掌舵，而不是划桨"，可以更多地让社会中介组织、志愿团体、非政府组织等第三部门来承担公共管理与服务的具体事务。如美国学者登哈特夫妇认为，在现代治理体系中，公共部门不应该亲自去承担提供服务的责任，而应该尽可能地通过承包或其他类似安排由社会力量去具体操作、执行。三是社会治理内涵福利化。吉登斯将国家社会治理内涵转变称为从"解放政治"向"生活政治"转变，他把"解放政治"定义为一种力图将个体和群体从其生活机遇有不良影响的束缚中解放出来的一种观点，而"生活政治"关注的是生活决定（life decisions），这是一种如何选择身份及相互关系的政治②，这种观点体现了全球社会治理的福祉主义趋势，理论上要求各国关注人类权利问题，现实中则需要运用如社会工作等一系列机制满足人的权利。20 世纪 50 年代开始，福利国家成为西欧各国社会治理的一种普遍体制，但 20 世纪 80 年代后，新自由主义的"福利紧缩逻辑"却给西方社会带去了重重危机。四是社会治理机制的合作取向。新公共管理大量地依靠市场机制去引导公共项目，越来越趋向于各类部门之间的有效合作。在合作主义取向下，现代社会治理越来越注

---

① 〔英〕马克·尼奥克里尔斯：《管理市民社会》，陈小文译，商务印书馆，2008。
② 〔英〕安东尼·吉登斯：《超越左与右——激进政治的未来》，李惠斌、杨雪冬译，社会科学文献出版社，2000，第 94～95 页。

重社会服务的力量，社会服务可以被看作是各类共同体（国家、社区等）为社会中有需要的人士提供帮助的活动。社会治理的合作主义取向要求现代社会服务的提供主体是多元的，且必须结成"伙伴关系"①，而这种"伙伴关系"典型的形式就是网络化的治理模式。政府在其中扮演着关键性的角色，为履行满足公众福利权利的职能，政府与非营利组织，特别是社会服务组织签订合作服务的契约，以此来搭建新型治理结构。

库尔勒市的社会治理就是指在库尔勒市委和市政府的统一领导下，充分发挥特有的政治优势，从实际情况出发，动员和组织全市各方面的力量，综合运用政治、法律、行政、经济、文化、教育等多种手段，市内各县、各单位、各部门共同配合，在"打击、防范、教育、管理、建设、改造"等多方面齐抓共管，全面预防和惩治违法犯罪，整治社会治安秩序，排查调处矛盾纠纷，切实消除产生违法犯罪的土壤，建立良好的社会治安秩序，确保政治形势稳定、人民安居乐业、社会长治久安，以实现库尔勒市全面建设小康社会的奋斗目标。

（一）发展阶段

1. 综合治理阶段

1991 年 7 月，库尔勒市成立协助库尔勒市委、市政府领导全市社会治安综合治理工作的常设议事机构——社会治安综合治理委员会及办公室（简称市综治办），与市委政法委合署办公，其主要职责，一是宣传、贯彻执行有关社会治安综合治理的法律、法规、政策和决定；二是制定本行政区域的社会治安综合治理规划和计划，并组织实施；三是指导、协调、监督本行政区域的机关、团体、企事业单位和其他组织落实社会治安综合治理的各项措施；四是对本行政区域的社会治安综合治理目标管理责任制等各项制度的执行情况进行监督检查、考核评比，决定或者建议奖励与处罚；五是总结推广典型经验，表彰先进；六是办理社会治安综合治理的其他事项。在此基础上，全市成立社会治安综合治理工作领导小组 600 余个，各乡、镇（场）、街道逐步建立健全综合治理领导机构。

综治办成立以来，制定了《库尔勒市社会治安综合治理责任状》，全市分

---

① 〔美〕莱斯特·萨拉蒙：《公共服务中的伙伴关系——现代福利国家中政府与非营利组织的关系》，田凯译，商务印书馆，2008，第 79 页。

城区和农村进行社会治安综合治理大检查，对一些治安难点、乱点问题进行集中整治，继续贯彻"从重从快"的"严打"方针，组织专项行动，抓获各类违法犯罪分子，并召开公判大会。破获"东土耳其斯坦伊斯兰党"分裂恐怖组织，抓获民族分裂分子，侦破库尔楚园艺场发生的反动标语案件。将负案在逃分裂组织骨干分子缉拿归案，捣毁了反动团伙及地下习武点。严厉打击捣毁恐怖组织团体，捣毁地下习武点等非法宗教活动，缴获以涉暴物品和分裂祖国为主要内容的非法宣传品，及时将民族分裂主义的破坏活动消灭在萌芽状态。

2. 维稳防暴阶段

21世纪以来，库尔勒市社会治安形势日益严峻，各种暴力活动逐步升级，为此，市委、市政府高度重视，建立健全有关机构，推动社会治理向维稳防暴方向发展。

一是开展以维护稳定和防暴为内容的"8·15"行动，建立维稳防暴组织领导机构，全市所有单位建立领导干部带班、职工24小时值班制度，建立维护社会稳定的防控网络，确保社会政治大局稳定。从驻库各单位抽调人员，开展整治社会治安秩序行动，制定《库尔勒市社会治安领导责任制实施意见》和《库尔勒市社会治安综合治理一票否决权制实施意见》（试行），对社会治安综合治理工作中存在严重问题的实行一票否决。

二是制定《库尔勒市群众治安联防试点工作实施方案》，成立联防办公室，从全市退伍军人、大中专毕业生中择优录取联防队员，组建联防中队，配置在治安工作任务较为繁重的城市5个街道办事处和近郊3乡。大力提倡"十户联防"，积极推进群防群治，逐步形成以公安派出所、人民武装部为龙头，以民兵组织为骨干，治安联防队紧密配合的治安防范体系。组织党员干部参加法制教育报告会，利用典型案件说法讲法，对干部党员进行警示教育。聘请出租车司机、环卫工人担任义务治安信息员，专、兼职群众治安队伍发挥明显作用。将"创建平安单位"作为社会治安综合治理的重要内容工作来抓，破获涉嫌利用邪教组织破坏法律实施专案、散发邪教宣传品案件等。开展集中整治工作。按照《库尔勒市开展集中整治社会治安、严厉打击恐怖犯罪实施方案》和《关于集中整治工作中加强基层基础建设的安排意见的通知》，开展"打现行、端窝点、破大案、追逃犯、促防范"百日严打等专项斗争、打击恶势力团伙专项行动和毒品犯罪专项行动。侦破"12·28"、"12·30"绑架案等大案要案。打击一度出现在文化娱乐等场所的恶势力，摧毁恶势力团伙。

3. 立体防控阶段

针对当前社会治理复杂化趋势，库尔勒市成立各类领导机构，形成差异化社会防控体系。2003 年 12 月，成立市防范和处理邪教问题领导小组办公室，办公室设在市委政法委。2008 年 12 月，成立库尔勒市流动人口管理办公室。成立了平安建设领导小组及平安建设领导小组办公室、督查组、信息组、宣传组，从而保障了平安建设的顺利开展。开展"破命案、反盗抢、打击街面违法犯罪、整治社会治安秩序"四个集中整治专项斗争，制定了《库尔勒市平安单位、村队、社区考核验收标准及办法》等平安创建考核验收细则，细化量化考核指标。层层签订了目标管理责任书，层层成立了平安建设领导小组。

乌鲁木齐"7·5"严重暴力犯罪事件发生后，库尔勒市严格落实综合治理领导责任制，严打严防"三股势力"等暴力恐怖破坏活动，重点整治社会治安难点、乱点，广泛开展民族团结教育活动，进一步完善治安防控四级网络，不断强化矛盾纠纷排查调处工作，对综合治理及平安建设成绩突出、绩效明显的兑现奖励金额，对实行"一票否决"、通报的单位第一、第二责任人进行了诫勉谈话。针对"3·4""10·19"案件，我们对 3 名相关责任人给予了行政处分，其他相关责任人由单位进行了责任追究。

（二）社会治理的特点

库尔勒市面对复杂环境，结合自身实际，建立的社会治理综合体系特点鲜明、有效管用。

1. 党政主导，目标管理责任到人

党在社会管理中的领导地位，主要体现在社会管理体制的改革和创新过程中，坚持贯彻党的政治路线和思想路线，保证社会管理体制的改革和创新符合我国社会主义现代化建设的总体目标，符合社会主义市场经济和构建社会主义和谐社会的要求。库尔勒市成立了以市长为主任、其他县级主要领导为副主任、50 个单位主要领导为成员的社会管理综合治理委员会，办公室设在政法委。按照《社会管理综合治理工作的领导责任制》和《社会管理综合治理工作目标管理责任制》的要求，市委、市政府与 25 个乡镇（场）街道及 50 个综治成员单位、乡镇（场）街道与辖区各单位、综治成员单位与系统内单位及管理对象层层签订了综合治理目标管理责任书。进一步健全完善以领导责任制为龙头、目标管理责任制为抓手、部门管理责任制为纽带、一票否决和综治警示等相配套的责任制体系。经过多年的实践，库尔勒市从上到下已初步形成

了"党政一把手负总责、分管领导具体抓、综治专干专门抓、群众参与共同抓"的社会管理综合治理工作格局。各乡镇（场）街道、各单位、各部门把社会管理综合治理摆上重要议事日程，进一步健全和完善社会管理综合治理的领导机构、办事机构及工作制度，定期研究和部署工作，对整个工作的安排落实有计划、有制度、有重点、有举措、有检查和奖惩，推进工作落实。

2. 群防群治，打击暴恐势力到点

社会治理不仅政府是主力，还要民间的参与。库尔勒市委、市政府坚持社会治理不唱独角戏，充分发挥人民群众主人翁精神、尊重人民群众首创精神，不断拓宽公众参与社会治理的渠道，提高公众参与的深度和广度，建立平等的合作机制，增强公民参与社会治理的活力，逐步建立起"党委领导、政府负责、社会协同、公众参与"的社会治理格局和机制，优化社会参与的制度环境，发挥社会组织和社会成员在社会管理中的作用。坚持专群结合，群防群治，组织红袖标、楼栋长、护校队、护院队、护村队、护店队等，开展治安巡逻、邻里守望、联防联控等治安防控工作，广泛发动群众提供各类敌社情线索、检举揭发涉恐涉暴活动，着力营造"库尔勒平安人人有责，平安库尔勒人人共享"的社会氛围。近年来，库尔勒市制定了《库尔勒市关于对违法犯罪活动实行有奖举报的通告》，对提供违法犯罪信息的群众给予 1000 元至 20 万元不等的奖励；制定了《库尔勒市巡控长效化工作机制（试行）》，从全市各单位抽调近千名干部统一分配到 5 个街道、近郊 3 乡参与巡控，乡街道从辖区单位抽调巡控人员，与下派干部混编联勤，加强二、三级网格巡控，实现交叉覆盖；制定了《库尔勒市深化开展人员密集场所联防自保工作实施方案》等，在人员密集区域按比例落实专、兼职群防群治力量，全市个体经营户以"十户一防"为基本单位开展联防自保工作。

3. 措施多样，消除暴恐隐患到位

库尔勒市深刻把握新时期"库尔勒稳定工作的重点在城乡（兵地）结合部、流动人口服务管理和'去极端化'工作"的基本判断，创新社会治理手段，全面加强社会防控。一是"堵"，严堵渗透渠道。深刻认识环乌"护城河"的战略作用，守好南疆"桥头堡"，常设卡点，即时登记、即时比对、即时处置，严防高危人员经库尔勒流入乌鲁木齐。二是"挤"，严挤生存空间。以流动人口服务管理为重点，强化"以房管人、以证管人、以业管人"措施，抓住出租屋、居住证、用人单位管理等关键环节，做到"3 天内采集信息、3 天内录入比对"。坚持"滚动清查"工作制度，每周乡镇自查、每月公安部门重点查、每季度全市万人拉网查，并实行登记疆内流动人口 3 元 / 人、疆外流动人口 2 元 / 人的奖励措施，使重点地区重点人员无处藏匿。以"去极端化"为目标，集中开展依法治理"三非"四个专项行动。出台《库尔勒市靓丽工程暗访督查奖惩制度》、《库尔勒市关于禁止生产、销售"吉里巴甫"等奇装异服和标有"星月"标识服饰物品管理办法》。以"限制、取缔、打击"为原则，坚决遏制宗教极端思想的渗透，严厉打击非法宗教活动，对二手手机市场进行专项整治，加大对非法宗教宣传品查禁力度，凡是乡镇街道主动发现、打击非法宗教活动的，每起奖励 5000 元，反之，追究主要领导责任，坚决铲除犯罪行为滋生的土壤。三是"打"，严打违法犯罪活动。坚持主动出击，确保"2 分钟快速反应打击圈"发挥实效。集中公安、武警、军分区、兵团二师等多方力量，确保"一级、二级网格"全天候巡控。不间断地开展严防严打暴力恐怖犯罪、危安人员追逃等专项行动，坚持打早打小，高度重视敌情、社情、舆情，及时获取苗头性、倾向性敌社舆情动态，发现疑人疑情。

4. 任务多头，扭住维稳重点不放

党的十八大关于全面建成小康社会的新要求，其中一条重要衡量标准就是社会和谐稳定。社会治理涉及打击犯罪、维护稳定、社会管理、公共服务等各个方面，涉及群众生产、工作、生活各个环节，与群众的切身利益息息相关。当前，库尔勒市新老问题碰头叠加，网上网下相互交织，境内境外相互影响，社会矛盾的关联性、复杂性、敏感性更强。尤其是受国际国内复杂因素影响，暴力恐怖活动仍处于活跃期、扩散期以及干预治疗的"阵痛期"，反恐怖斗争面临的形势更加严峻复杂。敌对势力借助多种途径、施展各种手段制造问题、煽风点火、造谣诋毁，企图制造思想混乱，引发社会动荡，境外"东伊运"等东突势力不断调整战略，实施境外策划、境内煽动，网上炒作、网下行动；区内非法宗教活动屡禁不止，宗教极端思想氛围浓厚，滋生暴恐犯罪的社会基础仍然存在。国际大环境和区内小环境的相互影响、相互渗透，决定了库尔勒市同"三股势力"的斗争是长期的、复杂的、尖锐的。社会治理工作任务重、内容多、要求高、事情杂、范围广、环节多、压力大、协调难、工作细。

5. 以人为本，弘扬库尔勒精神

社会治理工作必须始终坚持以人为本、执政为民。这既是贯彻党全心全意为人民服务宗旨的根本要求，也是构建和谐社会的核心内容，更是实现好、维护好、发展好最广大人民根本利益的重要途径。库尔勒市要求各级领导干部和基层工作者善于做好新形势下的群众工作，秉承"爱国、创业、求实、奉献"

的库尔勒精神，牢固树立以人为本、服务为先、以变应变的理念，把群众工作作为基础性、经常性、根本性工作，在现代市场经济条件下努力探索践行党的群众路线、密切党群干群关系的有效途径，在创新社会治理的政策、制度、方法等设计上，适应和满足群众的需要，变过去"下面跟着上面干"为"上面围绕下面转、各级围绕群众转"，最终赢得群众的信任和拥护。

（三）社会治理策略

面对当前严峻复杂的稳定形势，库尔勒市始终保持清醒头脑、忧患意识和战略定力，警钟长鸣、枕戈待旦，立足当前、严打高压，着眼长远、综合施策，把思想统一到中央、自治区、自治州关于维护稳定的一系列重要分析判断和重大战略部署上来，牢记稳定是硬任务、不出事是硬任务、不吃亏是硬道理，积极落实"一岗双责"的要求，以维护稳定的坚强堡垒和维护稳定的战略屏障"两个维护"为硬任务，把维护稳定作为第一责任。全市各单位、各部门党政主要领导作为维稳第一责任人，坚持"两手抓、两手都要硬"，一手抓发展，一手抓稳定，统筹抓好"硬道理"与"硬任务"。

1. 创新思维，坚定综合治理的方向性

面对机遇和挑战，库尔勒市运用底线思维，从最坏处准备、向最好处努力，增强工作前瞻性和主动性；运用逆向思维，从敌对势力的角度分析，认真排查预测暴恐活动新动向、新手段，摸清规律，增强防范工作的针对性、有效性；运用关联思维，从疆内其他地区发生的暴恐案件中总结经验、汲取教训；运用换位思维，多站在群众立场、社会角度分析问题，想群众之所想、解群众之所难，增强政法工作亲和力、公信力；运用法治思维，坚持法律面前人人平等，是什么问题就按什么问题处理，进一步提高综治维稳工作法治化水平。

2. 剖析特点，提高维稳防暴的针对性

库尔勒市始终坚持问题导向、逆向思维，深入剖析暴恐案件的特点，把握暴恐活动规律。活跃期、激烈期、阵痛期"三期叠加"是当前稳定形势最鲜明的特点。暴恐案件具体呈现袭击方式简单、手段残忍、以死对抗、暴力恐怖袭击范围不断扩大等特点。

3. 把握机遇，增强反恐维稳的紧迫性

面对"三大机遇、一大契机"，库尔勒作为承南启北、东进西出的交通要冲和物流集散地的地位日益凸显，应充分利用地缘优势、人文优势和资源优势，着力打造丝绸之路经济带重要支点城市。通过与疆内其他地州、县市的合作，加大联合反恐力度，合力深化打击"三股势力"，确保了社会稳定。同时，把开展好教育实践活动作为团结、依靠、发动群众打好反恐维稳人民战争的重要契机，强化政治标准，提高政治意识，认真查找稳定工作认识误区、突出问题、漏洞隐患，以整改硬措施落实稳定硬任务；下大力气改进干部作风，进一步密切与人民群众的鱼水关系，进一步提升做好群众工作的能力，团结带领各族群众，坚决打赢反恐维稳的人民战争。

4. 突出重点，确保社会治理的实效性

（1）以严打暴恐活动为首要任务提高维稳防暴能力。突出"发现要早"，强化情报信息的主导作用。全面提升侦查手段，实现多种侦查手段全面提升、衔接互补、综合发力。完善情报信息网络，抓好综合分析研判，落实情报信息奖励制度。突出"防范要严"，加强防控体系建设。加强专群结合巡控力量建设。加强和完善"网格化"巡控措施。坚决落实"2分钟到达本级网络、巡区内任何位置"的要求，突出重点区域，科学划分网格，定格定点，定人定责。进一步完善视频巡逻监控机制和视频监控平台建设，整合视频监控资源，提高视频图像覆盖，加强视频巡逻监看队伍建设。加强危爆物品全过程安全管理，对危爆物品生产、销售、运输、存储、使用、销毁等各个环节进行严格清查，切实堵塞漏洞，消除隐患，严防落入暴恐分子手中。突出"打击要狠"，抓住重点环节提升效果。

（2）以"去极端化"为根本目标强化意识形态工作。一是深入揭批"三股势力"罪行。按照"到人、管用、有效"的要求，加大宣传教育引导，深刻揭露宗教极端势力破坏生产秩序、破坏和谐稳定的犯罪事实。二是强化教育领域反渗透工作。强化师生思想教育管理，高度关注师生的思想动态，加强教育引导，澄清模糊认识，进一步增强学生明辨是非、抵御渗透能力，坚决抵御宗教极端思想向校园渗透。加强对大学生和知识分子工作，把他们培养成为栋梁人才，成为促进民族团结的中坚力量。三是深入开展"三非"治理工作。"三非"活动和宗教极端思想是"三股势力"赖以生存的土壤，是催生民族分裂、暴力恐怖等犯罪活动的温床，是严重影响社会稳定的毒瘤。"三非"治理是遏制宗教极端思想渗透的治本之策，是维护新疆社会大局稳定的基础性工作。我们坚持疏堵结合、综合治理。

（3）以抵御渗透为长期工作依法加强宗教事务管理。正确区分宗教和宗教极端势力的界限、宗教和恐怖主义犯罪的界限、正常信教和宗教狂热分子的界限，保证宗教活动依法依规有序进行。对信教群众做到政治上团结、信仰上尊重、风俗上理解。加大宗教界爱国人士培养力度。加强朝觐管理工作。

（4）以筑牢根基为主要前提推进社会治理基础工作。一是进一步深化平安创建工作。采取宣讲会、报告会、版报展、知识竞赛等多种宣传形式，广泛开展面对面的宣传教育活动。深入推进基层平安细胞创建活动，全面抓好"拓展、提升、示范、带动"四大工程。以"平安细胞"工程为基础，以平安家庭创建为重点，把平安建设的触角延伸到各个行业单位、各种经济社会组织和千家万户，不断深化平安村队、社区、单位、校园、寺院、医院、企业、家庭等平安细胞工程创建活动。对平安创建工作实行动态管理，努力实现基层平安创建全覆盖，严把平安申报、考核、命名关。二是狠抓基层党组织和政权建设。建立人、财、物向基层倾斜、向重点乡村倾斜的机制，激发基层干劲活力，鼓励干部扎根基层，俯下身子，深入群众，做好工作。三是大力推进重点整治。继续加强服务群众集中整治工作，坚持"哪里社会治安混乱，就集中整治哪里；哪些问题突出，就解决哪些问题"的原则，围绕宣传群众、摸清情况、深挖根源、巩固基础、整治"三非"、打击暴恐等任务，由点及面、整体突破。加强社会管理薄弱区域排查整治工作，加强偏远乡镇社会治安防控，突出重点乡镇。四是全面深化乡镇综治工作中心建设和村（社区）警务宣传战略。把乡镇综治工作中心建设作为提升基层维稳工作水平的基础性、战略性任务来抓，实现实体化运行。进一步完善警务室运行机制，坚持在乡镇（街道）党委统一领导和派出所业务管理下，实行村（社区）党组织领导下的民警负责制。五是加强流动人口服务管理工作。继续深入落实对流动人口流出、流入地"两头抓、双向管"工作措施，坚持"滚动清查"工作制度，进一步完善"以房管人"、"以证管人"、"以业管人"机制，实行出租屋星级管理，完善救助返乡工作。拓宽流动人口信息采集方法和途径，严格落实流出信息登记上网、核查反馈制度，推动流动人口信息数据实现共享共通，全面实行流动人口"便民服务卡"制度，严格落实重点人员流出地信息上网、流入地核查反馈制度。六是加强重点人员、特殊群体帮教转化工作。把专门工作与群众路线、教育转化与日常管理有机结合，在管理中强化帮教，在帮教中体现管理。准确评估定级，加强动态管理，坚持分类施策。七是建立健全社会矛盾预防化解机制。积极推广"枫桥经验"，畅通和规范群众诉求表达渠道，对涉及群众切身利益的决策充分听取群众意见。完善重大决策社会稳定风险评估机制，做到应评尽评，对直接影响群众切身利益且涉及面广，容易引发不稳定问题的重大工程项目建设、重大政策制定，开展社会稳定风险评估。同时，进一步完善评估体系和专家库建设。坚持源头治理、动态管理、应急处置相结合，解决问题与完善政策制度相结合，最大限度地化解社会矛盾。

二　兵地、油地共同维稳的组织体系构建特色与经验

实现兵地、油地共同推进社会治理工作，是维护稳定和长治久安的需要，是全市各族干部群众的迫切愿望，更是各级党政的神圣使命。库尔勒市按照"属地管理"、条块结合、以块为主的原则，适时打破地域界限，充分发挥兵团、油田优势，融合兵地、油地资源，兵地、油地各族人民"同呼吸、共命运、心连心"，一道开发建设，共同稳边兴边，共同担负着保卫祖国边防安全、维护边境地区安宁的神圣使命，共同担负着繁荣一方经济、致富一方百姓的历史重任。在长期发展和实践中，逐步形成了相互尊重、相互支持、取长补短、共同发展的优良传统，形成了兵地、油地共同推进社会治理的良好局面。

（一）加强宣传，营造氛围

坚持用科学发展观统领经济社会发展全局，从"稳疆兴疆、富民固边"的战略高度，牢固树立发展"一盘棋"的思想，教育引导广大干部群众和职工充分认识保持社会稳定和长治久安的极端重要性，牢固树立"稳定压倒一切"的思想，深入贯彻落实中央关于维护新疆稳定的一系列重大决策，充分利用报纸、电视、广播等媒体，采取灵活多样的方式，宣传兵地、油地共同推进社会治理的重要作用和意义，做到家喻户晓、人人皆知，筑牢融合发展的思想感情基础，做到"人人讲团结、事事促融合"，推动兵地、油地融合发展的热潮。同时认真总结好的经验和做法，选树和宣传在兵地、油地共同推进社会治理中涌现出的先进典型，

（二）加强领导，密切沟通

牢固树立兵地、油地大团结、大开放、大发展、大融合的意识，进一步打破自我封闭、条块分割、部门壁垒，形成"领导多走动、部门多衔接、感情多交流、经济多融合"的兵地共建合力。建立健全兵地、油地社会治理协调领导机构和办事机构，加强对兵地、油地社会治理工作的组织领导，建立健全党政主要领导负责制。定期召开联席会议，通报社会治理情况，研究重大问题，及时协调解决综治维稳方面的实际问题。积极创新社会治理运行机制，探

索长效机制，建立健全兵地领导定期联系协商制度、矛盾纠纷调处机制、应对突发事件联动机制、治安联防机制，与其他工作同部署、同检查、同落实、同考核，形成主要领导亲自抓、分管领导具体抓，全民参与、人人有责的良好工作格局。充分发挥团场、连队在促进融合发展中的主力军作用，将社会治理要求落实到一线、体现在基层，解决影响共同推进社会治理工作的深层次矛盾和问题，使已有的兵地"有事没事常来往，大事小事常商量"传统做法更具体管用，确保了兵地社会大局持续稳定。

（三）信息共享，化解矛盾

兵地、油地党政主要领导定期不定期地沟通、交流，做到有事没事常来往，大事小事多商量，及时排查矛盾、化解纠纷，真正建立信息共享、难题共解的信息沟通机制。特别是要做好敏感时期的各项工作，尤其在重要敏感节点时期，深入基层、深入一线，努力把兵地、油地在生产生活中出现的矛盾和问题消灭在萌芽状态，化解在基层单位。

（四）联动维稳，同挑重担

以构建和谐兵地、油地为抓手，共同加强综治维稳工作，健全兵地联合维稳工作联动机制，实现工作联动、治安联动、犯罪联打、平安连创，形成工作合力，切实加强社会治理工作，强化维稳队伍建设，共同研究解决平安创建工作中的难题。加强民兵武装工作和"军警兵民"四位一体的维稳体系建设，把兵团、石油单位内部应急演练与地方专业实兵演练相结合，形成互为补充、相互联动的处置机制。加强联勤和巡逻。定期开展维稳处突演练，使兵地双方在平安建设中共同勇挑重担，及时消除影响兵地和谐稳定因素，充分发挥兵团的特殊作用，严密落实维稳措施，全力以赴做好各项处置应对工作，有效防止了不法分子的潜入、流窜和渗透破坏。多次组织民兵参加处置突发事件实兵演练，每年组织各团场连队职工进行军政训练。兵地、油地共建了平安建设对子，兵团派出优秀战士为共建学校、共建单位上军训课，讲部队优良传统，开展平安建设宣传、救助失学儿童、帮助困难群众，参与地方建设，为驻地做了大量好事。兵团、油田单位干部和家属，积极参与驻地街道社区平安创建工作，争创平安家庭、平安单位。

（五）责任追究，层层落实

坚持把兵地、油地共建平安作为建设平安和谐库尔勒的重要组成部分，把兵地、油地共同推进社会治理工作纳入年度工作计划,纳入社会治安综合治理的考核范围,实行党政"一把手"负总责,一级抓一级,层层抓落实。对兵地、油地共建工作搞得好的单位及时给予表彰奖励,对兵地、油地矛盾排查调处不力,发生问题处理不力的单位,给予批评教育。对产生危害兵地、油地社会稳定和长治久安的,严肃追究相关领导及有关人员责任。

三　制度建设的成果与经验

库尔勒市在流动人口出租屋管理、人员密集场所联防自保、重点人员和特殊群体帮教管理、平安创建、综治工作中心建设、"网格化"巡控等方面制度建设,逐步推动社会治理规范化、科学化。

(一)主要成果

1. 健全流动人口出租屋管理制度

库尔勒市制定了《关于进一步落实"以业管人"加强流动人口服务和管理工作的通知》、《库尔勒市2013年秋季用工高峰期流动人口排查专项行动工作方案》、《关于进一步规范清查工作的意见》、《关于进一步加强流动人口服务管理等四项重点工作的通知》、《库尔勒市集中开展出租房屋清查整顿专项行动方案》、《关于对库尔勒市出租房屋建档标准进行规范统一的通知》、《关于在恰尔巴格乡开展出租房屋评星挂牌试点工作的通知》等。

2. 完善人员密集场所联防自保工作方案

库尔勒市制定了《库尔勒市深化开展人员密集场所联防自保工作实施方案》、《关于在人员密集场所建立开包检查工作长效机制的通知》、《关于进一步加强市域内"加油站、加气站、大型商场(商贸城)"等人员密集场所防范设施建设的通知》、《库尔勒市户外文体娱乐人员密集场所联防自保工作实施意见》、《关于进一步加强人员密集场所安全排查整治工作的通知》、《自治州在库尔勒召开人员密集场所联防自保试点工作现场会职责分工会议纪要》、《关于进一步加强库尔勒地区加油站、加气站、大型商场(商贸城)等人员密集场所物防体系建设的通知》等。

3. 重视重点人员、特殊群体帮教管理制度建设

库尔勒市制定了《关于进一步加强做好重点人员和特殊群体帮教转化工作的通知》、《关于在全市开展重点人员和特殊群体摸排登记专项行动的通知》、《库尔勒市开展重点人员和特殊群体摸排登记专项行动工作相关情况的说明》、《关于进一步加强重点人员和特殊群体信息保密工作的通知》、《关于加强重点人员和特殊群体流出流入协作配合暨明确界定工作对象范围和信息录入工作的通知》、《关于在第三届"中国－亚欧博览会"期间加强重点人员指挥调度工作的通知》、《进一步加强重点人员帮教管理工作的指导意见》《关于做好救助护送人员移交衔接工作的通知》、《库尔勒市关于禁止生产、销售"吉里巴甫"等奇装异服和标有"星月"标识服饰物品管理办法》等。

4. 规范社会治理体制

库尔勒市制定了《关于对铁克其乡 37 号小区马路市场集中整治的通知》、《关于对团结街道梨花社区阳光小区路段夜市无序经营行为进行集中整治的通知》、《关于进一步加强团结街道梨花社区阳光小区路段集中整治的通知》、《市委组织部、市委政法委关于深入开展各级干部转变作风服务群众暨重点区域排查整治活动实施方案》、《库尔勒市 2013 年维护稳定集中整治工作实施方案》、《库尔勒市依法治理非法宗教活动打击宗教极端违法犯罪专项行动实施方案》、《库尔勒市整治"三非"活动专项行动实施方案》等。

5. 突出平安创建制度建设

库尔勒市制定了《2013 年库尔勒市社会综合治理暨平安建设工作要点》、《关于库尔勒市开展社会管理综合治理宣传月活动的实施方案》、《关于做好2013 年自治区政法主题宣传活动的通知》、《关于配合做好 2013 年自治区"平安新疆法制建设基层行"主题宣传活动的通知》、《关于进一步做好平安建设宣传工作的通知》、《库尔勒市人民政府关于对违法犯罪实行有奖举报的通告》、《2013 年度库尔勒市社会管理综合治理（平安建设）乡镇（场）街道考核办法》、《关于做好"平安库尔勒"有奖征文活动的通知》、《关于举办 2013年综治干部业务培训班的通知》、《2013 年库尔勒市社会综合治理暨平安建设工作要点》等。

6. 建立综治工作中心建设制度

库尔勒市制定了《库尔勒市关于进一步加强和完善乡镇（街道）社会管理综合治理工作中心建设的意见》、《关于加强村（社区）社会管理综合治理工作站建设的指导意见》、《关于进一步加强乡镇（街道）社会管理综合治理工作中心建设的报告》、《库尔勒市维稳巡控长效化工作机制（试行）》、《关于进一步加强长效化巡控队伍训练的通知》、《库尔勒市维护稳定长效化工作机制》、《关于深入推进库尔勒市城镇社会面"网格化"巡逻防控工作的实施方案（试行）》等。还制定了《库尔勒市 2013 年上半年矛盾纠纷排查调处情况分析报告》、《关于认真贯彻落实矛盾纠纷排查调处工作"两项制度"的通知》、《关于切实认真落实矛盾纠纷排查调处工作相关责任措施的通知》、《库尔勒市人民调解、行政调解、司法调解"三调联动"工作实施意见（试行）》等。

（二）基本经验

1. 强化顶层设计

把平安库尔勒建设作为构建和谐稳定社会的重要载体，纳入经济社会发展规划和各级领导干部任期目标，真抓实管、强势推进。健全完善以领导责任制为龙头、目标管理责任制为抓手、部门管理责任制为纽带、一票否决和综治警示等相配套的责任制体系。坚持源头治理、动态管理、应急处置有机结合，把解决具体问题与完善政策制度有机结合起来，建立健全维稳巡控、领导包联、风险评估等长效化工作机制，将维稳各项措施上升为统一规范、科学有效、长期管用的制度，推动维稳工作制度化、规范化、科学化开展。

2. 坚持基层重要

我们坚持重心下移、固本强基，努力夯实社会和谐稳定的根基。建立健全重心下移、力量下沉、保障下倾的工作机制，进一步推动人往基层走、劲往基层使、钱往基层花，进一步增强基层实力、激发基层活力、提高基层战斗力。全面加强综治工作中心规范化建设，建立健全矛盾联调、问题联治、治安联防、工作联动、平安联创、实绩联考的工作机制，充分发挥承上启下、左通右联、牵头协调、整合发力和指挥平台作用，做到经费保障到位、人员配备到位、基层党组织建设到位，实现整合基层力量有机制、完成综治维稳任务有平台、推进基层平安建设有抓手，进一步增强基层凝聚力和战斗力，夯实综治维稳工作的核心基础。深入开展平安乡镇街道、平安（村）社区、平安家庭等多种形式的基层平安创建活动，深入开展行业平安创建活动。

3. 抓好打防结合

把专项打击与整体防控有机结合起来，既立足当前、严打高压，又着眼长远、综合施策。始终保持对"三股势力"的严打高压态势，在治标上下功夫，组建专业巡控队伍，军队、武警，兵团继续参与当地"网格化"巡控，加强维稳力量整合，形成合力。将重点部位、人员密集场所、敌社情复杂区域、大型基础设施作为巡控重点，加快视频监控系统建设，确保按规划完成建设任务。增强群众自保能力，改变单门独户自保能力弱的状况。构筑立体化、常态化治安防控体系，坚决把暴恐犯罪活动高发、多发的势头遏制住；从战略层面和长远角度入手，坚持源头治理、综合治理、依法治理，不断加强体制机制和方法手段创新，铲除滋生民族分裂主义和宗教极端思想的土壤，对在手案件线索有现实危害的立即打掉，对头目骨干快审快判、依法严惩，对已破案件挖出煽动者和幕后黑手，连根拔起、一网打尽，不断夯实维护社会稳定的社会基础。

4. 解决重点问题

把社会稳定和长治久安作为工作着眼点和着力点，解决好流动人口和重点人员、特殊群体服务管理、宗教事务管理、整治"三非"等影响社会稳定的重点难点问题方面。加强服务群众集中整治工作，坚持"哪里社会治安混乱，就集中整治哪里；哪些问题突出，就解决哪些问题"的原则，围绕宣传群众、摸清情况、深挖根源、巩固基础、整治"三非"、打击暴恐等任务，由点及面、整体突破，力争扭转面貌。加强偏远乡镇社会治安防控，突出重点乡镇，力量覆盖要全面，人防、物防、技防都要跟上，全方位、立体式增强反恐防范打击力度。

5. 实施专群联动

着力构建党政领导、综治协调、部门负责、社会协同、公众参与的工作格局。坚持专门工作与党的群众路线相结合，以群众需求为导向，把群众是否满意作为衡量平安建设成效的根本标准。充分发挥群众在平安建设、维护稳定和预防化解社会矛盾等方面的主体作用，发展壮大平安志愿者、社区工作者、义工、群防群治队伍等专业化、职业化、社会化力量，注重发挥人民团体、群众组织、企事业单位、社会组织的积极作用，让人民群众自己动员组织起来，努力实现民事民议、民事民办、民事民管。以各族群众对平安的需求为导向，以群众反映强烈、最关心的热点问题为突破口，把各族群众是否满意作为平安建设的出发点和落脚点，将公众"安全感"、"满意度"、"知晓率"、"参与率"作为衡量平安建设和综治维稳工作成效的重要指标，检验政法综治维稳工作和政法维稳队伍建设的实绩。强化考核奖惩制度公开、公平、公正，并把考核结果纳入各级党政领导绩效考核和任期目标。

四 促进民族和谐的成效和经验

目前，库尔勒市有汉、维、回、蒙等 23 个民族，其中：汉族人口约占总人口的 69.9%，少数民族约占总人口的三分之一（主要是维吾尔族和回族）。汉族与少数民族之间的关系基本上是良好的，社会局势总的来说是稳定的。

（一）促进民族和谐的成效

多年来，库尔勒市牢牢抓住民族团结这条主线，团结一切可以团结的力量，按照宗教规律管理宗教事务，充分尊重少数民族风俗习惯，做了大量的、卓有成效的工作。

第一，民族认同日益加强。尽管库尔勒市的总体经济发展水平不及内地特别是沿海地区，但改革开放以来，库尔勒的社会经济获得了长足的发展，开放程度不断扩大，人们的精神面貌也发生了明显的变化。因此，生活在库尔勒的各族群众，以库尔勒为自豪的人在增多。在库尔勒这个南疆的门户，能够形成一个跨越族群边界的地方认同，而且这种地方认同与国家认同呈现互强态势很不容易。应该说，这是民族团结的成果，也是库尔勒市所取得的重大政治成就。

第二，民族信任不断深化。尽管在库尔勒也存在民族分裂主义和宗教极端势力的渗透和干扰，但是生活在这里的各民族，寻求稳定，寻求发展，寻求安宁的生产生活环境是人心所向。因此，任何形态的民族分裂主义、极端宗教主义和恐怖主义都是不得人心的。而且，在长期的共同生活中，不同民族之间的相互信任、相互尊重成为各族群的一种共识，不同民族之间结交朋友的人数不少，在工作与生活中互相帮助已经成为一种习惯。这种团结互助的民族关系，是维护库尔勒长治久安的民族基础。

第三，民族政策融入人心。多年来，库尔勒大力培养少数民族干部，在教育、医疗、就业、维护生活习俗等方面做了大量的工作，同时对维护少数民族的文化特征和发展权利给予了明确的保护，少数民族参政议政、管理社会事务的能力逐步提高，对国家法律法规、民族政策的理解和认知程度也很高，各族党员干部在地方认同的基础上，对统一的多民族国家有比较强的认同。而且对国家实行的民族区域自治制度、民族团结、平等、互助等基本政策、反对民族分裂主义的方针措施、坚持政教分离的基本原则，都给予了明确的支持。

（二）促进民族和谐的经验

1. 领导高度重视，激发民族共进热情

民族团结是各族人民的生命线，近年来库尔勒市委、市政府把加强民族团结、促进共同繁荣作为一项重要的工作来抓，高度重视并认真部署民族团结工作，以每年"民族团结教育月"活动为载体，紧密结合库尔勒市的实际，以主题鲜明的内容和生动多样的形式，集中、广泛、深入地开展了民族团结教育活动，使民族团结的理念进一步深入人心，极大地提高了全市各族干部群众维护祖国统一、维护民族团结、全面推进和谐梨城建设的政治热情，极大地增强了全市各族干部群众的向心力、凝聚力和认同感。

2. 宣传重点不懈，增强民族团结意识

深入持久地向全市广大干部、群众和宗教界宣传党的民族宗教问题的基本政策，以《新疆维吾尔自治区民族团结教育条例》的颁布实施为契机，在各乡镇（场）、街道办事处、宗教干事例会、宗教人士例会、宗教人士培训班上，通过座谈、培训、宣讲、发放宣传品等方式，有重点、分层次地进行民族宗教政策的教育；进行马克思主义"五观"教育；进行反对民族分裂、维护祖国统一、增强民族团结、保持社会稳定的教育。大力宣传《民族区域自治法》、《新疆维吾尔自治区清真食品管理条例》、《宗教事务条例》、《新疆维吾尔自治区民族团结教育条例》，不断提高各族群众对党的民族宗教政策理解和认知度，提升各族群众维护民族团结，反对民族分裂，维护社会稳定的思想觉悟。

3. 加大培训力度，提升维稳防暴能力

每年库尔勒市都要选派基层主要领导、分管领导、统战民宗干事、宗教人士、党外人士、妇女洗礼人员、塔里甫（满拉）等参加国家、自治区、自治州、市级各类培训，坚持和完善宗教人士学习、培训和考核等制度，让宗教讲坛牢牢掌握在爱国宗教人士手中，同时利用意识形态领域反分裂斗争再教育宣讲活动、"三下乡"以及座谈走访等活动，加大对政策法规的宣传力度，通过培训和宣传教育，进一步强化了宗教人士的政策法规意识，广大爱国宗教人士也深刻认识到：维护法律尊严，维护人民利益，维护民族团结，维护祖国统一是党和政府要求宗教界在政治上必须遵循的基本原则，是开展宗教活动必须坚持的基本原则，也是引导宗教与社会主义社会相适应的必然要求，"爱国"、"爱教"是宗教人士应当具备的首要条件和重要职责。

4. 开展多样活动，创新维稳教育形式

近两年库尔勒紧紧围绕"热爱伟大祖国、建设美好新疆"这一主题，开展了宣讲、演讲、竞赛、文艺晚会等的活动，各乡镇（场）、街道办事处也开展了形式多样、丰富多彩的演讲比赛、板报展、文艺晚会、慰问宗教人士、贫困户、民族团结模范及家属、为灾区捐款，为贫困户、看不起病的人员捐款、为困难户免费体检等活动。通过市民宗部门及相关部门的共同努力，使受教育的广大各族群众从思想上深深感到，没有团结就没有稳定，没有团结就没有经济发展。

5. 突出典型事迹，倡导扬善弃恶风气

为切实做好民族团结工作，近年通过各类学习会、座谈会、培训活动等大力宣传党的民族宗教政策，大力挖掘和宣传近年来身边涌现的民族团结先进集体和先进个人，积极开展创建和表彰民族团结进步模范活动，开展学习英烈，争做模范活动。着重宣传了王春生、吐尔洪·尼亚孜舍身救人；"烤肉慈善家"阿里木·哈力克的无私奉献爱心，捐助贫困学生的事迹。积极引导宗教人士在讲经和解经过程中，积极挖掘宗教教义中的积极因素，向信教群众宣传教规教义道德观所倡导"爱国"、"爱教"、"热爱和平"、"寻求稳定、团结"、"坚持正义"、"主持公道"、"乐善好施"、"弃恶扬善"、"以诚待人"、"诚实经商"等内容，自己带头，勤劳致富，并把信教群众的智慧和力量凝聚到发展生产、建设美好家园上来。

6. 发挥爱国宗教人士作用，壮大社会治理力量

多年来，库尔勒市把政治坚定当做推荐宗教人士的首要条件，在政治上信任，生活上关心，爱国宗教人士也培养接班人、配合党和政府执行"两项制度"，自觉开展制止零散朝觐活动，引导信教群众学科学、用科学，崇尚科学，发展生产，改善生活，勤劳致富等方面发挥了不可替代的作用，成为引导宗教与社会主义社会相适应的重要力量。

五　社区治理的主要内容、成效与经验

所谓社区治理，是指政府、社区组织、居民及辖区单位、营利组织、非营利组织等基于市场原则、公共利益和社区认同，协调合作，有效供给社区公共物品，满足社区需求，优化社区秩序的过程与机制。库尔勒市社区治理作为社会治理重要环节，对管理、稳定和调动基层群众发挥了巨大作用，是市委、市政府掌握市情、民情的重要阵地。

（一）社区治理的主要内容

库尔勒市社区治理涉及党的建设、综合治安管理、基本服务、精神文明建设等方面。

1. 社区党建

（1）抓班子，强队伍，增强内聚力、向心力。紧密联系社区"两委"班子的思想、组织、作风、制度和执政能力，查摆问题，研究制订改进措施。进一步完善决策制度，增强班子的团结和活力。打造一支高素质、高品位的社区干部队伍。通过建立党员活动室、流动党员服务站、党员责任区等活动阵地，开展社区无职党员设岗定责、在职党员参与社区建设、党员志愿者服务、"党员一帮一"、"为党旗增辉、为社区奉献"和"帮贫困、聚民心"等一系列活动，组织党员投身社区建设，在全社区形成"党员带头、人人参与"的良好风尚。

（2）抓协调、聚合力，增强影响力、渗透力。发挥辖区党建联委会机制的作用。坚持以社区党建统领社区各项工作，建立了多方参与、资源共享、有效互动的工作机制。协调各方的作用，实现党对辖区内各个领域的政治、思想、组织领导。同时，健全了社区居民代表大会、社区事务协商委员会、社区事务监督委员会、社区志愿者服务队等广泛参与机制，充分调动社区单位和社区居民积极性，形成社区党组织为基础，社区全体党员为主体，辖区单位党组织广泛参与的社区党建工作新格局。发挥非公经济和社会党组织作用，把党的政治要求、企业的发展需求和党员的个人追求结合起来。

2. 社区综治

在库尔勒市委、市政府领导下，紧紧围绕维护稳定这个大局，坚持"打防结合，预防为主"的方针，加强宣传教育，进一步健全和完善责任制，全面落实社会治安综合治理各项措施，促进社区经济建设和社会各项事业全面发展。认真贯彻社会治安综合治理工作会议精神，紧紧围绕"十八大"的社区工作重点，以建设"平安和谐社区为目标"全面加强综治队伍建设，深入开展专项整治活动，健全完善社区治安防控体系，加快全面建设小康社会进程、创造和谐稳定的社会环境。全面部署，加强防范，有效维护了社区和谐稳定，使社区综合治理工作取得显著成效。

（1）强化责任落实。社区党委（工作站）、居民委员会主要负责人作为综治工作与平安建设第一责任人，定期研究部署社区综治工作，按照上级目标要求，协调解决问题并指导推动工作。确定落实社会治安综合治理工作经费保障，把社区联防队建设纳入社区财经预算，切实做到专款专用，以确保社区综治工作正常运行。把社区两委抓综治和平安建设工作绩效列入干部年度考核的重要内容与评先创优挂钩，健全完善社区社会治安综合治理领导责任制、目标管理责任制，认真落实综治"一票否决"建议制。

（2）强化维稳防暴。深入社区走进家庭开展工作活动，从源头预防和减少社会矛盾的发生。社区坚持每个月定期召开一次社区矛盾纠纷排查调处分析会，与街道社区有关单位部门密切配合，形成及时有效解决问题的社会环境。强化对社区高危人群和重点人员的管控。社区主要领导亲自处理可能影响社区稳定的重大矛盾和突出问题，确保第一时间处置好第一现场。积极探索社区警务与社区管理服务职能有机结合的途径，确保社区治安防范、流动人口管理服务、重点人员帮教等各项基层基础工作的落实。加大打击犯罪和重点整治工作的力度，严密防范和严厉打击利用人民内部矛盾制造事端的非法活动，强化反恐预警和应急处置，重点打击和防范民族分裂活动、敌对势力的情报窃密活动、邪教组织的破坏捣乱活动和利用宗教名义进行的各种非法活动。对重点人员逐一签订帮教责任书，大力开展多种警示教育活动，进行彻底帮教转化。认真排查治安秩序混杂的片区、行业和突出问题，特别是对校园及周边地区、网吧等复杂场所进行排查。以出租屋为突破口，落实以房查人，以房管人的措施。建立房东协会，与房东建立沟通联系，并积极与派出所配合，重点对辖区内暂住流动人口聚居区进行清理整顿，认真做好登记、办证工作。落实刑释解教人员安置帮教措施。切实抓好刑满释放解教人员的管理工作。

（3）强化基础建设。积极探索并全面推进"以证管人、以房管人、以业管人"的服务管理模式。社区落实刑满释放解除劳动教养人员安置帮教无缝衔接机制。发挥预防青少年违法犯罪法制教育基地的作用。进一步加强社区监控建设，在社区推进"平安联防、网格管理"机制，形成点线面相结合、人防物防技防相结合、打防管控相结合、网上网下相结合的社会治安动态防控网络。加强社区调委会建设，完善社区警务室规范化建设相结合，提升社区综治服务中心规范运作实效，加强平安志愿者和治安信息员队伍建设，认真实施"六五"普法规划。

3. 社区服务

库尔勒市着力构建社区服务网络，实行"一站式"办公，设置咨询服务台，开通服务热线，提供全程代办服务，极大地方便居民群众，增强社区服务功能。目前，社区主要开展两大类服务：一是政府公共服务，面向全体居民开展劳动就业、社会保险、劳动关系协调、社会服务、医疗卫生、计划生育、文体教育、社区安全、法制宣传、法律服务、法律援助、人民调解、科普宣传、流动人口服务管理等服务项目，切实保障优抚对象、低收入群体、未成年人、老年人、残疾人等社会群体服务需求。二是社区志愿互助服务，推行在职党员到居住地社区报到制度和党员社区表现反馈制度，充分发挥共产党员的先锋模范作用；组织公务员、专业技术人员、青少年学生以及身体健康的离退休人员等加入志愿者服务队伍；鼓励和支持驻区单位和社区居民开展邻里互助等群众性自我互助服务活动，为老弱病残等困难群体提供服务；倡导并组织社区居民和驻区单位开展社会捐赠、互帮互助、承诺服务，为社区困难群体提供帮扶服务。紧紧围绕"弘扬志愿服务精神"的工作目标，以提升市民现代文明素质为基本主线，以"讲文明、树新风、我参与、我奉献、我快乐"为主题，开展经常性、群众性志愿者服务活动，弘扬志愿精神，深入开展创先争优、讲文明、树新风等各类志愿者活动。

4. 社区卫生保健

社区卫生服务以解决社区主要卫生问题，满足居民基本卫生保健需求为目的，开展预防、保健、健康教育、计划生育技术指导以及慢性病和康复等综合性保健服务。主要针对老年人保健、妇幼保健和少年儿童保健以及心理咨询、社区康复等工作进行管理。

（1）健康教育。建立社区健康教育网络，编制健康教育宣传材料，采取多种形式，广泛开展以提高群体健康知识知晓率和卫生习惯形成率为目的的健康教育与健康促进。

（2）计划生育。开展计划生育宣传教育，为育龄人群提供节育技术指导与服务，有条件的可以开展孕前检查。建立并充分发挥居民健康档案的作用，向居民提供家庭保健指导，如何进行预防和日常的保健措施，耐心地接受居民的健康咨询，将健康教育和卫生保健知识的传播有机地融入服务中。社区卫生服务机构应根据社区居民的需求变化，不断探索新的社区卫生保健服务方式，以满足居民的卫生保健需要。

5. 社区精神文明建设

围绕库尔勒市文明城市创建总体要求，依托各文明单位志愿者服务队，社区长期以来开展各类志愿服务活动，引导辖区居民从身边小事做起，践行公共道德，倡导社会文明新风尚。一是大力加强社会主义核心价值体系建设，夯实人民群众团结奋斗思想基础。以创建学习型社区为载体，深入开展全体公民的道德素质教育，深入研究和揭示社会主义核心价值体系的重大意义、内涵外延和实践要求，用马克思主义中国化最新成果武装党员干部、教育人民群众，使中国特色社会主义理论更加深入人心。二是创新载体，丰富内容，不断提高公民道德素质。继续做好"道德讲堂"宣讲活动，宣传文明礼仪知识，推动讲文明、树新风活动深入开展。将树典型与学英模宣讲活动结合起来，作为推进精神文明建设为载体，为库尔勒市精神文明办开展的道德模范评选活动做好准备。以"绿、亮、净、美、优"为目标，治理和改善社区生活环境，创建绿色社区、无毒社区、学习型社区。把"好媳妇、好婆婆、好邻居"评比活动、"我推荐、我评议身边好人"评选活动等文明创建活动与抓治安、促稳定"平安社区"创建活动结合起来，使助人为乐、尊老爱幼美德蔚然成风。三是深入推进未成年思想道德建设。以学校为龙头、以家庭为基础、以社会为平台，动员全社会力量参与到未成年人教育工作中，齐抓共管，形成合力。发挥"五老"模范作用，组织宣讲团开展以青少年思想道德建设，法制教育知识为内容的宣讲活动，加大对辖区周边网吧等文化场所的监督力度。四是抓好信息工作，提升精神文明工作水平。自觉订阅党报党刊，及时了解文明创建发展动态，借鉴文明创建工作的先进经验、好做法、新亮点。进一步加大社区精神文明建设工作的对外宣传力度，做好信息把关、汇总、上报工作。

（二）社区治理成效

社区是体现民生、联系民生最突出最直接最具体的地方，库尔勒市关于改善民生的各项工作，最终都要在社区体现，并落实在社区。库尔勒市贯彻落实党的十八大精神，加强社区建设，优化基层管理，为社会治理健康有序奠定坚实基础。

1. 党建工作深入人心

一是提高思想认识，增强主动性。社区党支部以党的十八届三中全会、党的群众路线教育实践活动为契机，主动与辖区党组织及辖区单位加强联系，并通过宣传橱窗、文体活动等多种形式，提高党的凝聚力和社会影响力，力争做到密切党群关系，巩固和提高党员先进性教育。二是搭建活动载体，提供党员服务群众平台。以抓好三会一课、例会学习、党员活动日等常规教育为基础，采取电化教育、举办专题讲座、党组织负责讲党课等多种形式分类开展党员培训教育。同时针对不同层次的党员，注重开展多姿多彩的主题活动。全体社区党员按年龄、职业特长成立"党员义务巡逻队"、"党员文明劝导队"等志愿者服务体系，开展帮教济困、便民利民等活动，让他们感受到党和政府的温暖。三是定期联席沟通，增强决策科学性。社区与辖区单位党组织开展结对共建、送服务上门等活动，促进辖区单位党组织对社区党建工作的支持、配合和理解，共同参与社区党建工作，在相互服务、相互帮助的基础上，依靠社区力量，利用社区资源，解决社区问题。通过联席共建，促进了"党风廉政进社区"，设立党风廉政宣传橱窗，及开展各类文体活动等多种形式，加强对党员、干部、群众党风廉政、社会主义荣辱观、公民道德规范等方面的宣传教育。

2. 教育培训全面覆盖

以社区党校、市民学校、社区老年学校、青少年法律学校、社区科普学校、社区团校、社区人口学校、社区家长学校、图书室等为依托，开展各类人员的教育、培训活动，提高社区居民文化素质。由社区的离、退休老干部、老教师、老专家、老专业技术人员组成的社区教育志愿者队伍的管理，发挥志愿者队伍教育优势，体现出社区教育特色和教育成果。营造"全民学习、终身学习"的学习氛围，推进社区教育队伍的建设，增加社区教育工作者，大力开展多内容、多形式教育培训活动，做好创建学习型组织。

3. 综治防控持续强化

在深入社区走进家庭开展工作活动，紧紧抓住影响社区和谐稳定的源头，从源头预防和减少社会矛盾的发生，切实加强多元化纠纷调解衔接机制建设，依靠社会各方力量，形成及时有效解决问题的社会环境。强化对社区高危人群和重点人员管控，加强社区基层防线建设，严密防范和严厉打击，切实掌握工作的主动权，积极配合公安部门开展工作，增强社区群众安全感。立足提高群防群治队伍素质、优化结构、加强管理、落实待遇、稳定人员，确保社区治安防范、流动人口管理服务、重点人员帮教等各项基层基础工作的落实。以深挖打击邪教组织违法犯罪活动的幕后策划者和组织者为重点，定期做好情报信息研判工作，对重点人员逐一帮教，开展了多种警示教育活动，进行彻底帮教转化。注重流动人口管理和服务工作，认真做好登记、办证工作。为维护稳定创建平安社区创造良好环境。坚持推进基层综治组织网络和运行机制建设，加强社区综治建设，完善社区警务室规范化建设相结合，提升社区综治服务中心规范运作实效，加强了平安志愿者和治安信息员队伍建设。

4. 社区服务高效贴心

坚持按照广大居民群众的需求开展服务，打造服务型和谐街区工作格局。社区逐步建立了政务服务、惠民服务、志愿服务三大服务体系，开设了社区党员、计划生育、经济发展、司法信访、公共事务、流动人口、居家养老、社区文化等多项服务。尤其是萨依巴格街道自运行智慧社区平台网络，大大提高了社区干部服务居民的效率和及时将居民的重要信息传达回来。坚持以方便群众办事的原则，实施全程代办制度，如流动人口暂住证、第二代身份证、失业证年审、居民医保等代办服务。建立健全社区服务体系和服务网络，实行"集中办公、公开办事、规范操作、限时办结"运行机制，实行全程代理服务的服务机制，实行"职责、考核、奖惩"一体化的奖惩机制。

（三）社区治理的经验

社区结合自身实际，积极探索和实践创新，从原先"四知四清四掌握"工作机制的基础上，逐步形成了社区"网格管理，服务居民，维护稳定"的站居分设管理模式，开创了社区管理工作新局面。

1. 网格管理，服务居民，维护稳定

按照社区实际情况，制定切实可行的"单位化管理、网格化覆盖、社会化服务"居站分设实施方案，对社区所有工作人员进行合理分工，进一步健全社区组织体系，理顺社区工作运行机制，全面提升社区建设管理水平，社区在认真做好"站居分设"工作，实现了社区行政事务和居民自治的有效剥离，"站居分设"工作取得阶段性成果。社区通过"全员认岗"和"前后台分工"将各线口工作梳理分配。按照"出门一把抓、回来在分家"的工作模式，对各线口业务和居民反映事件一一进行统一处理，超出社区职能的逐级上报街道和有关职能部门解决。萨依巴格街道很好地运用智慧社区平台做好各类信息的录入登记，网格员用配戴的手机就能及时在片区里上报入户收集和储存居民基本信息，实现了网上办公避免重复性工作。

2. 健全机制，组团工作，深入防暴

通过"网格化管理，组团式服务"工作载体，发挥社区教育兼职教师和各社区教育志愿者的作用，进一步畅通社区教育需求信息，着力将教育活动引向深入。进一步加强社区教育委员会组织机构建设，由街道办事处主任、分管主任、各科室及社区居委会主任组成的强大的社区教育领导班子，建立街道社区教育为主体，社区居委会为分校的社区教育培训网络，使社区教育工作规范化、制度化。开展各类人员的教育、培训活动。发挥志愿者队伍教育优势，体现出社区教育特色和教育成果。推进社区教育队伍的建设，增加社区教育工作者，大力开展多内容、多形式教育培训活动，做好创建学习型组织。

六 正确引导社会组织参与治理的主要策略

党的十八届三中全会对深化社会体制改革做出了全面部署，强调要创新社会治理体制，改进社会治理方式，激发社会组织活力。社会组织主要是指改革开放之后建立起来的民间社会组织，它们相对于政党政府等传统组织形态之外，主要包括社会团体、基金会、民办非企业单位、部分中介组织以及社区活动（公益）团队等。库尔勒市现有社团组织68个，民办非企业单位179个。

推动社会组织参与协同治理，建立政府与社会平等合作伙伴关系，提高社会自治与服务社会的能力，已成为深化社会管理创新的基本趋势。目前，全国有30多个城市开展了社会管理创新活动，新疆至今还没有出台有关实施方案，为积极推动社会组织健康发展，充分发挥其在助推经济社会发展、构建和谐社会中的积极作用，现结合库尔勒实际提出几点建议。

（一）转变思想观念，充分认识社会组织的地位和作用

要进行社会建设，实现"小政府，大社会"这一重要转变，推动库尔勒公民社会的进程，首先就要不断学习先进地区的先进理念，正确认识社会组织所具有的分担政府事务、发展经济、服务公民的利益诉求、调处社会关系、化解社会矛盾和问题、促进社会和谐的重要功能。适应经济结构的转变，更新社会管理理念，逐渐从重经济建设、轻社会管理向更加重视社会管理和经济社会协调发展转变。将社会组织发展纳入党委政府的议事日程，纳入经济社会发展的总体规划和社会建设的具体目标，纳入政府绩效考核体系，推动社会组织健康有序发展。借助社会组织这一载体，培育和调动每一位现代公民参与社会建设和管理的意识，营造和谐社会人人有责、人人共享的良好局面。

（二）完善法律法规体系，为社会组织发展提供制度保障

库尔勒市可采取先试点、再推广的思路，通过在部分行业先行先试，逐步摸索适合库尔勒社会组织发展的好经验、好做法，进而上升为政策层面，推而广之。制定关于社会组织专门的、长远的发展规划或实施方案，纳入经济社会发展的总体布局，统筹规划考虑。可制定完整的对社会组织予以扶持优惠的政策文件。制定人才引进、资格认定、职称评定、福利保障等政策，促进人才队伍的专业化和职业化。还要建立政府职能转移的配套政策，在充分调研论证的

基础上，适时出台有关文件，切实转变政府职能。

（三）改革创新管理体制机制，引导社会组织规范发展

若要真正解决制约社会组织发展的"瓶颈"和制度性障碍，就要进一步加大双重管理体制改革力度。在可能情况下，可以考虑借鉴北京经验，充分发挥人民团体整合功能，建立枢纽型管理体系进行分类指导。在条件更加成熟的情况下，也可以借鉴深圳经验，由民政部门直接登记、规范管理、无业务主管单位的新体制，统一由民政部门登记管理，基层政府不再履行"业务主管单位"的职责，而是配合民政部门做好政策制定等宏观指导工作。与此同时，还要进一步做好评估制和备案制等配套工作，完善以网络化为主的社区社会组织管理机制，积极探索建立社会组织"第三方"评估机制，建立综合监管体系和整体联动机制，形成党委政府统一领导、多部门分工合作的管理新格局。

（四）加强自身能力建设，引导社会组织实行民主决策

进一步引导库尔勒市社会组织加强自身能力建设，增强承担社会管理职能的有效性。一是在现有基础上，进一步加大改革力度，扩大政社分开，尽快在更大范围内确立社会组织的独立地位，确保社会组织独立行使决策、人事、财务、分配等方面的自主权。二是要积极探索完善"以章程为核心的内部治理结构"，实行民主决策、民主管理，强化自我约束，树立良好的社会公信力。三是积极拓展参政议政渠道，通过合法的参政议政，充分表达所代表阶层合法的组织利益诉求，在各级党代会、人代会和政协会议中适时增加"社会组织代表"，科学确定适当名额。同时建立重大行业决策征求相关社会组织意见的制度。四是加强社会组织的职业化和专门化建设，积极推行竞聘上岗和差额选举，以积极培养公民意识和民主精神，有效提升参与社会管理事务的能力。五是加强社会组织党建工作，把社会组织的党建工作纳入各级党委的整体工作，切实解决社会组织中党组织建设和党的活动两个"覆盖"的问题。

七 借助网络创新社会治理的成效与经验

近年来，随着互联网日新月异的发展，库尔勒市党委、政府站在提高执政能力的高度，把网络管理作为加强和创新社会治理的重要载体，坚持问计于民、问需于民，打造了集信息公开、舆情收集、舆情研判、舆情引导、网络监

督为一体的网络管理体系。

（一）基本成效

库尔勒市主动开展网络舆情疏导，化解网络涉稳问题，吸纳群众建议，解决群众合理诉求，有效地优化了网络舆论环境，有力地促进了社会和谐。

1. 创建公开透明、实效管用的政务信息平台

库尔勒市在传统信息公开基础上，全面推行网络政务公开。

（1）全力打造政府信息公开平台。2010 年 1 月 1 日，改版升级后的库尔勒市政府门户网站正式上线。通过这次全面改版，进一步推进了全市各部门公共服务的网络化整合与流程优化，"一站式"管理与服务水平得到了较大提升，充分发挥了网站的综合功能和作用。建成后的政府门户网站主要包括："站群管理、内容管理、信息管理、政府信息公开、公共参与、在线服务、组织机构"七大功能，一、二、三级栏目总计 100 余个，并可根据后期需求予以拓展。自 2008 年《政府信息公开条例》颁布实施以来，制定了《库尔勒市关于进一步推行政务公开的意见》，对全市各类行政管理和公共服务事项，除涉及国家秘密和依法受到保护的商业秘密、个人隐私之外，都进行了如实公开，使政府工作透明度不断得到提高，广大干部群众对政务公开的满意度也逐步提高。目前，各乡镇和各部门的政府信息发布工作正按计划有条不紊进行，通过政府门户网站，经各单位保密审查后公开的信息已达 27101 条。2011 年 7 月 25 日，库尔勒市网上行政审批（效能监察）暨移动办公项目正式启动。网民可以通过政府门户网站进行审批事项的办理、办结及流程。截至目前，通过该系统累计办件数 374899 件。

（2）部门推行微博、微信、QQ 群平台建设。库尔勒市各部门在新浪微博和腾讯微博两大平台上，用于本单位信息发布、政务宣传或认证为本单位官方微博的微博有 58 个，微信公众平台 13 个。其中，公安系统、共青团系统有较多单位开通，其他开通微博公众平台的仅有街道、宣传部等单位。开通微博单位和粉丝量最多的是共青团系统，广播数最多的是公安系统，平均粉丝量最多的是宣传部，平均广播数最高的是街道。

2. 疏通畅通无阻、及时反馈的民意诉求渠道

库尔勒市借鉴其他城市经验，不断摸索解决民意诉求的各种渠道，取得了一些经验。一是发挥政府网站市长信箱作用。"市长信箱"办理工作实行日审核、阅办、转办、督办制，认真把好办理工作每一个环节，狠抓对承办单位办信的跟踪与督促。各部门对群众来信反映的问题和困难高度重视，能够及时协调解决，认真办理回复，办理效率和质量均有大幅提高。目前市长信箱收到邮件1249件，办结1235件，办结率达98.7%。二是开辟网络信访，拓展对话渠道。针对部分网民诉求习惯，库尔勒市在政府网设立百姓呼声栏目和民情热线电话，百姓呼声可以实现在线互动交流，对网民呼声，新闻网第一时间与涉情部门进行沟通，将真实情况直接回复。对网民通过热线电话进行的投诉和反映问题的，政府网适时安排专人调查，对部门不作为造成群众怨言的，一经核实，新闻网在充分调查的基础上给予曝光。

3. 推进实时定位、处置迅速的智慧社区建设

作为"智慧社区"工程的试点单位，库尔勒市萨依巴格街的"智慧社区"服务平台已经实现了一个中心，两大主线，三级管理，全面覆盖的基层社会管理服务新模式。人口数据库已录入辖区95%的人口数据，近12万条。为各社区工作人员配发办公手机终端300余部，方便社区工作人员入户调查、数据采集及上报。为辖区老人配发老人机，当老人发生危险时，可通过一键报警呼叫到亲人、呼叫中心、社区工作人员等设置好的号码。同时借助电信全球眼监控视频系统，整合公共资源，既能保证工作人员的安全又能快速发现和处置威胁公共安全的行为。通过GIS地理信息技术，实时了解各工作人员位置并进行指挥调度，对街道辖区内配发老人机的老人可实现实时定位。人员工作轨迹可历史查询。使工作人员管理、服务、考核科学化。开通了5881000（我帮帮你）便民服务平台，为居民提供家政、咨询、投诉等方面的服务。截至目前，通过"智慧社区"平台，社区工作人员办理为民服务事项39168件，协调解决各类纠纷34835件。随着"智慧社区"的建立，逐渐平衡了社会、商业和环境需求，同时优化可用资源。目前，库尔勒市其余四个街道办事处也已完成了人口数据录入工作，即将实施"智慧社区"平台建设，届时，"智慧社区"服务将惠及全市90余万人口。

食品药品诚信信息系统建设列入库尔勒市重点民生工程并完成了一期建设，建成了诚信监管平台、分析决策平台、公众发布平台。监管平台包含"四品一械"企业基本信息库、监督检查检测、专项检查、民意诉求、日常办公、从业人员管理、企业信用档案、安全预警等模块。通过平台完成各项检查工作的实施部署和检查痕迹文档的管理。信息发送实现手机短信及平台发送短信的功能。对餐饮服务许可证及从业人员健康证加设二维码防伪标识。执法人员通过终端扫描读取其详细信息。在食品监督管理系统信息录入的基础上，建立食品安全分析决策系统，科学地统计分析全市各乡镇（场）、街道办事处及食药局各中队业务工作的工作量、覆盖率、完成率等数据，通过规划局提供的地理信息图，完成企业定位、执法人员定位、监管轨迹等内容。可直观在地图上显示，实现日常工作的信息化管理。

为满足社会治安防控和城市管理的需要，综合考虑公安、综治、城管、交通、消防等单位的需求，按照"一方建设多方使用"和"资源共享"的原则进行建设。敷设传输线路和提供标准接口到各街面监控点，使其区域监控能接入系统；建设街道办事处、社区、警力室、中心机房等各级监控中心，实现分权、分级的调用图像、资源共享。库尔勒市"平安城市"共布放1484个公共区域监控点，覆盖了库尔勒市主要交通路段、人口密集区、重点监视区域。2013年市财政投入专项经费用于全市5个街道、3个镇、3个近郊乡的社区"三化"建设和"信息化"建设，共设置78个分监控室，在城镇所有复杂场所、居民小区全面安装电子探头，做到视频监控全覆盖，强化了对居民区特别是复杂区域的社会掌控能力及应对突发事件的防控和处置能力。

（二）主要经验

1. 实现治理理念由"管控为主"向"服务为主"转变

传统社会管理理念是官本位、政府本位、权力本位的体现，必须向民本位、社会本位、权利本位的现代社会治理理念转变。库尔勒市借助网络创新社会治理的成功之处，就在于它充分体现和贯彻了民本导向与现代服务型政府理念，通过各种有效的方式与手段，主动回应和满足群众最关心、最直接、最现实的利益诉求，扎扎实实做到扣民生之本、解民生之急、排民生之忧，既促进了基层社会的和谐与稳定，也提升了基层政府全心全意为人民服务的良好形象。

2. 实现治理方式由"粗放机械"向"精细灵活"转变

库尔勒市社会治理体系创新通过"网格"这一神经末梢的"敏感效应"，借助先进的网络信息技术搭建的管理服务平台，群众的诉求与呼声能够"自下而上"及时、准确地传递与掌握。群众诉求通过短信、电话或走访收集后输入信息系统，系统立即自动受理，并在系统内根据内容分类和流转程序传递给各级、各职能部门；网格内发生的事件和问题通过网格民情员的专用工具"社管通"实时传递到区网格化社会管理服务平台，这些诉求与信息均做到一口受理、一网协同、实时监控、限时办理，确保群众反映的问题件件有回音、事事有落实。同时，依托领导干部、社区工作人员、户籍民警，通过发放网格责任人联系卡、设立居民服务受理箱、建立网站、QQ 群和服务热线等方式，让群众一年 365 天、每天 24 小时都能向政府提出服务要求。这种通过缩小管理空间、固定管理范围、明确管理责任人的方式，实现了"精确定位、精选定人、精准定责、精细管理"，减少了社会管理工作的机械性和盲目性，使得政府服务更加精细灵活，甚至能够提供个性化、多样化的"订单式"服务。

3. 实现治理资源由"单一分散"向"多元整合"转变

库尔勒市借助网络社会治理体系创新从三个层面系统调配、统筹安排，对多元资源进行优化整合。一是整合条块资源，不仅充分调动相关单位和职能部门积极参与和支持利用网络进行社会管理工作，而且充分整合公安、人防、计生、民政、社保等多部门的信息资源，实现信息共用共享，建立起集人口信息、单位信息、房屋信息为一体，覆盖人口计生、政法综治、社会事务、城市管理、信访维稳、文明创建、医疗卫生等方面的基础信息库，政府办事效率大大提高，管理成本大大降低。二是整合服务团队资源，普遍建立以机关党员干部、街道（乡镇）干部、社区（村）干部、民警和民间热心人士为主的网络信息收集群体，组成的"扁平化、开放式"管理服务团队，提升了团队的整体服务能力。三是整合社会资源，充分发挥社会组织、社会公众等社会资本的特有优势。在库尔勒市公安局未建立专职网安队伍时，已经高度重视本地网络群体，把网络社会的管理作为社会管理创新工作的重要平台，从 2009 年 10 月我局成立了由 30 名兼职民警组成的第一支网络侦查组，主要从事涉网案件侦办、网上巡查监控、网络舆情导控，并对网侦民警进行了网络知识、网络案事件应对和网络语言等专题培训，让每名网侦民警"懂网、上网、管网、用网"，提高了市公安局民警网上作战能力。从 2010 年起至今，市公安局网络侦查组民警先后破获各类涉网案件 500 余起，参与舆情导控 20 余次，通过网上巡查监控上报各类涉网情报信息上万条。

4. 实现治理战略由"临时应付"向"长效机制"转变

网络管理机制完善了，遇到突发事件也就能运用自如了，就不会临时"忙慌手脚"。库尔勒市通过不断摸索，形成了一套较为完善的管理机制。一是建立健全日常联系协调机制。成立由市党委副书记任组长的网络舆情领导小组，具体负责网络舆情的协调、组织工作，按照"属地管理、分级负责，谁主管谁负责"的原则，在各自范围内及时、妥善处理网络舆情，做到事事有着落、件件有回音。二是建立健全舆情汇集和研判机制。市委办、政府办、市委宣传部、公安局网安大队等部门对重大敏感舆情和突发事件进行不定期的会商研判，及时发现倾向性、苗头性问题，了解舆论动向，梳理分析群众反映的事项，从中发现带有普遍性、倾向性的民生问题和社情舆论动向，据此研究引导和管理措施。三是建立健全快速反应机制。库尔勒市党委宣传部牵头制定互联网管理办法和应急工作预案，完善相关工作流程，发生突发事件，各部门按照职责分工迅速行动，确保网络管理高效迅捷、舆论引导准确有力。成功处置了数起网络突发事件。四是组建评论员队伍，确保网络舆情随时引导。由库尔勒市党委宣传部牵头，组织了一支政治上过硬、具有一定网络知识的年轻干部组成的200多人的网络评论员队伍，一方面定期发布反映全市重点、亮点工作的正面信息，吸引广大网民参与互动，不断增强库尔勒的知名度和美誉度。另一方面，对网络中出现的危害社会稳定的言论及时跟帖、评论，澄清事实，纠正错误观念，引导网民了解真相。

第十章

建设区域性中心城市，打造丝绸之路经济带战略支点

导言： 作为古丝绸之路的重要咽喉要道，特别是作为自治区综合交通枢纽建设示范市和多元文化荟萃之地的库尔勒，其独特的区位、资源、经济实力、城市影响力、历史人文等优势，为融入"丝绸之路经济带"，实现跨越式大发展创造了良好的基础条件和外部环境。提升区域性中心城市地位，打造"丝绸之路经济带"战略支点，库尔勒必须着力提升城市功能，优化城市布局，推动城镇组群发展、口岸与腹地城市联动发展。

推进"一带一路"建设，是中央根据全球形势深刻变化，统筹国内国际两个大局做出的重大战略部署，对于加快形成全方位开放格局、加快培育参与和引领国际经济合作竞争新优势具有重要意义。其中丝绸之路经济带建设是以区域合作为主题，以城市为节点、产业发展为支撑，重构空间开放新格局、建立区域合作新秩序，全方位开放战略推进过程。因此，建设区域中心城市，对库尔勒打造丝绸之路战略支点、推进战略全面落实具有核心支撑作用。

一　发挥城市在丝绸之路经济带建设中的战略支撑作用

（一）城市是对外开放的起点和支点

改革开放 30 多年来，我国全面改革从十四个沿海开放城市率先起步，由此扩展到东部沿海地区、内陆沿江地区和沿边地区，从而逐次形成我国全面开

放的整体格局。这其中，城市起到了开放的先锋作用，之所以从城市起步，是因为城市不仅是区域发展的中心，而且城市更具有开放的比较优势，集聚要素资源、集中开放条件，是最早能够成为与国外合作的重要平台。所以，城市自然地成为对外开放的首选之地。中国改革开放正是由于选准了城市这个切入点，才能不断深入并取得举世瞩目的伟大成就。今天，我们要推进新一轮改革开放，建设面向全球的开放新格局，当然还要把城市放在突出的位置，充分发挥中心城市的功能和作用，为落实新的改革开放战略提供强有力的支撑。

推进"一路一带"建设，不可能整齐划一、不加区别地全线推进，而是要有计划、有重点地分步推进合作发展。其切实可行的方案，就是以沿线国家的中心城市为节点，通过增强中心城市功能、完善城市体系和强化区域增长极，率先构造起网络体系，进而向腹地扩展。特别是我国西部地区，总体发展水平比较低、基础薄弱，业已形成的比较优势主要集中在中心城市。所以，在参与丝绸之路经济带建设中，更要把加强中心城市建设放在重中之重的位置，要把丝绸之路经济带建设与新型城镇化结合起来，发挥中心城市的战略支撑作用，优化城市布局，完善城市体系，强化城市功能，为加快丝绸之路经济带建设提供强有力的战略支撑。

（二）丝绸之路经济带建设要以城市为依托

丝绸之路经济带建设是统揽全局、引领未来的重大国家战略，是面向全球、联结欧亚，着力于通过加强政策沟通、道路联通、贸易畅通、货币流通和民心相通，加快形成大开放、大融合、大发展的开放合作新格局。根据研究观点，丝绸之路经济带包括三个战略方向：中国经中亚到俄罗斯、中东欧直达波罗的海；中国经中亚（波斯湾）、北非；中国经南亚到印度洋。具体有三个通道：

——主通道：依托亚欧大陆桥，形成以连云港等东部港口连接国际海上运输，以阿拉山口、霍尔果斯口岸与亚欧衔接。

——北通道：包括新疆、甘肃西部和内蒙古北部与东北和环渤海地区，直接将阿拉山口、巴克图口岸与天津港、唐山港连接。

——南通道：通过吐尔朵特口岸联系中吉乌，经川渝地区通往珠三角及北部湾。

围绕这三个通道形成以中心城市为支撑、中小城市为结点的带状体系，推进丝绸之路经济带建设和发展，就是要进一步强化中心城市作用，提高城市群功能，完善城市体系，加快形成以城市为主导的区域合作发展战略新格局。

一是形成区域大合作新格局。以点带面，从线到片，逐步形成区域大合作格局。新的合作格局将进一步深化市场融合、丰富市场形式、扩充市场功能、完善市场机制，进一步提升区域经济发展的活力和动力。

二是整合区域发展优势，重建区域城市体系，引领城镇化发展，推动产业优化布局，为区域经济发展和跨区域合作提供强有力的支撑。

三是加快互联互通，做好"通"的文章。要以加快信息高速公路建设为先导，把整个地区的公路、铁路、航空、油气管道、通讯网络乃至卫星通信等快速对接起来，并确保全线畅通无阻。这些都要建立在城市间技术合作基础上，依托自主技术来支撑。充分发挥新疆在丝绸之路经济带上的通道流转功能，加强科技在放大通道效应中的支撑能力，结合新一代信息网络技术，优先发展智能物流和跨境电子商务，转变对外贸易方式，提升经济带内合作度。

四是突出经济带的功能特点，做足"带"的文章。建设丝绸之路经济带关键是要形成横贯中西、连接欧亚的经济带，而不是局限"块"发展，要从"中国—中亚经济走廊"、"中国—上合组织经济走廊"起步，逐步延伸至联通五大对外合作通道（中国—东盟经济走廊、孟中缅印经济走廊、中巴经济走廊、中国—中亚经济走廊、中蒙俄经济走廊），要从过去的商贸、物流带，建设成为合作带、发展带、繁荣带。

五是以科技引领，深化互动合作，促进区域协同发展。加快建设中国—中亚科技合作中心，打造科技交流新平台，使科技流、人才流、资金流真正流起来。坚持多边和双边相结合、多领域、多地区同步推进原则，利用上合框架机制，推动技术要素自由流动和更深层次的科技交流。为更好发挥新疆丝绸之路经济带核心区的优势，进一步提升技术贸易便利化、自由化水平，将新疆建设成为丝绸之路经济带上具有重要影响力和辐射力的科技中心、创新中心和高新技术产业中心。通过加大对中亚交通、能源、制造业、服务业、农业、新能源、高科技等领域的科技与投资合作，注入新的生机和活力。

二 新疆城市总体布局及功能

在新一轮大开放、大发展中，新疆面临着"丝绸之路经济带"、"西部大开发"、"新型城镇化"几大战略的叠加影响，应当抓住机遇，主动融入国家战略，分享战略红利。新疆是丝绸之路经济带的核心区，在丝绸之路经济带建设中处于举足轻重的战略地位。从战略全局高度，整体谋划新疆融入丝绸之路经济带建设和发展，形成战略大思路和要素大整合，举全区之力积极推进丝绸之路经济带战略，要发挥好新疆的优势，除了要积极推进畅通大通道、建设大基地、开拓大市场。更重要的是要加强区域性中心城市建设，强化城市群的功能效应，发挥中心城市的引领和支撑作用。

（一）新疆城市分布情况

全疆有 22 座城市。其中有 14 座分布在北疆准噶尔盆地周围，南疆塔里木盆地只有 6 座城市，90% 以上的城镇集于西部区。全疆现有市县 90 个，其中地级 2 个，县级市 20 个，县城 68 个，按市镇非农业人口规模计算，特大城市 1 个（乌鲁木齐），中等城市 8 个，其余均为小城市（包括县城），为 13 个。另有建制镇 229 个，包括县城 68 个，独立建制镇 161 个。没有 50 万至 100 万人口的大城市。

（二）新疆城市功能布局

22 座城市根据功能不同形成五个层次。

一是跨省域中心城市：乌鲁木齐市是新疆维吾尔自治区的政治、经济、文化、交通、科技、信息中心，我国西北地区重要的中心城市，未来现代化国际商贸城市。

二是区域性中心城市：库尔勒、克拉玛依、石河子、奎—克—乌区域、伊宁、喀什、阿克苏、哈密。通过扩大城市规模，完善功能，增强实力，发挥区域性经济中心作用。

三是地区中心城市：昌吉、塔城、阿勒泰、博乐、吐鲁番、和田、阿图什等。通过特色产业开拓，体现城市特色，壮大自身的综合实力，促进地区范围内的城镇化进程。

四是市、县域中心城镇和具有特殊职能的小城镇包括市、县域中心城市、垦区中心城镇、工矿、交通、旅游城镇、口岸城镇等。以生态建设为基础，以市场为导向，发展特色产业经济。

五是一般建制镇、农牧团场和集镇通过深化农业体制改革，来推进农业产业化进程，促进农村剩余劳动力的转移。

（三）以城市为中心的区域体系

围绕各类中心城市新疆形成特色鲜明的七个经济区。即乌鲁木齐经济区、奎—克—乌经济区、哈密经济区、伊犁经济区、库尔勒经济区、阿克苏经济区、喀什经济区。

其中，库尔勒经济区在整个区域体系中处于十分重要地位，在联结南北疆方面具有不可替代的重要作用。库尔勒经济区包括库尔勒、轮台、尉犁、若羌、且末、焉耆、和静、和硕、博湖、库车、沙雅、新和、策勒、于田、民丰；在这个区域，库尔勒市作为区域性中心城市，起核心支撑作用；库车县定位为副中心，库车的功能定位是新兴石油工业基地；库尔勒经济区的功能定位是形成以食品、轻纺、建材、造纸等行业在内的综合性工业基地和石油工业中心。这对于发展中亚国家间产业和贸易合作，支持丝绸之路经济带建设和发展具有重要意义。

（四）新疆城市发展的短板

新疆作为西部的重要省区，虽然资源优势和发展潜力明显，但是总体发展水平还比较低，自然条件较差，经济基础薄弱，特别是城市总体发展水平不高，城镇化低于全国平均水平，农牧区人口占新疆总人口的66%以上。

（1）新疆城市布局不均衡，无论是城市数量，还是城市发展水平都不均衡。

（2）新疆城市发展相对落后，规模不够大，特别是小城镇人口规模不足。

（3）大多数城市二、三产业滞后，农业比重偏大，二、三产业起点较低，缺少支撑财政的支柱企业，乡镇企业规模偏小，难以形成聚集效应。

（4）新疆城市化水平较低，成为新疆城市的聚集与辐射力较弱，特色建设水平较低，结构与分布不合理，发展动力不足。

（五）新疆城镇体系规划

《新疆城镇体系规划（2012～2030年）》是引导新疆新型城镇化和城镇发展的公共政策。规划确定的新疆城镇化发展目标是，到2020年，城镇人口占总人口比重达到58%；到2030年城镇人口占总人口比重达到66%～68%。把乌鲁木齐都市圈打造成为全国重要的城镇群，把乌市建设成为国家对外开放重要的国际城市；把乌昌都市区、喀什、伊宁—霍尔果斯、库尔勒、奎屯—克拉玛依—乌苏、哈密、阿克苏等培育成新疆重要增长极；建设一批50万人口以上的大城市。

三　库尔勒中心城市的优势与功能优化

库尔勒市地处新疆中南部，是南疆的桥头堡，在新疆向西开放、沿边开放战略中处于核心地位。

（一）库尔勒中心城市的优势

1. 库尔勒的开放功能

库尔勒历史上就是"丝绸之路"中道的咽喉，地处新疆腹心地带，是南北疆的交通枢纽，是巴州的政治、经济、文化中心。库尔勒在全疆经济社会发展中具有承北启南的特殊战略地位，是新疆交通枢纽，自古以来就是重要的物资集散中心，交通运输十分便利。为了加快新疆经济发展，不断提高南疆物资运输能力，国家和自治区近年来加快了南疆交通建设步伐，库尔勒交通枢纽地位和优势逐渐显现。吐鲁番—库尔勒铁路二线、库尔勒—阿克苏铁路复线、和静—库尔勒高速、库尔勒—库车高速、库尔勒—成都航线、库尔勒机场改扩建等一大批建成、在建和即将建设的国家、自治区重大战略性工程，形成了库尔勒公路、铁路、航空、管道四位一体的立体交通格局，提高了库尔勒交通运输能力，加快了库尔勒与全疆各地及内地省份的联系。便利的交通运输条件，为库尔勒建设南疆重要商品集散地和现代流通中心奠定了坚实的基础。

2. 库尔勒的商贸集散优势

近年来，随着库尔勒市委、市政府对商品交易市场扶持力度的加大，以及商品交易市场不断改造和建设，规模化和专业化发展的趋势日益显著，有力地推动了商品流通业的发展。库尔勒商品交易市场已建成一批涵盖工业原材料、日用消费品、农副产品和生产要素等专业性和综合性较强的市场，形成了以专业市场为主，综合市场为辅，门类齐全、协调配套、各具特色的商品市场体系。在连接产销、满足消费、活跃流通、促进经济发展等方面发挥了积极的作用。为适应流通领域的多种需求，商品交易市场也在不断改善交易环境、调整经营结构、营造良好的经营秩序，逐渐由开放式的经营环境转变为封闭式的经验环境。大力发展龙头市场，使之成为推动库尔勒市商品交易市场和商贸流通业发展的重要力量。库尔勒华凌市场营运主楼单体建筑面积12万多平方米，已进驻经营的厂商2500多家，以商品批发市场为主体产业，集对外贸易、工业等产业为一体。该市场现已成全疆占地面积最大、商品种类齐全、交通便利、设施优良、辐射南疆 5 地州 42 县市及中西亚各国的大市场。库尔勒海宝市场作为南疆最大的农副产品物流中心，主要以果品、蔬菜、水产、家禽、副食品、农资批发为主，其他农副产品为辅综合经营。货源主要来自本地，同时与山东、安徽、海南、河南、陕西、四川、甘肃、重庆等十几个省、市产生供销业务。目前服务辐射巴州地区及南疆各地区。自市场建立以来，发展迅速，交易活跃，日客流量达 10000 余人。

3. 库尔勒经济技术开发区的核心带动作用

库尔勒经济技术开发区是一个国家级经济技术开发区，开发区成立以来，已入驻各类企业 560 余家。经过十几年的发展，开发区正在着力构筑全国最大的差别化纤维生产基地、全疆重要的石油石化及天然气精细化工生产基地、全疆重要的石油装备和技术服务基地、南疆特色农副产品加工出口基地、南疆能源建材和矿产品精细加工基地、南疆重要的物流集散基地六大产业基地。

4. 构建现代综合交通体系

库尔勒以自治区综合交通枢纽建设示范市为契机，加快建设铁路、公路、民航、管道国家级枢纽。坚持完善区域快速路网，打开对外高速通道，促进公路、铁路、民航"三位一体"有机衔接，加快形成"布局合理、功能完善、衔接顺畅、技术先进、安全环保"的综合交通走廊，为构建新疆现代化中心城市打造重要的"引擎"。

建设大库尔勒交通体系，梳理和整合库尔勒市客货运输场站，形成多方式有机衔接、运转高效的枢纽体系。近年来，库尔勒逐步开通了与国内各大经济中心（北京、成都、重庆等）直通航线，打造了在疆内航空网络中的枢纽地位。改造和完善了库尔勒北站，使其成为服务区域商贸物流的货运站。库尔勒西站配合库西物流园区建设，发展成为了区域性货运站。同时加强了公路枢纽与铁路、机场整合，实现多方式联运和无缝衔接。

5. 加快物流园区建设

库尔勒规划了 3 个物流园区，分别是开发区物流园区、库西物流园区、华凌物流中心；一般货运站 3 个，分别是塔什店货运站、上户货运站、南环货运站。2013 年 9 月 4 日，库尔勒市与江苏苏中投资股份有限公司签订了合同，将在库尔勒市上库综合产业园投资 26 亿元建设农副产品冷链物流园项目，实现库尔勒与江苏农产品的优势互补。该物流园项目将是南疆地区最大的农副产品冷链物流园，该物流园建成后，将辐射南疆五地州，给南疆居民带来实惠。2013 年 9 月，库尔勒经济技术开发区"天智钢铁物流综合产业园"16个项目集中开工。它立足于打造南疆规模最大、标准最高、品质最优的现代化综合钢铁物流集散地。它将辐射整个南疆地区的钢铁物流业及相关产业，同时带动运输、仓储、加工、配送、信息处理等十个以上相关产业的发展。

6. 积极发展电子商务

近年来，库尔勒电子商务市场交易额稳定增长，电子商务投资规模也在不断增大，电子商务在企业的应用成效以及对经济、社会发展的推动作用日益明显。电子商务可使物流实现网络的实时控制。通过网络可及时准确地掌握产品销售信息与顾客信息，可以有效地实现对物流的实时控制，实现物流的合理化，尽量减少实物库存。商家在进行商品交易过程中，不用携带大量现金，通过网上银行直接进行账务结算。电子商务在库尔勒的广泛应用，有效地提高了决策水平、工作效率以及企业的市场快速反应能力，降低了产品成本，促进了市场销售，改善了企业内部管理，优化了企业供应链和销售链，进而大幅度地提高了经济效益。同时也为库尔勒成为现代流通中心奠定了基础。

7. 加大金融支撑力度

随着库尔勒经济的飞速发展，各大金融机构陆续在库尔勒驻足。除了过去已有的中国银行、中国农业银行、中国建设银行、中国工商银行外，交通银行、昆仑银行、天津滨海农村商业银行等金融机构也先后在库尔勒市成立。它们为库尔勒市金融业和经济社会发展注入了新的生机和活力，对改善库尔勒市融资环境，加快推进现代流通中心的发展发挥了积极的作用。

库尔勒经过几十年的不断探索、创新、发展，逐渐成为了南疆重要的商品集散地和现代流通中心，在南疆乃至全疆的经济发展中起着举足轻重的作用。在未来的发展中，库尔勒依旧会继续努力，为新疆的经济发展贡献力量。

（二）库尔勒中心城市的功能优化

库尔勒在全疆的城市与区域布局中，有着重要的作用，库尔勒要通过优化中心城市功能，更好地发挥区域性经济中心作用。

1. 提升城市功能

一是加强区域交通等重大基础设施规划对接，建立公路、铁路、航空、管道四位一体的交通体系，并强化重要城镇发展廊道上的交通支撑，实现核心组团内一刻钟上高速，半小时七个组团通达，一小时经济圈，四小时联系圈，推动人流、物流、信息流一体化，促进功能、产业、人口和用地向位于交通走廊上的城镇集中。

二是加强生态环境建设合作，构建区域生态安全格局。进一步深化和明确大气污染联防联控和水资源保护的重点任务，加强巴州区域北四县水资源涵养、风沙治理、防护林建设。共同划定区域生态保护红线和城镇开发边界，重点加强巴州南四县城镇组团间重要生态廊道的保护建设。同时，加强在新能源使用方面的区域合作。

三是促进区域产业布局与城镇体系的对接，避免同质化竞争，整体推进区域产业转型升级。重点发挥库尔勒经济技术开发区和上库、塔什店园区政策的辐射和影响力，促进更多科技成果在库尔勒区域转化，努力打造南疆乃至新疆发展高地。

四是加快重点区域改革试点。例如，以深化库尔勒、尉犁县、博湖县、铁门关市、轮台县之间的合作交流，推动和探索区域合作机制的不断完善。

2. 优化功能区布局

优化区域城镇布局，明确发展重点。以库尔勒和铁门关"双城"为核心，突出库尔勒和铁门关市主轴的同城化发展，加强218、314两个重要城镇走廊建设，促进巴州区域大中小城市协调发展。

中心城区根据"三山三带三组团"的空间布局，科学规划实施"一城三区，一区双核"的居住商业功能区布局。即以3公里左右为每个核心的服务半径，与"三河贯通棚户区改造工程"同步规划，在每一个组团（区）分别形成两个核心功能区，老城区重点建设州政府所在区域的9.2平方公里的"幸福城"，南市区重点建设3平方公里的"上水城"和13.1平方公里的"生态城"，开发区重点建设开发区管委会所在综合服务区域和西尼尔新区，把已经拉大的城市空间服务完善起来，激活各功能分区，有序引导人流、物流的相对合理流动，突出核心区域的辐射作用，让城市发展更健康、更幸福、更宜居、更宜业、更特色。

3. 推动城镇组群发展

提升库尔勒市在新疆全域城镇体系中的职能等级，进一步扩大巴州各级城镇等级规模；依托不断完善的交通路网和物流体系，通过城镇体系空间结构再组织，构筑"一心两轴三组团"城镇体系空间结构，奠定区域联动发展的空间组织框架，为新疆南北互动区域发展战略奠定基础。通过推进库尉一体化进程，培育库尔勒城镇组群。库尔勒城镇组群是以库尔勒市为核心，依托产业优势，以南疆高等级公路、G314和G218、南疆铁路为发展轴的城镇聚集区，包括焉耆县、尉犁县、博湖县等城镇。调控和优化城镇体系规模等级结构，形成以库尔勒市为主中心，以和静县、轮台县、若羌县为副中心，由四级中心组成的城镇等级规模结构，策应与南疆铁路沿线石油石化产业带、塔里木盆地林果产业带的发展，重构巴州城镇体系职能结构体系。

4. 促进口岸与腹地城市联动发展

全面对接丝绸之路经济带战略，加快构建区域性交通、通信网络体系，大力发展交通，通信基础产业，加强口岸城市同腹地之间的交流与合作。加强区域内交通和信息网络建设，是调整产业结构，改善投资环境，实现口岸与腹地一体化发展的重要保证。一方面要建设高速公路、电气化铁路和现代化的港口与机场；另一方面，还应建设通信干线网，建立一个既能满足社会发展需要，又能为经济部门和企业跟踪国内外市场，反馈区域内外经济技术信息的现代化交通、通信体系，以保证口岸和腹地互动、快速、协调地发展。

四　加强库尔勒中心城市建设的对策

库尔勒在融入丝绸之路经济带战略、加快创新发展过程中，要以提升中心城市功能为重点，加强城市基础设施建设、提高产业支撑能力，推进"四化"协同发展，增强区域带动能力和国际合作的竞争优势。

（一）以新型城镇化为引领，加快完善城镇基础设施

加强城市交通、通信、能源等基础设施建设，着力构筑公路大通道、铁路大通道、空运大通道和管输大通道，加快完善城市路网、航空立体交通网、水网、电网、通讯网、天然气网、广播电视网和环保网。提高城市基础设施承载力。加强城镇基础设施建设，增强主城区和小城镇产业发展、公共服务、吸纳就业、人口集聚功能，扎实推进以人为核心的城镇化。

在进一步加强市区基础设施建设的同时，重点加快"两翼"园区基础设施建设，努力提升园区承载力。要本着"园区发展、基础先行"的原则，坚持以"完善功能、提升形象、服务发展"为主线，以"突出重点、细化目标、明确节点、责任到人、严格督查"为工作举措，高起点规划、高标准建设，高速度推进"两翼"园区基础设施建设。全力做好园区供电、供水、供气、污水处理、垃圾处理、道路硬化、亮化、绿化、美化和项目服务工作，以提高园区建设品位，完善配套功能，努力使园区迈向更高更新更宽广

的平台。

（二）发展现代产业体系，全面提升工业化水平

库尔勒市作为自治区"一主三副"城镇体系重要组成部分，随着建设新疆重要的现代化区域中心城市的步伐加快，迫切需要主动转变发展方式，进一步优化城市的产业空间布局和经济发展模式，加快构建符合产业发展趋势、适应库尔勒市现实要求、具有国际竞争力的现代产业体系。

产业竞争优势取决于产业体系完善程度，新疆同我国产业发展总体状况一样，目前主要是依托生产制造和低端加工组装、缺乏创新和品牌的产业体系，已经不适应竞争发展的需要，迫切需要适应产业转型发展的要求和市场需求变化，加快产业体系更新。以效率最大化为目标，整合产业链，建立合理产业联系，促进产业协同发展。构建与绿色发展、新能源、信息化相融合的现代产业体系。

库尔勒市加快建设现代产业体系。主动融入天山南坡产业带，承接内地产业调整转移，抢占石油天然气、纺织、农副产品精深加工等特色优势产业集群的制高点，对接喀什、霍尔果斯两个特殊经济开发区，打造经济特区前沿的支撑点和向内的集散地，增强对南疆乃至全疆经济的辐射作用。

1. 加快存量调整

把化解产能过剩矛盾作为重点，通过扩大需求消化一批产能、通过走出去转移一批产能、通过兼并重组整合一批产能、通过强化市场准入淘汰一批产能。同时，按节能减排要求加快改造提升传统产业。结构调整主要从产业结构、产品结构、所有制结构、组织结构四方面着手。一是利用新设备、新技术、新工艺改造提升地方传统制造业，提升地方工业企业竞争力。二是实施名牌战略，优化产品结构，使地方工业企业产品质量、效益和加工培植能力明显提升。三是深化国有企业改革，发展混合所有制经济，增强地方工业的竞争能力；四是调整工业组织结构，制定扶优扶强政策，扶持重点规模企业做大做强，实现地方工业规模效应。

2. 积极发展新经济

习近平总书记在国际工程科技大会讲话中指出，"世界正在进入以信息产业为主导的新经济发展时期"。要"打通从科技强到产业强、经济强、国家强的通道"，促进科技成果加快转化为现实生产力，"形成新产品、新服务、新业态"。如农业物联网应用、农业电子商务、农业综合信息服务等。要大力发

展新业态经济和新气候经济，加快形成低碳生产方式和消费模式，建立城乡一体的绿色生态系统和绿色产业体系。同时，要大力发展民生科技，如移动医疗、健康养老、休闲娱乐等，具有技术基础和广阔的市场空间，具备规模产业化的条件。强化信息化与工业融合，不断提高服务业增加值和就业比重，培育发展战略性新兴产业。

3. 打造创新型产业集群

在结构调整优化的基础上，加快培育若干能够形成千亿级产出规模的产业集群，为经济持续健康发展提供坚实基础。要通过改革破除体制机制障碍和各种隐性壁垒，加快先进技术国内优先应用，推动大规模产业化。

4. 加快推进企业信息化建设，以信息化推动工业化加快发展

库尔勒市传统产业较多，总体上研发、技术、管理水平低，竞争能力弱。因此，必须加快信息化在传统产业中的应用，加大技术改造力度，以此改造升级传统产业。要抓住关键环节，实施重点突破，把信息化建设融入企业的产、供、销和人、财、物等各个环节，与体制创新、机制创新、科技创新、管理创新有机结合，实现企业制度的变革。

5. 实施园区化战略

把园区经济作为加快新型工业化发展的主战场和增长极，按照"项目集中园区、产业集群发展、资源集约利用、功能集成建设"的思路，全力打造"一主两翼"园区发展格局。走科技含量高、经济效益好、资源消耗低、环境污染少、人力资源优势得到充分发挥的新型工业化发展道路，推动企业集聚，实现规模集中，共享基础设施和公共服务。推进产业集群，实现产业链上中下游分工与协作。推进技术集成，企业间建立网络联系，建立公共研发平台，推动研发合作。促进实现"工业园区化、园区产业化、产业集群化"，壮大地方工业，着力提高工业化水平。

（二）以科技创新引领城镇化发展

当今世界进入"大区域创新"和"大概念时代"，必须创新发展理念，强化科技支撑作用，全面落实创新驱动发展战略。积极推进"创新型库尔勒"建设，围绕提升经济竞争能力、增强科技创新能力、提高区域可持续发展能力的目标，进一步完善科技服务和科技投融资两大体系。强化"项目建设决定发展速度"的意识，实施项目带动战略。

一是树立互联网思维，重构城镇化新格局。互联网的广泛应用，打破时空、城乡和产业界限，对经济社会发展带来革命性影响，电子商务、智能物流、能源互联网、定制化生产等，正重塑产业发展格局，也拓宽了城镇化的边界。

二是建立科技创新中心和区域创新体系，为城镇化提供可持续的支撑。通过建立创新投资中心、科技金融示范区、科技自贸区等，强化创新创业能力。

三是以城市群为载体。坚持大中小城市和小城镇协调发展，增强中小城市和小城镇产业发展、公共服务、吸纳就业、人口集聚功能。使城镇真正成为人们的安居之处、乐业之地。

四是产城相融、互促共进。要以园区为载体推动产业集中发展，促使人口向园区而不是城市大量集聚，城镇化不是一般地解决人口融入问题，而是首先解决产城融合问题，通过产城融合实现人口融合，推进城乡发展一体化。

（四）大力发展创业型经济

坚持大项目"顶天立地"、小企业"铺天盖地"并举，特别是要把创新创业创富结合起来，培育多元主体、鼓励自主创业和扩大就业，增强经济发展的内生动力和活力。建立创业支持制度，通过风险投资、创业援助、贷款担保等大力支持创业。营造全民创业的大环境，保证各种所有制经济创业机会公平。加强创业培训和创业技能培养，健全面向全体劳动者的职业教育培训制度。"创业创新创富"相结合，要把创业落实在创富上。

继续优化投资环境，制定出台一系列优惠政策，特别是在工业项目登记备案、建设用地、税费减免、人才引进等方面鼓励和扶持新型工业化的发展。切实转变政府职能，精简办事程序，清理收费项目，帮助企业降低投资成本。

（五）着力培育开放型经济发展新优势

一是完善互利共赢、多元平衡、安全高效的开放型经济体系。二是推动开放朝着优化结构、拓展深度、提高效益方向转变。三是创新开放模式，坚持出口和进口并重，提高利用外资综合优势和总体效益，统筹双边、多边、区域、次区域开放合作。

（六）大力推进生态文明建设

要由工业文明向生态文明转变，更加自觉地珍爱自然，更加积极地保护生态，努力走向社会主义生态文明新时代。一是树立尊重自然、顺应自然、保护自然的生态文明理念。二是把生态文明建设融入经济建设、政治建设、文化建设、社会建设各方面和全过程，努力建设美丽中国，实现中华民族永续发展。三是形成节约资源和保护环境的空间格局、产业结构、生产方式、生活方式。生产空间集约高效，生活空间宜居适度，生态空间山清水秀。四是构建生态安全格局。五是要加强生态文明制度建设。建立国土空间开发保护制度，建立反映市场供求和资源稀缺程度、体现生态价值和代际补偿的资源有偿使用制度和生态补偿制度。健全生态环境保护责任追究制度和环境损害赔偿制度。

附　录

实施中心城市发展战略
加快幸福梨城科学跨越

——在中共库尔勒市七届四次全委（扩大）
会议上的讲话

巴州州委常委、库尉党委书记、市委书记　薛　斌
（2012 年 1 月 6 日）

同志们：

这次会议的主要任务是，贯彻中央经济工作会议、自治区第八次党代会、自治区党委经济工作会议、自治州第九次党代会和州委九届二次全委（扩大）会议精神，落实市第七次党代会确定的各项任务，总结工作，研究部署今年的主要任务，统一思想、凝聚共识，动员全市上下全面实施中心城市发展战略，强力促进"三个率先走在前列"，加快幸福梨城科学跨越。

下面，我讲几点意见。

一　实现"十二五"良好开局

2011 年，是"十二五"时期开局之年，是历史以来我市发展最快的一年，是加速崛起的一年。在自治区、自治州党委、政府的坚强领导下，我们团结带领全市各族干部群众，倡导解放思想、抢抓机遇，集中精力保稳定、促发展、惠民生、抓党建，全面完成了既定目标任务，全市经济社会发展步入生机勃发的崭新阶段。

经济增长实现新突破。预计全年实现生产总值549亿元（按现价计算，下同），增长6.8%，不含石油开采业为187亿元，增长10.2%。地方财政收入突破30亿元大关，达到34.1亿元（含开发区5.1亿元），增长45.29%，增速创历史新高，其中一般预算收入24.3亿元（含开发区3.3亿元），增长35.13%。城镇居民人均可支配收入达到16000元，增长15.8%；农牧民人均纯收入突破万元，达到11372元，增收1483元，增长15%。实现社会消费品零售总额55亿元，增长18%。完成全社会固定资产投资244亿元，增长12.2%，其中地方固定资产投资80亿元，增长20.2%。不断优化三次产业结构。加快新型工业化步伐，六大工业产业基地初具规模。库尔勒经济技术开发区升级为国家级开发区，全州工业主战场的地位更加巩固。现代农牧业快速发展，强农惠农政策惠及更多基本农户，最大限度地克服多年不遇自然灾害的不利影响，确保了农业减产不减收。新型城镇化优势明显，自治区统筹城乡综合配套改革试点工作稳步推进，城市群建设纳入自治区城镇体系规划。金融中心、商贸物流中心、旅游集散地和目的地规划建设全面启动，房地产业持续健康发展，招商引资成效显著，产业支撑作用大幅增强。

社会事业呈现新进步，精神文明建设再结硕果。全民动员打响"保牌"攻坚战，巩固深化"八个环境"和创建活动成果，形成共建文明、共享文明的生动局面，成功蝉联"全国文明城市"称号，再次印证了我市的综合竞争实力。突出现代文化引领，加快全州文化产业中心建设。州市文化活动中心、乡镇文化站运行提效，市图书馆被确定为国家二级图书馆。村村通工程、东风工程、农村电影放映工程、万村千乡文化惠民行动等群众性活动丰富多彩。成功举办第32届"向阳杯"全国少儿乒乓球比赛、库尔勒赛马大会暨少数民族传统体育运动会。地方、兵团、石油、部队、铁路及各民族文化更加融合。科教支撑作用显著增强。连续七届被评为"全国科技进步先进市"和自治区党政领导干部科技进步目标责任制工作先进集体，荣获"全国科普示范市"称号。教育经费投入持续加大，"两基"成果巩固扩大。双语教学稳步推进。全面启动农村学生免费饮用奶工程，对非义务教育阶段残疾学生实施免费教育。公共卫生、疾病预防控制、医疗救治三大体系基本建成，农村、社区卫生机构标准化建设步伐加快。计划免疫有了新突破，完成脊髓灰质炎三轮应急强化免疫。通过"国家卫生城市"复审，人口和计划生育工作通过国家级优质服务先进县市和自治区免费孕前优生试点市验收。

人民生活水平跃上新台阶。"民生建设年"活动富有成效，工作力度显著增强，财政在民生方面的投入占一般预算支出比重达82%，提高11个百分点。总投资27亿元的20项50件重点民生工程逐项落实，对口援建项目资金全部用于民生事业。完成安居富民工程3个示范点、3786户，各类保障性住房4793套，抗震防灾工程5690平方米，均超额完成自治州下达的任务。实施棚户区改造，完成6个安置小区建设。选送337名未就业普通高校毕业生赴对口支援地培训，新增城镇就业8263人，农村富余劳动力转移就业5110人，零就业家庭保持24小时动态清零，城镇登记失业率为2.99%。百岁老人保健费覆盖到80岁以上。提高城乡低保标准，启动新型农村社会养老保险和城镇居民社会养老保险，企业离退休人员、"五七工"、家属工养老保障政策全面落实。五项社会保险参保人数达48.14万人，新农合参合率达到98%。出台便民出行八项措施。合理布点设置菜农直销店和平价肉店32个，建立了社会救助和保障标准与物价上涨挂钩联动机制。启动被征地农民养老保险工作，市财政补贴8530余万元，被征地农民参保率达37.3%，城乡一体化进程加快。

生态文明和基础设施建设迈出新步伐。改造提升老城区，拓展充实南市区，完成孔雀河二期景观工程、杜鹃河一期、三期景观绿化和杜鹃河四期河道工程，孔雀公园、人民广场提升改造，龙山公园连山步道、劳动公园等市民健身休闲场所建成。完成城市3条路7座桥涵、4座地下通道建设，城市交通压力有效缓解。"村村通油路"、"村村通客车"目标初步实现。在自治区城市建设"天山杯"竞赛中名列前茅。实施荒山荒滩造林、"三北五期"、退耕还林建设，完成人工造林近3万亩。坚持节约农业用水、增加生态用水、保证工业用水。新增高效节水面积4.36万亩，顺利通过自治区农村安全饮水示范县（市）验收。库尉供水二期工程、老城区污水处理厂改扩建工程全面启动，中心区垃圾无害化处理率达到100%。重大项目进展顺利。吐鲁番—库尔勒750千伏网架竣工，华能塔什店火电厂四期工程即将实现并网发电，库尔勒—库车高速公路提前完工，新建孔雀河大桥实现通车，综合交通枢纽被列入国家建设规划，发展后劲持续增强。

社会稳定工作取得新成效。（略）

党的建设开创新局面。以庆祝建党90周年为主线，有机结合创先争优活动，充分发挥好党委总揽全局、协调各方的作用。圆满完成了市乡两级集中换届工作，启动村"两委"换届工作，全市广大党员干部群众焕发出新的生机和活力。农村基层和城镇社区党建工作全面加强，严格落实自治区基层干部岗位补贴及各项奖励机制，基层基础更加牢固。扎实推进"作风建设年"活动，创建干部廉洁从政预警机制，加强机关效能建设，干部作风进一步转变。实施政府机构改革。纵深推进民主法治建设，人大、政协履行职能主动有效，社会各方团结奋进，"大库尔勒"的思维和理念渗透于各个领域。

特别是市第七次党代会召开以来，站在新的发展起点上，我们全面贯彻自治区党委的具体战略选择，按照自治州党委的战略部署，进一步明确了实现跨越式发展和长治久安的总体思路，提出了实施中心城市发展战略，确定了共建生态花园之都、共筑百姓幸福之城的具体举措，展现了现代化中心城市的美好愿景。全市各族干部群众的思想、认识和行动集聚到科学跨越、后发赶超上来，目标更明了、动力更强了、信心更足了、步伐更快了。

成绩的取得，离不开自治区、自治州党委、政府的坚强领导和河北省石家庄市的大力支援，离不开全市各族干部群众的群策群力、奋力拼搏，离不开兵团、石油、部队、铁路等社会各界的共同奋斗。在此，向所有为库尔勒发展做出贡献的同志们，表示衷心的感谢！

回顾过去的一年，我们清醒地认识到，前进道路上还存在不少困难和问题。主要是：地方经济总量还不够大，资源精深加工业、战略性新兴产业项目少、比重小；统筹城乡改革发展任务繁重；公共服务管理水平、城乡环境面貌与群众期待还有差距，教育、医疗、就业、住房等民生问题备受关注；社会管理面临许多新的课题；资源节约型与环境友好型城市建设的难度增加；维稳形势依然严峻，构建和谐社会的任务艰巨；反腐倡廉工作和干部队伍作风建设任重道远。对此，我们一定要高度重视，采取更加有力的措施加以解决，绝不辜负全市各族人民群众的期望和重托！

二 强力促进"三个率先走在前列"

当前，虽然国际金融危机余波未了，世界经济形势总体上仍将十分严峻复杂，经济复苏的不稳定性、不确定性上升，特别是国内经济增长下行和物价上行压力的增大，对全市发展有可能带来潜在的、滞后的甚至是直接的影响，但和平、发展、合作仍是当今时代潮流，我国发展仍处于重要战略机遇期，在较长时期内继续保持经济平稳较快发展的趋势不会发生改变，国家宏观调控继续朝着预期方向发展。前不久中央和自治区党委相继召开了经济工作会议，对今年的经济工作进行了总体安排和部署，确定了一系列重大举措和保障性措施。更为重要的是，中央新疆工作座谈会、全国对口援疆工作会议确定的各项政策支持将会更加广泛全面到位，近期召开的自治州党委九届二次全委（扩大）会议把库尔勒作为实施中心城市带动战略的重点，这必将高位推动我市实现"三个率先走在前列"，目前我们已朝着现代化中心城市的目标迈出了坚实的步伐。机遇稍纵即逝，发展时不我待。我们要坚持继承、发展、创新，强化"思路决定出路，实干决定成败，实力决定一切"的意识，以科学的发展思路赢在起跑线上，以扎实的工作夯实基础，以勤奋的努力提升实力，快人一拍抢占先机，先人一步实现目标；必须要坚持"立足实际不等靠，埋头苦干不张扬，勇于开拓不守旧"，实事求是地在发展中破解难题，发挥主体作用，增强内生动力，把主要精力集中在推动工作上，把满腔热情倾注在为民造福上，把发展业绩建立在真抓实干上，艰苦创业、艰苦奋斗，坚定信心、排难而进，开辟符合市情民意的科学发展之路。

今年（2012），是实施"十二五"规划承上启下的重要一年。我们要按照市第七次党代会确定的发展思路，围绕实现"新疆重要的现代化中心城市"这一目标，以"健康、幸福、宜居、宜业、特色"为核心，以"环保优先、生态立市"为基础，以建设"百姓幸福感更高城市"为主线，以建成"现代生态花园城市"为抓手，全面实施"打牢四大支撑，形成两大格局，注重两个优先，做到两个维护，实现三个率先"发展战略，一步一个脚印地把思路化为举措、把蓝图变为现实，努力把我市建设成为全州跨越式发展的增长极、全疆重要的现代化中心城市和中国西部名副其实的"塞外明珠"。

经济社会发展的预期目标是：全市生产总值增长 7% 以上，力争增长 10%，不含石油开采业增长 10% 以上，力争增长 12%；财政一般预算收入增长 22% 以上；固定资产投资增长 20% 以上，力争增长 25%；社会消费品零售总额增长 17%；居民消费价格涨幅控制在 5% 左右；城镇登记失业率控制在 3.9% 以内；城镇居民人均可支配收入增长 12% 以上；农牧民人均纯收入增长 12% 以上，力争达到 15%；人口出生率控制在 11.8‰ 以内。实现上述目标，我们要坚持自治区"稳中求进、进中求变"的总基调，围绕州委"进中求快、快中求好"的部署，强基础、保增长、稳物价、调结构、惠民生、促和谐，按照"好中求先"的要求，注重发展规模、质量、效益的统一，高起点、高水平、高效益地推动率先跨越，为全州加快发展、科学跨越做出更多更大的贡献。

（一）坚持环保优先、生态立市

自治区党委把"坚持环保优先、生态立区"作为推进经济科学跨越的首要举措，指出"可持续发展，最为现实、最为关键的就是生态环境问题"。我市"建设现代生态花园城市"这一抓手完全符合自治区、自治州党委的战略部署。我们要把保持良好的生态环境作为最突出的竞争优势之一，坚持以生态建设促进经济发展方式转变，科学实施"三山三带三组团，六轴六廊六绿心，三核九极六载体"的城市布局规划。

突出大气、大利、大美的梨城个性。大气，就是要按照"新区引领、文化为魂、水系为韵、产城结合、宜居宜业"的要求，大手笔地集中连片规划布局，丰富老城区综合服务中心、南市区商务文化中心、开发区创业服务中心等核心功能区内涵，展示恢宏、开放、包容的现代都市之势。大利，就是要树立"经济效益、社会效益、生态效益、群众利益有机统一"的理念，筹划好事关中心城市建设的重点项目，干好打基础、利长远的事，干好让群众受益的事，努力实现一举多赢。大美，就是要发挥我市得天独厚的生态环境优势，以地域文化为特色，把森林引入城市，让公园进入社区，由"园在城中"向"城在园中"转变，为各族群众提供充足的休闲文化空间，彰显水在城中、城在园中、楼在绿中、人在景中的城市整体景观风貌，充分体现"花园之城"的魅力。今年，要以打造自然生态景观为核心，以孔雀河、杜鹃河、白鹭河三河贯通棚户区改造工程为重点，先行启动一期天鹅河工程，实施自杜鹃河穿过梨香湖至孔雀河5公里河道、景观工程，宜船则船，宜景则景，畅通路桥，拓展亲水空间。同时启动南市区商务文化中心片区建设，沿河两岸建设商业区、服务区、休闲区，规划实施"六载体"，开工建设集州市行政服务中心、科技馆、青少年宫、图书馆、防灾教育馆、房产交易中心、社区管理为一体的3.3万平方米市民综合服务活动中心和集民俗、规划、美术、档案等四馆及数字城管指挥中心为一体的2.7万平方米综合创意展示中心，为满足群众精神文化需求创造优质载体。

始终坚持"两个可持续"。以保护生态为基本目标，积极推进退耕还林、天然林保护、防护林建设、荒漠植被保护工程，加大沙漠化治理力度。启动绿轴、绿廊、绿心示范工程，在城市周边定植生态林1万亩。认真贯彻落实自治区、自治州关于加快水利改革发展的各项要求，科学编制水利发展规划，加大水资源保护力度，统筹协调工农业生产、生活和生态用水，探索城乡水资源科学调度和统一管理新机制，加快建成水资源合理配置和高效利用体系。对饮用水源、地下水源、自然生态良好区域等生态敏感区实行最严格的环境保护措施。启动主城区绿化用自来水退水工程，实施老城区污水再生利用、垃圾处理二期工程项目。推进重点领域节能减排和环境综合整治，做好环保模范城市复查迎检工作。加强对环境生态保护的监督执法力度，坚决防止无序开发，坚决保护好河流、植被、草原和我们的天鹅。

（二）加快促进新型城镇化率先走在全疆前列

我市城镇化率达68%，在全疆居领先水平。我们一定要紧紧抓住自治区加快中心城市建设的总体要求，充分认识加快新型城镇化对于提升中心城市辐射带动力、聚集发展能量、转变经济发展方式的极端重要性，坚持"以人为本、规划先行、城乡统筹、布局合理、集约高效、特色鲜明"的原则，走城乡统筹、产业支撑和区域特色的路子，提高城市在南疆的首位度。

全面实施重点带动战略。注重发挥规划的战略性、前瞻性和导向性作用，着眼于资源能源节约、基础设施完善、公共服务健全、人流物流便捷、经济文化繁荣、公共管理高效、人与自然和谐等现代化发展要求，坚持"先规划公共用地、后开发建设项目"、"先建地下、后建地上"的基本原则，建立与人口增长、城市扩张相配套的管理体系。高质量、高水平完成并实施《库尔勒市城乡总体规划（2010～2030年）》。继续推进25个棚户区改造，集中连片改造提升，不断增强城市综合承载力。从今年开始，连续三年大力开展"城市环境综合整治活动"，坚持建管并重，分步分区整治市容、交通、街景、小区，全面实施"绿化、净化、亮化、美化"工程，提升城市品位。加快综合交通运输枢纽建设步伐，按照"城市内一刻钟上高速、城乡间半小时通达、域内一小时经济圈、疆内外四小时联系圈"的总体布局，积极推进青新铁路尽快开工建设，争取新218国道与314国道连接线、新218国道东移改道、库尉能源资源大通道等项目立项，加大资源路、旅游路建设力度。以提高路网密度和通行能力为重点，扩建老218国道，打通铁克其南路、利民路等城市主次干道，启动团结路与英下路交汇处地下通道，实施农村公路改造项目，完善公共交通首末站、场站，满足城乡居民出行需求。以畅通资源流动为重点，抓紧落实中心公路客运枢纽、经济技术开发区客运站新建和火车客运站改扩建工程等项目，力促机场改扩建，加快形成铁路、公路、航空、物流"四位一体"的国家级枢纽。

突出产业兴城。以提升城镇竞争力为核心，以增强经济带动和吸纳就业为重点，形成城内以第三产业为主、园区以第二产业为主、城市外围以城郊农业为主的产业发展格局，促进城镇产业与工业化相配套、与城镇化相协调、与居民需求相适应。加快发展现代服务业。拓宽生产性服务业发展领域，着眼于建设区域物流中心、金融中心的目标，推进库尔勒市商业银行战略重组，支持各金融机构在库尔勒设立分支机构，促进华凌现代物流中心、农副产品集散中心、南疆特色产品集散中心规划建设。大力发展面向消费的服务业，提高商贸餐饮、家政服务、物业管理、社区服务等生活性服务水平。按照"发展有序，调控有力"的原则，促进房地产业持续健康发展。要注重抓好"两手"，一手是抓好政府引导，科学布局功能区，坚持"先造景、后开发"，引导产业和人口快速聚集，引导投资者、建设者积极参与、有序开发，促进产业、人口、城市良性互动。一手是抓好市场建设，遵循市场规律，运用现代城市经营理念，盘活资源，增强多元发展的"聚合效应"。

打造西北地区一流的发展环境、宜居环境、人文环境。环境就是生产力，环境就是竞争力。一是要进一步优化发展环境。当前及"十二五"时期，投资仍是我市经济增长的主要拉动力量。我们要按照州委提出的"力求在项目建设上取得新突破"的要求，坚持"抓环境促聚能、抓项目促发展"。要以解决不符合科学跨越要求的体制机制问题为突破口，深化改革、扩大开放。政府机构改革的实效要体现在转变服务职能上。全市各部门各单位要深化效能建设，主动作为、强化服务，提高政府的执行力和公信力。要认真研究国家差别化产业政策，加大产业和项目对接，找项目、跑项目、立项目，千方百计争取把更多项目列入国家、自治区、自治州的计划盘子。要实行项目责任制，建立各大班子、各部门项目联动推进机制，千方百计提高项目履约率、落地率、开工率、投产率。要高度重视招商引资工作。去年全市招商引资项目签约325亿元，取得突破性进展。要跟踪跟进，尽快促成落实。进一步强化会展招商、产业招商、以商招商，促进大型企业集团投资经济社会各个领域。二是要进一步打造宜居环境。突出"天鹅故乡、幸福梨城、宜居家园"的城市特色形象品牌，坚持以人为本，着眼于创造适宜居民生活的环境，扩展公共空间，美化市容市貌，把最美、最好的城市环境留给各族人民群众。三是要进一步培育人文环境。城市建设与发展的根基和血脉是人文精神。要更加注重各族群众之间的水乳交融，更加注重地方、兵团、石油、部队、铁路等各方的资源共享、优势互补，挖掘城市文化元素，以人文景观和公共空间为基础，依托"全国文明城市"这块金字招牌，有机融合现代文化与民族特色、地域特色，塑造梨城人民共享和谐的精神家园。

全面落实统筹城乡综合配套改革试点方案。围绕"六项改革"和"五大统筹"，建立健全统筹城乡发展的体制机制。加快"村改居、乡改办"进程。进一步扩大被征地农民养老保险、医疗保障覆盖面，做到应保尽保。启动实施城乡统筹的户籍管理制度改革，加快小城镇建设，坚持新型城镇化与新农村建设同步推进，促进乡镇与中心城区联动发展，为建设"百万人口"的新疆重要的现代化中心城市奠定坚实基础。

（三）加快促进新型工业化率先走在南疆乃至全疆前列

按照自治州"513"计划，坚定不移地把新型工业化作为第一推动力，以市场为导向，以企业为主体，做强非石油工业和地方工业总量，加快构建现代产业体系。发展壮大优势产业，推进石油天然气化工、油田装备制造和技术服务、棉纺化纤加工、特色农副产品加工、现代能源、矿产品及建材"六大工业产业基地"上规模、见成效。充分发挥大企业大集团的龙头作用，力促美克化工、西姆莱斯、富丽达、河北诚信等重点企业达产达效，支持博湖苇业迁建。加强信息化与工业化的深度融合，运用先进适用技术改造提升传统产业。加大农产品开发，坚持抓基地、上加工、创品牌、促营销、增效益，延伸产前、深化产中、拓展产后，承接内地农产品加工产业转移，完善具有特色的绿色产品产业体系，逐步实现由原料输出向成品输出转变。积极培育新兴能源产业，全力支持塔什店火电厂四期、国电库尔勒热电联产、高新能源、中节能太阳能光伏电站项目建设，促进库尔勒电网承北启南中枢点和自治区支撑电网地位的形成。立足产业基础、区位优势，大力发展总部型经济。

支持开发区大发展、大跨越。充分发挥经济技术开发区引擎作用，争当全州经济跨越式发展的排头兵。要全力争取国家对工业园区发展的优惠政策，积极申报保税物流中心。进一步加强园区基础设施建设，实施库尉工业供水、污水处理工程及天然气、电力、通讯管网重点工程，不断提高对项目的吸纳和承载力。大力发展面向企业服务的电子商务、工程咨询等配套产业，加快建设集办公、休闲、娱乐、购物、旅游、观光为一体的创新型示范区。要着力培育战略性新兴产业，沿218和314国道，规划建设塔什店、上户和库尔楚产业园，与经济技术开发区错位发展，培育能源、建材、旅游、设施农业、商贸物流等产业，在园区发展上实现新突破。今年，经济技术开发区力争实现总产值增长25%，工业增加值增长23%，财政收入增长30%。

（四）加快促进城乡人均收入水平率先走在全疆前列

本着"共建、共享、共富"的原则，努力实现城乡居民收入增长与经济

250

发展同步、劳动报酬增长和劳动生产率提高同步，使低收入者收入明显增加，中等收入群体持续扩大。

持续增加农牧民收入。加快推进农牧业现代化。按照"安全保粮、绿色兴果、节水稳棉、规模促畜、丰富菜篮"的发展思路，以科技为支撑，筑牢农业基础地位。强化粮食储备体系建设，确保粮食安全。要认真分析去年香梨减产的根本原因，总结香梨产业研讨会成果，以提高产量和品质为关键，突出抓好以注册果园、科技示范园为重点的标准化生产、精细化管理，强化出口香梨流通环节的监管，切实保护好独特、绿色、高值、精品的"库尔勒香梨"品牌，加大力度扩大"库尔勒香梨"品牌的知名度和影响力。巩固 2 万亩绿色食品标准果园认证成果，出口注册果园达到 3 万亩。要着力提高棉花单产效益，引导农民在棉花低产田试种甘草、山药等新品种，转变局部地区单一种植方式。把农业节水放在重中之重的位置，大力发展高效节水农业，加大水利基本建设，研究出台强化"四强制"和休耕制度落实的措施，以高效节水综合示范区引领现代农业发展。要认真汲取历年重大动物疫情防控经验，选址建设养殖示范基地，规范牲畜隔离场、屠宰场、活畜交易市场布局，促进畜牧业标准化、规模化、集约化发展。把设施农业作为促进农业优化升级的重要载体，大力实施"菜篮子"工程。依据产能、市场、需求等要素，有序实施现代育苗育种中心、高标准示范温室建设项目，不断提升供给能力。健全农产品质量安全检验检测体系，努力把我市建成全疆重要的无公害设施农业生产基地。要完善农业综合防控体系，增强农牧业综合生产能力、抗风险能力和可持续发展能力。完善农业产业化服务网络，促进农产品龙头企业与农户形成相对稳定的购销关系，不断提升农产品附加值和市场竞争力。积极发展各类专业合作经济组织和农民经纪人队伍，提高农业生产的组织化程度。强农惠农政策要始终坚持"普惠基本农户"的原则，真正让农民增收致富。

努力提高城镇居民收入。今年，自治区、自治州将稳步提高职工最低工资和城乡困难群众保障水平，健全企业职工工资、退休人员基本养老金正常调整机制，建立正常的机关事业单位工资津补贴增长机制。这些增加群众收入的政策，我市要保证不折不扣地落实到位。同时，继续实施更加积极的就业政策，加强就业指导、职业技能培训和择业观念教育，扶持劳动密集型企业、服务业和中小企业发展，促进劳动力充分就业。着力解决好未就业大中专毕业生、零就业家庭和农村富余劳动力群体的就业问题，大力开发主要面向就业困难人员的公益性岗位，保障应届普通高校毕业生就业率达 85% 以上，力争完成乡镇人力资源市场建设。要广辟增收渠道，把政策增收、就业增收、产业增收、社会保障增收有机结合起来，促进收入来源多元化。

三 全力改善民生，维护社会和谐安定

发展是第一要务、稳定是第一责任、民生是第一追求。坚持把提升百姓幸福感作为建设中心城市的首要目标，促进社会事业与经济发展同步跨越、改善民生与维护稳定共同推进，让人民群众在改革发展稳定中得到实惠，走向现代文明。

（一）抓好民生建设，让百姓更加幸福

在自治区第八次党代会上，张春贤书记郑重指出，自治区党委、政府公开向社会和人民群众做出的所有承诺，都将在规定时限内全部兑现。这是代表全疆各级党政向广大人民群众的承诺，是对我们每一位党员特别是领导干部的鞭策。去年全市各项民生支出大幅增加，在此基础上要继续落实自治区、自治州"民生建设年"的部署，进一步加大民生工程建设力度，坚持把财政增长主要用于改善民生，切实抓好安居、就业、就学、就医、社会保障、惠农补贴、扶贫开发等民生工程，努力让百姓的生活充满阳光、尊严、幸福和希望。深入推进安居富民、定居兴牧工程。建设安居富民房3300套，同时提高安居富民户均补助标准，从2万元增加到2.4万元。保障性住房建设由特困家庭向低收入家庭扩廉，完成廉租房3000套、公共租赁房1700套，城市棚户区改造11500套，国有工矿棚户区改造3000套，农牧场危房改造2600套。2011年以前被征地农民安置房问题，今年要力争全部解决。要继续建设好46号小区，启动109号、125号住宅小区，力争3年左右解决教师、干警、机关干部等行政事业单位工作人员保障性住房。加大社会保障扩面，做好社保关系转移接续、异地就医、社会保障"一卡通"衔接工作，落实提高养老金标准、基本医疗保险住院报销比例等社保政策，将城乡60岁以上老人全部纳入城居保和新农保。扩大困难家庭学生资助和免学费政策实施范围。继续做好为城乡结合部维吾尔族居民每户征订一份《巴音郭楞日报》（维文版）工作。健全蔬菜肉食直销长效制度。在春节、古尔邦节、肉孜节期间继续实施平价肉菜补贴政策和困难家庭优先保障机制。启动供水二期工程，重点做好各项前期工作，逐步缓解城市高峰期供水压力。针对加气难问题，优化站点布局，力促已批加气站全部开工建

设，新建公交车加气站，确保群众出行方便。

创造良好的就学、就医、养老环境，是聚集人流、提升首位度的基础，要更加注重教育卫生事业的民生效应。牢固树立"教育兴市、人才强市"的理念，坚持质量为本，德育为先，加快建设教育强市。进一步延伸"两基"成果，推进中小学校点布局调整规划，高质量地实施标准化建设行动计划，扩大生均校舍面积，优化城乡师资、教学设施等资源配置，积极有效推进双语教育，着力打造南疆基础教育高地。提升职业教育综合能力，落实与中国农科院、新疆农业大学战略合作协议，为构建现代产业体系提供强大的智力支撑和人才保障。深入推进医药卫生体制改革。完善公立医疗机构基本药物制度，提高基本公共卫生服务能力和覆盖面。推动城乡医疗卫生对口支援工作制度化，加快卫生专业技术人员梯队建设。积极发展中医民族医药、职业卫生事业。进一步完善和优化医疗卫生资源的合理布局，加快医疗卫生服务体系建设步伐，改善城乡医疗卫生服务条件，实现 20 分钟基层医疗卫生服务。强化食品药品监管，保障群众饮食、用药安全。完善人口和计划生育公共服务体系，发展老龄、妇女儿童和残疾人事业，不断提高人民群众健康水平。

扎实做好受援工作。坚持把保障和改善民生放在优先位置，进一步强化责任意识和主体意识，加强与河北省石家庄市的经贸合作、产业对接和科技文化交流，增强自我发展能力。积极配合实施对口受援项目，推进河北工业园建设，落实少数民族未就业大学生培养计划。要全力做好服务保障工作，让援疆干部感受到"第二故乡"的温暖。

（二）坚持以现代文化为引领，促进各民族更加团结

现代文化就是以社会主义先进文化为方向，以爱国主义和时代精神为特征，以中华优秀传统文化为根基，传承和提升区域特色文化，吸收和借鉴世界优秀文化成果，适应现代化本质要求的文化。现代文化的内涵主要是现代知识、现代观念、现代制度，包括现代科学技术、现代生产方式、现代生活方式、现代艺术等。现代文化的核心就是引领人们在社会主义现代化建设中实现人的现代化和自由而全面的发展。要扎实推进社会主义核心价值体系建设，坚持中国特色社会主义共同理想，充分发挥文化的教育、凝聚、鼓舞和引领作用，倡导尊重差异、包容多样、相互欣赏，大力发展一体多元、融合开放、具有地域特色的现代文化。

要繁荣文化事业。以为人民群众提供基本的公共文化服务为根本任务，着

力构建普惠型公共文化服务体系。继续实施广播电视村村通、文化信息资源共享、乡镇和社区综合文化站建设、农村电影放映、农家书屋等文化惠民工程。不断丰富广场文化、节日文化等群众性公益文化活动，充分调动广大群众参与文化、创造文化、享受文化的热情与激情。深入开展全民健身活动，推动民族体育事业规模化、产业化发展。加强对重点文物、非物质文化遗产的保护和利用。加大文化市场监管力度，营造倡导健康文化、抵制腐朽文化的社会环境。发挥文化产业在促进经济发展中优结构、扩消费、增就业、可持续的作用，重点发展文化旅游、文化会展、文化娱乐和现代传媒四大产业。文化是灵魂，旅游是载体。今年要启动现代文化示范区规划建设，结合三河贯通棚户区改造工程，充分展示地域、州域、新疆、西部文化风貌，打造西部主题文化园。着力提升梨城特色文化的影响力，积极促成铁门关景区提升改造，启动梨园民街建设，主动对接周边文化旅游精品线路，形成以库尔勒为中心，向东南西北辐射的旅游集散地和目的地。

要深化宣传思想工作。坚持用社会主义荣辱观引领社会风尚，以"全国文明城市"名片提升社会文明程度。蝉联"全国文明城市"，实属不易，这是梨城人民大力弘扬"爱国爱疆、团结奉献、勤劳互助、开放进取"的新疆精神的地域体现。要以此为契机，加大宣传力度，总结表彰创建工作中涌现出的典型代表，发出新一轮创建动员令，深入推进社会公德、职业道德、家庭美德、个人品德建设，更加注重未成年人思想道德建设，把宝贵的精神财富转化为凝聚各方力量、创造梨城美好未来的不竭动力。进一步拓展群众性精神文明创建活动，以道德模范评选、志愿服务等活动为载体，教育广大群众树立正确的思想认识、道德选择、价值取向，增强文明素质，形成团结互助、宽容友爱、共同前进的良好社会氛围和人际关系。积极探索新形势下的媒体建设，健全网上舆论引导机制，唱响主旋律，占领主阵地。

民族团结是各族人民的生命线。要牢牢把握共同团结奋斗、共同繁荣发展的主题，深入开展马克思主义民族理论、党的民族政策和民族团结宣传教育，深入进行"六史"教育，深化民族团结进步创建活动，发挥各民族文化相融共生的优势，并不断融入现代文化内涵，推动各民族和睦相处、和衷共济、和谐发展。深入开展"热爱伟大祖国、建设美好家园"主题教育活动，在全社会尤其在各族青少年中开展形式多样的宣传教育活动，强化"三个离不开"、增进"四个认同"，打牢民族团结的思想基础。坚持以民族团结统领军政军民团结、兵地团结、地方与驻库单位的团结，巩固双拥模范城创建成果，同呼吸、共命运、心连心，共建幸福梨城。

（三）推进维稳工作常态化，促进社会更加和谐（略）

四　不断提高党的建设科学化水平

时刻牢记胡锦涛总书记指出的"四个考验"、"四种危险"的告诫，按照州委实施学习创新、能力提升、固本强基、作风转变、反腐倡廉"五大工程"的要求，进一步加强党的执政能力建设和先进性建设，为现代化中心城市建设提供坚强的政治和组织保证。

（一）进一步加强思想政治建设

按照科学理论武装、具有世界眼光、善于把握规律、富有创新精神的要求，提高科学研究新情况、解决新问题的能力。扎实推进学习型党组织建设，坚持和完善党委中心组学习制度和考评办法，充分发挥党校的主渠道作用，大规模开展党员干部教育培训，努力提高各级领导干部的理论素养、党性修养和依法执政的能力和水平。强化理想信念教育，进一步推进解放思想，使广大党员干部坚定信念，培养战略思维，勇于变革、勇于创新，永不僵化、永不停滞，谋发展之策、行创新之举，使一切有利于改革发展的活力竞相迸发，一切有利于创新创造的源泉充分涌流。进一步发挥党委总揽全局、协调各方的领导核心作用，坚持以党章为根本，以民主集中制为核心，落实各级党组织议事规则和决策程序，使各项决策和部署更加符合市情，更加符合各族人民群众的愿望和利益。进一步加强和改进对人大、政协工作的领导，支持他们依照法律和章程履行职责，形成科学跨越的强大合力和广泛共识。巩固和壮大最广泛的爱国统一战线，充分发挥工会、共青团、妇联、侨联等群团组织的桥梁纽带作用，加强和改进新形势下的工商联工作。进一步扩大基层民主，完善以村务公开、民主评议为主要形式的民主监督制度。坚持党管武装，加强国防教育，充分发挥社会各方在促进改革发展稳定中的重要作用。

（二）进一步加强干部队伍建设

坚持德才兼备、以德为先的用人标准，树立"三个不吃亏"的用人导向，始终把政治标准作为干部选拔任用的首要标准，更加注重干部日常考察，了解和掌握领导干部在关键时刻推进落实工作的能力，努力建设一支坚强有力、经得起风浪考验、富有创新意识的高素质干部队伍。深化干部人事制度改革，完善干部考核评价机制、基层干部激励保障机制，落实职称评定办法，提高选人用人公信度。把基层一线作为培养锻炼干部的基础阵地，注重多岗位锻炼干部，推进后备干部队伍建设。重视做好老干部工作，更好地从政治上尊重、生活上关心老干部，使他们老有颐养、老有所为。

要着力提高干部整体素质。教育引导广大党员干部修德、思勤、实干，做到心系群众、敢于担当、团结共事。修德，就是要加强党性修养，恪守职业品行，增强责任感和危机感，自觉讲政治、识大体、顾大局，无论在什么岗位上，始终保持饱满的精神状态和高尚的精神追求。特别是领导干部要把"做官先做人、万事民为先"作为行为准则，把"讲团结、会团结、真团结"作为大智慧大境界，形成团结的组织、坚强的班子。思勤，就是学思并重，思行结合，无论职务高低，最重要的是立足岗位，一心做事、大胆创新，面对成绩不骄傲自满，不断增强工作的创造性。实干，就是要在解决实际问题中抓落实、促发展。凡是市委、政府的重大决策和工作部署，各级领导干部都必须尽职尽责、不折不扣、一抓到底地贯彻落实。要敢于负责、敢抓善管，敢于直面各种矛盾和困难，多为干成事想办法，不为不能干找理由，在实干中提升能力、树立形象，真正干出群众认可的实绩。

（三）进一步加强基层组织建设

始终坚持重视基层、加强基层、服务基层，以农村村级和城市社区为重点，积极探索更加务实管用的模式和做法，扩大覆盖面，增强凝聚力，使基层党组织在推动发展、服务群众、凝聚人心、促进和谐、维护稳定中发挥战斗堡垒作用。全力做好村"两委"换届工作，选好带头人，确保党对农村基层的坚强领导。推进街道管理体制改革试点工作。完成村级和社区党组织阵地达标建设，全面巩固消除"空壳村"的成果，增强村集体经济"造血"功能。建立稳定规范的基层组织工作经费保障机制，继续实行分类管理，今年每个村、社区专项工作经费均增加3万元，使小、中、大村工作经费分别提高到5万、6万、7万元，小、中、大社区工作经费分别提高到9万、10万、11万元，为基层党组织做好工作创造有利条件。继续选派优秀干部和优秀大学生到村、社区任职。要更加关心农村工作人员。我市已经对从事园林绿化、环卫、协警、社区工作等行政事业单位城市聘用合同人员建立了工资保障机制，今年开始对农村畜牧村级防疫员等从事农业农村工作的聘用合同人员也要逐步提高生活待遇，并完善工资保障机制。强化敌社情复杂、流动人口集中的重点村和社区基层党组织建设，推进机关、学校、企业、非公有制组织、新社会组织党建工作。深入开展创先争优活动，组织动员基层党组织和广大党员争科学发展、跨越发展之先，创稳定团结、社会和谐之优，永葆党的先进性。

（四）进一步加强作风建设

切实把作风建设作为关系党的形象、关系人心向背的大事来抓，巩固2011 年"作风建设年"成果，把今年确定为"服务基层年"。要坚持维护群众利益高于一切，关心群众疾苦重于一切，解决群众困难先于一切，市委从书记到常委首先带头深入基层，开展实地调研、现场办公等工作不少于 3 个月，面对面地了解群众意愿，为群众解决实际困难。广大干部要沉下身子，从群众最需要的地方做起，从群众最不满意的地方改起。要制定实施方案，建立考核、监督机制和责任追究制，把为群众办实事、解难事的业绩列为干部考评的一项重要内容，坚决整治"庸、懒、散"问题，坚决纠正损害群众利益的不正之风，教育和引导广大党员干部作造福人民的表率。

要始终坚持和不断加强调查研究。现在的交通通信手段越来越发达，获取信息的渠道越来越多，但都不能代替领导干部亲力亲为的调查研究。只有直接与基层干部群众接触，面对面地了解情况和商讨问题，既有益于促进广大干部正确认识客观世界、改造主观世界、转变工作作风、增进同人民群众的感情，更有益于深切了解群众的需求、愿望和创造精神、实践经验。调查研究，包括调查与研究两个环节，调查研究的根本目的是解决问题。要深入实际、深入基层、深入群众，多层次、多方位、多渠道地调查了解情况。既要调查机关，又要调查基层；既要调查干部，又要调查群众；既要解剖典型，又要了解全局；既要到工作局面好和先进的地方去总结经验，更要到困难较多、情况复杂、矛盾尖锐的地方去研究问题，找出解决问题的新视角、新思路和新对策。不仅要"身入"基层，更要"心到"基层，要真心实意地与群众交朋友、拉家常，通过面对面交流，直接了解基层干部群众的所想、所急、所盼。要深入研究全市经济社会发展的突出问题，带着问题下去，轻车简从，坚决不能扰民，避免出现"被调研"现象，防止调查研究走过场。对调查了解到的真实情况和各种问题，要坚持有一是一、有二是二，不唯书、不唯上、只唯实。要把调查研究工作的过程，作为提高认识能力、判断能力和工作能力的过程。调查结束后一定要进行深入细致的思考，进行一番交换、比较、反复的工作，努力探索各行各业带规律性的东西，使调查研究工作同中心工作和决策需要紧密结合起来，科学提出解决问题的对策和办法。

（五）进一步加强反腐倡廉建设

坚持党要管党、从严治党，认真贯彻标本兼治、综合治理、惩防并举、注重预防的方针，严防腐败、严格管理、严明纪律，把反腐败寓于各项政策措施之中。增强反腐倡廉教育的针对性和实效性。继续做好党风廉政教育基地、廉政示范点、廉政书屋等廉政教育阵地建设。坚持用制度管权、管事、管人，切实提高制度执行力。严格执行领导干部述职述廉、诫勉谈话、函询、罢免或撤换等制度，健全重大投资项目公示制和责任追究制，严禁领导干部干预招投标工作。扎实开展专项治理工作，从源头上预防和治理腐败问题。要大力发扬艰苦奋斗、勤俭节约的优良传统，特别是在财政收入快速增长的大好形势下，更要坚持开源节流、厉行节约，从严从紧控制公用经费和一般性支出，经常性支出实行"零增长"，坚决反对大手大脚、铺张浪费，把有限的财力用到促进发展、改善民生、解决困难群众的生产生活上。发挥法律监督、群众监督、舆论监督和民主监督的作用，推进党务公开，扩大群众的知情权、参与权、监督权，确保权力在阳光下运行。加大案件查办力度，对违法违纪行为坚决查处、绝不手软。广大党员干部一定要坚持为民、务实、清廉，讲党性、重品行、做表率，做到立身不忘做人之本、为政不移公仆之心、用权不谋一己之私，树立共产党人为民造福、清正廉洁的崇高形象。

同志们，幸福梨城充满希望，各族人民充满期盼。推进科学跨越、造福梨城人民，是我们义不容辞的神圣职责。让我们按照建设"繁荣富裕和谐稳定的美好新疆"的总体要求，全面贯彻落实自治州"三大战略"，凝聚各族干部群众的信心和力量，坚持变化变革、敢于担当、务求实效，乘势赶超，奋力而为，保持"好"的势头，放大"好"的优势，加快实现率先跨越的目标，开创建设新疆重要的现代化中心城市的新局面，以优异成绩迎接党的十八大胜利召开！

附录**2**

强力推进现代化区域中心城市建设
向着全面建成小康社会宏伟目标奋勇前进

——在中共库尔勒市七届五次全委（扩大）
会议上的讲话

巴州州委常委、库尉党委书记、市委书记　薛　斌

（2013 年 1 月 4 日）

同志们：

这次会议的主要任务是，认真贯彻党的十八大、中央经济工作会议和自治区党委八届四次、自治州党委九届三次全委（扩大）会议精神，按照市第七次党代会确定的各项目标任务，谋划部署 2013 年经济社会发展的总体思路和工作重点，团结带领各族干部群众坚定信心、攻坚克难，强力推进新疆重要的现代化区域中心城市建设，向着全面建成小康社会宏伟目标奋勇前进。

党的十八大，是在我国进入全面建成小康社会决定性阶段召开的一次十分重要的大会。大会从全局和战略的高度，全面把握世情、国情、党情的深刻变化和各族人民的新期待，鲜明地宣示了我们党举什么旗、走什么路、以什么样的精神状态、朝着什么样的目标继续前进等重大问题，把科学发展观确定为党必须长期坚持的指导思想，明确提出了全面建成小康社会和全面深化改革开放的主要目标，全面阐述了中国特色社会主义事业"五位一体"的总布局，深刻阐明了提高党的建设科学化水平的重大任务，为党和国家事业进一步发展指明了方向。深入贯彻党的十八大精神，对动员全党全国各族人民在以习近平同志为总书记的党中央领导下，高举中国特色社会主义伟大旗帜，满怀信心为全面建成小康社会、夺取中国特色社会主义新胜利而奋斗，具有重大而深远的意义。学习贯彻党的十八大精神，关键在于结合实际、狠抓落实。各级党组织和广大党员干部要进一步把思想和行动统一到党的十八大精神上来，把智慧和力量进一步凝聚到实现党的十八大确定的各项任务上来，按照自治区、自治州党委的决策部署，深入研究、认真分析我市面临的形势和挑战，善于在变化的形

势中捕捉和把握机遇，在复杂的局面中发现和培育有利条件，走好发展的每一步，完成时代赋予的光荣而艰巨的任务。

下面，我讲几点意见。

一　全面完成既定目标，激发科学跨越、后发赶超的动力

2012年是不平凡的一年，是大事要事集中的一年。我们全面贯彻落实中央新疆工作座谈会精神，科学部署迎接和贯彻党的十八大精神各项工作，努力克服经济下行压力、转型发展压力，卓有成效地开展民生建设年、项目建设发展年、服务基层年活动，创造性地实施中心城市发展带动战略，实现了经济率先跨越、民生保障优先、社会和谐稳定齐头并进、协调发展，在贯彻落实自治区、自治州和市党代会的起始年开了好局，呈现"两个领先"（国内生产总值和地方财政收入总量在全疆县及县级市中位居领先）、"两个新高"（城镇居民人均可支配收入和农牧民人均纯收入增幅创历史新高）、"三个提升"（人民生活水平、城镇化水平、发展后劲显著提升）、"三个持续向好"（发展环境、宜居环境、人文环境持续向好）的良好态势。

经济健康较快发展。预计全市实现生产总值581.3亿元，增长8%，不含石油开采业为206.3亿元，增长11.7%；全社会固定资产投资277亿元，增长13.8%，其中地方固定资产投资97.12亿元，增长20.5%；地方财政收入突破40亿元大关，达到42.6亿元，增长25%（其中市本级36.1亿元，增长24.5%；开发区6.5亿元，增长26%），公共财政预算收入29.6亿元，增长22%（其中市本级26.1亿元，增长24.3%；开发区3.5亿元，增长4%）；社会消费品零售总额64.83亿元，增长18.5%；城镇居民人均可支配收入和农牧民人均纯收入分别达到18100元、13356元，分别增收2100元和1984元、增长13.1%和17.45%，均高于生产总值的增长幅度。三次产业结构不断优化。经济技术开发区与塔什店、上库产业园加快建设，多翼突破的新型工业化发展态势基本形成。招商引资签约资金达95亿元。在全疆县级市中率先成功发行城投债券。强农惠农政策有效落实，现代农牧业发展实现新突破。新型城镇化带动作用突出，统筹城乡综合配套改革试点工作进程加快，城镇化率提高到70%，建成区面积扩大到110平方公里，被确定为第三批全国发展改革试点城市，列入自治区"一主三副"城镇布局体系，初步实现了"好中求先"的目标。

民计民生持续改善。投资30亿元的22类60项重点民生工程进展顺利，

各项民生支出大幅增加，占公共财政预算支出的80%以上。安居富民工程竣工3480户，户均补助标准由2万元提高至2.85万元。保障性住房建设由特困家庭向低收入家庭扩面，完成廉租房、公共租赁房、限价商品房5273套。棚户区改造11509套，农牧场危房改造950套，被征地农民安置房问题得到有效解决。城镇就业新增8844人，农村劳动力转移就业5800人次，城镇登记失业率3.2%，从事农业农村工作聘用合同人员纳入公益性岗位。社会保障扩面提标，社会保险参保总数53.46万人次，城乡60岁以上老人全部纳入城居保和新农保。蔬菜肉直销制度建立健全，新建20个，累计设立53个直销点。居民消费价格指数102.70，与去年同期相比涨幅下降了2.9个百分点。9个对口援建项目累计完成投资3.76亿元，"交钥匙"工程全部移交。城乡低保实现动态应保尽保，百姓幸福感不断提升。

社会事业和文化建设步伐加快。打造南疆基础教育高地和教育强市战略全面实施，各项补助补贴力度加大，实施34所中小学、幼儿园、农村教学点22.76万平方米校舍新建、续建工程，"两基"成果进一步延伸。医疗卫生事业均衡公平发展战略规划有序推动，基本医疗保障制度加快建设，城乡医疗卫生服务水平显著提高。新农合参合率达98.3%。食品药品管理进一步规范。人口和计划生育工作考核名列全州前茅。人口出生率控制在11.8‰以内。现代文化引领作用增强。"七进四送"、百日广场等文化惠民活动蓬勃开展，城乡公共文化服务体系不断完善。市民综合服务中心、综合创意展示中心开工建设。新一轮全国文明城市创建工作全面展开，"热爱伟大祖国、建设美好家园"等主题教育活动常态化。城市文明程度、未成年人思想道德建设指数测评名列全国第三。荣获第三届"全国未成年人思想道德建设先进城市"、"全国双拥模范城"五连冠。

城乡面貌日新月异。实施生态立市战略，老城区改造、南市区升级、开发区优化工程整体推动。三河贯通棚户区改造工程、"上水城"建设呈现集聚效应，城乡发展充满生机与活力。天鹅河工程主体基本完工，杜鹃河四期试通水，绿轴绿廊绿心示范工程新增、改造绿地793亩，完成东山绿化6900亩，实施人工造林3.4万亩，全面启动城乡环境综合整治活动，"园在城中"逐步向"城在园中"转变。城乡基础设施建设大幅推进。一大批道路、桥梁、水利、地下管网工程完成，综合交通枢纽加快构建。城市气化率达98%。农村安全饮水覆盖率达99%，节水、防洪体系建设不断深入。被评为"全国农田水利基本建设先进单位"。国家级可持续发展实验区通过考核。与多所高校形成多领域战略合作，创新型城市、智慧城市建设相继展开。圆满完成国家环保模范城复查迎检工作。

社会大局保持稳定。（略）

党的建设进一步加强。"基层组织建设年"各项工作全面落实，创先争优活动、各级干部赴基层转变作风服务群众暨"服务基层年"活动扎实有效。帮助基层落实民生事项700个，办实事好事4242件。圆满完成村"两委"换届选举工作，加大基层建设投入，建立稳定规范的基层组织工作经费保障机制，村（社区）办公活动场所基本达标。推荐选举产生1名十八大代表。学习型党组织建设深入推进，"思想大解放、工作大讨论"讲学述学活动富有成效。注重思想政治建设，突出干部德的考核评价，各级领导班子和干部队伍建设不断加强。面向全疆公开选拔了20个科级领导干部。完成政府机构改革"三定"工作，强化机关效能建设。严防腐败、严格管理、严明纪律，惩治和预防腐败体系进一步健全。党管武装、国防后备力量建设不断强化。全力支持人大、政协履行职能，形成了同心同向同调同力的强大力量。

成绩来之不易。这些成绩的取得，是自治区、自治州党委、政府坚强领导的结果，是全市各族干部群众同心同德、开拓进取的结果，是河北省石家庄市无私援助、驻库单位共谋发展的结果。在此，向所有为库尔勒发展做出贡献的同志们，表示衷心的感谢！

发展充满艰辛，在前进的道路上，我们要时刻清醒地认识到制约我市经济社会发展长期性、结构性、体制性矛盾尚未得到根本解决。主要是：多元发展、多极支撑的现代产业体系尚未建立起来，工业内部结构不够合理，非石油工业规模还不够大，科技、人才、资本等要素支撑还不足；投资拉动大、带动能力强的大项目、好项目还不多，跑项目、争项目、引项目的力度还需加大；城乡统筹、民生改善与群众期待还有距离；影响稳定的因素错综复杂，维护稳定和长治久安的形势依然严峻；一些干部推动科学跨越的能力亟待提升，发展环境需要进一步优化。我们必须树立强烈的危机意识、责任意识，破解发展难题，加快发展步伐，创造性地做好各项工作。

二　全面贯彻落实党的十八大精神，坚定建设现代化区域中心城市的信心

党的十八大提出确保到2020年全面建成小康社会，实现国内生产总值和

城乡居民人均收入比 2010 年翻一番的目标。自治区党委八届四次全委（扩大）会议、自治州党委九届三次全委（扩大）会议立足区情、州情，提出到 2020 年实现生产总值比 2010 年翻一番半以上，城乡居民人均收入翻一番半左右，确保与全国同步实现全面建成小康社会的奋斗目标。这一目标既鼓舞人心，又切实可行，体现了科学发展观的要求。作为自治区重点培育的区域中心城市之一，我们要按照率先实现"三个走在前列"的要求，自加压力、敢于担当、勇挑重担，力争到 2015 年实现地方财政收入比 2010 年翻一番半以上，城乡居民人均收入翻一番左右；到 2020 年实现生产总值比 2010 年翻一番半以上，城乡居民人均收入翻一番半左右，为全州、全疆跨越式发展做出更大的贡献。

围绕这一总体目标，我们必须全面准确地判断域内外形势发展变化对本地的影响。放眼域外，我们要以加快建成新疆重要的现代化区域中心城市为己任，坚定科学跨越、后发赶超的信心。自治区党委八届四次全委（扩大）会议再次强调要加快培育包括库尔勒市在内的一批区域中心城市，全面实施"一主三副，多心多点"中心城市体系规划。在全疆 2 个地级市、24 个县级市中，把我市与首府乌鲁木齐市和喀什、伊宁—霍尔果斯两个国家经济特区并列为重点特色城市。刚刚结束的自治州党委九届三次全委（扩大）会议再次强调"库尔勒市要以建设新疆重要的现代化区域中心城市为目标"。这是自治区、自治州党委对库尔勒历年发展成就的肯定，更是从全疆、全州战略层面高位推动中心城市发展带动战略，为我们加快经济社会科学跨越进一步指明了方向。只要我们坚定必胜的信心，按照全力打造巴州跨越式发展的增长极、新疆重要的现代化区域中心城市、中国西部名副其实的"塞外明珠，山水梨城""三步走"战略，乘势而上、开拓创新、团结拼搏，就一定能实现跨越式发展和长治久安两大历史任务。

立足市情，我们要以"健康、幸福、宜居、宜业、特色"为核心，坚定率先实现"三个走在前列"的信心。市第七次党代会以来，全市上下凝心聚力共建生态花园之都、共筑百姓幸福之城，现代化区域中心城市建设高效推进，固定资产投资、地方财政收入、农牧民人均纯收入、城镇居民人均可支配收入、社会消费品零售总额均保持两位数增长，尤其是地方财政收入连续两年实现年均增长近 10 亿元，农牧民人均纯收入、城镇居民人均可支配收入连续四年增收突破千元，呈现了强劲发展势头。各族干部群众抢抓机遇意识强烈，加快发展热情高涨，形成了奋发有为的精神状态。

同时，我们也要认识到中心城市的地位是由实力决定的。列入"一主三副"，不等于我们已经是全疆重要的区域中心城市。在全疆各地有很多实力相当的竞争对手，都面临同样的机遇和挑战，前有标兵、后有追兵的竞争仍然激烈。要实现率先发展，关键在于要以符合科学发展观的发展理念谋科学跨越之举。我们要坚持健康、幸福、宜居、宜业、特色发展之路，更加注重城乡并重，实现以城带乡、城乡统筹发展的转变；更加注重经济社会并重，实现以社会发展体现经济实力、经济发展成果惠及人民群众的转变；更加注重一、二、三产业并重，实现以工促农、壮大地方工业总量、培育三产优势的转变。要勇于探索和实践中心城市发展"四大理念"。一是"一城多极、整体提升"的发展理念。着眼于"到2015年中心城区面积为120平方公里，市域人口100万人；到2030年中心城区面积为150平方公里，中心城区人口100万人"的发展目标，在我市迈入大城市发展快车道阶段，一定要坚持"五位一体"的总布局，统筹规划多个"发展极"作为集聚实力、激发活力的着眼点，以点连线、点线及面，撑起现代化中心城市的"多柱擎天"。要统筹实施近期、中期、远期建设，让当前最急需、最有条件发展的优先发展，以先发带动后发，以先发反哺后发，推动全面协调可持续发展。二是"大分区、小综合"的发展理念。我市组团式发展方式已经得到自治区、自治州党委、政府的充分肯定。我们要突出宜居宜业综合功能建设，丰富"两带七组团"差异化、区别化发展内涵，实现扩容增速与提质增效双驱。三是"政府主导、市场主体"的发展理念。与喀什、伊宁—霍尔果斯相比，我们没有国家经济特区政策，我们只有勤干苦干。必须找准一举多赢的路径、把握迎刃而解的节点、发扬敢于争先的精神，发挥政府调控与引导作用，创优发展条件和环境，给投资者信心和希望，"四两拨千斤"，促进生产要素有效聚集，走开放高效、多元发展之路，实现率先进位。四是"民生优先、群众第一"的发展理念。人民对美好生活的向往，就是我们的奋斗目标。要始终坚持把"建设百姓幸福感更高城市"作为主线，一以贯之地提高百姓的安全感、舒适感、自豪感、认同感，形成人人热爱库尔勒、人人建设库尔勒、人人宣传库尔勒的浓厚氛围，为建设新疆重要的现代化区域中心城市注入不竭动力。

三 坚决打好科学跨越的硬仗，夯实建设
现代化区域中心城市的基础

今年是全面落实党的十八大精神的开局之年，是实施"十二五"承前启

后的攻坚年。做好今年的工作，对于率先实现"三个走在前列"、为全面建成小康社会奠定坚实基础，意义重大。我们要以邓小平理论、"三个代表"重要思想和科学发展观为指导，全面贯彻落实党的十八大、中央经济工作会议、自治区党委八届四次、自治州党委九届三次全委（扩大）会议精神和市第七次党代会确定的总体部署，牢牢把握主题主线，紧紧围绕"五位一体"总布局，坚持以提高经济增长质量和效益为中心，坚持资源开发可持续、生态环境可持续，坚持"稳中求进、进中求变"的总基调，突出"进中求快、快中求好"，综合施策、结合实际、用好政策、利用机遇、创新思路，做到"好中求先"，努力在科学跨越、后发赶超上迈出更大步伐，在率先实现"三个走在前列"的征程中取得更大突破，在保障和改善民生上做出更大努力，在维护社会稳定和民族团结上取得更大成效，全心全力全速建设新疆重要的现代化区域中心城市。

经济社会发展的预期目标是：全市生产总值突破600亿元大关，增长8%，不含石油开采业增长10%以上；地方财政收入增长25%，公共财政预算收入增长22%；全社会固定资产投资增长13%以上；社会消费品零售总额增长17%；居民消费价格总水平涨幅控制在4%左右；城镇登记失业率控制在3.9%以内；城镇居民人均可支配收入增长13%；农牧民人均纯收入增长15%；人口自然增长率控制在10‰以内。

（一）加速新型城镇化，建成承北启南的中心区

目前，我市城镇化率已经超过全国平均水平，走在全疆前列，正处在城镇化建设大有可为的重要战略机遇期。我们要坚定不移地把积极稳妥推进新型城镇化作为中心城市发展最雄厚的潜力，作为转变经济发展方式、率先实现"三个走在前列"最强大的优势，坚持环保优先、生态立市，以"塞外明珠、山水梨城"为主攻方略，在空间布局、特色形态、产业支撑上下功夫，努力实现综合服务功能和辐射带动功能"两大提升"。

在建设"美丽库尔勒"上取得新突破。把生态文明建设融入经济社会各方面和全过程，突出大气、大利、大美的梨城个性，按照"生产空间集约高效、生活空间宜居适度、生态空间山清水秀"的原则，严格执行城乡发展总体规划和各功能区详规，力促"三山三带三组团，六轴六廊六绿心，三核九极六载体"总体布局形成见效。尽快增强中心城区综合承载力和辐射影响力，以"三河贯通棚户区改造工程"为重点，科学合理利用水资源，构建"水生

态、水循环、水景观、水经济、水文化"五位一体的水生态文明城市，整体推动城市品位提升、投资环境优化、棚户区改造、民生质量改善。加快构建"一城三区、一区双核"发展空间，遵循人的活动规律，以3公里左右为服务半径，与三河贯通棚户区改造一、二、三期同步规划，在老城区重点建设州政府所在区域和9.2平方公里的"幸福城"，在南市区重点建设3平方公里的"上水城"和13.1平方公里的"生态城"，在开发区重点建设开发区管委会所在区域和西尼尔新区，增强商务拓展、文化艺术、会展服务、综合体开发等中心城市服务功能。完成天鹅河景观工程实现通水行船，实施三河贯通棚户区改造二期5.62公里河道工程、13座桥梁和"生态城"建设，做好会展中心、市民健身中心、大剧院等项目前期工作，力争早日开工建设。加快"上水城"建设，完成市民综合服务中心和综合创意展示中心主体工程，力争2014年5月投入使用。更大力度地推进城乡生态一体化建设，加快"城在园中"的转型。高效实施防护林建设、荒山戈壁绿化工程，绿轴、绿廊、绿心工程要更多选用乡土树种、耐旱植物，建设具有西域特色的生态城。完成人工造林3万亩、环山绿化5000亩。始终将高效节水、生态用水放到发展首位，积极争取博斯腾灌区（库尔勒子灌区）续建配套与节水改造工程等中央、自治区小型农田水利重点项目。注重科技支撑作用，深化与中国农科院、同济大学等高校的战略合作，建设创新型城市，做好国家智慧城市试点示范和可持续发展实验区各项工作。借助深化城乡环境综合整治活动，扩大"绿化、净化、亮化、美化"成果，让我们的家园天更蓝、水更清、路更畅、房更靓、城更美。

在辐射带动上取得新突破。"十二五"时期后三年是自治区建设国家能源资源陆上大通道的大建设时期。乌鲁木齐市、喀什、伊宁—霍尔果斯是自治区重点打造的西部对外开放门户城市。与这三座具有重要战略地位的城市一起构成全疆中心城市体系，我们一定不能受"副"的局限，要以更加积极的开放战略，以国家综合运输大通道为契机，依托库尔勒—格尔木铁路、吐鲁番—库尔勒铁路二线等一级综合交通走廊，合理发挥铁路、公路、民航、管道"四位一体"运输方式的比较优势和组合效率，集中构建"城区内一刻钟上高速、域内半小时通达、周边一小时经济圈、疆内外四小时联系圈"，完善互利共赢、多元平衡开放型体系。实施南市区路网建设，完成农村中环路改造，力促启动南市区客运中心新建、火车东站客运站和机场改扩建项目。加强"一主三副"体系内商贸、物流、旅游、文化等各领域的关联互通。全力支持华凌现代物流中心、上库产业园铁路物流中心、南疆特色产品集散中心规划建设，打造辐射南疆、面向中亚的物流集散地，逐步形成新疆的区域物流中心。加快推进产业多元化，促进产城融合。按照"城内以第三产业为主、园区以第二产业为主、城市外围以城郊农业为主"产业发展格局，促进城镇产业与工业化相配套、与城镇化相协调、与居民需求相适应。大力发展面向消费的服务业，培育具有民族特色、要素集聚、形成规模的产业，提升生活性服务业的档次和水平。坚持"发展有序，调控有力"，进一步完善以市场为主导、多渠道、多层次的住房分类供应体系。在建设旅游目的地和集散地方面要放宽视野。加快梨园民街、铁门关景区、库尔勒大峡谷、北山草原空中旅游乐园等精品项目规划建设。探索丝绸古道文化旅游线路，依托周边文化旅游资源，着力提升综合接待、信息咨询等服务水平，加强通达疆内外景点的集散功能。要创新投融资体制机制，加强政府投融资平台建设，提高城投债券、企业债券科学化运作水平，吸引社会资本进入投资领域，逐步建成区域金融中心。要始终树立"不求所有，但求所在；只要所在，必为我优"的理念，不断密切兵地、油地、军地互动交流，加强与农二师新建铁门关市的组群联系和共同发展，资源共享、优势互补，为打造总部型经济奠定基础。

在统筹城乡上取得新突破。城乡发展一体化，是解决"三农"问题的根本途径。三年多来，我市作为自治区唯一的统筹城乡综合配套改革试点市，先行先试，不断扩大试点工作覆盖面，积极探索统筹城乡发展新机制，加快城乡结合部建设，被征地农民住进新楼、融入城市、养老得到保障，"村改居"工作有序进行，被列入"全国发展改革试点城市"。我市试点工作稳步推进的主导思想和关键所在，是"保护农民的利益"。我们要认真总结经验，抓住新的机遇，加快推进"六项改革"和"五大统筹"。要继续把"人的城镇化"作为城镇化实质，突出产业发展、人口集聚和增加就业"三个重点"，进一步探索"农民变市民"面临就业创业、户籍改革、社会管理、公共服务、土地节约集约、基层组织职能转变、集体经济组织产权改革等深层次问题。高度重视被征地农民安置工作，继续实行"楼房＋门面"、就地安置、免费培训、优先就业等政策。启动铁克其乡撤乡建办前期工作，推动具备条件的乡撤乡建镇。注重小城镇建设，因地制宜地推进差别化发展，形成各具特色的城镇群，完善社会化服务，促进农民就地城镇化，真正使农民思想观念、生活方式、价值理念深刻变化，提升城镇化水平。

（二）加速新型工业化，建成对外开放的产业区

实现尊重经济规律、有质量、有效益、可持续的发展，关键是深化产业结构战略性调整。新型工业化，既是我市推动科学跨越的根基，也是率先实现"三个走在前列"的短板。市委、市人民政府决定，把今年作为"新型工业化发展年"，适时召开新型工业化工作会议，积极探索推进新型工业化发展的新思路、新措施、新办法，围绕壮大工业经济总量的目标，重点加快产业基地建设，以改革创新为动力，力争在对外开放、招商引资、项目建设上实现大突破，使优势产业更具优势，劣势产业迎头赶上，形成与中心城市相匹配的市域经济新格局。

突出特色优势，加快产业基地建设。把园区经济作为加快新型工业化发展的主战场和增长极，走集中连片发展的路子，全力打造"一主两翼"园区发展格局，力促六大产业基地上规模、见成效。库尔勒经济技术开发区要按国家级园区标准提升发展层次和综合实力，加快提高产业关联度和集聚度，发挥引领、示范、辐射和带动作用。以重点带动全局，以企业催生产业，全力促进富丽达600万锭纺织工业园、河北产业园、美克化工三期等重大项目建设。加快实施库尉工业供水、污水处理工程及天然气、通讯管网等重点工程，着力破解煤电制约瓶颈。上库综合产业园，一期规划45平方公里，起步区9平方公里，重点发展新能源、新型建材、装备制造、现代物流、特色农产品精深加工等产业。塔什店循环经济产业园，一期规划20平方公里，起步区8平方公里，以保护孔雀河上游水源为首要任务，依托再生资源利用项目，重点发展循环产业、建材、能源、商贸物流、城市矿产加工等产业，打造生态产业园。要尽快完善园区道路、电力、供排水等基础设施建设，增强园区对项目的吸纳力和承载力。

坚持项目带动，强化招商引资。在拉动经济增长的"三驾马车"中，现阶段我市仍以投资拉动为主。自治州确定今年继续实施"项目建设发展年"活动，并要求坚持不懈地抓上三至五年时间。我们要把中央的政策和自治区、自治州党委的决策研究透彻、用足用好，进一步完善项目建设、招商引资推进机制。要全力以赴争项目，不断加大对上争取项目、对外招商引资的力度，落实项目责任制，始终坚持"一个项目、一名牵头领导、一个责任部门、一名责任人"的项目推动工作机制，有针对性地争取一批重大项目纳入计划盘子。要依托资源建项目，以转换优势资源为重点，大力支持重点骨干企业和非公有制企业、地方企业和中小企业发展，促进大中小企业协作配套、产业链上下游协调发展，加快构建结构优化、附加值高、竞争力强的现代产业体系。要拓宽视野引项目，密切关注产业动态，主动"走出去"，开展针对性和实效性的招

商活动,招引知名企业在我市建设总部、生活区。坚持推进工业化和信息化
"两化融合",提升信息化对转型升级的支撑作用,增强二产竞争力,带动一、
三产业步入新型工业化发展"快车道"。

(三)加速农牧业现代化,建成生态高效的品牌区

按照"促进农民收入倍增"的目标,要坚持以促进农牧民持续增收为核
心,着力突出特色、打造品牌、增产增效,促进农业优化升级、农村繁荣
发展。

在产区布局方面,由分散走向集约。针对优势品种,开展推进农牧业现代
化调研活动,科学划定优势产区,促进基地建设向优势产区集聚。增强香梨、
棉花两大支柱产业示范效应。新增4万亩高效节水面积。特别是要在香梨的品
种、品质、品牌上做文章,紧扣"孔雀河畔"商标保护好地产品种,紧扣
"绿色"运用科技提升品质,紧扣"库尔勒香梨"地理标志产品充分体现经
济、文化、社会价值综合品牌效应。坚持有序发展现代设施农业、农区畜牧
业。实施设施农业"技改工程",发展深冬型设施农业生产基地,稳步提高冬
季蔬菜自给率。推进西尼尔现代畜牧生态产业园建设,积极促成多家万头以上
规模化养殖项目落地投产。针对非优势品种,抓住区位优势,沿交通走廊,兼
并小、散农副产品交易点,扩大完善专业性强的批发集散市场,构建多层次、
开放型、高效便捷的交易平台,让南疆特色农产品从库尔勒走向全国。

在产业发展方面,由传统走向现代。以工业思维发展农业,坚持"抓大、
扶强、扩面"思路,启动农牧业产业化培育工程。积极支持龙头企业与高等
院校、科研院所开展多种形式的技术合作,在提升精深加工上求突破。大力扶
持农民专业合作社做大品牌开拓市场,支持龙头企业开展定向投入、定向服
务、定向收购,为农户提供种养技术、市场信息、生产资料和产品销售等多种
服务。着力提高气象服务能力,完善重大灾害应急机制,特别是大力推进政策
性保险试点工作,确保重大灾害时减产不减收。深化 、三产业互动,结合新
农村示范建设,多培育、多鼓励各类市场主体兴办农业产业新形态和消费新业
态,以城郊休闲农业发展带动特色小城镇建设快速发展,大幅增加农牧民经营
性收入。

产品营销方面,要由探索走向成熟。做好外销平台建设,以农产品展交会
为突破口,创新市场营销模式和现代营销手段,紧跟市场步伐,注重产品更
新,使技术、包装、品质始终符合现代消费需求,逐渐建立辐射全国的多层次

营销网络，攻占中高端市场。发挥地缘优势，紧密联合两大口岸，积极开拓中东、中亚、俄罗斯等国际高端市场。大力推行农超对接、市场与产地挂钩等现代营销模式，支持龙头企业、农民专业合作社进超市，特别是直接在内地开设直销点、专卖店。按照市场化原则建立品牌整合机制，推动同类产品向强势品牌集聚，在主导产业培育 1~2 个骨干品牌，进而打造若干个在全国影响力大、市场占有率高的大品牌。加强生产、销售等各个环节农产品质量监控，让人民群众吃上放心的食品。

四　增进民生幸福，共享现代化区域中心城市发展成果

今年，自治区将继续开展"民生建设年"活动，这充分体现了自治区党委执政为民的宗旨意识。我们要把提升百姓幸福感作为发展的根本目的，按照"守住底线、突出重点、完善制度、引导舆论"的思路，以实际行动体现"民生优先、群众第一、基层重要"，使各族群众共享改革发展成果。

做好重点民生工程。总结连续三年实施 10 项、20 类 50 项、22 类 60 项重点民生工程的经验做法，推进保障和改善民生常态化，使重点民生工程投入、涉及类目、惠及人数年年有增加。完成安居富民工程、保障性住房、棚户区改造 10000 套，建立被征地农民一年内就地安置机制。进一步建立财政补贴平抑物价长效机制。继续在 2000 户以上的居民小区建设布局合理、管理规范的蔬菜肉直销点，到 2015 年达到 100 个。要特别关注弱势群体、困难家庭，既帮贫又解困，建立健全一对一结对帮扶及成效考核机制，使其安居、乐业、致富、奔小康。要给予无经济收入、缺少劳动力的特困家庭真情关怀。各级领导要带头访贫问困，帮助困难家庭解决生产生活实际困难，让他们的日子红红火火。改善民生既是党和政府工作的方向，也是各族群众自身奋斗的目标，要引导广大群众树立勤劳致富改善生活的理念，用勤劳的双手建设美好家园，实现科学发展和幸福发展的新愿景。

坚持教育全面优先发展，努力推进教育强市。围绕打造南疆基础教育高地目标，按标准化建设布局，启动实施 21 所中小学、9 所幼儿园、15 个教学点、4 个运动场等基础设施建设，推行"四个一"（一本刊物、一个论坛、一页网络、一套制度）具体措施，全面启动教育管理、师资水平的软件提升工程；邀请区内外基础教育研究机构专家和州市教育知名人士组成教育专家智囊团，有针对性地开展教育教学研究和评价；建立有效激励和教育资源均衡配置机

制，加大名师名校培养选拔奖励力度，减少或逐步消除学生择校的客观因素，充分激活学校及广大教育工作者的创造力和智慧源，全面提高教学质量和双语教育水平，切实推进教育均衡发展。认真做好成人教育，结合文明城市建设，集科技、文化、卫生、街道社区等各方优势，共同开设梨城道德大讲堂，办好市民学校，不断拓展"两基"成果内涵和外延。认真落实各项教育惠民政策，持续加大市级教育惠民力度，促进教育公平。积极探索和尝试职业教育、高等教育以及名校资源合作引进借力的方式和途径，努力办好人民满意的教育。

做好就业工作。贯彻劳动者自主就业、市场调节就业、政府促进就业和鼓励创业的方针，做好以高校毕业生为重点的青年就业、农村转移劳动力、城镇就业困难人员就业工作。加大职业技能培训、乡镇人力资源市场建设，进一步完善就业服务体系，促进和谐劳动关系的构建。坚持全覆盖、保基本、多层次、可持续的方针，全面建成覆盖城乡居民的社会保障体系，使困难群众、弱势群体得到应有保障。

积极稳妥深化医药卫生体制改革。按照"保基本、强基层、建机制"的要求，启动创新基层医疗机构目标管理和绩效考核评价体系，建立健全城乡医疗卫生机构对口支援长效机制，推行社区卫生服务机构与市属综合医院双向转诊制度，巩固和完善城居保、新农合制度以及基本药物制度，不断提高突发公共卫生事件和重大疫病防控能力。合理调整医疗机构布局，逐步强化公立社区卫生服务站服务模式。加快推进以市第二人民医院门诊、急救综合楼为代表的卫生系统基础设施建设步伐。力促库尔勒市河北医院早日投入运营，为南市区打造良好的就医环境奠定基础。大力推进食品安全示范工程，构建食品药品安全监管长效机制。巩固创新人口和计划生育工作成果，全面推进流动人口均等化服务，选址建设生殖健康家庭保健服务中心，规范建设社区（村）级人口计生咨询服务室。发展老龄、妇女儿童和残疾人事业，不断提高人民群众健康水平。

注重发挥文化引领风尚、教育人民、服务社会、推动发展的作用。一要紧紧抓住精神文明建设这个龙头，提升全民素质。充分利用"全国文明城市"这块"金字招牌"，大力开展市民教育活动，形成联动合力，充分调动广大群众参与文化、创造文化、传承文明、享受文明的热情与激情，以创建促进文化大繁荣。要以深入开展学雷锋活动为抓手，扎实推进思想道德建设和精神文明创建。推进两大中心相关场馆（图书馆、文化馆、美术及民俗馆、博物馆）布展工作和村（社区）文化活动场所、农家书屋等文化基础设施建设，增加基层文化服务总量，丰富城乡群众性文化活动。二要紧紧抓住一体多元文化这个优势，筑牢共同思想基础。坚持尊重差异、包容多样、相互欣赏，激扬多元文化的和谐与活力。用社会主义核心价值体系引领社会思潮，把"热爱伟大祖国、建设美好家园"作为永恒主题贯穿两大历史任务始终，深入开展理想信念教育、形势教育，大力弘扬和践行新疆精神，形成各民族和睦相处、和衷共济、和谐发展的生动局面。三要紧紧抓住民族地域文化这个特色，大力发展文化产业。依托独特地域文化和丰富文化资源，以创新引领文化，加紧推进现代文化示范区规划建设，实施重大文化产业项目带动战略，规划好西部主题文化园，提升梨城特色文化的影响力。提高对外宣传的品位和方式，加快库尔勒"走出去"步伐，扩大对周边地区的影响力、对内地的吸引力。

五 坚定不移地维护社会稳定，筑牢建设现代化区域中心城市的基石（略）

六 切实加强党对经济工作的领导，坚强建设现代化区域中心城市的政治保证

实现战略目标，关键在于加强党的领导，根本要靠各级干部以身作则、率先垂范、狠抓落实。

要努力提高领导经济工作的能力和水平。各级党组织要认真履行领导经济工作的职能，把立足点放到提高发展质量和效益、转变经济发展方式上来。党委常委会要经常研究关系本地经济社会发展全局的重大问题。党委财经领导小组要在党委常委会的领导下，深入研究制定经济社会发展的重大经济政策和措施，研究提出处理重大财经问题、重大生产力布局、重大建设项目的原则，把上级党委的决策部署落实到位。各级领导干部特别是党政主要负责同志要围绕经济社会发展的重大问题加强学习、调研和实践锻炼，尽快成为领导经济工作的行家里手。要学会运用"底线思维"的方法，从最坏处着想，向最好的方向努力，牢牢把握经济工作的主动权。深化行政审批制度改革，着力建立有利于加快科学跨越、提升百姓幸福感的目标体系、考核办法，切实解决经济社会发展中的突出矛盾。

要团结向上，形成合力。充分发挥党委在推动发展、服务群众、凝聚人

心、促进和谐中总揽全局、协调各方的作用，在全市上下形成团结奋进、共谋发展的浓厚氛围。坚持民主集中制，全面落实各级党组织议事、决策、工作规则。完善党员干部联系群众制度，进一步提高各级党组织科学决策、民主决策能力。支持和保障人大及其常委会依法行使职权，充分发挥政协协调关系、汇聚力量、建言献策、服务大局的重要作用。加强对工会、共青团、妇联、侨联、工商联等人民团体的领导，发挥其在促进改革发展稳定中的重要作用。坚持德才兼备、以德为先，坚持注重实绩、群众公认，深化干部人事制度改革，切实树立"三个不吃亏"用人导向。落实人才发展规划，重视实用人才培养，推进各类人才队伍建设。各部门、各单位要各司其职、各负其责，主动服务、积极作为，全力以赴促跨越。

要转变作风，真抓实干。我们一定要牢记"实干兴邦，空谈误国"。要带头执行中央政治局八项规定和自治区党委常委会十项规定及实施细则，深入开展好以为民务实清廉为主要内容的党的群众路线教育实践活动，"用心走基层、用情转作风、用功改文风"，做到讲实话、干实事，敢作为、勇担当，言必信、行必果。牢固树立党章意识，真正把党章作为加强党性修养的根本标准，带头尽职尽责、不折不扣、一抓到底地贯彻落实。全面推进惩治和预防腐败体系建设，完善干部廉洁从政预警机制，统筹抓好教育、制度、监督、改革、纠风、惩治等各项工作。要深化作风建设年、服务基层年活动成果，加强机关效能建设，从严整治慵懒散奢等不良风气。

要重视基层，加强基层。当前，最重大、最紧迫的任务就是加快把十八大精神宣传到基层、贯彻到基层，让基层干部群众充分理解党的道路目标、方针政策，更加紧密地团结起来，专心致志、心无旁骛地落实市委各项部署。要一如既往地向基层倾斜，持续提高街道、镇和村、社区运转经费保障水平，建立参照行政事业单位递增公益性岗位工资待遇机制。2013 年小中大社区年工作经费由去年的 9 万元、10 万元、11 万元分别提高到 20 万元、25 万元、30 万元，街道、镇年工作经费在原有基础上均新增 10 万元；社区、园林、环卫、计划生育、供水站、新农保、药监、司法等行业公益性岗位，以及聘用教师、公安协勤、村级防疫员等公益性岗位人员月工资人均增长 500 元左右；基本完成 46 号康居小区建设，实施 109 号、215 号康居小区工程。继续实施村（社区）办公场地、活动场所、服务设施提升工程，推行社区"三化"建设，强化基层维护社会稳定、服务广大居民的职能，不断提高基层党组织的凝聚力和战斗力。

同志们！当前，是争先进位的关键时刻。建设新疆重要的现代化区域中心城市凝聚着几届市委、政府和几代库尔勒人的深切夙愿、顽强拼搏和接续奋斗。而今我们要勇敢地承担起这伟大宏愿，拿出共产党人蓬勃朝气、昂扬锐气和浩然正气，坚韧求进，抢占先机，向全面建成小康社会奋勇进军！

当前，是攻坚克难的紧要关头。发展总有挑战相伴，我们还要面临更加复杂的局面、更加艰难的挑战、更加繁重的任务。我们要牢记共产党人的政治理想、政治追求、政治智慧，坚定"只有努力才能改变，只要努力就能改变"的信念，在时代进步洪流中奋力前行！

当前，是科学跨越的重要关口。我们决不能也决不会躺在过去的功劳簿上。我们要继续发扬共产党人先锋作用、模范作用、带头作用，把各族群众对美好生活的向往作为最高奋斗目标，全心全意地干、争分夺秒地干、务求实效地干，不断谱写无愧于党、无愧于时代的更加辉煌的篇章！

同志们，抢抓机遇、科学跨越、率先发展，是我们义不容辞的历史使命。我们一定要坚持继承、发展、创新，强化"思路决定出路，实干决定成败，实力决定一切"的意识，发扬"立足实际不等靠，埋头苦干不张扬，勇于开拓不守旧"的作风，顽强奋斗、艰苦奋斗、不懈奋斗，不断开创建设新疆重要的现代化区域中心城市新局面！

附录3

以改革创新精神推动"三个走在前列" 加快建成新疆重要的现代化区域中心城市

——在库尔勒市党委七届七次全委（扩大） 会议上的讲话

巴州州委常委、库尉党委书记、市委书记 薛 斌

（2013 年 12 月 25 日）

同志们：

这次会议的主要任务是，全面贯彻党的十八届三中全会、中央经济工作会议、中央城镇化工作会议、自治区党委八届六次全委（扩大）会议和自治州党委九届四次全委（扩大）会议精神，总结今年工作及三年来基本经验，分析当前形势，部署明年工作和今后一个时期全面深化改革任务，动员全市各级党政和广大干部群众，坚定信心，乘势而为，以改革创新精神推动"三个走在前列"，加快建成新疆重要的现代化区域中心城市。

下面，我讲几点意见。

一 保持奋发有为的昂扬斗志

今年是库尔勒市受国内经济下行压力、维稳任务异常繁重等多重因素影响，改革、发展、稳定面临严峻考验，充满挑战的一年；是接续成为全国发展改革试点城市、国家可持续发展实验区、智慧城市试点，面临历史性机遇，各族人民群众充满期待、团结奋斗、开拓创新的一年。全市经济社会保持强劲发展势头，实现了"四个突破"（生产总值突破 600 亿元、地方财政收入突破 50 亿元、城镇居民人均可支配收入和农牧民人均纯收入分别突破 20000 元和 15000 元）、"三个提升"（发展环境、宜居环境、人文环境显著提升）、"一个持续领先"（城镇化工作在全疆持续领先）。

——经济发展呈现"好中有先"。预计 2013 年全市实现生产总值 653 亿

元，增长 8.8%，不含石油开采业增长 11.7%；地方财政收入 50.68 亿元，其中市属地方财政收入 44.05 亿元，增长 22%；公共财政预算收入 34.03 亿元，其中市属公共财政预算收入 30.4 亿元，增长 16.5%；固定资产投资 368.5 亿元，增长 30.4%；社会消费品零售总额 75.98 亿元，增长 17.2%；城镇居民人均可支配收入达到 20369 元，增长 13%；农牧民人均纯收入为 15057 元，增收 1701 元。"项目建设发展年"和"新型工业化发展年"交相发力。上库综合产业园获批自治区级。干线机场改扩建、库尔勒至格尔木铁路前期工作取得重大突破，纺织服装城项目被列入自治区纺织服装产业"三城七园一中心"规划。招商引进项目 114 个，落实区外到位资金 60.6 亿元，较上年翻了一番。农业实现减产不减收，农牧业生产集约增效。新型城镇化继续走在前列，"三河贯通"工程、"上水城"建设有效聚集人流、物流、资金流，建成区面积扩大到 113 平方公里，城镇化率达到 73%。"乘船游梨城"成为城市"新名片"，都市旅游产业彰显特色。大力推进 19 个智慧城市应用项目上线运行。被评为 2011~2012 年度"全国科技进步考核先进县市"、"自治区素质工程先进县市"。在"2013 年度中国中小城市综合实力百强县市"中居第 58 位，较 2011 年跃升 16 位，并首次荣膺 2013 年度中国"十佳'两型'中小城市"和"最具区域带动力中小城市百强县市"殊荣。

——社会大局持续稳定。（略）

——人民生活不断改善。25 类 110 项重点民生工程扎实推进，继续保持民生支出占公共财政预算支出的 80% 以上。安居富民、定居兴牧、保障性住房建设三项工程惠及 4096 户居民。棚户区改造 1.1 万户。城镇新增就业 8652人，城镇登记失业率为 3%，农村富余劳动力转移就业 4192 人次。重点优抚对象减免 9 项医疗费享受"一站式"即时结算服务。成功创建自治区残疾人社区康复示范市。新建老年人日间照料中心及站点 3 个，居家养老服务社区增加到 16 个。社会保险参保人数 59.38 万人次，城乡低保实现动态管理下的应保尽保。供水二期取得突破性进展，老城区污水处理厂改扩建工程主体完工，城市生活垃圾处理二期、农村气化工程稳步推进，全市生活垃圾无害化处理率为92%。43.2 公里农村中环路改造完成，公共交通体系基本覆盖乡镇。环境综合整治活动持续开展，城乡环境更加宜居宜业。

——社会事业和现代文化蓬勃发展。教育标准化建设和均衡化发展步伐加快。实施 44 所中小学、幼儿园 42 万平方米新建、续建工程，启动"四个一"和教育管理、师资水平等软件提升工程。稳步推进基本医疗保障制度建设，积极创建慢性非传染性疾病综合防控示范区，免疫规划工作全面落实。人口和计划生育工作考核名列全州第一。食品药品安全诚信和监管体系实行量化分级。坚持发展现代文化与百姓幸福工程相结合，深入学习党的十八大和十八届三中全会精神，广泛开展丝绸之路经济带研讨活动，以"中国梦"、"两个百年目标"凝聚全社会共识。持续推进民族团结进步创建活动，进一步增强"四个认同"。双拥共建、兵地融合等活动引向深入，全国城市文明程度指数测评工作扎实有效。公共文化服务体系建设再上新台阶，"九馆三中心两之家"工程主体封顶。成功举办第三届中国新疆国际民族舞蹈节分会场演出。全面整治文化市场环境。自治区文化建设先进市创建成果得到进一步巩固。

——党的建设富有成效。着力增强领导经济工作水平和服务群众、维护稳定能力。强化政治标准，各族干部在反恐维稳斗争中敢于发声亮剑、敢于坚决斗争。认真落实改进工作作风、密切联系群众的各项规定，制定并严格执行市委常委会九项规定和33项实施细则。深化干部人事制度改革，实行科级干部交流、中层干部轮岗和竞争上岗办法，将街道、乡镇党政正职一并管理。圆满完成5个群团组织换届选举。突出抓好维稳重点区党组织建设，配强书记和"第一书记"。大力实施"三化"建设，加强社区拆分和农村社区化管理，大幅提高基层经费、人员、阵地、服务等保障能力，村（社区）"一厅五室四有"基本得到落实。坚决遏制"四风"，完善绩效考评机制。完成自治区确定的民营企业评议法检两院及相关职能部门试点任务。坚持不懈地加大惩防腐败体系建设，深化身边人身边案警示教育，坚决查处违纪违法案件，做到严防腐败、严格管理、严明纪律。

成绩的取得实属不易，这是自治区、自治州党委、人民政府科学决策、坚强领导的结果，是河北省石家庄市无私援助和驻库单位鼎力支持的结果，这是全市各族干部群众砥砺奋进、开拓进取的结果。近三年来，全市上下全面贯彻党的十八大精神，认真落实中央新疆工作座谈会、自治区具体战略选择、自治州"三大战略"，解放思想，抢抓机遇，充分发挥主体作用，推进各项工作全速发展。在科学发展上，确定了"三步走"战略，在"一个目标，五个核心，一个基础，一条主线，一个抓手，五大战略"总体发展思路（以"建设新疆重要的现代化区域中心城市"为目标，以"健康、幸福、宜居、宜业、特色"为核心，以"环保优先、生态立市"为基础，以建设"百姓幸福感更高城市"为主线，以建成"现代生态花园城市"为抓手，全面实施"打牢四大支撑，形成两大格局，注重两个优先，做到两个维护，实现三个率先"战略）的统领下，全市经济社会综合实力快速提升，固定资产投资是2010年的1.7倍，地方财政收入实现"翻一番"，成为新疆唯一跻身"全国中小城市综合实力百强县市"的城市。在后发赶超上，围绕"率先实现三个走在前列"，创造性地提出"四大理念"。布局"一城三区，一区双核"，集中实施"三河贯通"系列工程破解发展瓶颈，"三大组团"品位整体提升。实施"一主两翼"腾飞策略，"六大工业产业基地"上规模，非石油产业产值连续两年保持两位数增长。"安全保粮、绿色兴果、节水稳棉、规模促畜、丰富菜篮"结出硕果，城乡居民收入增速始终保持高于生产总值增长幅度。在积蓄动力上，坚持"环境就是生产力"，既利用地缘优势，构建"城区内一刻钟上高速、市域内半小时通达、市周边一小时经济圈、疆内外四小时联系圈"体系，更注重发挥南疆"桥头堡"和环乌"护城河"作用，在促发展保稳定中凝心聚力、扩大开放。据不完全统计，全市每年购房者中2/3是来自全国30个省市、全疆15个地州的投资兴业或居家养老者，常住人口、流动人口总数近百万。中国中小城市科学发展评价体系研究课题组已将我市列为调研基地。在执政为民上，明确建设"幸福梨城"的施政理念，着力增强群众的安全感、舒适感、自豪感、认同感。连续四年实施重点民生工程，把对口支援资金主要用于民生项目，集中解决了各族群众在住房、就业、教育、医疗、社会保障等方面反映强烈的突出问题。坚持以现代文化为引领，把"全国文明城市"这一梨城人民引以为豪的"精神财富"融入其中，形成团结拼搏、争先进位的强大合力。坚持以优良的党风促政风带民风，连续开展"作风建设年"、"服务基层年"，结合创先争优、各级干部赴基层转变作风服务群众等活动，在全社会牢固树立"思路决定出路，实干决定成败，实力决定一切"的信念，全市各族干部群众在继承、发展、创新中，凭着"立足实际不等靠，埋头苦干不张扬，勇于开拓不守旧"的奋斗精神，同心同力同向同调谱写着现代化区域中心城市新篇章。实践证明，这一系列探索创新和思路理念完全符合自治区、自治州的要求，符合库尔勒市实际，符合梨城人民的根本利益，我们全面推动改革发展稳定的基础更加坚实、信心更加坚定，我们一定能牢牢把握主动权，以更大的智慧凝聚共识，以更大的决心攻坚克难，实现跨越式发展和长治久安。

二　勇于开创全面深化改革新局面

党的十八届三中全会是在我国经济社会发展进入转型升级关键期、改革开放进入集中攻坚阶段召开的一次十分重要的会议。全会牢牢把握时代的新要求和人民群众的新期待，以完善和发展中国特色社会主义制度、推进国家治理体系和治理能力现代化为总目标，对经济、政治、文化、社会、生态文明体制和党的建设制度改革做出战略部署，在我国现代化进程中具有里程碑意义。自治区党委八届六次全委（扩大）会议从八个方面深入部署，自治州党委九届四次全委（扩大）会议明确了五个重点要求，为我们有效推进全面深化改革各项工作指明了方向。全市各级党政和广大党员干部要进一步把思想和行动统一到中央、自治区、自治州的决策部署上，把力量和智慧凝聚到全面深化改革上，改革不适应实践发展要求的体制机制，使各方面制度不断完善、更加科学。

一是把握方向，在实现"两大历史任务"上率先发力。始终高举中国特色社会主义伟大旗帜，坚持社会主义市场经济改革方向，坚持党的基本理论、基本路线、基本纲领、基本经验、基本要求不动摇，坚定不移地走中国特色社会主义道路。根据自治区、自治州的总体要求，我市全面深化改革的目标是坚持走具有中国特色、符合库尔勒实际的发展路子，按照市场主导、充满活力、民主法治、公平正义、开放包容、团结和谐的要求，努力在重要领域和关键环节改革上取得决定性成果，到 2020 年基本形成比较完善的跨越式发展和长治久安体制机制，推进治理体系和治理能力现代化；主要任务是突出抓好八个方面的改革；重点是经济体制改革，发挥经济体制改革的牵引作用，带动各方面改革协同推进；出发点和落脚点是促进社会公平正义、增进人民福祉；目的和条件是进一步解放思想、进一步解放和发展社会生产力、进一步解放和增强社会活力；依靠力量是尊重各族人民主体地位，相信和依靠绝大多数各族群众，相信和依靠绝大多数各族干部。

二是抓住机遇，在实施"三步走"战略上有序发力。当前，我们面临的世情、国情、区情都在继续发生广泛而深刻的变化。机遇与挑战并存，但机遇大于挑战。我国经济发展长期向好的基本面没有变，具有不少新的有利支撑和难得机遇。特别是十八届三中全会开启了新的改革窗口，建设丝绸之路经济带为我们带来新的重大历史机遇，中央新疆工作座谈会和对口援疆工作会议以来，天山南北发生了令人振奋的历史性变化，我市经济社会事业正处在发展"黄金期"，为我们深化改革、加快发展创造了有利条件。同时，也要清醒地看到我们还面临着诸多考验，率先实现"三个走在前列"、"两个翻一番半"的目标竞争日益激烈，稳增长、调结构、惠民生、促改革的任务依然艰巨，还需要我们进一步深化对自治区、自治州党委执政理念、决策方略的领会和实践运用，集中力量落实中心城市发展带动战略，攻克经济转型升级、"两型"社会建设、民生持续改善等方面存在的短板；面对反恐维稳的严峻形势，需要我们时刻绷紧维稳这根弦，标本兼治、综合施策，创造性地开展工作；面对新形势新任务新要求，需要我们进一步转变作风，强化"关键在于落实"的意识，全心全意、争分夺秒、务求实效地干事创业。全市各级党政和党员干部要以改革创新精神抓住机遇，主动迎接挑战。要正确处理好整体推进和重点突破、顶层设计和摸着石头过河、胆子要大和步子要稳等重大关系，既敢于担当，不失时机推进重要领域的改革，又坚持"底线思维"，把握时机和节奏，准确、有序、协调、分类推进改革。遵循科学发展规律，区分情况，突出重点，该上级统一部署的不要抢跑，该尽早推进的不要拖宕，该试点的不要仓促推开，该深入研究后再推进的不要急于求成，该得到法律授权的不要超前推进。要紧扣"三步走"战略，大胆探索、敢于争先，只要上级明确的，时机成熟、条件具备、符合基层群众意愿的，要涉险滩、啃硬骨头、破瓶颈，突破利益藩篱，使亮点更亮、优势更优，承接改革红利。

三是强化问题导向，在推进重要领域和关键环节改革上精准发力。从制约改革发展的重大问题和群众反映强烈的突出问题入手，科学配套具体管用的措施办法和行动计划。把促进社会公平正义、增进人民福祉作为一面镜子，审视各方面制度机制规定，分析深层次矛盾和弊端，找准切入点，务求取得实效。以行政审批制度改革为突破口，以"审批事项最少、效率最高、服务最优"为目标，横向推进经济社会领域的各项改革，纵向加快政府职能转变。释放市场在资源配置中的决定性作用，最大限度减少政府对微观事务的管理，该放的权真正放开放到位，该管的事切实管住管好，真正让政府职能这只"看得见的手"用到保持宏观经济稳定、加强和优化公共服务、保障公平竞争、加强市场监管、维护市场秩序、推动可持续发展、促进共同富裕、弥补市场失灵上，让市场配置这只"看不见的手"充分施展。

四是统筹谋划，在整体推动中形成合力。发展是第一要务，稳定是第一责任，改革是第一动力。注重改革的系统性、整体性、协同性，改革的力度、发展的速度和社会的可承受程度要统一起来，在保持社会和谐稳定中推进改革发展，通过改革发展促进社会稳定。要认识到每一项改革都会对其他领域产生重要影响，每一项改革都更加需要各方协同配合。全市各级党政一定要科学把握改革的战略重点、优先顺序、主攻方向，使各项改革在政策取向上相互配合、在实施过程中相互促进、在改革成效上相得益彰，让一切劳动、知识、技术、管理、资本的活力竞相迸发，让一切创造社会财富的源泉充分涌流，让一切有利于民族团结和社会稳定的因素茁壮成长，让发展成果更多更公平惠及各族人民，进一步形成实现跨越式发展和长治久安的巨大合力。

三　率先建设丝绸之路经济带重要支点城市

明年，是全面深化改革、实施丝绸之路经济带战略构想的开局之年，是完成"十二五"规划的攻坚年。我们要深入贯彻十八届三中全会、中央经济工作会议和自治区党委八届六次全委（扩大）会议、自治州党委九届四次全委（扩大）会议精神，按照我市第七次党代会的总体部署，坚持"好中求先"，坚持以改革统揽全局，坚持中心城市发展带动战略，优化经济结构，转变发展方式，着力改善民生，全面推进"五化同步"，促进经济持续健康发展、社会和谐稳定，加快成为丝绸之路经济带重要支点城市，力争用 3 年左右时间进入全国中小城市综合实力百强县市 50 强。

2014 年经济社会发展的预期目标是：全市生产总值力争增长 9%、确保增长 8%；全社会固定资产投资力争增长 25%，社会消费品零售总额增长 14%，地方公共财政预算收入（按自治区统一要求）增长 16%，城镇居民人均可支配收入增长 12%，农牧民人均纯收入增加 1200 元以上，居民消费价格总水平涨幅控制在 4% 以内，城镇登记失业率控制在 3% 左右。

（一）新型城镇化要体现先导优势，突出"以人为核心"

中央城镇化工作会议，是改革开放以来中央召开的第一次城镇化工作会议，从战略和全局上做出了"六大任务"部署，对于推动城镇化沿着正确方向发展具有重要战略意义和指导作用。"让老百姓望得见山、看得见水、记得住乡愁"，习近平总书记一语道破新型城镇化的真谛，这也是我市打造"塞外明珠，山水梨城"的实质。要抓紧抓好自治区实施新型城镇化行动计划和"合理控制乌鲁木齐市人口规模，重点发展地州中心城市"的政策机遇，加强城镇基础设施建设，增强主城区和小城镇产业发展、公共服务、吸纳就业、人口集聚功能，扎实推进以人为核心的城镇化。坚持走"绿色生态发展"之路，大力推动"三河贯通"一期 B 段鸿雁河及其周边"生态城"建设。发挥"两大中心"和"上水城"带动效应，增强商务文化、规划展览、便民服务、休闲健身、综合体开发等中心城市服务功能，加快建成新疆第二大会展中心。突出"以绿为主、以水为脉，文化为魂、以人为本"的原则，把完善绿道系统作为重点，谋划"三河贯通"二期、三期，在每个细节中体现生态文明、文化传承，既融入现代元素，又保护和延续历史文脉，乔、灌、花、草相衔接，休闲区、商务区、生活区巧布局，沿石化大道开辟绿色廊道，在老城区规划田园风格鲜明、业态多样现代的"幸福城"，彰显现代生态花园城市的新魅力。

坚持产城融合，进一步扩大对外开放。"丝绸之路经济带"战略构想，凸显了中央加大向西开放的政策方向，为我们率先跨越开辟了新空间。我市要发挥自治区重点培育的区域中心城市优势，主动担当起自治州战略中心的使命，围绕"五通"目标，用好差别化产业政策和河北省产业、人才、教育、科技、项目等对口支援平台，进一步提升综合服务功能和辐射带动作用，抢占自治区建设"五中心三基地一通道"的先机，把我市建成重要的交通枢纽中心、商贸物流中心、金融服务中心、文化科技中心、医疗服务中心、旅游集散地和目的地，为巴州构建疆内"黄金段"、重要承载区和受益区发挥核心作用，成为新疆争当建设"丝绸之路经济带"主力军和排头兵的重要支点城市。依托吐鲁番—库尔勒二线全线逐步通车和库尔勒—格尔木铁路、乌鲁木齐—库尔勒—若羌高等级公路等重大项目的实施，力促库尔勒站综合交通枢纽、干线机场改扩建，沿线布局建设客运、物流中心、特色产品集散中心等"增长极"，畅通到乌鲁木齐、伊宁、喀什、格尔木的"大通道"，密切"一主三副"体系内及其周边国家商贸物流、文化旅游、科技教育、医疗卫生、现代农业等多领域的务实合作。跟进国家"丝路文化之旅"项目，加强与丝路沿线城市的交流合作，筑牢"丝路中道旅游产业带"上的咽喉地位，扩大"丝绸古道，西部梨城"的美誉度和影响力。发挥"桥头堡"和"枢纽站"作用，拓宽生产性服务业发展领域，大力招引面向消费的服务业项目资金，进一步优化库尔勒市商业银行股权结构，支持更多金融机构设立分支机构，推进保税物流平台建设，吸引大企业大集团依托我市资源、地缘和区位优势，发展多元经济，壮大城市功能与产业功能兼具的"总部型经济"。

（二）新型工业化要增强新动力，突出园区经济

全面实施"一主两翼"园区规划，加快构建现代产业体系。全力支持库尔勒经济技术开发区完善配套功能、创新管理模式，加快纺织服装城建设，成为全州新型工业化建设的主战场和排头兵。上库综合产业园要定位自治区级园区，加大招商引资力度，加快发展清洁能源、综合物流、装备制造、新型材料、小企业创业等"六个区域"。塔什店循环经济产业园要立足"循环"，发挥比较优势，优化产业链，不断巩固生态园区建设成果，早日促成园区升级。"两翼"力争实现新增工业总产值40亿元以上、新增工业增加值13亿元，打造吸引投资的主要平台和壮大工业经济的增长点。要把"两个园区"基础设施纳入市政工程统一规划、统一建设，严把招商、建设、生产关，适时组建投资公司，增强园区综合承载能力和发展竞争力，实现工业化与城镇化互动发展。

坚持项目带动战略。深入研究国家产业政策和投资导向特别是对新疆的政策支持，有针对性地开发一批优势产业和基础设施建设项目，千方百计争取进入国家和自治区计划盘子。对列入"十二五"规划的项目，要主动跟进、全力配合、加快推进，提前谋划"十三五"规划。深入研究国家深化国有资产管理体制改革、国有企业改革和发展非公有制经济、混合所有制经济等经济体制改革政策，坚持重点抓产业、关键抓项目、突出抓招商，拓宽投融资渠道，激发市场活力，壮大地方经济总量，形成长远竞争力。

（三）农牧业现代化要夯实基础地位，突出产业升级

进一步调整优化农业结构。改变传统发展方式，强化气候变化、水资源、生态修复与环境保护等领域的科技攻关，发展循环农业、有机农业、生态农业和以节水、节种、节地、节肥为主的节约型农业。稳控棉花面积，实施工程节水与农艺节水相结合，统筹推广高效节水示范工程和滴水出苗技术。农区畜牧业要加快成为促进农牧民增收的第一推动力，完善规模养殖、帮困养殖补贴激励机制。现代生态畜牧产业园和包头湖养殖小区是我市农牧业转型升级的先行区，要加快完善基础设施，加强项目建设和服务力度，在集约化养殖、工厂化生产、产业化经营上迈出坚实步伐。香梨是第一品牌，承载着库尔勒的渊源和文化。要探索运用"二维码"等防伪和追溯技术，保护好这珍贵地理标志，将"孔雀河畔"打造成我市特色农产品集成综合品牌。落实香梨现代产业发展规划，全面铺开保护优质产区、淘汰落后产区工作，选取2到3家大型专业合作社为龙头，带动农民不断扩大注册果园和绿色健康果园面积，从规模扩张向提质增效过渡。"菜篮子"是稳控物价的第一工程。要不断提高育苗中心及连栋示范棚样板效用，尽快促成育、繁、推一体化的现代种业体系。优化副食品储备体制机制，抓好直销网络建设。构建新型农业经营体系是转变农业发展

方式的重要途径。要尽快建立土地流转管理服务平台，积极稳妥地引导农民将土地承包经营权向专业大户、种植能手适度集中，鼓励富余劳动力向二、三产业转移，腾出时间、空间发展专业村镇、家庭农牧林场。认真做好自治州国有农牧场深化改革试点工作，率先推进国有农牧场乡镇化或公司化改革。着重研究相关配套帮扶指导政策，加快培育村镇银行、贷款公司、农村资金互助社等新型农村金融机构，完善惠农补贴办法，提供坚强支撑。

（四）信息化要支撑有力，突出做好试点工作

作为国家可持续发展实验区、中欧绿色智慧城市合作中方试点城市、自治区创新型试点城市，要把握先机，抢占科技创新制高点。积极借鉴国内外先进经验，提高自主创新能力，推动科技与"五化"建设更紧密地结合。围绕优势产业，实施重大科技专项，改造提升传统产业，加快培育和发展战略性新兴产业。要进一步扩大信息化、智能化成果在经济转型、城市管理、社会建设和民生事业中的示范作用。严格按照规划，理性、有序、协同推进。以智慧应用为突破口，深入推进城市建设、规划、食品安全智能化管理，建立基于智慧社区的人口数据库和社会事务服务体系，加快实施政务、交通、医疗、教育、财税、平安城市等领域的智慧项目，整合各类服务热线建立"12345"公共服务平台，搭建应用数据云中心，推动"数字库尔勒"向"智慧库尔勒"转变。

（五）城乡一体化要全速驱动，突出"两个可持续"

始终坚持环保优先、生态立市，把推进城乡生态一体化作为关键和优势，编制好生态环境功能区划，从源头上优化国土开发格局和产业结构布局。水是实现可持续发展的命脉，要对亟须解决的水资源短缺问题下"狠手"，合理调配水资源，真正把高效节水建设与调整生产、生态、生活用水结构、促进经济发展方式转变紧密结合起来，推进由高效节水向高效用水转变。坚持以水定需、量水而行、因水制宜，从严治理非法开荒。以防治水污染和空气污染为重点，积极推进重点领域节能减排和综合整治。持续增加森林资源和生态总量，扎实推进天然林保护、防护林建设、荒漠植被保护等生态工程，积极创建国家森林城市。

全面推进统筹城乡综合配套改革试点，逐步缩小城乡差距。提升城乡总体规划管理水平，大力实施乡镇规划，促进城市基础设施向农村延伸、城市公共服务向农村覆盖、城市文明向农村辐射。着力破除阻碍以工促农、工农互促、

城乡协调发展的各种束缚，实施"双轮驱动"。一方面把促进有能力在城镇稳定就业和生活的常住人口有序实现市民化作为重要任务，坚持自愿、分类、有序，充分尊重农民意愿，进一步完善落户政策，有序放开落户限制，促进农业转移人口身份改变和生产生活方式转变，让农业转移人口更好地融入城镇。一方面深化农村综合改革，抓好农村集体产权制度改革，充分保障农民集体经济收益分配权；全面开展农村土地确权登记颁证工作，稳步推进农村土地有序流转。尤其是近郊乡镇，要提高城镇建设用地集约化程度，以自治区"完善被征地农民参保制度"为契机，妥善处理土地征用、房屋拆迁等问题，严格按照"四步逐级审批程序"，落实好"四项惠民政策"，切实解决好被征地农民的长远生计。上户、塔什店作为自治区发展改革试点城镇，要形成"特色"优势，努力变试点为示范。城乡环境综合整治行动步入最后一年，既要打好攻坚战，确保城乡环境极大改善；又要坚持不懈地将行动转入常态化，确保不反弹、持续向好。

四　坚定不移维护社会大局稳定（略）

五　让改革发展红利惠及各族群众

人民对美好生活的向往，就是我们的奋斗目标。要继续推进"民生建设年"活动，抓住人民最关心最直接最现实的利益问题，抓住最需要关心的人群，一件事情接着一件事情办、一年接着一年干，锲而不舍向前走。

改善居住条件。总结近年来"三房"建设经验，充分发挥政府主导和农牧民主体作用，把普惠政策落实到每家每户，完成安居富民工程新建496套、改扩建2504套，廉租房新建500套，棚户区改造1万户。要把改善居住条件与解决生计问题结合起来，让农牧民生活有保障、富裕有希望，实现安居与富民双重目标。

优先发展教育。加快校点布局调整和义务教育学校标准化建设，大力实施基础设施、教学设备、师资队伍达标工程。全面实施素质教育，坚持立德树人。着力做好双语教育提质扩面工作，让各民族学生从小增进互信、增强"四个认同"。深化招生制度改革，严格实施义务教育阶段学生免试就近入学，捆绑组团学校逐步试行大学区制，非义务教育阶段试行联合招生制，切实落实进城务工人员随迁子女考试升学政策，促进教育公平。深化"四个一"软件提升工程，健全现代教育体系和管理制度。加快实施"五十百千工程"（五所名校园、十佳名校园长、百名学科带头人、千名骨干教师），培育和扩大优质教育资源总量，推动学校联盟，加速建成南疆基础教育高地。积极发展中等职业、高等教育，广泛开展社区教育、成人教育，推进全民学习、终身学习的学习型社会建设。

促进就业创业。要把解决就业问题作为安民心、稳大局的根本大计。建立经济发展与扩大就业的联动机制，健全政府促进就业责任制度，重点解决城镇零就业家庭、未就业高校毕业生和农村富余劳动力群体的就业问题。健全鼓励高校毕业生到基层工作的服务保障机制。完善城乡均等的公共就业创业服务体系。落实好促进少数民族就业政策，提高技能培训水平。加大对中小微企业和自主创业的扶持力度，以创业带动就业。

深化医药改革。加强基本医疗卫生体系建设，健全城乡基层医疗卫生服务网络，推动综合医院与基层卫生服务机构双向转诊制度，促进基本公共卫生服务均等化。进一步做好重大地方病、传染病防治工作，提高突发公共卫生应急处理能力和重大疾病防控水平。全力创建国家级慢性非传染性疾病综合防控示范区，扎实做好"国家卫生城市"复验迎检工作。统筹推进医疗保障、医疗服务、公共卫生、药品供应、监管体制综合改革。健全重特大疾病医疗保险和救助机制。加快公立医院改革，鼓励社会办医。强化食品药品监管，完善食品药品安全诚信和长效监督机制。规划建设小食品加工产业园，加强对百姓日常餐桌食品的安全监管，争创国家餐饮安全示范市。巩固人口和计划生育工作成果，促进人口长期均衡发展。

完善社会保障。进一步扩大覆盖范围、提高保障水平和统筹层次。完善农民工、非公经济组织从业人员、灵活就业人员参保制度。重点保障好低收入群体的基本生活，完善社会救助和保障标准与物价上涨挂钩联动机制。抓好蔬菜、肉等生活必需品的供应，适时启动重要生活必需品市场价格调控预案。发挥市慈善协会作用，健全覆盖城乡困难群众、优抚对象、残疾人和流浪儿童的社会救助服务体系。加快建立和完善养老服务体系，加大日间照料基础设施建设，推进居家养老社区化服务。拓展民生服务领域，完善城乡文化、科普、体育等公共设施，鼓励社会力量、社会资本参与公共文化服务体系建设，让各族群众生活得更加舒心，满意度、幸福感持续提升。

六　凝聚起建成现代化区域中心城市的强大力量

深化改革、科学跨越，关键在各级党组织、在各级党员干部。要牢牢把握加强党的执政能力建设、先进性和纯洁性建设这条主线，以开展为民务实清廉群众路线教育实践活动为契机，充分发挥党的领导核心作用，全面抓好党的建设。

（一）加强对改革发展稳定工作的领导

把学习贯彻十八届三中全会精神和习近平总书记系列重要讲话精神作为重要任务，在前一阶段认真学习、深刻领会、广泛调研的基础上，进一步提升政策落实水平、丰富实践经验，切实发挥好"总揽全局、协调各方"的作用。要始终把发展、稳定、民生三项工作牢牢抓在手上，坚持"硬道理"，落实"硬任务"，敢于担当，为民解忧。切实履行对全面深化改革的领导责任，在全局战略发展的大背景下谋划和推进，在中央、自治区、自治州确定的框架内，设计好符合我市实际的改革路线图。坚持民主集中制，科学决策、民主决策，及时化解各种矛盾，团结各方力量。支持人大、政协依法按章程开展工作。注重发挥统一战线凝聚作用和工会、共青团、妇联等群团组织桥梁纽带作用。要认真履行"党管经济"的职责，抓住"稳中求进、改革创新"这个核心，把握主题主线，破解难点难题，在科学跨越、后发赶超的实践中不断提高领导水平和执政水平。

（二）扎实开展好党的群众路线教育实践活动

我市作为第二批开展教育实践活动的单位，将于明年1月启动、7月基本完成此项活动，时间紧、要求高。各级党组织要把教育实践活动作为一项重大的政治任务，大力发扬"钉钉子"精神，以抓铁有痕、踏石留印的务实作风，精心组织、周密部署，提早制定实施方案，确保活动一开始、第一时间就将"照镜子、正衣冠、洗洗澡、治治病"的总要求贯彻到基层。各级领导干部尤其是主要领导，要承担起"接地气、抓落实、出成效"的第一责任，拿出足够时间和精力，切实履行组织者、推进者、监督者和参与者的职责，做到业务工作与教育实践活动两手抓、两促进。认真学习第一批活动单位的好做法好经验，吃透政策原则，抓住关键环节，做到"规定动作"不走样、"自选动作"

有特色，确保活动"不虚、不空、不偏"，成为群众满意工程。

（三）夯实基层基础

坚持"重心下移、政策下倾、力量下沉"，创新基层党建工作，健全党的基层组织体系，不断强化基层党组织维护稳定、服务群众两大职能。高度重视基层党组织特别是重点村（社区）领导班子建设，选拔党性强、能力强、纪律严的带头人，配齐配强新拆分社区"两委"班子和干部队伍。加强基层服务型党组织建设，把工作重心转到服务改革、服务发展、服务民生、服务群众、服务党员上来，健全党员联系服务群众机制，使基层党组织成为党员信赖的"温暖之家"，使党员干部成为各族群众的"贴心人"。深入推进"三化"建设覆盖城乡，在提高基层保障水平的同时，更加注重增强基层力量、经费、阵地的组合效率，不断激发基层党组织的创造力和凝聚力。

（四）强化干部和人才队伍支撑

坚持正确的用人导向，德才兼备、以德为先，努力做到选贤任能、用当其时。深化干部人事制度改革，建立有效管用、简便易行的选人用人机制，把政治上强作为考核使用领导干部的首要标准，注重在复杂环境和反分裂斗争一线培养、考验、选拔干部，使理想信念坚定、锐意改革创新、敢于负责担当的优秀干部充分涌现。进一步落实市委"四个暂行办法"，加大重要岗位干部交流力度，促进中层干部轮岗和竞争上岗，激发干部队伍活力。改革和完善干部考核评价办法，既看发展、看显绩，又看基础、看潜绩，把民生改善、社会进步、生态效益等指标和实绩作为重要考核内容。强化人才意识，完善人才引进和评价机制，充分发挥人才援疆作用，注重老干部在人才工作中的特殊作用，统筹推进各类人才队伍建设，形成人才辈出、人尽其才的生动局面。

（五）狠抓党风廉政建设和反腐败工作

不折不扣落实中央、自治区、自治州和市委关于改进工作作风、密切联系群众的各项规定，切实落实《库尔勒市加强党风廉政建设警示教育工作实施方案》，以实际行动践行党的宗旨。各级领导干部要正"从政为民"之德，加强党性修养和道德修养，从思想深处明确"为了谁、依靠谁、服务谁"，把爱民情结植根于心底；正"求真务实"之业，立足真情实况，谋划有的放矢、切实管用的实招，创新思维建功立业，创造经得起实践检验的实绩；正"清正廉洁"之品,严守党的纪律,把住政治上的"红线"、工作上的"准线"、生活上的"底线",坚决遏制"四风"。进一步强化党风廉政建设"一岗双责",全面推进惩治和预防腐败体系建设。认真领会"把权力关进制度的笼子里"的深刻含义,以身边案为警示,健全反腐败领导体制和工作机制,实行党政正职不直接分管财务、人事、工程项目和物资采购"四不直接分管"制度,强化对权力运行的监督,加大违纪违法案件的查办力度,努力形成不敢腐败的惩戒机制、不能腐败的防范机制、不宜腐败的保障机制。

同志们,唯其艰难,才更显勇毅;唯其笃行,才弥足珍贵。让我们在党的十八大和十八届三中全会精神的指引下,坚决贯彻自治区、自治州党委的决策部署,以强烈的进取意识、机遇意识、责任意识,锐意改革、真抓实干,为率先实现"三个走在前列"、加快建成现代化区域中心城市而努力奋斗!

附录4

2013 年政府工作报告

——2013 年 12 月 29 日在库尔勒市第九届 人民代表大会第四次会议上

库尔勒市市长　居来提·吐尔地

各位代表：

现在，我代表库尔勒市人民政府向大会作政府工作报告，请予审议，并请市政协委员及列席人员提出意见。

2013 年工作回顾

2013 年，在市委的坚强领导和市人大、政协的监督支持及河北石家庄市大力支持下，我们团结带领全市各族干部群众，以科学发展为主题，坚持"好中求先"总目标，统筹推进"三个走在前列"，扎实开展了民生建设年、项目建设发展年、新型工业化发展年活动，经济社会发展呈现出总量提升、活力增强、民生改善、和谐稳定的良好局面，实现了"四个突破"、"三个提升"、"一个持续领先"，较好地完成了市九届人大三次会议确定的目标任务。预计，全市实现生产总值 653 亿元，增长 8.8%，不含石油开采业为 238 亿元，增长 11.7%；地方财政收入 50.68 亿元（其中市属地方财政收入 44.05 亿元，增长 22%，开发区 6.63 亿元），公共财政预算收入 34.03 亿元（其中市属公共财政收入 30.4 亿元，增长 16.5%，开发区 3.63 亿元）；固定资产投资 368.5 亿元，增长 30.4%；社会消费品零售总额 75.98 亿元，增长 17.2%；城镇居民人均可支配收入和农牧民人均纯收入分别达到 20369 元、15057 元，分别增加 2269 元和 1701 元，增长 13% 和 12.7%，均高于生产总值的增长幅度。争取中央预算内项目资金 2.79 亿元，19 个重大前期项目和 205 个重点建设项目进展顺利。被评为 2011～2012 年度"全国科技进步考核先进县市"；在"2013 年度中国中小城市综合实力百强县市"中居第 58 位，较 2011 年跃升 16

位，并首次荣获 2013 年度中国"十佳'两型'中小城市"和"最具区域带动力中小城市百强县市"殊荣。

一年来，我们着力抓了以下工作：

一　着力加快产业发展，经济实力不断增强

新型工业化实现新突破。按照"一主两翼"园区发展格局，高位推动"新型工业化发展年"活动，实现园区建设和招商引资双向推进。预计全年非石油工业增加值为 47 亿元，同比增长 21%，增速高于石油工业 13.8 个百分点。"一主"方面：继续全力支持库尔勒经济技术开发区（以下简称开发区）发展壮大。"两翼"方面：编制完成了上库综合产业园区（以下简称上库园区）和塔什店循环经济产业园区（以下简称塔什店园区）2011～2030 年发展规划，组建了两个园区筹备机构，两个园区基础设施累计投资 3.9 亿元、开工企业累计投资 7.32 亿元，电力、道路、绿化等基础设施建设如期完成，上库园区获批自治区级园区，塔什店园区获批自治州级园区。招商引资项目 114 个，一期投资 160.6 亿元，落实区外到位资金 60.6 亿元，较上年翻一番。认真做好河北石家庄市对口支援工作，招引落地产业援疆项目 5 个、资金 7 亿元。

农牧业现代化得到新发展。农业实现减产不减收，农牧业生产集约增效，落实各类农业补贴资金 3027 万元，受益农户近 12000 户，新型职业农民培训工程全面启动，被确定为自治区现代农业示范区。香梨现代产业规划逐步推开，建立香梨标准化示范基地 3 个，注册果园 3.08 万亩，"孔雀河畔"品牌香梨热销。节水稳棉取得新突破，建设万亩棉花高产示范点 5 个，推广棉花滴水出苗技术 2 万亩。投入 1289 万元扶持设施农业建设，育苗中心和高标准示范温室发挥样板作用，新建设施农业蔬菜大棚 781 座 2340 亩。投入 2000 万元扶持农区畜牧业发展，制定出台了加快库尔勒市农区畜牧业发展补助奖励措施和配套方案，落实"六补一奖"补助奖励，探索对贫困户养殖补助政策，新建库尔勒现代畜牧生态产业园和包头湖养殖小区，畜牧业人均纯收入大幅提升；重大动物疫病防控扎实有效，检疫监督网络全覆盖。全面完成林权制度改革确权勘界任务，登记发证 18.89 万亩。强化农业企业管理，国家级、自治区级、州级重点龙头企业分别达到 3 家、11 家、10 家，新增农民合作社 81 家，总数达到 213 家。公共气象服务能力不断提升，探空业务质量并列全疆第一，农业

气象测报继续保持较高水平。

现代服务业取得新业绩。三产持续稳步增长，成为促进经济增长的重要引擎，被国家商务部命名为全国家政服务体系试点城市。加快推动重点领域物流发展，全力支持南疆特色产品集散中心、汇锦棉花物流园等物流企业的规划建设，大力实施"西果东送"农产品现代流通综合试点建设项目。积极构建企业融资服务平台，全市 7 家小额贷款公司累计为中小企业和涉农企业发放贷款 15 亿元。房地产完成投资 48.5 亿元，开工面积达 325 万平方米，继续发挥重要拉动作用。编制完成库尔勒市旅游产业发展战略规划（2012～2030 年），铁门关景区改造提升、塔什店北山草原等旅游精品项目前期工作进展顺利，积极开展天鹅河创建国家 AAA 级景区工作。全年共接待游客 286 万人次，实现收入 10.23 亿元，同比增长 16% 和 30%。

二 着力推进统筹发展，城乡面貌日新月异

稳步推进新型城镇化。以自治区城镇体系规划和新型城镇化行动计划的发布实施为有利契机，分解落实各项任务，城市建成区面积扩大到 113 平方公里，城镇化率达到 73%，市政公用设施和基础设施进一步完善，综合服务功能和辐射带动作用进一步提升。深入推进"全国发展改革试点城市"和"自治区统筹城乡综合配套改革试点市"工作，近郊三乡 6904 名被征地农民参加养老保险，3325 名符合条件的农民已领取养老金，城镇化质量不断提高。

生态环境进一步优化。坚持环保优先、生态立市，立足国家可持续发展实验区新定位，坚持走水系绿色生态发展之路。充分发挥水资源优势，规划实施的"三河贯通"工程一期 A 段天鹅河 5 公里工程通水行船，一期 B 段鸿雁河建设进展顺利，规划中的"上水城"、"生态城"建设带来的经济效益、社会效益、生态效益和民生效益逐步显现，"乘船游梨城"成为城市"新名片"。以城乡环境综合整治为抓手，"绿化、净化、亮化、美化"工程取得明显成效。完成人工造林 1.19 万亩，东山绿化扩大到 7.6 万亩，森林覆盖率提高到 16.3%。新建防渗渠道 50.96 公里，新增高效节水灌溉面积 8.42 万亩，治理水土流失面积 8 平方公里。退牧还草等生态保护工程稳步推进，落实禁牧草场 23 万亩，发放草原生态保护奖补资金 457 万元。加强自然资源的管理和保护，严厉打击非法开荒和取水行为，立案查处了一批非法开荒、非法倒卖土地的违法犯罪人员。强化节能减排责任落实，严格执行建设项目节能环保审查审批制

度；大力推广天然气供热和汽车油改气工作，空气质量进一步提升，全年空气环境质量优良率达85.2%。

三　着力改善民计民生，群众得到更多实惠

坚决落实"民生建设年"部署，25类110项重点民生工程扎实推进，继续保持民生支出占公共财政预算支出80%以上。安居富民、定居兴牧、保障性住房建设三项工程惠及4096户居民。棚户区改造11000户。就业形势保持稳定，新增就业8652人，城镇登记失业率为3%，零就业家庭保持动态清零，转移农村富余劳动力4192人次，应届高校毕业生就业率达85%以上。继续扩大社会保障覆盖面，社会保险参保人数达到59.38万人次，完成城镇社保"一卡通"工作。稳步推进社会保障工程，不断提高城乡居民低保标准，城乡低保实现动态管理下的应保尽保。重点优抚对象减免9项医疗费享受"一站式"即时结算服务。供水二期进展顺利，老城区污水处理厂改扩建工程主体完工。城市生活垃圾处理二期、农村气化工程稳步推进，城乡生活垃圾无害化处理率达92%。43.2公里农村中环路改造完成，新建港湾式公交站台88个，新增公交车82辆，城乡居民出行条件持续改善。建立社会救助和保障标准与物价上涨挂钩联动机制、生活必需品储备制度，新建蔬菜肉直销点20个。加快社会福利事业发展，完成3个农村中心敬老院、4个乡镇社会福利服务中心建设。认真组织实施老年人和残疾人关爱工程，新建日间照料中心及站点3个，居家养老服务社区增加到16个；残疾人事业社会化整体推进工作全面启动，9057名残疾人在社区（村）实现就近康复，创建成为自治区残疾人社区康复示范市。

四　着力促进全面协调，社会事业繁荣发展

科技支撑成效突出。坚持科技创新，深入开展"百名科技特派员进村入企"活动，素质工程培训6.3万人次，荣获"自治区素质工程先进县市"称号。争取国家、自治区重大科技项目37项，分别荣获自治区、自治州科技进步奖4项和18项。知识产权工作成效突出。注重信息化的支撑作用，签订"智慧库尔勒"战略合作协议。被列为"中欧绿色智慧城市合作"中方试点城市和国家首批智慧城市试点城市，编制完成智慧库尔勒总体规划（2013～2015

年），19 个智慧城市应用项目上线运行，州市应急指挥中心、数字城管效用明显，信息设施和网络信息环境走在全疆前列。

着力打造教育强市。全面落实教育发展战略研究规划，推进全市教育科学发展顶层设计，加快学校标准化建设、义务教育均衡发展，实施 44 所中小学、幼儿园和教学点 42 万平方米新建、续建工程，稳步实施教师住房改造和教育惠民工程。完善学校捆绑组团式发展。积极推行"四个一"措施，全面启动教育管理水平、师资培训、教育资源建设等软件提升工程，加大骨干教师、学科带头人培养力度和教师在岗培训，与国内名校合作开展动态学校改进项目。积极推动双语教育，创新德育工作机制，深入推进基础教育课程改革，教育教学质量有效提升，"两基"工作成果得到巩固拓展。

现代文化引领作用增强。着力构建普惠型公共文化服务体系，坚持发展现代文化与百姓幸福工程相结合，深入学习党的十八大和十八届三中全会精神，广泛开展丝绸之路经济带研讨活动，以"中国梦"、"两个百年奋斗目标"凝聚全社会共识。公共文化服务体系建设再上新台阶，"九馆三中心两之家"布展工作有序进行，户户通工程、东风工程等重大公共文化工程建设全面推进。扎实开展"七进四送"文化惠民工程，全年百日文化广场和城乡各级各类群众文化活动达 367 场次，举办、承办新疆国际舞蹈节库尔勒分会场演出、库尔勒赛马大会等各级各类体育赛事和活动 204 项，文化体育活动惠及各族群众125 万人次。切实加强文化市场尤其是游艺娱乐场所的管理，建立完善了文化市场违法违规经营活动举报奖励监管机制，文化市场环境整治成效明显。全国文明城市测评工作取得了较好成绩。巩固了自治区文化建设先进市创建成果。

公共卫生服务水平进一步提高。加快推进公共卫生、疾病预防控制、医疗救治"三大体系"建设，稳步推进基本医疗保障制度建设。基本药物制度覆盖乡镇街道及 73 家村（社区）卫生室，乡村医生补助政策落实到位。市第一人民医院、第二人民医院等提升工程竣工，市维吾尔医院成功创建二级甲等医院。积极创建慢性非传染性疾病综合防控示范区，免疫规划工作全面落实。新农合参合率达到 99.8%。人口和计划生育工作目标责任制考核名列全州第一，为 9240 户计划生育家庭足额兑现奖励金 368 万元，流动人口计划生育基本公共服务均等化工作全面推进。健全食品药品安全诚信和监管体系，全市餐饮业实行量化分级，创建国家级餐饮食品安全示范市得到自治区认可。

此外，第三次全国经济普查工作有序开展。《中国库尔勒市历史大事记》第二卷（2004.1～2012.12）编纂完成，二轮市志通过自治区评审。完善州市乡三级自然灾害应急工作机制，应急平台和示范点建设得到加强，防灾减灾能力明显提高。提高区划地名管理标准化水平，重新调整近郊三乡和五个街道办事处行政区域，新增 28 个城乡社区。国防教育和国防后备力量建设不断加强，双拥、扶贫、爱国卫生、外事侨务、红十字会等社会事业都取得新成绩。

五　着力加强民族团结，维护社会和谐稳定

坚持把维护民族团结和社会稳定作为加快发展的基础性工作来抓，"热爱伟大祖国、建设美好家园"主题教育和民族团结进步创建活动更加深入，各民族共同团结奋斗、共同繁荣发展的思想基础更加牢固。

坚决贯彻中央和自治区、自治州及市委关于维护稳定的一系列决策部署，创造性地做好维护稳定的各项工作，确保各敏感节点平稳度过，实现了"三个坚决防止目标"。深入实施城镇化网格化巡控和农村（社区）警务战略，专群结合、群防群治的巡逻防控体系不断完善。以全疆第一名的成绩被评为自治区科技强警先进县市。依法加强宗教事务管理，全市零散朝觐保持为"零"。始终保持对"三股势力"的严打高压态势，加大流动人口服务管理和特殊人群的教育转化工作，依法整治"三非"，坚持疏堵结合、综合治理，推进"四个专项行动"制度化，切实抓好"去极端化"工作。加大对非法宗教宣传品查禁力度，延伸非法宗教网络传播管理领域，坚决遏制宗教极端思想的渗透，确保了全市社会大局稳定。

坚持以群众工作为统揽，健全听取群众意见、回应群众诉求、解决群众问题工作机制。充分发挥"大政法"、"大调解"工作体系的作用，落实领导干部接访下访、矛盾纠纷化解等制度，建立健全重大决策稳定风险评估机制，从源头上预防和减少社会矛盾，群众合理诉求和关心问题得到解决。"六五"普法工作深入推进。扎实开展重点行业和领域安全生产的监管和整治，安全生产形势持续稳定好转。

六　着力强化作风建设，政府工作更加高效

坚持依法行政，深入推进政府职能转变，集中开展"转变工作作风提高行政效能"活动，着力解决政府自身建设中存在的问题。自觉接受人大法律监督、工作监督和政协的民主监督，密切与工青妇等人民团体联系、广泛听取

社会各界意见建议，决策科学化、民主化、法制化迈出坚实步伐。全年办理州人大代表建议 15 件，州政协委员提案 34 件；办理市人大代表议案 3 件、建议 147 件，市政协委员提案 85 件，办复率均为 100%。行政审批改革、政务公开、政府绩效考核深入推进，取消行政许可事项 18 项，清理规范性文件 39 件，办理州长信箱 310 件、市长信箱 780 件，办复率均达 90% 以上，绩效考核实现全覆盖。认真完成自治区确定的民营企业评议法检两院及相关职能部门试点工作，取得了良好的社会效果，得到了自治区及参评企业的一致肯定。严格执行自治区、自治州、市委关于改进工作作风、密切联系群众的规定，坚决反对"四风"，"三公经费"下降 19.7%。审计、监察专门监督得到加强，政府廉政工作取得新成效。

各位代表！过去的一年，发展令人振奋，奋斗凝聚汗水，成绩来之不易。这是自治州党委、人民政府总揽全局、统筹谋划的结果，是市委科学决策、坚强领导的结果，是河北省石家庄市和社会各界大力支持、无私帮助的结果，是全市各族干部群众团结一心、艰苦奋斗的结果。在此，我代表市人民政府，向付出辛勤努力的全市各族人民，向无私奉献的驻库部队、武警官兵、公安干警和援疆干部，向所有关心支持库尔勒改革发展稳定的各界朋友，表示崇高的敬意和衷心的感谢！

在充分肯定成绩的同时，我们也清醒地认识到，在前进的道路上还面临不少困难和问题，制约我市经济社会发展的长期性、结构性、体制性矛盾尚未得到根本解决。主要是：经济结构性矛盾仍较突出，非石油工业总量规模还不够大；产业水平层次低，基地型、龙头型、产业型大项目偏少，科技、人才、资本等要素支撑还不足，抵御风险的能力还有待进一步提高；节能减排形势严峻，生态环境保护和建设任务繁重；民生社会事业等方面还有不少问题亟待解决，多年积累的体制性、结构性、要素性矛盾凸显，各种经济社会热点问题叠加，影响稳定的因素错综复杂，维护稳定和长治久安的形势依然严峻；政府公信力有待加强，一些部门和干部解放思想不够、行政效率不高、执行力不强，"中梗阻"现象仍然存在。面对这些困难和问题，我们必须坚定信心，知难而进，努力干在实处、走在前列，夺取经济社会发展新胜利。

2014 年工作安排

2014 年是深入贯彻落实党的十八届三中全会精神、全面深化改革、实施丝绸之路经济带战略构想的开局之年，也是完成"十二五"规划，实现我市第七次党代会各项目标任务的攻坚年。做好2014年工作，意义重大。

2014年经济社会发展工作思路：以邓小平理论、"三个代表"重要思想和科学发展观为指导，深入贯彻落实党的十八届三中全会、中央经济工作会议、中央城镇化工作会议、中央新疆工作座谈会和自治区党委八届六次全委（扩大）会议、自治州党委九届四次全委（扩大）会议及市委七届七次全委（扩大）会议精神，按照我市第七次党代会的总体部署，紧紧抓住建设"丝绸之路经济带"重大历史机遇，坚持"好中求先"，坚持以改革统揽全局，坚持中心城市带动战略，优化经济结构，转变发展方式，着力改善民生，全面推进"五化同步"，促进经济持续健康发展、社会和谐稳定，加快成为丝绸之路经济带重要支点城市，力争用3年左右时间进入全国中小城市综合实力百强县市50强。

2014年经济社会发展的主要预期目标是：全市生产总值确保增长8%、力争增长9%；全社会固定资产投资力争增长25%；社会消费品零售总额增长14%；地方公共财政预算收入（按自治州统一要求）增长16%；城镇居民人均可支配收入增长12%；农牧民人均纯收入增长1200元以上；居民消费价格总水平涨幅控制在4%以内；城镇登记失业率控制在3%左右；人口自然增长率控制在10.5‰以内；努力完成节能减排任务。

为完成上述目标，我们将切实抓好以下工作：

一　全面推进五化同步，率先建设丝绸之路经济带重要支点城市

（一）新型城镇化突出"以人为核心"。认真贯彻中央城镇化工作会议精神和要求，抓紧抓好自治区党委实施新型城镇化行动计划及"合理控制乌鲁木齐市人口规模，重点发展地州中心城市"的政策机遇，加强城镇基础设施建设，增强主城区和小城镇产业发展、公共服务、吸纳就业、人口集聚功能，扎实推进"以人为核心"的城镇化。继续坚持走"绿色生态发展"之路，大力推动"三河贯通"一期B段鸿雁河及其周边"生态城"建设。发挥"两大中心"和"上水城"带动效应，增强商务文化、规划展览、便民服务、休闲健身、综合体开发等中心城市服务功能，加快建成新疆第二大会展中心。突出"以绿为主、以水为脉、文化为魂、以人为本"的原则，把完善绿道系统作为

重点，谋划"三河贯通"二期、三期工程，合理布局休闲区、商务区、生活区；沿石化大道开辟绿色廊道，在老城区规划田园风格鲜明、业态多样现代的"幸福城"，加快实施老城区基础设施改造工程，不断提升老城区服务功能和承载力，彰显现代生态花园城市的新魅力。

坚持产城融合，进一步扩大对外开放。发挥自治区重点培育的区域中心城市优势，主动担当起自治州战略中心的使命，用好差别化产业政策和河北省产业、人才、教育、就业、科技等对口支援平台，进一步提升综合服务功能和辐射带动作用，抢占自治区建设"五大中心三基地一通道"的先机，把我市建成重要的交通枢纽中心、商贸物流中心、金融服务中心、文化科技中心、医疗服务中心、旅游集散地和目的地，为巴州构建疆内"黄金段"、重要承载区和受益区发挥核心作用，成为新疆争当建设"丝绸之路经济带"主力军和排头兵的重要支点城市。依托吐鲁番—库尔勒二线竣工和库尔勒—格尔木铁路、乌鲁木齐—巴仑台—库尔勒—若羌高等级公路的实施，力促库尔勒站综合交通枢纽、库尔勒机场改扩建，沿线布局建设客运、物流中心、特色产品集散中心等"增长极"，畅通到乌鲁木齐、伊宁、喀什、格尔木的"大通道"，密切"一主三副"体系内及其周边国家商贸物流、文化旅游、科技教育、医疗卫生、现代农业等各领域的务实合作。跟进国家"丝绸文化之旅"项目，加强与丝路沿线城市的交流合作，筑牢"丝路中道旅游产业带"上咽喉地位，扩大"丝绸古道、西部梨城"的美誉度和影响力。发挥"桥头堡"和"枢纽站"作用，拓宽生产性服务业发展领域，大力招引面向消费的服务业项目资金，积极构建企业融资服务平台，进一步优化库尔勒市商业银行股权结构，支持更多金融机构设立分支机构，推进保税物流平台建设，吸引大企业大集团依托我市资源、地缘和区位优势，发展多元经济，壮大城市功能与产业功能兼具的"总部型经济"。

（二）新型工业化突出园区经济。坚持新型工业化第一推动力，巩固"新型工业化发展年"活动，围绕产业转型升级，全面实施"一主两翼"园区规划，加快构建现代产业体系。全力支持开发区完善配套功能、创新管理模式，加快纺织服装城建设，成为全州新型工业化建设的主战场和排头兵。上库园区要定位自治区级园区，加快发展清洁能源、综合物流、装备制造、新型材料、特色农产品加工、小企业创业"六个区域"，努力打造丝绸之路经济带重要发展区域，辐射南疆、面向中亚的国际物流集散基地，全国棉花交割基地和自治区棉花储备基地，自治区能源产业与新型环保建材产品生产基地，新疆重要的机械装备制造业基地，积极申报自治区高新技术产业园。塔什店园区要发挥比较优势，优化园区循环经济产业链，重点发展建材、能源、商贸物流、城市矿产、循环经济产业，不断巩固生态园区建设成果，早日促进升格为自治区级园区。把上库、塔什店两个园区水、电、路、气等基础设施纳入市政工程统一规划、统一建设，严把招商、建设、生产三个关口。上库园区要启动企业服务中心建设，续建和新建 14 条 35 公里道路和 4 座桥梁，塔什店园区新建 6 条约 11 公里园区道路。适时组建园区投资公司，增强园区的综合承载能力和发展竞争力，实现工业化与城镇化互动发展。创新招商引资方式方法，充分发挥市场机制作用，以商招商、以企招商，切实提高引资的质量和效果，"两翼"力争开工项目达到 30 个以上，实现招商引资签约资金 180 亿元，区外资金到位 60 亿元以上，力争实现新增工业总产值 40 亿元以上，新增工业增加值 13 亿元，打造吸引投资的主要平台和壮大工业经济的增长点。

加速实施项目带动战略。深入研究国家政策导向特别是对新疆的政策支持，有针对性地谋划一批优势产业和基础设施建设项目，千方百计争取进入国家和自治区的计划盘子。对列入国家和自治区"十二五"规划的基础设施项目，要主动争取、全力配合、加快推进，提前谋划"十三五"规划。深入研究国家深化国有资产管理体制改革、国有企业改革和发展非公有制经济、混合所有制经济等经济体制改革政策，坚持重点抓产业、关键抓项目、突出抓招商，拓宽投融资渠道，激发市场活力，壮大地方经济总量，形成长远竞争力。深入贯彻落实第四次全国对口支援新疆工作会议精神，充分发挥主体作用，紧紧围绕就业、教育、人才和产业援疆，促进援疆工作有力有序有效进行。

（三）农牧业现代化突出产业升级。以自治区现代农业示范区建设工作为抓手，积极调整农业结构，发展循环农业、有机农业、生态农业和节水型农业，增强基地建设、科技支撑、加工转化、市场开拓等四大能力。稳定粮食面积，完成粮食种植任务。稳控棉花面积，实施工程节水与农艺节水相结合，统筹推广高效节水示范工程和滴水出苗技术。落实香梨现代产业发展规划，完成库尔勒香梨重点实验室建设，落实 5 万亩梨园增施有机肥工程，选取 2 到 3 家大型农民专业合作社为龙头，带动农民不断扩大注册果园和绿色健康果园面积，从规模扩张向提质增效过渡。继续巩固香梨产业品牌宣传成果，运用"二维码"等防伪和追溯技术，保护好库尔勒香梨地理标志，将"孔雀河畔"品牌打造成我市特色农产品集成综合品牌。继续实施规模养殖和帮困养殖激励补贴机制，完善库尔勒现代畜牧生态产业园和包头湖养殖小区基础设施建设，加快库尔楚等地新建养殖小区建设，在孔雀河沿岸布局牛羊发展产业带，推进牛羊养殖业的集约化、企业化发展。加强动物疫病防控工作。不断提高育苗中心及连栋示范棚样板效用，新建温室大棚300座，改造老旧温室大棚300座，加快育、繁、推一体化的现代种业体系，进一步优化副食品储备体制机制，抓好蔬菜直销网络建设。认真落实农产品质量安全责任制，增强农产品投入监管力度。加快农资综合市场、畜产品交易市场建设和蔬菜水果批发市场改扩建。进一步落实发展农民专业协会和合作社的扶持政策，积极鼓励其参与市场流通，拓展农民增收渠道。加强农经管理工作。严格落实农机购置补贴资金。加大农村集体经济和村级公益事业建设"一事一议"财政奖补专项资金审计力度，认真做好农村集体三资网络监管平台建设。积极推动气象防灾减灾体系建设，完成气象灾害应急准备认证工作，提高基层防御气象灾害整体水平和应急能力。

（四）信息化突出做好试点工作。扎实做好国家可持续发展实验区、中欧绿色智慧城市合作中方试点城市、自治区创新型试点城市工作，抢占科技创新制高点，不断提高自主创新能力，推动科技与"五化"建设更紧密地结合起来。全面推进"科技入园"及"百名科技特派员进村入企工程"。严格按照智慧城市规划，理性、有序、协同推进，以智慧应用为突破口，深入推进城乡规划、城乡建设、食品安全、物业服务管理、平安城市、财税平台、数字地名等领域智能化管理，建立智慧社区的人口数据库和社会事务服务体系，整合建立"12345"公共服务热线，推动"数字库尔勒"向"智慧库尔勒"转变。

（五）城乡一体化突出"两个可持续"。始终坚持环保优先、生态立市，把推进城乡生态一体化作为关键和优势，编制好生态环境功能区划，从源头上优化国土开发格局和产业结构布局。合理调配水资源，真正把高效节水建设与调整生产、生态、生活用水结构、促进经济发展方式转变紧密结合起来，推进由高效节水向高效用水转变。认真落实退耕、休耕机制，进一步严厉打击违法开荒和取水行为。完成1.5万亩高效节水标准化、规范化示范区建设和80公里防渗渠道及3.5万亩香梨低压管道灌项目；深入开展农田基本保护、残膜回收，降低农业污染，提高农业废弃物的综合利用水平；完成博斯腾灌区续建配套与节水改造工程和上户镇喀拉苏村农村饮水安全改建工程及机电井IC卡安装工程。以防治水污染和空气污染为重点，积极推进节能减排和环境保护。继续实施防护林建设、荒山戈壁绿化和绿轴、绿廊、绿心建设工程，扎实推进天然林保护、荒漠植被保护等生态工程，持续增加森林资源和生态总量，完成人工造林 1 万亩，环山绿化 3000 亩，积极创建国家森林城市。进一步推动环境监察能力建设，健全突发环境事件应急预案体系和环境应急管理工作机制。

全面推进统筹城乡综合配套改革试点，逐步缩小城乡差距。提升城乡总体规划管理水平，大力实施乡镇规划，促进城市基础设施向农村延伸、城市公共服务向农村覆盖、城市文明向农村辐射，实施"双轮驱动"。一方面，把促进有能力在城镇稳定就业和生活的常住人口有序实现市民化作为首要任务，坚持自愿、分类、有序，充分尊重农民意愿，进一步完善落户政策，有序放开落户限制，促进农业转移人口身份改变和生产生活方式转变，让农业转移人口更好地融入城镇。另一方面，深化农村综合改革，抓好农村集体产权制度改革，充分保障农民集体经济收益分配权；全面开展农村土地确权登记颁证工作，稳步推进农村土地有序流动。尤其是近郊乡镇，要提高城镇建设用地集约化程度，以自治区"完善被征地农民参保制度"为契机，妥善处理土地征用、房屋征收等问题，严格按照"四步逐级审批程序"，落实好"四项惠民政策"，切实解决好被征地农民的长远生计。上户镇、塔什店镇作为自治区发展改革试点城镇，要形成"特色"优势，努力变试点为示范。城乡环境综合整治活动步入最后一年，既要打好攻坚战，确保城乡环境极大改善；又要坚持不懈地将行动转入制度化、长效化、常态化，确保不反弹、持续向好。

二　持续改善民计民生，让改革红利惠及各族群众

人民对美好生活的向往，就是我们的奋斗目标。要抓住人民最关心最直接最现实的利益问题，抓住最需要关心的人群，一件事情接着一件事情办、一年接着一年干，锲而不舍向前走，回应民之所愿、民之所盼。

继续稳定和扩大就业。把解决就业问题作为安民心、稳大局的根本大计，着力解决未就业大中专毕业生、零就业家庭、农村富余劳动力群体、城镇困难人员及退役军人的就业问题，保障应届普通高校毕业生就业率达 85% 以上。成立"库尔勒市大中专毕业生创业指导服务中心"，加强创业指导和培训，搭建创业融资和创业信息平台，培育壮大创业主体。加大职业技能培训、乡镇人力资源市场建设，进一步完善就业服务体系，促进构建和谐劳动关系。力争全年实现城镇就业再就业 8000 人次。

全力提升社会保障能力。完善覆盖城乡居民的社会保障体系，实现新农保和城居保全覆盖。稳步提高参保人员各项社会保险待遇。完善低保进出长效机

制，实现动态管理下的应保尽保、分类施保。健全市、乡（镇）、村三级灾害救助应急体系，加强救灾物资购置和储备；落实社会救助和保障标准与物价上涨联动挂钩机制，健全覆盖城乡困难群众、优抚对象、残疾人和流浪儿童的社会救助服务体系；大力推进社会福利及慈善事业发展。完成安居富民工程新建496套、改扩建2504套，廉租房新建500套，棚户区改造10000户；继续落实财政补贴平抑物价长效机制。加快建立和完善养老服务体系，加大日间照料基础设施建设，推进居家养老社区化服务。高度关注困难群体，完善社保兜底功能，逐步解决他们在社保、就业、医疗、住房、教育、物价等方面存在的困难和问题。

努力办人民满意的教育。全面加快校点布局调整和义务教育标准化建设，实施44所中小学41.4万平方米新改扩建工程，并按标准配齐师资及设备，全力冲刺标准化建设任务。实施青少年校外实践基地工程。坚持立德树人，将社会主义核心价值体系融入教育教学全过程，创新政治思想教育理念和方法。深入推进双语教育，切实提高双语教学质量，让各民族学生从小增进互信、增强"四个认同"。全面实施素质教育，促进学生身心健康，提高学生实践能力。深化招生改革创新，捆绑组团学校逐步试行大学区制，全面落实义务教育阶段学生免试就近入学，实行九年一贯对口招生，非义务教育阶段试行区域内不同办学主体联合招生体制，全面落实进城务工人员随迁子女考试升学的政策，大力促进教育公平。深化"四个一"教育软件提升工程。建立健全现代教育体系和管理制度，推进教育理念、管理、手段、评价现代化。加快实施"五十百千工程"，培育和扩大优质教育资源总量，加速打造南疆基础教育高地进程。加快推进职业教育、社区教育和成人教育，推进学习型社会的逐步形成。

着力推进文化建设。坚持以现代文化为引领，积极培育和践行社会主义核心价值观。扎实推进春雨工程、东风工程、西新工程、村村通等文化惠民工程，加强公共文化基础设施、重点工程和重大项目建设。大力实施现代文化产业规划，传承和提升区域特色文化，激扬多元文化的和谐与活力。加强文化市场的管理，重点整治"黑网吧"。配合办好自治州成立60周年各项庆祝活动。加强国家通用语言文字普及和少数民族语言翻译工作，加快语言文字信息化、标准化建设。纵深推进精神文明建设，以"全国文明城市"三连冠为目标，重点抓好文明风尚提升、乡村文明推进、志愿服务常态等"七项工程"，扩大创建宣传平台、道德讲堂、未成年人思想道德建设声势，融入民族宗教政策、新疆历史等现实内容，弘扬主旋律，传播正能量。

改善群众医疗卫生水平。深化医疗卫生体制改革，统筹推进医疗保障、医疗服务、公共卫生、药品供应、监管体制等综合改革，加快推进公立医院改革，鼓励社会办医。稳步扩大基本药物制度实施范围，加强基层医疗机构目标管理和绩效考核评价体系建设，加快推进社区卫生服务机构与市属综合医院双向转诊制度，促进基本公共卫生服务均等化。合理调整医疗机构布局，逐步强化农村卫生室和公立社区卫生服务；持续做好新型农村合作医疗和城镇居民医疗保险工作，健全重特大疾病医疗保险和救助机制。加快推进医疗卫生基层基础设施建设步伐，提高突发公共卫生事件应急处理能力和疾病防控水平。加大扶持和政策引导，力促库尔勒第三人民医院（河北医院）早日投入运营，为南市区打造良好的就医环境奠定基础。坚持预防为主，做好重大地方病、传染病防治工作，全力创建国家级慢性非传染性疾病综合防控示范区，扎实做好"国家卫生城市"复验迎检工作。进一步完善食品药品安全诚信监管和信息服务平台建设，强化食品药品安全示范工程建设，构建食品药品安全诚信和长效监督机制；规划建设小食品加工产业园，加强对百姓日常餐桌食品的安全监管，争创国家级餐饮服务食品安全示范市。坚持人口和计划生育基本国策，推进流动人口均等化服务，促进人口长期均衡发展。发展老龄、妇女儿童、残疾人事业，不断提高人民群众健康水平。

切实方便群众出行。完成南库大道等 13 条 20.4 公里城市主次干道和 5 条 3.1 公里小区道路建设；新建农村道路 60 公里；积极开展农村安居富民小区道路规划建设，争取和推进交通枢纽工程项目的立项建设。逐步完善公交网络体系，适时增加公交线路，新增公交车 24 辆，新建公交港湾式站台 40 个。加强出租行业管理，提升行业形象，提高服务质量，严厉打击非法营运行为，确保城市客运市场健康稳定发展。

统筹发展其他各项社会事业。扎实推进双拥模范城"六连冠"创建工作，着力推进拥军优抚安置政策的落实，做好退役士兵安置工作，逐步推行优抚对象医疗"一站式"服务管理模式，启动实施烈士陵园工程。促进统计、档案史志、爱国卫生、外事侨务、红十字会等各项社会事业协调发展。

各位代表，我们将始终把改善民生作为重大政治责任，更加突出民生建设的基础性、普惠性、延续性和针对性，通过持之以恒的努力，不断加大投入力度，努力追求公平正义，让全市各族人民生活更加幸福、更有尊严。

三　加强民族团结，坚定不移地维护社会大局稳定

维护社会稳定，创新社会治理，必须着眼于最广大人民根本利益，最大限度增加和谐因素，全面推进平安库尔勒建设，确保人民安居乐业、社会安定有序。我们务必要始终坚持发展稳定两手抓、两手都要硬，坚持"一反两讲"，坚持底线思维、逆向思维，时刻认识到反分裂斗争的长期性、复杂性、尖锐性，把维护社会稳定作为发展进步的基本前提，把民族团结作为长治久安的根本保障，全面落实中央、自治区、自治州和市委关于维稳的一系列决策部署，坚持总体稳控、主动出击、教育引导"三结合"，坚决做到"堵、挤、打"三字诀不放松、既定维稳措施不动摇、常态化长效化工作不懈怠。

进一步加强民族团结。高举各民族大团结旗帜，积极探索新形势下民族团结工作的新特点、新要求，坚持把民族团结教育纳入国民教育、公民道德建设和社会主义核心价值体系建设全过程，广泛深入开展群众性民族团结进步创建活动，进一步加强民族团结宣传教育，创新宣传教育形式，使"三个离不开"思想更加深入人心，巩固和深化"热爱伟大祖国、建设美好家园"主题教育活动成果，促进各民族群众形成和睦相处、和衷共济、和谐发展的生动局面。

始终保持严打高压态势。当前和今后一个时期，新疆仍将处于暴力恐怖活动的活跃期、扩散期和反分裂斗争激烈期，我们必须准确把握暴恐分子搞"圣战"、干大事、造影响的心理，深刻认识"库尔勒稳定工作的重点在城乡（兵地）结合部、流动人口服务管理和去极端化工作"的判断，严格落实维稳领导责任制，主要领导要亲自分析研判、亲自安排部署、亲自检查落实，严格执行"三包制度"，围绕"三个坚决防止"目标，强化情报信息工作，及时掌握各种线索性、苗头性、行动性情报信息，打早打小，果断处置，坚决把敌人的渗透破坏和暴恐图谋摧毁在预谋阶段和行动之前，处置在第一时间和第一现场，牢牢把握对敌斗争的主动权。深化基层综治维稳平台建设，强力推进农村社区基层警务战略。加强对特殊群体的教育、转化和管控，强化流动人口服务管理，进一步完善以证管人，夯实以房管人，突破以业管人的措施，加大重点乡镇和城乡结合部集中整治，不留死角。强化人员密集场所、重点部位防范工作，提高人防、物防、技防水平，堵塞漏洞。

牢牢掌握意识形态领域主动权。意识形态领域是反分裂斗争的重要战场，我们必须把意识形态工作的领导权、管理权、话语权牢牢掌握在手中。要以

"去极端化"为目标，深入开展"四个专项行动"，厘清民族风俗习惯、正常宗教活动与非法宗教活动、极端宗教活动之间的区别，从根本上解决不敢管、不愿管、不会管问题。按照"到人、管用、有效"的要求加大宣传教育引导，深刻揭露宗教极端势力破坏生产生活秩序、破坏和谐稳定的违法犯罪事实，使群众看清"三股势力"表象背后的丑恶真相，打通抵制渗透的"最后一公里"。要理直气壮、旗帜鲜明地发声，在风口浪尖敢抓敢管，占领意识形态的制高点。

创新社会治理机制。坚持以群众工作为统揽，健全和完善信访工作制度，狠抓信访工作首问责任制的落实，畅通群众诉求渠道。深入排查化解矛盾纠纷，加快推进"三大调解"衔接联动机制建设，坚持调解优先，进一步规范行政调解的功能和效力。坚持系统治理、依法治理、综合治理、源头治理，鼓励社会面参与社会治理，运用法治思维和法治方式化解社会矛盾，推动社会管理向社会治理转变。深入开展"六五"普法工作。加强社会治安综合治理，坚决扫除"黄、赌、毒"。严格落实社会稳定风险评估机制。深化安全生产管理改革，坚持科学安全发展，建立隐患排查治理体系和安全预防控制体系，对问题坚持"零容忍"，坚决遏制重特大安全生产事故，努力促进全市安全生产形势持续稳定好转。

四　深化行政体制改革，提升行政能力和服务水平

在新一轮的区域竞争中，标兵已遥遥领先，追兵正步步逼近。全体政府工作人员要自增压力，负重奋进，争做人民满意的公务员，努力提高人民群众对政府的满意度。

奋勇争先，促进改革创新。认真开展党的群众路线教育实践活动，深入贯彻落实中央、自治区、自治州党委及市委关于改进工作作风、密切联系群众的各项规定，切实把精力用到谋发展、抓落实上。深化重点领域和关键环节改革，扎实推进政府机构改革和事业单位分类改革；鼓励发展非公有制资本控股的混合所有制企业，鼓励有条件的私营企业建立现代企业制度；加强国有资产监管，健全国有资本经营预算和收益分配制度，实现国有资产保值增值；落实民间投资政策，拓宽民间投资渠道；整合规范政府融资平台，加强政府性债务管理；扎实做好营业税改征增值税工作；继续抓好农村综合改革，推进家庭经营、集体经营、合作经营、企业经营等共同发展的农业经营方式创新；认真做

好国有农牧场深化改革试点工作；扎实推进政企分开、政资分开、政事分开，自觉运用法律手段管理经济和社会事务，在经济转型、环境再造、民生保障、体制改革上奋发有为，努力打造公共服务型的有为政府。

雷厉风行，始终勤政为民。坚持效率优先、好中求快，倡导敢于担当、勇于负责，以时限倒逼进度、以目标倒逼责任来推进各项工作；完善绩效考评体系，建立任务定责、行政督责，失职追责的问责体系，切实推动机关作风明显改进，服务能力明显增强，行政效率明显提高，发展环境明显优化。

依法行政，践行法制原则。自觉接受人大及其常委会的法律监督、工作监督和政协民主监督，认真办理人大代表、政协委员议、提案，定期向人大报告、向政协通报政府工作，广泛听取社会各界意见建议，高度重视社会和新闻媒体监督，切实保障群众知情权、参与权、表达权、监督权。深化政府信息公开，完善行政决策机制，推进科学民主依法决策；推行各级政府及其工作部门权力清单制度，依法公开权力运行流程，推进决策公开、管理公开、服务公开、结果公开。

干净干事，严守清正廉洁。按照干部清正、政府清廉、政治清明的要求，认真落实党风廉政建设责任制，加强纪律建设、作风建设，坚持不懈地加大惩防体系建设，坚决纠正损害群众利益的不正之风；深化身边人、身边案的警示教育，坚决查处违纪违法案件。加强监察、审计监督，规范工程招投标、财政转移支付、土地资源使用、政府采购、房屋征收、国有资产转让等公共资源管理，坚决惩处权力寻租、权钱交易等违法违规行为，坚决遏制"四风"，严格控制"三公"经费支出和楼堂馆所建设，做到严防腐败、严格管理、严明纪律。

我们将一如既往地支持市域内兵团、石油、铁路、部队等驻库单位加快发展，充分发挥驻库单位在我市经济社会发展、民族团结和社会稳定中的重要作用，不断巩固和发展兵地、油地、军地边疆同守，共同繁荣发展的局面。

各位代表，立足高起点、瞄准大目标、实现新跨越，是历史和人民赋予我们的光荣使命！让我们在市委的坚强领导下，站在库尔勒提速发展、阔步前进的新起点上，团结和凝聚全市各族干部群众的信心和力量，解放思想、抢抓机遇、砥砺奋进、开拓创新，向幸福进发，为梦想拼搏，率先实现"三个走在前列"，为把库尔勒市建设成为巴州跨越式发展的增长极、新疆重要的现代化区域中心城市、中国西部名副其实的"塞外明珠、山水梨城"而努力奋斗！

相关情况说明和名词解释

一、相关情况说明

2013 年经济社会发展的预期目标：全市生产总值突破 600 亿元大关，增长 8%，力争增长 10%，不含石油开采业增长 10% 以上；地方财政收入增长 25%，公共财政预算收入增长 22%；固定资产投资力争增长 30%；社会消费品零售总额增长 17%；居民消费价格总水平涨幅控制在 4% 左右；城镇登记失业率控制在 3.9% 以内；城镇居民人均可支配收入增长 13%；农牧民人均纯收入增长 15%；人口自然增长率控制在 10‰以内。

2013 年经济社会发展的预计完成情况：生产总值、固定资产投资、社会消费品零售总额、城镇居民人均可支配收入和农牧民人均纯收入均完成了预期的目标。公共财政收入虽然没有完成预期目标，但完成了自治区下达的目标任务。受国内经济下行压力的影响，自治区将自治州公共财政收入增长 22% 下调到增长 13%，而我市公共财政收入达到 30.4 亿元，增长 16.5%，比自治区下达自治州目标任务高 3.5 个百分点。

2014 年经济社会发展的预期目标中：我市生产总值确保增长 8%、力争增长 9%，比自治州生产总值预期目标（确保增长 9%、力争增长 10%）低了一个百分点。主要原因是：据州、市统计部门统计，我市生产总值占全州生产总值三分之二左右，并且基数比较大。经州、市统计部门测算，我市生产总值完成 8% 的增长，自治州生产总值就可以完成 9% 的增长；我市生产总值完成 9% 的增长，自治州生产总值就可以完成 10% 的增长。因此，我市将生产总值的预期目标确定为确保增长 8%、力争增长 9%。

二、名词解释

（一）"四个突破"：生产总值突破 600 亿元、地方财政收入突破 50 亿元、城镇居民人均可支配收入和农牧民人均纯收入分别突破 20000 元和 15000 元。

（二）"三个提升"：发展环境、宜居环境、人文环境显著提升。

（三）"一个持续领先"：城镇化工作在全疆持续领先。

（四）"畜牧六补一奖"：饲草料生产补助、标准化圈舍建设补助、规模化养殖补助、种畜禽补助、畜牧业贷款贴息、畜牧业养殖保险补助和对乡（镇、场）的奖励。

（五）教育"捆绑组团式发展"：按照学段相同，将相邻相近的几所学校

（幼儿园）结成发展共同体，共同体学校内教师、领导相互交流、资源共享的管理模式。

（六）教育"四个一"：即一本刊物《梨城教育》，旨在引导广大教职工转变观念、交流启迪，进一步统一思想、凝聚智慧；一个论坛，指校（园）长、教师论坛，通过有形和无形方式举办，围绕学校管理、教学方法、教师成长等展开研讨，相互借鉴，交流思想。一页网络，通过教育网络开辟市级校长、教师工作室，为校长、骨干教师专业成长搭建平台。一套制度，通过探索建立规范有效的激励约束机制，促使教育管理规范化，充分激活学校及教师的创造力和智慧源。

（七）"中国梦"：是习近平主席提出的指导思想。习近平把"中国梦"定义为"实现伟大复兴，就是中华民族近代以来最伟大梦想"，并且表示这个梦"一定能实现"。习近平强调："到中国共产党成立100年时全面建成小康社会的目标一定能实现，到新中国成立100年时中华民族伟大复兴的梦想一定能实现"。按此计算，全面建成小康社会于2021年实现，距今（2013年）还有8年；中华民族伟大复兴于2049年实现，距今（2013年）还有36年。习近平还用"三个必须"来指明实现"中国梦"的路径："实现中国梦必须走中国道路，必须弘扬中国精神，必须凝聚中国力量。"

（八）"两个百年奋斗目标"：一个是在中国共产党成立一百年时全面建成小康社会，一个是在新中国成立一百年时建成富强民主文明和谐的社会主义现代化国家。

（九）"七进四送"文化惠民工程：公共文化服务进小区、进庭院、进车间、进工地、进乡村、进校园、进军营，电影送经典、广播送信息、书报送知识、演出送精神。

（十）"九馆三中心两之家"：库尔勒展览中心内设规划馆、民俗文化博物馆、综合展馆、档案馆、党史地方志馆、数字城管指挥中心和规划师之家；库尔勒市民中心内设文化馆、图书馆、美术馆、科技馆、行政服务中心、房产交易中心、上水城社区和地下餐厅。

（十一）"三非"：指非法宗教活动、非法宣传品、非法网络传播。

（十二）"四个专项行动"：指宣传教育群众、教育转化非法宗教活动参与人员；查禁收缴非法宗教宣传品；防范封堵非法宗教网络传播；依法治理非法宗教活动。

（十三）"三个坚决防止目标"：指坚决防止发生暴力恐怖案件、坚决防止发生大规模骚乱事件、坚决防止大规模群体性事件。

（十四）"五化同步"：新型城镇化、新型工业化、农牧业现代化、信息化、城乡一体化五化同步。

（十五）自治区"五中心三基地一通道"：努力将新疆建设成丝绸之路经济带上重要的交通枢纽中心、商贸物流中心、金融中心、文化科技中心、医疗服务中心，建设成国家大型油气生产加工基地、大型煤炭煤电煤化工基地、大型风电基地和国家能源资源陆上大通道。

（十六）教育"大学区制"：在落实《义务教育法》和国家、自治区关于义务教育中小学服务区有关规定的前提下，由一所教育教学效果较好的学校，在相邻相近学校根据学校的教育教学资源总量，按照标准化办学的规定实施生源调剂。

（十七）教育"五十百千工程"：五所名校园、十佳名校园长、百名学科带头人、千名骨干教师。

（十八）"一反两讲"：指反暴力、讲法制、讲秩序。

（十九）维稳"三包制度"：领导干部包联基层维稳工作、领导干部包联宗教活动场所、领导干部包案稳控信访突出案件。

图书在版编目（CIP）数据

创新驱动 四化同步 城乡一体 科学发展:库尔勒市科学发展
模式研究/中国中小城市科学发展研究课题组,中国城市经济学会
中小城市经济发展委员会,中小城市发展战略研究院编. —北京:
社会科学文献出版社,2014.10
　　（中国中小城市科学发展研究丛书）
　　ISBN 978 - 7 - 5097 - 6545 - 6

　　Ⅰ.①创…　Ⅱ.①中…　②中…　③中…　Ⅲ.①社会主义建设模
式 - 研究 - 库尔勒市　Ⅳ.①D674.53

　　中国版本图书馆 CIP 数据核字（2014）第 224440 号

·中国中小城市科学发展研究丛书·
创新驱动 四化同步 城乡一体 科学发展
　　——库尔勒市科学发展模式研究

编　　者 / 中国中小城市科学发展研究课题组
　　　　　中国城市经济学会中小城市经济发展委员会
　　　　　中小城市发展战略研究院

出 版 人 / 谢寿光
项目统筹 / 陈　颖
责任编辑 / 陈　颖

出　　版 / 社会科学文献出版社·皮书出版分社(010)59367127
　　　　　地址:北京市北三环中路甲 29 号院华龙大厦　邮编:100029
　　　　　网址:www.ssap.com.cn
发　　行 / 市场营销中心 (010) 59367081　59367090
　　　　　读者服务中心 (010) 59367028
印　　装 / 北京季蜂印刷有限公司

规　　格 / 开 本:787mm × 1092mm　1/16
　　　　　印 张:20　插 页:0.5　字 数:360 千字
版　　次 / 2014 年 10 月第 1 版　2014 年 10 月第 1 次印刷
书　　号 / ISBN 978 - 7 - 5097 - 6545 - 6
定　　价 / 79.00 元